早期中国
中国文化圈的形成和发展

韩建业 著

Early China
The Making of the Chinese Cultural Sphere

Jianye Han

上海古籍出版社

图书在版编目(CIP)数据

早期中国:中国文化圈的形成和发展/韩建业著
.—上海:上海古籍出版社,2020.8(2023.2重印)
ISBN 978-7-5325-9638-6

Ⅰ.①早… Ⅱ.①韩… Ⅲ.①考古学史－中国 Ⅳ.
①K87-09

中国版本图书馆 CIP 数据核字(2020)第 080291 号

早期中国
―― 中国文化圈的形成和发展

韩建业 著

上海古籍出版社出版发行

(上海市闵行区号景路159弄1-5号A座5F 邮政编码201101)

(1) 网址:www.guji.com.cn
(2) E-mail:guji1@guji.com.cn
(3) 易文网网址:www.ewen.co

苏州市越洋印刷有限公司印刷

开本710×1000 1/16 印张18.5 插页6 字数337,000
2020年8月第1版 2023年2月第3次印刷
印数:3,151—4,200
ISBN 978-7-5325-9638-6
K·2845 定价:88.00元
如有质量问题,请与承印公司联系

  韩建业，甘肃通渭人，1967 年出生。1982 年初中毕业后考入甘肃省陇西师范学校，1985 年到通渭县苟川学校任教，1987 年考入北京大学考古学系，1994 年获得硕士学位后进入北京联合大学应用文理学院任教职，1996 至 2000 年于北京大学考古文博学院在职攻读并获得历史学博士学位。现为中国人民大学历史学院教授、博士研究生导师。已发表学术论文 150 余篇，出版专著和论文集《中国北方地区新石器时代文化研究》《中国西北地区先秦时期的自然环境与文化发展》《新疆的青铜时代和早期铁器时代文化》《北京先秦考古》《五帝时代——以华夏为核心的古史体系的考古学观察》《走近五帝时代》《先秦考古研究：文化谱系与文化交流》《先秦考古研究：聚落形态、人地关系与早期中国》《原史中国——韩建业自选集》等，出版考古发掘报告《岱海考古（一）——老虎山文化遗址发掘报告集》《岱海考古（三）——仰韶文化遗址发掘报告集》《驻马店杨庄——中全新世淮河上游的文化遗存与环境信息》等。

国家社会科学基金重大项目

"欧亚视野下的早期中国文明化进程研究"（18ZDA172）

国家社会科学基金一般项目

"早期中国文化圈的形成和发展研究"（10BKG007）

序

  中国作为一个政治实体虽然出现得不算太早,但从第一个王朝开始,一代接着一代,传承关系非常清楚,即使有分有合,分裂时不忘统一,统一时努力维护统一,成为世界上唯一一个连续发展而从未中断的文明古国。为什么会有这样的情况?原因很多,最重要的原因就是存在一个文化中国的基础。

  韩建业很早就注意到在先秦乃至史前时期存在一个文化上的早期中国,或早期中国文化圈。经过深入研究,他认为这个文化上的早期中国萌芽于新石器时代中期的公元前6000年,而正式形成于新石器时代晚期的公元前4000年前后,直至商代晚期以前。

  本书全面梳理了商代晚期以前的考古资料,使我们从中可以清楚地看出早期中国文化圈的形成和发展过程。在旧石器时代长达200万年的时间里,从直立人、早期智人到晚期智人的许多化石标本中我们都能够看到门齿呈铲形的特点。最早研究北京人化石的著名古人类学家魏敦瑞就发现了铲形门齿,并且指出这是现代蒙古人种的特点。中国旧石器时代的石器多属砾石—石片工业传统,跟西方的旧石器判然有别而自成系统。但中国地理范围那么大,不同地区的文化自然会有不小的差别。中国在旧石器时代可以划分为南北两区和五六个小区,进入新石器时代早期就出现了五个文化系统。这说明中国的史前文化很早就呈现出多元的状态,这与各地区不同的自然环境和地理位置有很大关系。到新石器时代中期,情况开始发生微妙的变化。由于农业的发展,黄河流域和长江流域的经济文化水平明显超过了周围地区,主体地位初步显现。地处中原的裴李岗文化崭露头角,一方面向周围扩张,同时又吸收周围文化的有利因素,加强了相互之间的联系。一个以中原为核心,以黄河流域和长江流域为主体的圈层结构开始出现。这就是早期中国文化圈的萌芽。为什么这么早就萌生早期中国文化圈?韩建业在本书中归纳了五大原因。这些原因都具有中国特色而与世界其他地区古文明的史前状态大不相同,同时又与中国文化的后续发展密切相关,是很有说服力的。

到新石器时代晚期,大约在公元前 4000 年前后,中原地区的仰韶文化迅速发展,其分布范围大幅度扩张,对周围文化的影响也明显加强。尤其在它的庙底沟期,文化发展十分强势,甚至可以径直称庙底沟期为庙底沟时代。这时由于文化的扩展,自然形成三个层次的圈层结构:核心区在晋南、豫西和关中东部,主体区在黄河中游及稍南的部分,也就是整个仰韶文化分布的地区,外层是仰韶文化影响所及的地区。这三个层次文化共同体的形成,无论从地理还是从文化的意义上来说,都为往后中国的发展奠定了基础。早期中国文化圈到此时就正式形成了。

之后的铜石并用时代大致相当于传说中的古国时代。全国出现了许多文化中心,大地上涌现了一大批古城,精美的玉器、漆器、象牙器、丝绸和高档陶器,以及少量铜器的出现或广泛流行,在闪耀着初级文明的光芒。早先形成的中原、东方和北方三种发展模式在这个时代仍然有所表现,但相互间的影响、渗透和交流更加广泛而密切,早期中国文化圈进一步扩大。大批具有中国特色的器物,如玉器中的琮、璧、圭、璋、钺,陶器中的鬲、斝、甗、鬹、盉,漆器中的觚以及丝绸等都是在这个时代涌现出来的,陶鼎是早就有的传统性器物,这些又都为后续的王国时代所继承和发展。

中国在大约公元前 2000 年或稍后进入青铜时代,同时也就进入了王国时代。夏是中国第一个世袭制王朝,早期几经波折,到少康中兴才稳固下来。据考证河南偃师二里头遗址可能是少康直至夏朝末年的都城,那里有面积十多万平方米的宫城,城内有先后营建的十多座宫殿,所谓"建中立极"的格局颇显王气。宫城周围有贵族聚居区,有铸铜、制陶、制骨等作坊,这里还第一次出土了鼎、斝、爵、盉等成组的青铜礼器。以二里头遗址为代表的二里头文化是一个强势文化,其影响几乎达到大半个中国。继二里头文化之后的二里冈文化有规模空前的郑州商城,城中有大片宫殿区和各种手工业作坊区,出土了大量青铜礼器,其中的兽面纹大方鼎竟高达一米,堪称镇国之宝。与郑州商城约略同时的还有偃师商城,以及分布于各地的较小的商城。二里冈文化的影响更是遍及全国的大部分地区。这一时期以郑洛地区为核心,以二里头文化和二里冈文化为主体,外围又有深受这两个文化影响的许多青铜文化,以及更外的地方文化,形成了四级圈层结构,达到了早期中国文化圈的鼎盛时期。中国古代有所谓五服制的说法,实际上就是这种圈层结构的客观反映。

以上是本书关于文化上早期中国论述的基本框架。我的简要概括可能不大准确,但大致轮廓是清楚的。作者之所以写到商代晚期以前,我想是因为晚商不但有少量文献和铜器铭文,更有大量的甲骨文,已经属于信史的范围。当然晚商以前是不是可以叫作早期中国,早期中国究竟应该从什么时候开始,都还有不同的认识。本书的论述是以考古学为基础的,为此,作者尽量收集了现有的全部考古资料,以陶器组合为标志,进行了极为细致的谱系和文化特征的分析。这是因为中国史前陶器在世界上是最丰富多样的,陶器的特征和演变脉络十分明确且容易把握。在这种缜密分析的基础上,作者还要尽可能参照古史传说。古史传说反映的主要是华夏族群的历史记忆,而华夏族群特别重视宗族传统和祖先崇拜,因而,有关古史传说应该有较高的可信度。如果能够将其与相关的考古学文化相互参照,更会提高其学术价值。建业多年从事古史传说的研究就是遵循的这一条路线。他也特别重视自然环境和人地关系的研究,因为自然环境在中国文化特质的形成和演变中都发挥了重要的作用,本书还特辟一章对其进行讨论。以考古学为基础,结合古史传说的研究和自然环境的分析,就形成了本书的一个重要特点,使其在众多讨论早期中国的著述中独树一帜,其优势也是显而易见的。对早期中国有兴趣的读者而言,本书是不可不读的。

2014 年 8 月 15 日于北大蓝旗营蜗居

目　录

序 ··· 严文明　1

引言 ···　1

第一章　绪论 ···　5
一、文化上和政治意义上的中国 ·····························　5
二、文化意义上的早期中国 ·································　7
三、本书目的 ···　10
四、研究和写作思路 ·······································　10

第二章　早期中国之前的中国 ······························　13
一、早期中国人种和文化上的古老基础 ·······················　13
　　1. 人类演化的"连续进化附带杂交"说 ···················　13
　　2. 文化的统一性与多样性 ·····························　15
　　3. 小结 ···　19
二、五大文化系统 ···　19
　　1. 陶器和农业的最早出现 ·····························　20
　　2. 五大文化系统的形成 ·······························　22
　　3. 新石器文化区之外的文化 ···························　27
　　4. 小结 ···　29
三、早期中国的萌芽 ·······································　31
　　1. 两大河流域文化的首度崛起 ·························　32
　　2. 碰撞与交融 ·······································　34
　　3. 三大文化系统的初步形成 ···························　42
　　4. 新石器文化区之外的文化 ···························　45

5. 小结 ·· 45
　四、三大文化系统 ·· 54
　　1. 黄河流域文化区 ···································· 54
　　2. 长江中下游—华南文化区 ······················ 61
　　3. 东北文化区 ··· 67
　　4. 三大文化系统的形成和各文化系统间的文化交流 ··· 69
　　5. 小结 ·· 71

第三章　庙底沟时代与早期中国的形成 ··············· 79
　一、核心文化的蓬勃发展 ································ 80
　　1. 仰韶文化东庄类型 ································ 80
　　2. 仰韶文化庙底沟类型 ····························· 81
　二、仰韶文化的"庙底沟化" ···························· 83
　　1. 对西部地区的影响 ································ 83
　　2. 向北方地区的扩张 ································ 88
　　3. 对河南中南部和鄂北的影响 ···················· 89
　　4. 对太行山以东的影响 ····························· 91
　三、红山文化的新阶段 ···································· 91
　四、黄河下游和长江中下游地区文化的趋同 ········ 93
　　1. 大汶口文化的形成 ································ 93
　　2. "崧泽化"过程 ····································· 95
　　3. 大溪文化的变革 ··································· 98
　五、华南、东北、西北和西南地区文化 ·············· 99
　六、庙底沟时代的三层次结构文化共同体 ········· 100
　　1. 三层次结构文化共同体 ························ 100
　　2. 庙底沟时代的文化交流 ························ 102
　七、小结 ·· 102

第四章　早期中国的古国时代 ·························· 107
　一、仰韶后期：分化与整合 ··························· 107
　（一）以黄河上中游为主体 ··························· 107
　　1. 晋南豫西地区文化的相对衰落 ··············· 108
　　2. 关中地区文化的稳定发展 ····················· 112

3. 北方地区的文化变异 …………………………… 113
　　4. 河南中南部的文化变异 ………………………… 115
　　5. 太行山以东地区文化的崛起 …………………… 117
　　6. 西部地区文化的变异和拓展 …………………… 119
　　7. 长江上游新石器时代文化的兴起 ……………… 124
　　8. 青藏高原的卡若文化 …………………………… 126
　（二）长江中下游和黄河下游 ………………………… 127
　　1. 海岱地区大汶口文化的强大与扩张 …………… 127
　　2. 长江下游文化的极度强盛和扩张 ……………… 131
　　3. 长江中游的大溪文化和屈家岭文化 …………… 137
　（三）东北南部和西部 ………………………………… 141
　　1. 红山文化和哈民忙哈文化 ……………………… 141
　　2. 雪山一期文化、南宝力皋吐文化、小珠山中层文化、偏堡子
　　　文化 ……………………………………………… 144
　（四）早期中国外缘区文化 …………………………… 146
　（五）仰韶后期的文化交流 …………………………… 147
　　1. 仰韶三期的文化交流 …………………………… 147
　　2. 仰韶四期的文化交流 …………………………… 149
　　3. 马家窑文化的西向拓展与"彩陶之路" ………… 150
　（六）小结 ……………………………………………… 152
二、龙山时代：从万国林立到中原中心 ………………… 159
　（一）黄河长江流域大部地区 ………………………… 159
　　1. 海岱地区龙山文化的兴起 ……………………… 159
　　2. 中原龙山文化亚系统的形成 …………………… 163
　　3. 长江中游的石家河文化与肖家屋脊文化 ……… 175
　　4. 长江上游的宝墩文化和中坝文化 ……………… 177
　　5. 长江下游及附近地区文化 ……………………… 179
　（二）黄河上游与青藏高原东部地区 ………………… 180
　　1. 马家窑文化半山类型期 ………………………… 180
　　2. 马家窑文化马厂类型期 ………………………… 181
　（三）东北西部和南部文化 …………………………… 182
　（四）华南地区文化 …………………………………… 183
　（五）云南的新光文化 ………………………………… 185

（六）早期中国外缘区文化 ·············· 185
　　（七）龙山时代的文化交流 ·············· 185
　　（八）小结 ······························· 188

第五章　早期中国的王国时代 ·············· 195
　一、黄河长江辽河流域大部地区 ············ 196
　　1. 中原地区的二里头文化和下七垣文化 ···· 196
　　2. 中原及周边地区的二里冈文化 ·········· 201
　　3. 海岱地区的岳石文化 ·················· 204
　　4. 黄淮和长江下游地区文化 ·············· 205
　　5. 北方地区的朱开沟文化 ················ 208
　　6. 辽河流域和燕山南北的夏家店下层文化和高台山文化 ··· 209
　二、黄河上游至新疆东部 ·················· 213
　三、长江上游地区的三星堆文化 ············ 217
　四、华南地区文化 ························ 217
　五、早期中国外缘区文化 ·················· 218
　六、二里头—二里冈时代的文化交流 ········ 220
　七、小结 ································ 221

第六章　早期中国与古史传说 ·············· 231
　一、炎黄时期 ···························· 232
　　1. 炎黄族系及其文化 ···················· 233
　　2. 蚩尤族系及其文化 ···················· 234
　　3. 少昊族系及其文化 ···················· 235
　　4. 涿鹿之战在考古学上的反映 ············ 236
　　5. 黄帝时代与早期中国 ·················· 237
　二、颛顼、帝喾时期 ······················ 238
　　1. 颛顼帝喾族系及其文化 ················ 238
　　2. 颛顼共工势同水火 ···················· 240
　　3. 祝融南迁与苗蛮中兴 ·················· 241
　　4. 绝地天通与文明起源 ·················· 242
　三、尧、舜时期 ·························· 243
　　1. 唐伐西夏与陶唐氏文化 ················ 243

2. 有虞氏的强大与扩张 ……………………………………… 245
　　3. 先夏文化 …………………………………………………… 245
四、夏代 …………………………………………………………… 246
　　1. 稷放丹朱与早期先周文化 ………………………………… 246
　　2. 禹征三苗与早期夏文化 …………………………………… 247
　　3. 少康中兴与中晚期夏文化 ………………………………… 248
　　4. 先商文化 …………………………………………………… 249
　　5. 九州五服与早期中国 ……………………………………… 250
五、商代早期 ……………………………………………………… 252
　　1. 汤武革命与早商文化 ……………………………………… 252
　　2. 早商的王畿四至与早期中国 ……………………………… 252
六、小结 …………………………………………………………… 253

第七章　早期中国的地理环境基础 …………………………… 256
一、早期中国的地理环境基础 …………………………………… 256
　　1. 相对独立、广大多样的地理环境 ………………………… 256
　　2. 两大河流域和两大农业体系 ……………………………… 258
　　3. 中原：天下之中 …………………………………………… 259
二、环境演变与文化变迁 ………………………………………… 259
　　1. 中国第四纪环境演变状况 ………………………………… 260
　　2. 早期中国之前中国的自然环境与文化发展 ……………… 261
　　3. 文化意义上早期中国形成的自然环境背景 ……………… 263
　　4. 古国时代早期中国的自然环境与文化发展 ……………… 263
　　5. 王国时代早期中国的自然环境与文化发展 ……………… 265
三、小结 …………………………………………………………… 266

第八章　结语 …………………………………………………… 268

后记 ……………………………………………………………… 274

Abstract ………………………………………………………… 276

插 图 目 录

图一　中国古代屈肢葬谱系略图(公元前13000～公元900年) ………… 21
图二　中国新石器时代早期文化区系(公元前18000～前7000年) ……… 23
图三　中国新石器时代稻作农业空间拓展的三个阶段(公元前13000～
　　　前2000年) …………………………………………………………… 30
图四　贾湖遗址七孔骨笛 ……………………………………………………… 34
图五　贾湖遗址龟甲及刻符 …………………………………………………… 35
图六　裴李岗文化陶器及其周围诸文化中的裴李岗文化因素(公元前
　　　6200～前5000年) …………………………………………………… 36
图七　中国新石器时代陶豆和圈足盘的空间拓展 …………………………… 37
图八　中国新石器时代中期中段文化区系(公元前6200～前5500年) …… 38
图九　新石器时代中期长江中下游地区间的文化互动 ……………………… 39
图一〇　跨湖桥遗址独木舟 …………………………………………………… 40
图一一　中国新石器时代陶鼎的空间拓展 …………………………………… 47
图一二　商代晚期以前两大彩陶传统的空间拓展 …………………………… 49
图一三　商代晚期以前符号(原始文字)的发展演变 ………………………… 50
图一四　中国新石器时代八角形纹的发展流播 ……………………………… 51
图一五　商代晚期以前兽面纹的发展演变 …………………………………… 52
图一六　中国东北地区新石器时代的人形雕塑 ……………………………… 54
图一七　姜寨一期环壕聚落遗迹的分布 ……………………………………… 60
图一八　姜寨一期环壕聚落复原图 …………………………………………… 61
图一九　中国新石器时代中晚期压印纹白陶的分布(公元前6000～
　　　　前4200年) ………………………………………………………… 62
图二〇　商代晚期以前鬶(盉、爵)的空间拓展 ……………………………… 65
图二一　中国新石器时代晚期文化区系(公元前5000～前4200年) ……… 70
图二二　中国新石器时代玉器的空间拓展 …………………………………… 74

图二三	河姆渡遗址双鸟(凤)朝阳图案象牙雕刻	75
图二四	西水坡遗址蚌塑龙虎墓	77
图二五	仰韶文化半坡类型人面形象	77
图二六	西坡遗址大房子 F105 平面图	82
图二七	庙底沟时代各地区陶双唇口小口尖底瓶比较	84
图二八	庙底沟时代各地区黑彩带纹陶钵比较	85
图二九	庙底沟时代各地区花瓣纹彩陶盆比较	86
图三〇	史家墓地 M25 平面图	88
图三一	仰韶文化阎村类型的鹳鱼钺图	91
图三二	大汶口墓地 M2005 平、剖面图	94
图三三	商代晚期以前陶鬹的空间拓展	97
图三四	庙底沟时代文化意义上的早期中国(公元前 4200 ~ 前 3500 年)	101
图三五	西坡墓地 M27 平、剖面图	110
图三六	商代晚期以前陶斝、鬲的空间拓展	111
图三七	商代晚期以前卜骨的分布	120
图三八	大地湾遗址 F901 平面图	122
图三九	马家窑文化宗日类型的两类陶器	125
图四〇	尉迟寺环壕聚落平面图	128
图四一	尉迟寺 2 号建筑基址(F8 ~ F13)平面图和复原图	129
图四二	大汶口墓地 M10 平面图	130
图四三	良渚古城平面图	133
图四四	良渚反山墓地 M12 大玉琮	134
图四五	良渚反山墓地 M12 大玉钺	134
图四六	门板湾遗址土坯墙连间房屋	141
图四七	牛河梁遗址红山文化玉龙	142
图四八	牛河梁遗址红山文化玉凤	142
图四九	牛河梁遗址第二地点全景	143
图五〇	晚期红山文化南向影响的三个层次	148
图五一	"彩陶之路"示意图	151
图五二	马家窑文化彩陶舞蹈纹盆	152
图五三	仰韶后期文化意义上的早期中国(公元前 3500 ~ 前 2500 年)	158

图五四	三里河遗址龙山文化蛋壳黑陶杯	161
图五五	西朱封墓地 M202 平、剖面图	162
图五六	西朱封墓葬玉笄	163
图五七	陶寺遗址彩绘蟠龙纹陶盘	165
图五八	瓦店遗址黑陶觚形杯	168
图五九	园子沟遗址Ⅱ区部分老虎山文化窑洞式房屋平面图	172
图六〇	桥镇遗址齐家文化筒瓦	174
图六一	邓家湾遗址石家河文化陶人塑	176
图六二	龙山后期文化的南渐态势	187
图六三	龙山时代文化意义上的早期中国（公元前 2500～前 1800 年）	193
图六四	二里头文化青铜容器	197
图六五	二里头文化镶嵌绿松石青铜牌饰	198
图六六	二里头遗址一号宫殿基址平面图	199
图六七	二里冈文化青铜方鼎	202
图六八	偃师商城平面图	204
图六九	二道井子遗址院落群	211
图七〇	中国西北地区青铜时代前期文化分布态势图（公元前 2000～前 1500 年）	221
图七一	商代晚期以前铜器的两大传统	224
图七二	二里头—二里冈时代文化意义上的早期中国（公元前 1800～前 1300 年）	229

插 表 目 录

表一　中国新石器时代早期的文化区系
　　　（公元前 18000 ~ 前 7000 年）………………………………… 22
表二　中国新石器时代中期的文化区系
　　　（公元前 7000 ~ 前 5000 年）…………………………………… 31
表三　中国新石器时代晚期前段的文化区系
　　　（公元前 5000 ~ 前 4200 年）…………………………………… 55
表四　中国新石器时代晚期后段的文化区系
　　　（公元前 4200 ~ 前 3500 年）…………………………………… 79
表五　中国铜石并用时代早期的文化区系
　　　（公元前 3500 ~ 前 2500 年）…………………………………… 108
表六　中国铜石并用时代晚期的文化区系
　　　（公元前 2500 ~ 前 1800 年）…………………………………… 160
表七　中国青铜时代前期的文化区系（公元前 1800 ~ 前 1300 年）………… 195

引　言

在1986年美国弗吉尼亚州艾尔莱召开的"中国古代史与社会科学一般法则"国际学术会议上，严文明提交了论文《中国史前文化的统一性与多样性》。他明确提出，统一的多民族的现代中国格局在遥远的史前时期就已见雏形——中国史前文化本身就兼具统一性和多样性特点，或者说有着"重瓣花朵式"的"多元一体"格局，并且是以中原为核心的：

> 现代中国是一个以汉族为主体并结合着五十多个少数民族的统一的多民族国家。这样一个既有主体，又有众多兄弟；既是统一的，又保持各民族特色的社会格局，乃是长期历史发展的结果，它的根基深植于遥远的史前时期。……新石器时代……除了在一定范围内具有某些共同因素外，还形成了一个以中原为核心，包括不同经济文化类型和不同文化传统的分层次联系的重瓣花朵式的格局。这一发展对于中国早期文明的发生及其特点带来了深刻的影响。[1]

与此同时，张光直在他的《古代中国考古学》（第四版）一书中提出，从约公元前4000年开始在中国大地上由于文化的深入交流而形成了一个"中国相互作用圈（Chinese interaction Sphere）"：

> 这个在公元前4000年前开始形成，范围北自辽河流域，南到台湾和珠江三角洲，东自海岸，西至甘肃、青海、四川的"相互作用圈"，我们应当如何指称？我们也可以选一个完全中立的名词而称之为X，可是我们也不妨便迳称之为中国相互作用圈或中国以前相互作用圈——因为这个史

---

[1] 严文明：《中国史前文化的统一性与多样性》，《文物》1987年3期，第38~50页。

前的圈子形成了历史期间的中国的地理核心,而且在这圈内所有的区域文化都在秦汉帝国所统一的中国历史文明的形成之上扮演了一定的角色。[1]

两人的观点有一定区别。张光直的"中国相互作用圈"中的各文化互相"平等",中原并无特殊地位,这和强调各文化区平行发展的苏秉琦的"区系类型"理论近似[2]。而严文明的"重瓣花朵式"格局有主有次,"花心"就是中原这个核心,"重瓣"就是与中原亲疏差等、分层联系的周围文化;既保留了此前流行的"中原中心论"的合理成分,又吸收了"区系类型"理论的精髓。不过总体而言,两人的认识还是很相似的:即都认为中国文明具有连续性和整体性特征,在新石器时代已经有了秦汉以后"中国"或者现代中国基本格局的雏形[3]。夏鼐也曾说过这样一段话:

> 我们根据考古学上的证据,中国虽然并不是完全同外界隔离,但是中国文明还是在中国土地上土生土长的。中国文明有它的个性,它的特殊风格和特征。中国新石器时代主要文化中已具有一些带中国特色的文化因素。中国文明的形成过程是在这些因素的基础上发展的。[4]

但也有与他们大不相同的观点。

在一篇批评巫鸿所著《中国早期艺术和建筑中的纪念性》[5]的书评里,贝格利(Robert Bagley)对巫鸿"无视"文化的多样性而将诸多史前文化都假设成"中国"文化,给诸多史前居民贴上"中国人"的标签极为不满:

> 在本书涉及的所有时段里,巫鸿都无视文化多样性。他从头到尾都在

---

[1] 张光直:《中国相互作用圈与文明的形成》,《庆祝苏秉琦考古五十五年论文集》,文物出版社,1989年,第6页。翻译自Kwang-chih Chang, *The Archaeology of Ancient China*, Fourth Edition, Revised and Enlarged, Yale University Press, 1987.
[2] 苏秉琦、殷玮璋:《关于考古学文化的区系类型问题》,《文物》1981年5期,第10~17页。
[3] 严、张二位先生能够从各自的研究领域分别得到类似的重要结论,既是考古材料积累到一定阶段的必然结果,也与他们非凡的学术视野和研究水平有关。据严文明《足迹:考古随感录》所记,1986年6月22日上午为他的发言做评论的正是张光直,张对他的观点"表示完全的支持",并讲到"可能在公元前4000年前后,考古学文化开始组成一个联系网"。见严文明:《足迹:考古随感录》,文物出版社,2011年,第142~143页。
[4] 夏鼐:《中国文明的起源》,《夏鼐文集》(上册),社会科学文献出版社,2000年,第413页。
[5] Wu Hung, *Monumentality in Early Chinese Art and Architecture*, Stanford University Press, 1995.

假设他所处理的全是中国文化。关于新石器时期,他想说长江下游和山东半岛的居民都是中国人。但这到底是什么意思呢?我们总不能说他们是讲汉语的吧。因为我们并不知道他们说什么语言。如果他只是想说,这些人的物质文化肯定和有史时期说汉语的人物质文化有关,那还说得过去,但除此之外,它什么也说明不了。因为至少还有十几个很不一样的史前民族也可以有同样(而且同样微不足道)的理由说他们是中国人。我们不能心安理得地把同一个"中国人"的标签加在良渚、大汶口、红山、龙山、石岭下、马家窑和庙底沟等有着显著特色的考古文化所代表的人群身上。[1]

在贝格利看来,由于缺乏语言学的证据,甚至晚商时期殷墟周边的诸青铜文化也不应该被认为是早期中国文明的一部分:

尽管由于有语言方面的强有力的证据,把公元前第2千纪后半叶的安阳人叫"中国人"还说得过去,但我们并不知道有哪些或多少他们的邻国人说着同一种语言。[2]

这种认识在他撰写的《剑桥中国上古史》第三章中也有进一步展现[3]。后来巫鸿又有针锋相对的反驳[4]。双方均火药味十足,李零称之为"学术'科索沃'"。李零说:"西方学者批评巫鸿的目标,更主要是集中在所谓'解构永恒中国',即打破我们习惯上爱说的中国文化的'连续性'和'统一性'……西方学者

---

[1] 贝格利:《评巫鸿〈中国早期艺术和建筑中的纪念性〉》,《中国学术》第二辑,商务印书馆,2000年,第161~229页。翻译自 Robert Bagley, Reviewed work(s), "Monumentality in Early Chinese Art and Architecture by Wu Hung", *Harvard Journal of Asiatic Studies*, Vol. 58, No. 1 (Jun., 1998): 231~232.

[2] Robert Bagley, Reviewed work(s), "Monumentality in Early Chinese Art and Architecture by Wu Hung", *Harvard Journal of Asiatic Studies*, Vol. 58, No. 1 (Jun., 1998): 256.

[3] 贝格利说,"越来越多的考古发现证明,作为传统解释模式的本质,即(商朝的)中心性和文化统一性,在安阳(殷墟)时期的考古材料中实际上是不存在的"。见 Robert Bagley, "Shang Archaeology", In Michael Loewe, Edward L. Shaughnessy (ed.), *The Cambridge History of Ancient China: From the Origins of Civilization to 221 BC*, Cambridge University Press, 1999: 124~231.

[4] 巫鸿:《答贝格利对拙作〈中国早期艺术和建筑中的纪念性〉的评论》,《中国学术》第二辑,商务印书馆,2000年。翻译自 Wu Hung, "A Response to Robert Bagley's Review of My Book, Monumentality in Early Chinese Art and Architecture (Stanford University Press, 1995)", *Archives of Asian Art*, Vol. 51, (1998/1999): 92~102.

的批评并不仅仅是针对巫鸿,它也包括巫鸿曾经从中受到教育现在也还没有割断联系的学术背景和学术习惯,也包括他还时时引用的中国同行的研究。"[1]李峰也曾经指出:"传统的中国历史学家把早期中国描写成一个统一的政体……但是,很多西方学者更倾向和愿意看到一个更小和更加支离破碎的早期'中国'。"[2]的确,巫鸿和贝格利等之间的这场学术争论,只是国际学术界在"早期中国"问题上存在巨大歧见的冰山之一角。

---

[1] 李零:《学术"科索沃"——一场围绕巫鸿新作的讨论》,《中国学术》第二辑,商务印书馆,2000年,第202~216页。
[2] 李峰撰,胡保华译:《早期中国研究及其考古学基础——全球化时代的新观察》,《北美中国学——研究概述与文献资源》,中华书局,2010年,第51~69页。

第一章 绪　　论

一、文化上和政治意义上的中国

"中国"一词最早见于西周文献。周成王时青铜器何尊上有这样的话:"唯（成）王初迁宅于成周……唯武王既克大邑商,则廷告于天曰,余其宅兹中国,自兹乂民。"[1]《尚书·梓材》中说"皇天既付中国民越厥疆土于先王"。《诗经》中多处出现"中国"一词,如《诗经·大雅·生民之什·民劳》中有"惠此中国,以绥四方"的话。当时的"中国"与"中土"、"中原"内涵近似,与"四方"相对,合起来便是《诗经·小雅·谷风之什·北山》所谓"溥（普）天之下,莫非王土;率土之滨,莫非王臣"的"天下"。"中国"既指"中土之国"即京师成周洛邑[2],也指代表天命拥有王权的"天下"之核心,因此虽不是近代意义上的国名,但具有深刻的政治意义[3]。春秋战国至秦汉以后,"中国"常与"四夷"相对,范围也扩大到中原,乃至于扩大到以汉族为主体建立的"正朔"皇朝[4],但仍不是国名,内涵也小于"天下"。至清康雍乾三朝统一天下,中国才基本确立近代中国的空间格局。辛亥革命以后,"中国"作为"中华民国"的简称,才真正成为国名。

现在一般所说的"中国",是中华人民共和国的简称,也可称为现代中国。

---

[1] 马承源:《何尊铭文初释》,《文物》1976年1期,第64~65页。

[2] 《逸周书·作洛》:"（周公）及将致政,乃作大邑成周于中土。"此"中土"应即《周礼·大司徒》所谓"地中"。据赵永恒研究,《周礼·大司徒》所载夏至影长是"周公卜洛"时的测量数据,地理纬度在34.32度,极为接近今登封告成,这就是周人所找的"地中"。见赵永恒:《〈周髀算经〉与阳城》,《中国科技史杂志》2009年1期,第107页。

[3] 李大龙:《"中国"与"天下"的重合:古代中国疆域形成的历史轨迹》,《中国边疆史地研究》17卷3期,2007年,第1~15页。

[4] 如欧阳修言西夏"欲自比契丹抗衡中国以为鼎峙之势尔"(《言西边事宜第一状》,《文忠集》卷一一四),所说"中国"实为宋朝,而不包括辽、西夏等政权,但这并不表示时人的"天下"观只局限于宋朝本土。

现代中国可以从文化和政治两个方面去观察。文化意义上的现代中国,表现为多民族多区域文化"多元一体";政治意义上的现代中国,表现为国家基本统一,能够对约960万平方公里的领土以及一定范围的领海和领空行使主权,下分30多个省级行政单位。虽然文化意义和政治意义上现代中国内部单元的划分并不一致,但总体都具有统一性特征,其地理空间也基本一致[1]。

历史上的中国,空间或疆域范围众说纷纭,有人将其归纳为至少5种观点[2]。这当中以《中国历史地图集》的主编谭其骧倡导的以鸦片战争以前清朝的版图作为历史上中国疆域范围的意见最具代表性。他提出:

> 我们既不能以古人的"中国"为历史上的中国,也不能拿今天的中国范围来限定我们历史上的中国范围。我们应该采用整个历史时期,整个几千年来历史发展所自然形成的中国为历史上的中国。我们认为18世纪中叶以后、1840年以前的中国范围是我们几千年来历史发展所自然形成的中国,这就是我们历史上的中国。至于现在的中国疆域,已经不是历史上自然形成的那个范围了,而是这一百多年来资本主义列强、帝国主义侵略宰割了我们的部分领土的结果,所以不能代表我们历史上的中国的疆域了。[3]

受谭其骧的引导,我们宏观观察秦汉帝国以来历史上中国的发展过程,至少有三项收获:

一是所谓统一和分裂主要是从政治上来说的,文化意义上的中国其实有着相当的稳定性。文化意义上的中国是政治意义上的中国分裂时向往统一、统一时维护统一的重要基础。中原地区和边疆地区虽然政治上时而统一时而分裂、时而战争时而和平,但由于经济上互补相依,文化上不断交流,因此总体趋势是文化意义上的中国的统一性渐次增强,地理范围总体上也有不断扩大的趋势,并最终造就18世纪中叶之后的多民族国家政治大一统局面。

二是在中原地区和边疆地区交互作用的过程中,中原地区及其"汉文化"总

---

[1] 陈季冰曾经用"文化中国"和"政治中国"两个语汇来概括上述两个意义上的中国,但都未强调其地理范围和格局(陈季冰:《"中国"的政治概念及文化概念》,《中国经济时报》2005年10月17日)。其中的"文化中国"这一语汇其实早在20世纪70年代末就已出现,80年代之后逐渐流行,内涵也并不完全一致(张宏敏:《"文化中国"概念溯源》,《深圳大学学报(人文社会科学版)》28卷3期,2011年,第56~59页)。

[2] 邢玉林:《1989~1998年中国古代疆域理论问题研究综述》,《中国边疆史地研究》10卷1期,2001年,第88~101页。

[3] 谭其骧:《历史上的中国和中国历代疆域》,《中国边疆史地研究》1991年1期,第59~64页。

体上具有核心和主导作用。尽管中原地区的实力时强时弱,但总体上处于强势地位;尽管多民族文化共存并有着复杂的交流融合过程,但总体以"汉文化"占据主体,以"汉文化"对其他民族文化的同化为主流。即使少数民族入主中原的元、清两代,非但未使"中国"覆灭,而且由于更大范围的融合和"汉化"而使中国疆域大为扩展。

三是在对外关系上,依靠优秀文化的辐射影响而非政治经济干预,主张"王权"而非"霸权",尊重各个国家、各个民族的不同文化,以德服人,形成了以中国为宗主国的多予少取的朝贡体系,维持了东亚乃至于更大范围国际秩序的长期稳定与和谐。

二、文化意义上的早期中国

"早期中国"这一概念由美国学者吉德炜(David N. Keightley)于1975年创办《早期中国》(*Early China*)刊物时提出,时间范围从史前直到汉代[1],但所谓"中国"更多只是一个地理概念。我这里所说的"早期中国"或文化上意义上的早期中国,指秦汉以前中国大部地区因文化彼此交融联系而形成的相对的文化共同体,也可称为"早期中国文化圈"[2]。这显然是一个具有特定历史内涵的概念。和秦汉帝国以后历史上的中国相比,"早期中国"有其自身的鲜明特征:其时为"前帝国"时期,还未出现真正的中央集权;匈奴等北方畜牧民族虽已登上历史舞台,但实力有限,对占据主体的中原等地农业民族的压力远不如后世之巨。

早期中国以中原为核心,并且至少自五帝以来就基本前后相承、连续发展,这是中国传统史学的基本认识。但自晚清以来,随着中西文化的碰撞和中国弱势地位的显现,疑古思潮在国内外渐成风气,使这一认识受到前所未有的挑战,这在顾颉刚等主编的《古史辨》中有集中体现[3]。当然随着甲骨文的发现和研究,王国维[4]、徐旭生[5]、蒙文通[6]等对古史的研究整理,以及20世纪20年代以来殷墟等重要遗址的考古发现和研究[7],极端的疑古思潮已经淡出史学领

---

[1] David N. Keightley, "Editorial Statement", *Early China* 1 (Fall 1975): i.
[2] 韩建业:《论早期中国文化周期性的"分""合"现象》,《史林》2005年增刊,第65~71页。
[3] 顾颉刚等主编:《古史辨》(全七册),上海古籍出版社,1982年。
[4] 王国维:《殷卜辞中所见先公先王考》,《观堂集林》卷第九,中华书局,1959年,第409~436页。
[5] 徐旭生:《中国古史的传说时代》(新一版),文物出版社,1985年。
[6] 蒙文通:《古史甄微》,上海商务印书馆,1933年。
[7] 李济:《安阳》,河北教育出版社,2000年。

域,商代晚期以来的中国史基本为信史、中华文明的起源在商代晚期以前等观点已成学术界共识。据《尚书·酒诰》,商王朝的官吏贵族可分成"内服"与"外服"两大类[1];据甲骨卜辞,商王直接管辖的区域为"大邑商"、"天邑商"或"商",而周边统治或相关地区为"四方"、"四土"[2]。据《国语·周语》,西周时期有甸、侯、宾、要、荒"五服"制度[3]。或许这些记载尤其是西周的五服制度有理想化的成分在内,但商周时期已实行了分层管理的基本行政制度则是毋庸置疑的。这种制度基于基本的血缘和宗族关系,亲属关系由内及外,空间由近及远,至少从西周开始实行封建制度[4],按照不同层次实行不同的统治方式,主张"王权"而非"霸权",以德服人,依靠优秀文化的辐射影响而非一味政治经济干预,尊重各地区不同文化,形成一种结构相当稳定的文化或政治共同体。可以说商代晚期明确存在文化意义上的早期中国,西周时期早期中国在变革中得以延续。但商代晚期以前是否存在文化意义上连续发展的早期中国,或者这个早期中国有着怎样的文化格局、特质和发展过程,都还没有形成定论或者不很清楚。即便是商代晚期和西周,"早期中国"的范围和格局也都还歧义纷呈。

在20世纪80年代以来对中国文明起源的热烈讨论中,主要由中国学者进行的绝大部分研究都直接论述了中国古代文明或国家起源的时间、标志、过程等,处处冠以"中国"而恰恰对"中国"概念不加深究,对"中国"的范围不加界定,由此自然会引起一些敏感的西方同行的非议,甚至将其与民族主义、沙文主义等联系起来。

在早期中国问题上,目前学术界至少存在三种不同认识。

第一种承认秦汉以后中国的文化渊源可以在当地史前文化中寻找,但迟至商代晚期也不存在后世中国基本格局的雏形,更不用说早到新石器时代,并对所谓"永恒中国"的观念加以批评,以上述贝格利为代表。

第二种认为"早期中国"或"最早的中国"形成于夏商时期。比如许宏提出

---

[1] 《尚书·酒诰》:"越在外服,侯、甸、男、卫、邦伯;越在内服,百僚、庶尹、惟亚、惟服、宗工,越百姓里居。"
[2] 杨升南:《卜辞所见诸侯对商王室的臣属关系》,《甲骨文与殷商史》,上海古籍出版社,1983年,第128~169页。
[3] 《国语·周语》:"夫先王之制,邦内甸服,邦外侯服,侯卫宾服,蛮夷要服,戎狄荒服。"《荀子·正论》中也有类似记载。
[4] 有学者主张商代已经存在分封制,如董作宾:《五等爵在殷商》,《中央研究院历史语言研究所集刊》第6本第3分,1936年,第413~429页;胡厚宣:《殷代封建制度论》,《甲骨学商史论丛》,成都齐鲁大学国学研究所专刊,1944年,第2~21页;李雪山:《商代分封制度研究》,中国社会科学出版社,2004年。有学者认为西周才有,如黄中业:《商代"分封"说质疑》,《学术月刊》1986年5期,第76~79页。

"最早的中国"开始于二里头文化[1]或即晚期夏文化。艾兰也曾指出:"形成于二里头的上层文化,被效仿的范围远远超出它的政治疆域,而且它的特定形式设定了一个上层建筑的轨迹。通过这种上层建筑,后世中国人确定了他们的文明。虽然青铜容器的发现并不必然体现政治权威,地方文化的多样性依然存在,但是这种上层文化奠定了共同文化的基础。在孔子的时代,这种共同文化是按照共享的礼仪来定义的。因此,我们或许有理由称之为'中华文明'"[2]。

第三种认为新石器时代已经有了秦汉以后中国基本格局的雏形。以上述严文明和张光直的意见为代表。苏秉琦也曾指出先秦时期存在"共识的中国"[3]。作为"中华文明探源工程"阶段性成果的总结,2009年中国曾举办了一个名为"早期中国——中华文明起源"的大型展览,该展览按照严文明的意见明确将"早期中国"置于铜石并用时代至商代晚期以前(公元前3500~前1400年)的时间范围内[4]。与严文明的观点相似,赵辉特别强调了中原的特殊地位,"中原作为一个文化实体凸显出来,不仅为以后三代文明准备好了地域舞台,还形成了中国文化的多重空间结构",他认为以中原为中心的历史趋势的形成"肇始于公元前3000~前2500年之间"[5]。此后他对以中原为中心的中国的史前基础做了进一步论证[6]。

在这三种认识中,只有第三种认识是在对新石器时代以来考古学文化谱系结构做过认真梳理后得出的结论,甚至已经初步搭建了早期中国文化圈的基本框架,第一、二种认识主要只是根据夏商时期的情况做的推断。即使第三种认识,所提出的"中国相互作用圈"或"共识的中国"的空间结构仍值得进一步研究,特质有待总结,形成发展过程有待系统梳理,机制有待深入探索,尤其关于早期中国文明连续性发展和是否以中原为核心的问题更有待深入探讨。

我从2000年开始致力于早期中国问题研究。2004年讨论了中国新石器时代中原文化的特殊地位[7],2005年明确提出"早期中国文化圈"和文化意义上

---

[1] 许宏:《最早的中国》,科学出版社,2009年。
[2] 艾兰:《二里头与中华文明的形成:一种新的思维》,《多维视域——商王朝与中国早期文明研究》,科学出版社,2009年,第27页。
[3] 苏秉琦:《中国文明起源新探》,三联书店,1999年,第161~162页。
[4] 严文明:《重建早期中国的历史》,《早期中国——中华文明起源》,文物出版社,2009年,第15~23页。
[5] 赵辉:《以中原为中心的历史趋势的形成》,《文物》2000年1期,第41~47页。
[6] 赵辉:《中国的史前基础——再论以中原为中心的历史趋势》,《文物》2006年8期,第50~54页。
[7] 韩建业:《论新石器时代中原文化的历史地位》,《江汉考古》2004年1期,第59~64页。

"早期中国"的概念[1],2009年提出文化意义上的"早期中国"萌芽于公元前6000年代的新石器时代中期,而正式形成于公元前4000年前后的新石器时代晚期[2]。但是这些研究多是针对某一时段或某个问题,缺乏较为系统全面的论述。

三、本书目的

甲骨文所揭示的商王畿和四邻方国的关系,考古遗存所揭示的以殷墟为核心的多层次结构共同体[3],都显示商代晚期早已有了文化意义上的早期中国,尽管这个问题仍有争议。因此,本书主要研究商代晚期以前文化意义上的早期中国。

文化意义上的早期中国有何不同于其他早期文明的特质?其空间范围和格局怎样?形成于何时,又有着怎样的发展演变过程?早期中国形成和发展的环境背景是什么?机制动因是什么?这些都是本书要重点讨论的内容。弄清楚这些问题,可以为深入研究早期中国文明起源和发展、客观评价早期中国文明在全球文明史中的地位等重要学术课题奠定一定的基础,这是本书的写作目的之一。

文化意义上的早期中国对此后文化中国的连续发展有何影响,又是如何影响到政治意义上中国的"合久必分,分久必合",影响到世界文明体系中中国文明模式的形成?清楚认识文化意义上早期中国数千年的连续发展经验,对于看清中国的未来发展方向,选择适合中国的发展道路,对于全球人类的和谐共存和可持续发展,都应当有重要的启示作用,这是本书的写作目的之二。

葛兆光《宅兹中国:重建有关"中国"的历史论述》一书开篇引言便是"'中国'作为问题与作为问题的'中国'"[4]。历史上的中国已经歧义纷呈,振兴背景下的现代中国更易引发争议。抛开立论者立场、角度不同所带来的偏见不说,对早期中国缺乏系统深入的研究当为引发争议的重要原因。希望本书的研究能够澄清部分事实,消解某些争议,这是本书的写作目的之三。

四、研究和写作思路

对商代晚期以前文化意义上早期中国或者早期中国文化圈的探索,理应以

---

[1] 韩建业:《论早期中国文化周期性的"分""合"现象》,《史林》2005年增刊,第65~71页。
[2] 韩建业:《裴李岗文化的迁徙影响与早期中国文化圈的雏形》,《中原文物》2009年2期,第11~15页。
[3] 宋新潮:《殷商文化区域研究》,陕西人民出版社,1991年。
[4] 葛兆光:《宅兹中国:重建有关"中国"的历史论述》,中华书局,2011年,第3~33页。

商代晚期和西周时期的早期中国为立足点，首先考察其文化共同体的时空范围和特征、特质，而时空范围又是基于特征、特质的。简单来说，这里的特征主要指容易观察到的考古遗存的外在特点，而特质主要指考古遗存反映出的内在本质。

商代晚期至秦汉时期的早期中国，甚至整个历史上的中国，都一直以黄河流域和长江流域为主体。一旦形成大致能够包含黄河、长江流域在内的特征和特质相近的文化共同体，即标志着文化意义上早期中国的形成。早期中国的形成不是一蹴而就的，它应当有一个较长的起源过程，形成后又经过若干阶段的发展。因此，本书的主要篇章就是以时间为序来论述早期中国的起源、形成和发展过程，论起源上至旧石器时代，论发展下至商代早期。本书立足于全方位的考古资料，主要利用考古类型学、考古地层学和考古学文化的方法进行研究，重在文化谱系的梳理。

早期中国是由于文化的交融联系而形成的。不过毗邻文化间存在交流也是很平常的事情，到底什么程度的联系才算紧密，具备什么样的共同特征和特质才可纳入早期中国，或者早期中国的边界如何去划定？回答这样的问题并非易事。即便是西周时期，"天下"之外缘的界定也很模糊。本书对早期中国基本文化特征和特质的判定是以中原为核心，以黄河、长江流域为主体的。离此愈远，相近文化特征和特质愈少，但须得能够看得出来，不能完全是另外一个文化体系——尤其向西，不能是西方文化体系。对早期中国空间范围及其发展变化的讨论，也就成为贯穿本书主要篇章的基本内容。

文明的形成与早期中国的形成本可以不是一回事：一般意义上的文明形成重在社会复杂化的程度，不必在早期中国形成之前；而早期中国的形成也不见得非要在文明形成之后。但"中国文明"的形成则必定是早期中国形成之后的事情，而且能够将中国大部地区联结成相对的文化共同体，没有来自核心区的强大能量，社会未文明化到一定程度，也同样是不可想象的。因此，早期中国的形成和发展过程，大体也是早期中国文明形成和发展的过程，本书也就将二者放在一起论述。正如严文明所做的那样，涉及文明起源的研究，需将聚落考古学和考古学文化谱系研究结合起来进行，而不能单纯依靠聚落考古学去讨论社会复杂化问题。

晚商以后中国黄河、长江流域一直以旱、稻双体系农业为主体经济，这也是世界上范围最大的农业经济共同体。此前早期中国的经济形态如何？这也是本书要涉及的内容。该部分当然会吸收不少农业考古的研究成果。

以上构成本书第二至第五章的主要内容。

本书第六章主要讨论早期中国与古史传说的关系问题。古史传说中有很多内容涉及对早商、夏代乃至于五帝时代的论述,重点是对古史传说和考古学进行对证研究。按照我的理解,中国的古史传说主要是以华夏为核心的古史体系,不要奢望这个古史体系能够囊括早期中国的全部范围,更不用说其中还有很多讹误虚夸之处。但不能因噎废食,放弃对古史传说资料的利用。实际上这部分口耳相传至商周秦汉、经不同时期记录整理的古史资料,只要详加考辨,去伪存真,其价值不可限量,因为它们直指早期中国,远非民族志、人类学等仅供比拟的边缘性资料可比。好在这方面既有顾颉刚等人对古书古史的疑辨整理作为基础,又有王国维、徐旭生诸人建设性的成果可资利用。我本人在这方面也做过一些研究。

本书第七章讨论早期中国的环境基础,从自然环境特点及其发展演变的角度,尝试讨论为什么在东亚以黄河、长江流域为中心的这个区域会出现这样庞大的一个早期中国文化圈,为什么会形成那样一些特征和特质,以及早期中国每个阶段的变化和环境演变的可能关系。我当然不是环境决定论者,但仍然认为自然环境对文化发展有至关重要的影响。环境虽然不能决定文化的发展方向,同样的环境变化对不同文化也可能有完全不同的影响,但不可否认的是,特定环境深刻影响文化的特征和特质,环境变化也肯定会对文化的变迁发生这样那样的影响。这方面有大量地学和环境考古学的研究成果可以利用,尤其严文明对早期中国的环境基础已有很好的宏观论述。

第二章　早期中国之前的中国

（公元前4200年以前）

一、早期中国人种和文化上的古老基础

万事皆有源头。早期中国的人种和文化基础，自然首先应当在中国大地上人类历史的最早篇章——旧石器时代当中寻找。依据现有资料，一般认为中国旧石器时代文化的发展历程大致分成早、中、晚三期，中国大地上先后生活过直立人、早期智人和晚期智人等进化程度不同的远古人类[1]。那么旧石器时代中国的这些文化和远古人类的基本情况如何，与新石器时代以后的文化和人类有何联系，是我们首先需要弄清楚的问题。

1. 人类演化的"连续进化附带杂交"说

中国是早期人类起源的摇篮之一吗？这仍然是一个争论中的问题。早期人类的非洲起源说认为，既然世界上最早的人科成员——距今400万~200万年的南方古猿——大量发现于非洲，那么早期人类当然就起源于非洲，然后在大约距今150万年直立人出现后才从非洲扩散到欧亚大陆。但也有学者认为东亚特别是中国也是早期人类的起源地之一，不过要证明这一点还需更多证据。早更新世晚期以后，中国大地上先后生活过直立人、早期智人和晚期智人等人类，他们是否为连续发展，发展过程中有无外来基因介入？中国境内的晚期智人是否为第二次"走出非洲"的结果？

早期直立人

地质学上的早更新世晚期阶段，最早出现在中国大地上的人类即早期直立

---

[1] 吴汝康、吴新智、张森水：《中国远古人类》，科学出版社，1989年。也有人认为所谓早、中期的面貌更加近似，与晚期区别明显，因此可将其合并为前后两大阶段。见高星：《关于"中国旧石器时代中期"的探讨》，《人类学学报》18卷1期，1999年，第1~16页。

人,其中年代最为明确的当属陕西蓝田公王岭蓝田直立人[1],一般认为其距今约有110万年。其他如云南元谋上那蚌、湖北郧县曲远河口等处发现的直立人,年代有从五六十万年到最早170万年的不同说法。这些最早的人类资料少、年代争议大,在体质特征上还有许多不甚清楚的地方。最有代表性的蓝田人和郧县人的头骨就有较大差异,如郧县人脑容量较大、头骨不如蓝田人粗壮等,但已经可以观察到一些共性特征,除时代所决定的原始特征外,还有铲形门齿、额鼻缝和额上颌缝走向约在同一水平位置等与后来蒙古人种相联系的特征[2],而这些特征与非洲早期直立人有显著差异。

应当说,中国境内的早期直立人已经有了后来蒙古人种的影子。考虑到后来文化意义上早期中国范围内的人类基本都属于蒙古人种,则中国境内的早期直立人就极可能是"早期中国"人种最早的基因源之一。

晚期直立人和早期智人

中更新世阶段的人类化石发现多而完整,以周口店第一地点的北京直立人最具代表性,其他还有安徽和县人、南京汤山人等,年代大致在距今78万~12.8万年。他们的脑量增大到1 000毫升以上(此前蓝田人为780毫升)、颅骨变高、骨壁减薄、眉脊及牙齿不如以前粗壮,表现出明显的进步特征,进入晚期直立人阶段。特别值得注意的是,此时人类进化情况表现出较大的不平衡性,比如和晚期北京直立人大体同时的金牛山人的脑量已达1 300毫升,表现出明显的进步性,已经属于早期智人的早期类型。无论如何,中国境内中更新世人类普遍存在的铲形门齿、矢状脊、印加骨、阔鼻、眶下缘圆形、下颌圆枕等特征,有些在中国早更新世人类身上就已经存在,表现出明显的区域继承性特点。

晚更新世早期阶段的人类化石多属于早期智人,还可细分为大荔人等早期类型,以及马坝人、丁村人、许家窑人等晚期类型,年代约在距今12.8万~3.5万年。这些人类化石有和世界其他地区类似的进步特征,如脑量明显增大、颅骨增高、骨壁减薄、眉脊变为倒"八"字形、颞鳞变高等,同时仍有铲形门齿、印加骨、矢状脊、鼻骨较低、高颧骨、较宽阔的脸颊等类似后世蒙古人种的特征,说明其与中国境内直立人在进化上有连续性[3]。何况中国境内的这些早期智人的体质虽仍有小的差异,但与欧洲及西亚等地的尼安德特人有显著区别。

---

[1] 戴尔俭:《陕西蓝田公王岭及其附近的旧石器》,《古脊椎动物与古人类》10卷1期,1966年,第30~32页;戴尔俭、许春华:《蓝田旧石器的新材料和蓝田猿人文化》,《考古学报》1973年2期,第1~12页。

[2] 王幼平:《中国远古人类文化的源流》,文物出版社,2005年,第19页。

[3] 吴汝康、吴新智主编:《中国古人类遗址》,上海科技教育出版社,1999年。

晚期智人

晚更新世晚期的年代约在距今 3.5 万～1.2 万年，当时的中国大部地区已经是晚期智人——现代人的天下，其向四周开拓范围之大、速度之快都前所未见，而这与其发达的智力水平正相吻合。中国境内的人类化石彼此仍有差异，但与早期智人相比，牙齿和面部缩小、眉脊减弱，颅骨已增大到当代人类的变异范围。当然在早期现代人（如柳江人、山顶洞人等）身上还保留些许原始痕迹，如头骨较粗壮、眉脊和矢状脊较发达、骨壁较厚等。

有人认为以柳江人为代表的现代人在晚更新世早期即已登场。不仅如此，最近在广西崇左的一处洞穴中出土一段约 10 万年前的人类下颌骨化石，已经出现一系列现代人类的体质特征，如突起的联合结节、明显的颏窝、中等发育的侧突起、近乎垂直的下颌联合部、明显的下颌联合断面曲度等，有人认为崇左古人类属于正在形成中的早期现代人[1]，其时间远早于"出自非洲说"给出的现代人到达东亚的时间[2]。

蒙古人种的起源

中国乃至东亚最早的现代人——晚期智人大约已经有 10 万年的历史。这些晚期智人已经具备现代蒙古人种的基本特征，如铲形门齿、下颌圆枕、颧骨大而突出、鼻骨宽平、梨状孔宽阔等，已属于原始蒙古人种范畴，且与前此中国境内的早期智人和直立人存在明显继承性。因此，中国乃至东亚以本土人类连续演化为主旋律。但不可否认还有更为流行的全球现代人起源于非洲的"夏娃"说，而且晚更新世晚期以后东亚和旧大陆西部一样文化迅猛发展，步调一致，这可能的确是与西方现代人群在基因和文化上存在交流的结果。有鉴于此，吴新智等学者提出中国旧石器时代人类演化的"连续进化附带杂交"模式，可能基本符合实际[3]。

2. 文化的统一性与多样性

中国幅员辽阔，旧石器时代文化丰富多彩。这些文化是否存在连续发展演变的过程？外来因素在其中居于何种地位？中国旧石器时代文化是否有着统一性和多样性并存的特点，在文化的哪些方面奠定了新石器时代以后文化的基础？

---

[1] Wu Liu, Chang-Zhu Jin, Ying-Qi Zhang et al, "Human Remains from Zhirendong, South China, and Modern Human Emergence in East Asia". *PANS*, 2010, 107(45): 19201~19206.

[2] 高星:《中国人的直系祖先到底是谁?》,《中国文物报》2011 年 1 月 21 日第 5 版。

[3] 吴新智:《从中国晚期智人颅牙特征看中国现代人起源》,《人类学学报》17 卷 4 期,1998 年, 第 276~282 页。

旧石器时代早期早段文化

中国最早的人类文化,自然就是早更新世晚期的旧石器时代早期早段文化,也就是早期直立人创造的文化。除上述蓝田人等的文化外,还有山西芮城西侯度、河北阳原马圈沟与小长梁等处早更新世的旧石器时代文化,年代约在距今170万~100万年。这些最早的文化主要分布在中国第2级阶梯上,当时文化较为发达的秦岭南北恰是后来"早期中国"的核心所在,不能不引人深思。

这些文化至少可以分为两个系统,一个系统以郧县人和蓝田人石器为代表,以砾石直接打制的砍砸器、原手斧等大型石器为主,是中国南方砾石石器工业的鼻祖,其经济方式可能主要是挖掘采集森林环境的块茎类植物;另一个系统以泥河湾盆地早更新世石器为代表,以基岩碎块锤击剥取石片而来的刮削器等小型石器为主,是中国北方石片石器工业的雏形,其经济方式可能主要是狩猎草原环境中的中小型动物。但不管怎样,这两个系统的加工技术都只是简单的石核—砍砸器技术,属于克拉克(Clark)分类中所谓石器技术模式Ⅰ[1]。正如王幼平所指出的那样,这两个系统都与东非世界最早的奥杜威石器工业接近,显示出其原初性质[2]。

旧石器时代早期晚段文化

中更新世的人类文化主要是由晚期直立人创造的文化,即旧石器时代早期晚段文化。王幼平以秦岭淮河为界将其大致分为南北两个大区,又从石器工业的角度将其分为两种类型,即南方东部与北方南部的大型砾石工业、南方西部与北方北部的小型石片工业[3]。实际上以大型砾石工业为主的南方东部与北方南部连成一片,可作为一个大区——南偏东文化区;而以小型石片工业为主的南方西部与北方北部相距甚远,当分别成区。

南偏东文化区主要分布在中国第3级阶梯及其西部边缘,西达陇东黄土高原、汉中盆地,北至太行山南部两侧,东至长江下游,南到南岭以南,而以晋、陕、豫交界,洛南盆地、陕南汉中盆地、鄂西北区、湖南澧水中下游区、广西百色盆地等旧石器遗址或地点群最为集中,多在河流附近,以山西芮城匼河、陕西南郑龙岗寺、湖南澧县鸡公垱遗址为代表。石器多为形体硕大的以锤击法为主制作的砍砸器、尖状器、原手斧、石球等,其中秦岭淮河以北还有部分大石片加工的砍砸

---

[1] J. G. D. Clark, *World prehistory: A New Outline*, 2nd ed, Cambridge University Press, 1968: 24~47.
[2] 王幼平:《中国远古人类文化的源流》,文物出版社,2005年,第33~34、305页。
[3] 王幼平:《中国远古人类文化的源流》,文物出版社,2005年,第51、306~307页。

器，其以单面加工为主，属于大型砾石石器工业。

北方北部与南方西部文化区主要分布在中国第2级阶梯，而以泥河湾盆地遗址最为集中，多为洞穴遗址，以北京房山周口店第一地点、辽宁营口金牛山、贵州黔西观音洞遗址为代表。石器主要为小型刮削器等石片石器，锤击法和砸击法并重，砍砸器很少，属于小型石片工业。

本期最重要的变化是人类从第2级阶梯向第3级阶梯的大幅度扩展，区域性特点也看得更加清楚，但南偏东文化区和北方北部文化区在相当程度上是先前南、北两个大区的延续。从总体来看，石器加工技术仍主要沿袭先前简单的石核—砍砸器技术，表现出明显的一致性和对当地传统的继承性，与旧大陆西侧流行的工艺细致的手斧工业有很大不同。

旧石器时代中期文化

晚更新世早期的人类文化主要是由早期智人创造的文化，即旧石器时代中期文化，与之前的格局基本相同。南偏东文化区以山西襄汾丁村、河南洛阳北窑、湖北江陵鸡公山、广东曲江马坝等地点或遗址为代表，北方北部与南方西部文化区以北京周口店第15地点、辽宁喀左鸽子洞、山西阳高许家窑、内蒙古乌审萨拉乌苏、四川资阳和丰都高家镇等地点或遗址为代表。前者仍总体上属于大型砾石工业，只是石器修理得更为精致，使用石片加工石器的比例增多。但值得注意的是，在南偏东文化区的西北边缘如泾、渭河流域，出现大型砾石工业被刮削器为主体的小型石片工业代替的现象。后者仍属于小型石片工业，与之前的没有明显差异。中国的这两个大区均看不到勒瓦娄哇与莫斯特技术的影响，与旧大陆西侧形成鲜明对照。

旧石器时代晚期文化

晚更新世晚期的现代人文化即旧石器时代晚期文化。最引人注意的首先是此时文化范围的显著扩展。向西已达青藏高原[1]，明确见于色林错[2]、班公错[3]等湖边石器地点，并已经扩展至新疆地区[4]；向北扩展至东北中北部的松

---

[1] 汤惠生：《青藏高原旧石器时代晚期至新石器时代初期的考古学文化及经济形态》，《考古学报》2011年4期，第443~466页。

[2] 李永宪：《略论西藏的细石器遗存》，《西藏研究》1992年1期，第126~132页；袁宝印、黄慰文、章典：《藏北高原晚更新世人类活动的新证据》，《科学通报》52卷13期，2007年，第1567~1571页。

[3] 房迎三、王富葆、汤惠生：《西藏打制石器的新材料》，《第九届中国古脊椎动物学学术年会论文集》，海洋出版社，2004年，第211~222页。

[4] 以和布克赛尔骆驼石遗址为代表。见高星、裴树文：《新疆旧石器地点》，《中国考古学年鉴》(2005)，文物出版社，2006年，第376~377页。

花江、嫩江和黑龙江流域,见于吉林乾安大布苏、榆树周家油坊,黑龙江哈尔滨顾乡屯、阎家岗和齐齐哈尔的昂昂溪等处[1];向东横跨当时大面积出露的大陆架,创造出长滨文化。其次,文化格局和特征发生较大变化,大致可分为西北区和东南区。西北草原区本身又可分为三类文化传统,一是继承当地早先传统而来的小石器工业传统,如峙峪遗址;二是在其基础上稍后新发展起来的细石器工业传统,用于制作复合工具的细石叶大量出现,端刮器占据重要地位,如下川文化;三是石叶文化传统,以直接打击法生产的大量形制规整的石叶为特色,见于宁夏灵武水洞沟遗址[2]。其中石叶文化可能是从阿尔泰等地传入的,细石器技术或许是在西方影响下在华北地区小石器工业基础上产生的,可见该区与西方存在较为密切的文化交流。东南区大部地区逐渐发展为以刮削器、尖状器等小型石片石器为主,除北京周口店山顶洞、辽宁海城小孤山仙人洞等原本属于小石器传统的遗址外,甚至以前属于大型砾石石器工业区的南偏东区也不例外,但其制作技术仍简单原始,只是"北方化"而非"西化"。小孤山发现的圆盘状装饰骨器常见于旧大陆西部,可见该区与西方也存在文化交流。

刮削器、尖状器、雕刻器、锥状器、石叶等可能主要是肢解动物的工具。有些石叶还可以镶嵌在带槽骨梗上制成骨梗石刃刀,这是一种可能既能肢解动物又能收割植物的复合工具。个别石镞的出现表明当时已经出现远程射击工具,对于狩猎经济意义重大。这些小型石器虽然形态不一,但都是适应草原环境下的狩猎采集经济的实用工具。一些南方地区石器的小型化,表明狩猎哺乳动物的经济方式从北方向南方扩展。鱼镖的出现是渔猎经济得到重要发展的反映。

这一时期发现较多石、骨、角、牙等质地的带穿孔的装饰品。像山顶洞遗址显示的那样,这些装饰品多发现于人骨化石附近,当属随身的佩饰、坠饰类。这说明当时的人类已经有了明确的爱美观念,开始注意自身的装饰打扮。更重要的是,骨针的发现是人们已经可以缝制衣服的见证。以赤铁矿粉末将装饰品染红,或在尸骨旁撒粉末,说明人类早期对红色特别关注,或者竟与鲜血、与人们的生死观有关,山顶洞因此被认为存在中国最早的墓葬。在峙峪、兴隆洞[3]等遗址还发现刻纹骨片、刻纹鹿角等。这些都意味着人们的抽象思维能力有很大提高。

---

[1] 张森水:《中国旧石器文化》,天津科学技术出版社,1987年。
[2] 王幼平:《中国远古人类文化的源流》,文物出版社,2005年,第313~316页。
[3] 高星、黄万波、徐自强等:《三峡兴隆洞出土12~15万年前的古人类化石和象牙刻划》,《旧石器时代论集——纪念水洞沟遗址发现八十周年》,文物出版社,2005年,第202~213页。

3. 小结

纵观延续约200万年的中国旧石器时代,我们会发现尽管时空范围存在差异,也不时和西方发生基因和文化上的交流,但总体上铲形门齿等后世蒙古人种的特征普遍存在,砾石—石片工业传统贯穿始终,表现出人类进化和文化发展上显著的连续性和统一性特征,而此统一性特征的形成主要是由于中国内部长时期持续不断的交流[1]。正是在这个意义上,苏秉琦说:"中国人的主体部分是东亚大陆土著居民,是北京人后裔;中国文化是有近200万年传统的土著文化。"[2]

和旧大陆西部相比,中国旧石器时代的多数打制石器属于砾石—石片工业传统,双面精细加工者少见,器形不够对称规整,多被归入克拉克(Clark)分类中的所谓石器技术模式I[3]。这些特点或许与中国大部比较缺乏燧石原料有关。这些石器在表面上看来比较原始,但更应当是一种古老文化传统的绵长延续。特别值得注意的是,山顶洞、水洞沟、小孤山、峙峪等遗址发现有石骨质或者用鸵鸟蛋壳制作的圆形圆孔饰品、圆孔石珠等,而缺乏欧亚大陆西部流行的"维纳斯"式雕塑[4]、洞穴岩画等。这些都显示出蒙古人种先民就地取材,质朴实用,偏好将"艺术"或原始信仰融于日常物品,宗教色彩淡薄等特质。按照张光直的说法,这些与巫术或萨满文化吻合的特质,构成"玛雅—中国文化连续体"[5],并延续数万年,成为后来早期中国、东亚地区乃至整个蒙古人种地区最"底层"的文化基础。

二、五大文化系统

柴尔德曾提出"新石器时代革命"这一概念,用来指称进入新石器时代或农

---

[1] 吴汝康:《古人类学》,文物出版社,1989年;严文明:《中国史前文化的统一性与多样性》,《文物》1987年3期,第38~50页。

[2] 苏秉琦:《关于重建中国史前史的思考》,《华人·龙的传人·中国人——考古寻根记》,辽宁大学出版社,1994年,第114~123页。

[3] 中国也有手斧,不排除其与欧亚大陆西部手斧存在关联的可能性,但差别显著,主要还属于砾石文化传统。见高星:《中国旧石器时代手斧的特点与意义》,《人类学学报》32卷2期,2012年,第97~112页。

[4] 在东西伯利亚贝加尔湖附近的马耳他遗址,发现有距今20 000多年前的女性雕像,表明欧亚大陆东部也存在"维纳斯"且与西部有着密切联系,但数量有限,且在现今中国境内的旧石器时代遗址尚无发现。

[5] 张光直提出"玛雅—中国文化连续体"概念,推测"二、三万年以前大部分印第安人通过白令海峡从亚洲到美洲的时候,他们从亚洲到美洲的文化内容可能是意想不到的丰富的。这便是我们称为玛雅—中国文化连续体向新大陆的伸延",其内容主要是巫术和萨满文化。见张光直:《考古学专题六讲》,文物出版社,1986年,第21页。

业发生以后人类社会所发生的巨大变化[1]。但最早农业的出现既非朝夕之间，也不是遍地开花，农业的起源、传播，抑或从旧石器时代向新石器时代的过渡，都是非常复杂的过程，有着不同的途径和方式，在世界范围是这样，在中国也是这样。

1. 陶器和农业的最早出现

中国从什么时候进入新石器时代？或者我们如何界定中国新石器时代早期早段文化？让我们首先从对发现最早陶器的华南及附近地区相关遗存的分析入手。

华南及附近地区发现最早期陶器的遗存，以江西万年仙人洞和吊桶环早期[2]、广西桂林甑皮岩第一期[3]和湖南道县玉蟾岩早期遗存为代表[4]。这些遗存发现有烧火灰堆、石器制作场和蹲踞式屈肢葬。中国旧石器时代晚期勉强可称为墓葬者，目前还仅有北京山顶洞一处，葬式不明。不过，旧大陆西部旧石器时代晚期已发现的较为明确的葬式则以屈肢为主[5]。如果晚期智人走出非洲的观点有一定道理，则屈肢葬或许竟为现代人类最早流行的葬式（图一）[6]。

所见陶器仅有圜底釜和圜底钵两种，多为胎质粗陋、火候较低、器表斑驳的夹砂褐陶；流行拍印绳纹，也有拍印编织纹、刮抹条纹以及素面陶。据张弛分析，陶坯制作可能采用了泥条筑成法和泥片贴筑法，至少仙人洞的资料显示出条纹陶出现最早，其次是双面绳纹陶，最后是单面绳纹陶[7]。这些遗存的绝对年代约在公元前18000~前9000年[8]，尚处于更新世末期。除少量陶器之外，还有

---

[1] 柴尔德：《远古文化史》第五章，中华书局，1958年，第60~96页。
[2] 江西省文物管理委员会：《江西万年大源仙人洞洞穴遗址试掘》，《考古学报》1963年1期，第1~16页；江西省博物馆：《江西万年大源仙人洞洞穴遗址第二次发掘报告》，《文物》1976年12期，第23~35页；北京大学考古文博学院、江西省文物考古研究所：《仙人洞与吊桶环》，文物出版社，2014年。
[3] 中国社会科学院考古研究所、广西壮族自治区文物工作队等：《桂林甑皮岩》，文物出版社，2003年。
[4] 袁家荣：《湖南旧石器时代文化与玉蟾岩遗址》，岳麓书社，2013年，第181~299页。
[5] 杨虎、刘国祥：《兴隆洼文化居室葬俗及相关问题探讨》，《考古》1997年1期，第29页。
[6] 韩建业：《中国古代屈肢葬谱系梳理》，《文物》2006年1期，第53~60页。
[7] 张弛：《中国南方的早期陶器》，《古代文明》（第5卷），文物出版社，2006年，第1~16页。
[8] 其中玉蟾岩遗存的年代集中在距今18 500~17 500年。见吴小红：《中国南方早期陶器的年代以及新石器时代标志的问题》，《考古学研究》（九），文物出版社，2012年，第49~68页。仙人洞最早陶器的年代被认为有20 000~19 000年之久。见 Xiaohong Wu, Chi Zhang, Paul Goldberg etc, "Early Pottery at 20,000 Years Ago in Xianrendong Cave, China". *Science* 336 (6089), 2012: 1696~1700。

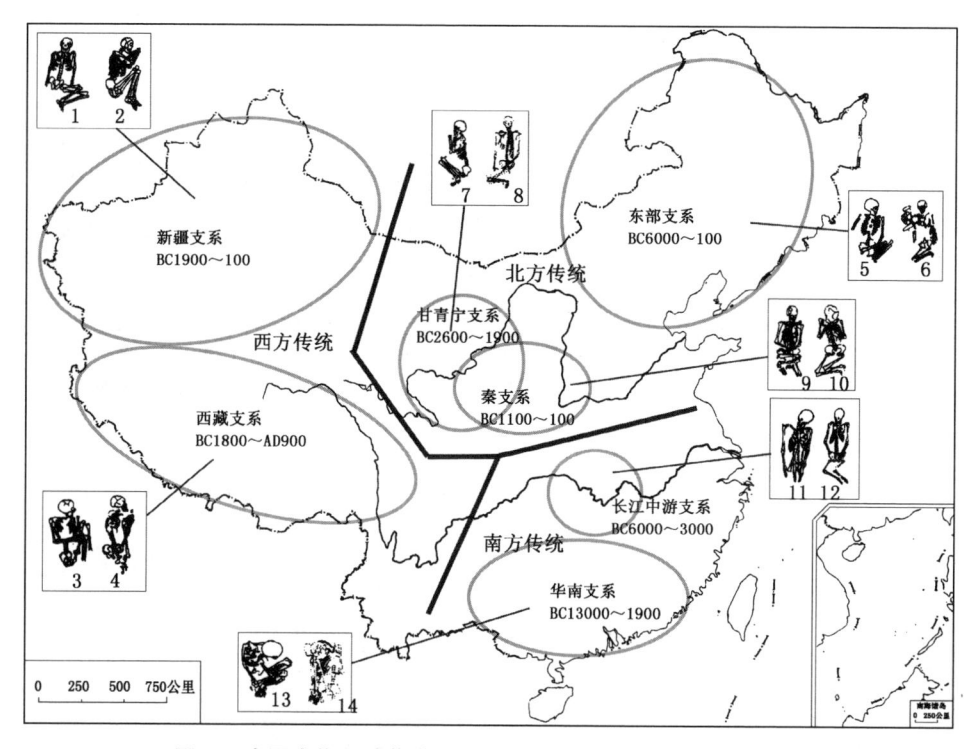

图一　中国古代屈肢葬谱系略图(公元前 13000 ~ 公元 900 年)

1. 察吾呼沟四号墓地 M244　2. 洋海Ⅱ号墓地 M024　3. 曲贡 M109　4. 曲贡 M207　5. 白音长汗 M6
6. 大南沟 M73　7. 土谷台 M3　8. 切刀把 M26　9. 毛家坪 M26　10. 塔儿坡 M25086　11. 大溪 M187
12. 大溪 M79　13. 甑皮岩 M5　14. 顶蛳山 M83

不少骨、角、蚌器,更多的则是继承旧石器时代晚期而来的各类打制砾石石器。不过石锤、石钻、砺石,尤其是穿孔重石的发现,则显示出这些遗存由打制石器向磨制石器过渡的趋势。

此外,该时期玉蟾岩的稻谷遗存和仙人洞的水稻植硅石,表明当时可能已经出现原初的稻作农业[1],甑皮岩则当已出现原初的家猪驯养业[2]。当然,农业和家畜饲养业在社会经济中所占的比重还很有限,当时主要的生业模式还应当是采集渔猎。各遗址所出的大量打制砾石石器可能就是挖掘各类根茎类植物的

---

[1] Zhao Zhijun, "The Middle Yangtze region in China is one place where rice was domesticated: Phytolith evidence from the Diaotonghuan Cave, Northern Jiangxi". Antiquity 278, 1998: 885~897.

[2] 李有恒、韩德芬:《广西桂林甑皮岩遗址动物群》,《古脊椎动物与古人类》16 卷 4 期,1978 年,第 244~254 页;凯斯·道伯涅、袁靖等:《家猪起源研究的新视角》,《考古》2006 年 11 期,第 74~80 页。

工具[1]，同时人们还捕捞鱼、螺、贝类。有人称这种多样性的食物采集为"广谱革命"，认为其是新石器革命的前提[2]。陶器上绳纹的出现说明，这一时期已经出现了原始纺织技术。

南岭两侧的这些早期遗存，其陶器和农业或家畜饲养业大体同时出现，并已经开始由打制石器向磨制石器过渡。尽管当时尚未进入全新世，它们也应当已经是中国、东亚乃至于世界上最早的新石器时代遗存了。这类遗存总体特征近似，可以归纳为"绳纹圜底釜文化系统"（表一）。

表一 中国新石器时代早期的文化区系（公元前18000~前7000年）

	早段（公元前18000~前9000年）	晚段（公元前9000~前7000年）
华南	绳纹圜底釜文化系统 （仙人洞早期、甑皮岩一期、玉蟾岩早期遗存）*	绳纹圜底釜文化系统 （甑皮岩二期、顶蛳山一期、奇和洞二期遗存）
长江下游	旧石器时代末期文化 （龙王辿、柿子滩、下川遗存）	平底盆—圈足盘—双耳罐文化系统 （上山文化）
中原		深腹罐文化系统 （李家沟文化）
黄河下游		素面圜底釜文化系统 （扁扁洞早期遗存）
华北东北		筒形罐文化系统 （南庄头、东胡林、转年、于家沟遗存，双塔一期文化）
其他地区		中石器时代文化

*圆括号中是属于该文化系统的典型遗存或者考古学文化，下同。

2. 五大文化系统的形成

进入全新世之后的大约公元前9000~前7000年，中国大地出现五大系统文化并存的格局（表一；图二）[3]。除华南及附近地区外，长江下游、中原腹地、黄

---

[1] 在甑皮岩一期有的打制石器表面曾提取出芋类植物淀粉颗粒。吕烈丹：《甑皮岩出土石器表面残余物的初步分析》，《桂林甑皮岩》，文物出版社，2003年，第646~651页。

[2] K. V. Flannery, "Origins and Ecological Effects of Early Domestication in Iran and the Near East". In Peter J. Ucko and G. W. Dimbleby (eds.), *The Domestication and Exploitation of Plants and Animals*, Chicago: Aldine Publishing Co., 1969: 73~100.

[3] 韩建业：《中国新石器时代早中期文化的区系研究》，《考古学研究》（九），文物出版社，2012年，第24~36页。

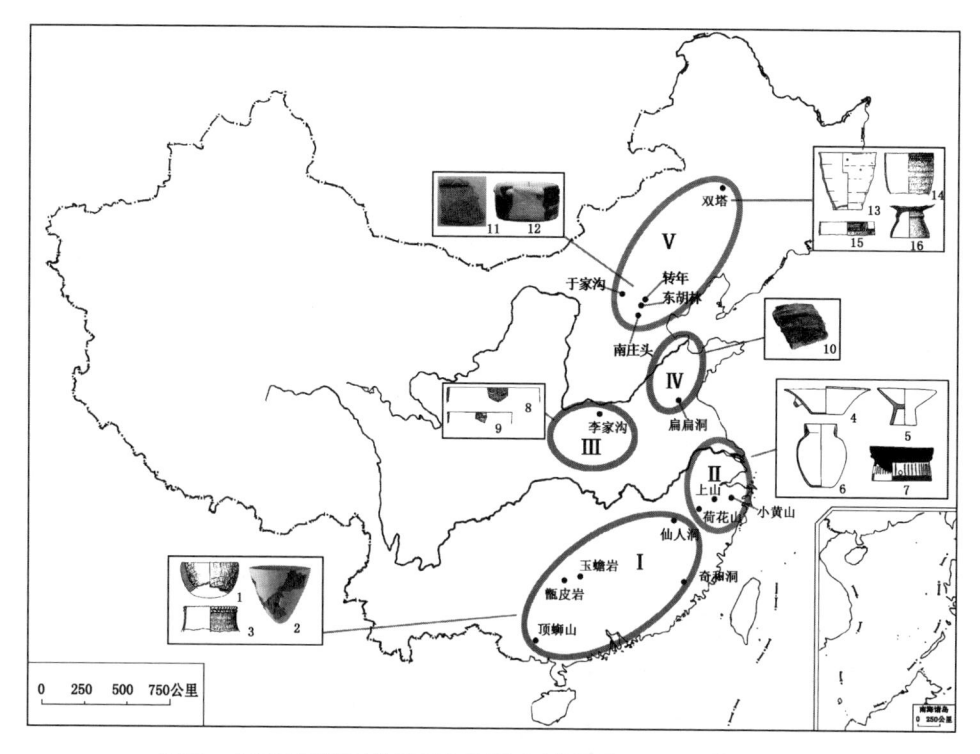

图二　中国新石器时代早期文化区系(公元前18000～前7000年)

Ⅰ 绳纹圜底釜文化系统　　　Ⅱ 平底盆—圈足盘—双耳罐文化系统
Ⅲ 深腹罐文化系统　　　Ⅳ 素面圜底釜文化系统　　　Ⅴ 筒形罐文化系统

1～3. 釜(甑皮岩DT6㉘:072、玉蟾岩95DMT9:26、顶蛳山T2206④:1)　4. 盆(上山H301:1)
5、16. 豆(上山H193:1、双塔ⅡT130②:2)　6. 双耳罐(上山H226:5)　7. 圈足盘(小黄山M2:2)
8、9. 深腹罐(李家沟09XLL:612、738)　10. 素面釜(扁扁洞)　11～15. 筒形罐(东胡林T9⑤:20、转年、双塔ⅡT406②:4、ⅡC2:1、ⅡT117②:11)(均为陶器)

河下游和华北东北等地区也开始出现包含陶器的新石器时代早期偏晚阶段文化遗存。

华南地区：绳纹圜底釜文化系统

华南及附近地区文化以甑皮岩第二期、邕宁顶蛳山第一期[1]和福建漳平奇和洞第二期遗存[2]为代表，大致还包括海南岛和越南北部同期遗存。陶器主要为小口高颈绳纹釜，常见压印附加堆纹形成的花边口沿，当为此前绳纹圜底釜文化系统的继续发展。不过奇和洞二期有更多戳点纹和罐类器物。

---

[1] 中国社会科学院考古研究所广西工作队等:《广西邕宁县顶蛳山遗址的发掘》,《考古》1998年11期,第11～33页。
[2] 福建博物院等:《福建漳平市奇和洞史前遗址发掘简报》,《考古》2013年5期,第7～19页。

长江下游地区：平底盆—圈足盘—双耳罐文化系统

长江下游地区文化以浦江上山第一阶段[1]、嵊州小黄山早期[2]和龙游荷花山[3]同期遗存为代表，主要分布在杭州湾南岸地区。底部放置石磨盘、石磨棒或完整陶器的灰坑，可能具有储藏或食物加工功能，成排柱洞可能是干栏式建筑的遗留。陶器多为平底器，圈足器次之，流行敞口平底盆、双耳罐、敞口豆、平底盘、平底钵，还有圈足盘、圈足罐、高颈壶、直腹杯、圜底釜等。常见双环耳、双贯耳或双錾，有的双耳紧贴颈部，颇具特色。陶质以厚胎夹炭陶为主，质地疏松，偏晚时夹砂陶增加。器表一般素面红衣，个别沿外饰刻划折线纹和戳点纹；有的圈足饰圆形镂孔或竖条状镂孔。陶器多以泥条筑成法和泥片贴筑法制作。石器主要为打制的石片和砾石石器，还有少量石磨盘、石磨棒、穿孔重石、石球，以及极少量通体磨光的锛、凿等。这类遗存器类丰富，器物附件和装饰复杂，发展水平较高，可以称之为"平底盆—圈足盘—双耳罐文化系统"。由于该类遗存的内涵较为清楚，已被命名为上山文化。据对陶胎中所夹杂稻壳的分析，可知该文化可能存在原始粳稻的栽培[4]。

中原地区：深腹罐文化系统

中原腹地文化以河南新密李家沟"细石器文化遗存"和"早期新石器遗存"为代表，这类遗存或被称为李家沟文化[5]。包含石磨盘、石砧、烧石、动物骨骼碎片等的石块堆，可能是加工动植物时遗留下来的。陶器主要是直口的深腹罐类，均为色泽斑杂的夹粗砂褐陶，外表多饰压印或拍印圆窝纹和绳纹，也有少量篦点纹和刻划纹。部分陶片质地较坚硬，显示其烧成火候较高。与陶器共存的还有较多的细石器、个体较大的砂岩制品以及扁平石块、局部磨制的石锛、石磨盘、石砧等。这类遗存可暂称之为"深腹罐文化系统"。

---

[1] 浙江省文物考古研究所、浦江博物馆：《浙江浦江县上山遗址发掘简报》，《考古》2007年9期，第7~18页；蒋乐平：《浦阳江流域新石器时代遗址的发现与思考》，《浙江省文物考古研究所学刊》第八辑，科学出版社，2006年，第439~461页。

[2] 张恒、王海明、杨卫：《浙江嵊州小黄山遗址发现新石器时代早期遗存》，《中国文物报》2005年9月30日第1版。

[3] 蒋乐平等：《钱塘江上游新发现龙游荷花山遗址》，《中国文物报》2013年10月25日第5版。

[4] 郑云飞、蒋乐平：《上山遗址出土的古稻遗存及其意义》，《考古》2007年9期，第19~25页。

[5] 北京大学考古文博学院、郑州市文物考古研究院：《河南新密市李家沟遗址发掘简报》，《考古》2011年4期，第3~9页；郑州市文物考古研究院、北京大学中国考古学研究中心：《河南新密李家沟遗址北区2009年发掘报告》，《古代文明》（第9卷），文物出版社，2013年，第177~207页；北京大学中国考古学研究中心、郑州市文物考古研究院：《河南新密李家沟遗址南区2009年发掘报告》，《古代文明》（第9卷），文物出版社，2013年，第208~239页。

黄河下游地区：素面圜底釜文化系统

黄河下游地区文化以山东沂源扁扁洞早期遗存为代表[1]。这类遗存发现有烧土面、灰坑等遗迹。陶器仅见圜底釜和钵的残片，为器表斑杂、火候不均的厚胎夹砂褐陶。陶器主要以泥条筑成法制作，有的表面略经压光处理，有的沿下贴加一周泥条。与陶器共存的还有石磨盘、石磨棒，以及锥、针、镖等骨角器。这类遗存暂时可称之为"素面圜底釜文化系统"。从新石器时代中晚期的情况来看，该文化系统有可能延伸到江淮地区。

华北和东北地区：筒形罐文化系统

华北地区文化以河北徐水南庄头[2]、阳原虎头梁于家沟[3]和北京门头沟东胡林[4]、怀柔转年[5]早期遗存为代表，主要分布在太行山和燕山山麓；东北地区以吉林白城双塔一期为代表[6]。在东胡林遗址发现有火塘和墓葬，墓葬均为竖穴土坑墓，葬式多仰身直肢，个别仰身屈肢，墓主人随身佩戴骨镯、骨笄和螺壳、兽骨组成的项饰等。其仰身直肢葬式仿佛人死后尸体的自然状态，大行于后来的中国而以此为最早，其源头仍为未解之谜。双塔遗址发现柱洞，表明存在以木柱撑顶的建筑。特别值得注意的是，在东胡林和双塔遗址各发现一例类似华南的屈肢葬。

从东胡林遗址来看，其陶器可以分为两期。一期陶器多夹大量含滑石末的细砂，薄胎较为致密，器表为较均匀的红褐色，器类可能是深弧腹的罐釜类器物，口外箍一周带压窝的附加堆纹，整体素面；二期陶器多夹粗砂，质地疏松，器表呈斑杂不均的褐色，陶器为浅腹筒形罐，大圆唇外饰压印纹。比较来看，南庄头和于家沟的陶器和东胡林一期近似，而转年陶器与东胡林二期近似。这两期陶器

---

[1] 孙波：《扁扁洞初识》，《文物研究》第16辑，黄山书社，2009年，第51~60页。
[2] 保定地区文物管理所等：《河北徐水县南庄头遗址试掘简报》，《考古》1992年11期，第961~970页；郭瑞海、李珺：《从南庄头遗址看华北地区农业和陶器的起源》，《稻作 陶器和都市的起源》，文物出版社，2000年，第51~64页。
[3] 李珺、王幼平：《阳原于家沟旧石器时代晚期遗址》，《中国考古学年鉴》(1996)，文物出版社，1998年，第96页。
[4] 周国兴、尤玉柱：《北京东胡林村的新石器时代墓葬》，《考古》1972年6期，第12~15页；北京大学考古文博学院、北京大学考古学研究中心、北京市文物研究所：《北京市门头沟区东胡林史前遗址》，《考古》2006年7期，第3~8页。
[5] 郁金城、李超荣等：《北京转年新石器时代早期遗址的发现》，《北京文博》1998年3期，第36页；李超荣：《北京地区旧石器时代考古的新发现》，《中国考古学研究的世纪回顾(旧石器时代考古卷)》，科学出版社，2004年，第77~79页。
[6] 吉林大学边疆考古研究中心、吉林省文物考古研究所：《吉林白城双塔遗址新石器时代遗存》，《考古学报》2013年4期，第501~533页。

区别较大,或许属于两个文化系统:一期陶器如果为圜底釜,那就与扁扁洞陶器类似,属于"素面圜底釜文化系统",但总体情况仍不明朗;二期陶器则可以归纳为"筒形罐文化系统"。双塔一期均为较粗陋的夹砂褐陶,多为筒形罐,素面或在口沿外饰多周附加堆纹、回形凸泥条纹等,此外还有部分鼓腹罐、盆、豆、碗、杯等陶器,尤其豆类圈足器的出现引人关注,被称为双塔一期文化,总体也属于"筒形罐文化系统"。

以笄束发和手臂带镯是此后中国大地上普遍流行的装饰习俗,周代以后插笄甚至成为女性成年的象征[1],而这两种装饰习俗都最早见于华北东北地区。双塔一期文化还发现最早的玉器——玉珠,成为中国东部地区此后灿烂辉煌的玉文化的开端,其源头可追溯到旧石器时代晚期的圆形圆孔类装饰品。双塔一期发现的带有人面或猴面的陶片,或许是时人崇拜的祖先神,这反映东北地区万年以前就有一定的偶像崇拜传统。

石器主要为打制石器和细石器,也有石磨盘、石磨棒、石臼、石研磨器等琢制石器,还有极少量斧、锛等磨制石器,以及锥、鱼镖、骨梗石刃刀等骨角器和复合器。在东胡林遗址浮选出的小米籽粒[2],石磨盘、石磨棒以及陶器上残留的淀粉粒属于小米类或者坚果(橡子),南庄头石磨盘、石磨棒上面的淀粉粒也主要属于禾草类[3],这说明当时很可能已经出现旱作农业。如此,华北地区就成为中国乃至世界上黍和粟类农业的最早发源地。双塔一期文化的生产工具显示,其以渔猎采集经济为主,但也不排除出现原始旱作农业的可能性。

值得注意的是,双塔遗址发现有最早的陶纺轮,当为纺线技术进一步发展的反映。实际上早在新石器时代早期早段就应当已经存在简单拧线绳技术,这从华南陶器上流行的绳纹就可以看得出来。

五大文化系统的相互关系

由于资料限制,现在还很难深入讨论上述五大文化系统间的相互关系。大致来看,彼此空间距离较远,差异较大,似乎不存在直接的联系,但也不是没有共性,尤其是相邻的文化系统之间。这些共性分两种情况。

其一,可能是相似的经济方式或共同的发展阶段所导致的。比如陶器粗陋、

---

[1] 《礼记·内则》:"女子……十有五年而笄。"
[2] 赵志军:《中国古代农业的形成过程——浮选出土植物遗存证据》,《第四纪研究》34卷1期,2014年,第73~84页。
[3] 秦岭:《中国农业起源的植物考古研究与展望》,《考古学研究》(九),文物出版社,2012年,第291~294页。

夹粗砂、褐色等特征当是制陶技术处于初始阶段的反映,石磨盘、石磨棒在华南以外其他系统的普遍出现则可能与自然环境变化引起的人们对禾本科植物种子的加工利用有关。

其二,可能是彼此间存在一定联系的反映。比如东胡林一期的可能为圜底釜的陶器就有可能从黄河下游而来,个别屈肢葬有可能为华南因素。长江下游小黄山遗址的少量双耳带领罐、绳纹圜底釜等,就有可能是受到了华南绳纹圜底釜文化系统的影响;黄河中游李家沟遗址的深腹罐上拍印圆窝纹和绳纹,可能也和华南有一定关系,绳纹陶还见于华北的南庄头遗址;黄河下游的扁扁洞遗址虽未发现绳纹,但却流行陶釜,也不排除和华南存在某种关系。至于上山文化和双塔一期文化都有豆类圈足器,到底是巧合还是存在联系,目前还很难判断。又比如资料较清楚的华北、东北和长江下游等地,发现石斧、石锛、石凿等和砍伐或加工木材有关的磨制石器,表明他们都有相似的木材加工传统,石凿的出现暗示当时甚至可能已经出现榫卯结构,这比西亚等地铜凿和榫卯的出现早数千年。这当为人们趋于定居,普遍使用木料建造房屋的反映[1]。此外,华南和长江下游均流行打制砾石石器、共见穿孔重石,当与采挖根茎类植物有关;黄河中下游和华北常见细石器,应与狩猎中小型动物有关。至于各系统间联系的形成,既可能是同时期的相互交流导致的,也不排除同源的可能性。尤其是陶器最早出现于华南,"在现有的证据下实际是表明陶容器制作技术起源的一元性"[2]。考虑到末次冰期时中国东部至日本的大陆架出露,日本和中国黑龙江流域万年以前陶器的出现也就不排除其与华南存在联系的可能性。

3. 新石器文化区之外的文化

旧石器时代末期文化

当更新世末期华南及附近地区进入新石器时代早期前后,中国北方的大部地区仍分布着旧石器时代末期遗存,包括陕西宜川龙王辿[3]、山西吉县柿子滩[4]、

---

[1] 钱耀鹏:《略论磨制石器的起源及其基本类型》,《考古》2004年12期,第66~75页。
[2] 张弛:《中国南方的早期陶器》,《古代文明》(第5卷),文物出版社,2006年,第16页。
[3] 中国社会科学院考古研究所、陕西省考古研究所:《陕西宜川县龙王辿旧石器时代遗址》,《考古》2007年7期,第3~8页。
[4] 山西省临汾行署文化局:《山西吉县柿子滩中石器文化遗址》,《考古学报》1989年3期,第305~324页;《山西吉县柿子滩旧石器时代遗址群》,《2003中国重要考古发现》,文物出版社,2004年,第5~9页;柿子滩考古队:《山西吉县柿子滩遗址S12G地点发掘简报》,《考古与文物》2013年3期,第3~8页。

山西沁水下川[1]、青海湖江西沟Ⅰ地点等[2]，绝对年代约在公元前18000～前10000年。尚未出现陶器，存在的大量刮削器、端刮器等细石器表明狩猎经济仍占重要地位。但特别值得注意的是，当时已经出现个别局部磨光并经使用的石铲，还有石磨盘和石磨棒。石磨盘和石磨棒主要用于禾草类和栎果类的去壳磨粉[3]，其出现大约与对此类植物的集中采集有关，这为旱作农业的起源准备了条件。个别磨制石铲或许与挖土建造房屋等有关，暗示人们的定居程度明显提高，而相对的定居与对禾本科植物集中采集也互有密切联系。因此，虽然当时还没有农业已经产生的直接证据，但人们的经济方式和生活方式已经发生了较大变化。

中石器时代文化

全新世初期，中国华南和中东部地区形成新石器时代早期晚段的五大文化系统，而之外的中国西南、东北尤其是西北广大地区的同时期文化总体情况不清。考虑到旧石器时代晚期这些地区普遍有人群活动，则全新世以后这些人不可能突然消失，很可能仍然基本延续了以前的狩猎采集方式，使用以细石器为代表的生产工具。

陕西大荔沙苑包含大量细石器的遗存或许就属于这个时期[4]，其中包含的镞和矛形器，还见于旧石器时代晚期山西的下川遗址，只是前者已有凹底镞而后者仅见凸底镞，而类似的凹底镞长期流行于内蒙古中南部新石器时代晚期之后。考虑到关中地区属于新石器时代中期的白家文化当中已经基本不见细石器，则沙苑细石器遗存的年代或正相当于华南等地的新石器时代早期。

不管怎样，这和距今10000年左右西亚地区出现农业和家畜饲养业以后，欧洲广大地区仍然处于以细石器为代表的狩猎采集经济阶段的情况类似。欧洲的这样一个阶段一般被称为"中石器时代"[5]，那么，中国全新世初期的这类遗

---

[1] 王建、王向前、陈哲英：《下川文化》，《考古学报》1978年3期，第259～288页。
[2] 高星、周振宇、关莹：《青藏高原边缘地区晚更新世人类遗存与生存模式》，《第四纪研究》28卷6期，2008年，第969～977页；仪明洁、高星、张晓凌等：《青藏高原边缘地区史前遗址2009年调查试掘报告》，《人类学学报》30卷2期，2011年，第124～136页。
[3] liuli, Judith Field, Richard Fullagar, et al, "Plant Exploitation of the Last Foragers at Shizitan in the Middle Yellow River Valley China: Evidence from Grinding Stones", *Journal of Archaeological Science* (38)12, 2011: 3524～3532.
[4] 安志敏、吴汝祚：《陕西朝邑大荔沙苑地区的石器时代遗存》，《考古学报》1957年3期，第1～12页。
[5] G. Clark, *Mesolithic Prelude: The Palaeolithic-Neolithic Transition in Old World Prehistory*, Edinburgh University Press, 1980.

存,就应当也属于"中石器时代"[1]。

现在我们还很难探究这些新石器时代早期文化的人群和旧石器时代末期以及中石器时代的人群之间存在怎样的互动关系。

4. 小结

更新世末期,中国华南早期早段新石器时代文化和其他地区末期旧石器时代文化并存的现象,是中国文化多样性的表现。可以想见,当南岭两侧的部分人们已经初步过上饭稻羹鱼啖猪的最早的田园生活的时候,广大的北方中原地区人群仍在草原上狩猎采集,他们的生活方式、风俗习惯、思想意识都会因此而有所不同。全新世初期以后,新石器文化从华南地区扩展至中国中东部地区,以细石器遗存为代表的中石器时代文化大范围向西北方向退缩,两大类不同性质文化的对峙,颇似旧石器时代早中期时候的情形。不仅如此,即使在新石器文化区内,还有五大文化系统的不同,每个文化系统内部还有更细微的地方性文化差异,尤其长江下游上山文化的陶器形态复杂、器类多样,有鹤立鸡群之感。此外,还存在不同的经济形态:北方主要为狩猎采集经济,且已经出现黍类旱作农业;华南南部主要是采集渔猎,或者已出现所谓"园圃农业";稻作农业仍然主要局限在长江流域;南稻北粟的二元农业体系于此时已现端倪(图三)。

但也不能因此而对当时各类文化统一性的一面有所忽视。如上所述,不但这些文化的基础都是具有统一性的旧石器时代晚期文化,不但新石器时代早期各文化系统的陶器有同出一源的可能性,就是新石器文化和旧石器末期文化、中石器文化之间也并非天壤之别。虽然长江流域、华北地区部分新石器时代早期的人群已经种植水稻和黍类作物,但也还处于初始阶段,在食物结构中所占分量有限,可能只是采集渔猎经济的补充,属于所谓"低水平食物生产经济"[2];虽然北方地区大部当时还属于旧石器末期文化或中石器文化,但集中采集已经为相对定居准备了条件,南北方的居住方式并没有十分显著的区别。

从整体来说,中国是世界上最早出现农业、陶器(陶容器)和磨制石器的

---

[1] 关于中国是否存在"中石器时代"的问题存在较大争议。诚然,将更新世末期包含较多细石器的遗存归入中石器时代的确不妥,但也不能因此而否认中国在全新世以后存在中石器时代文化的可能性(黄其煦:《"中石器时代"概念刍议》,《史前研究》1987年3期,第14~20页;陈星灿:《关于中石器时代的几个问题》,《考古》1990年2期,第135~142页)。

[2] Bruce D. Smith, "Low-level Food Production", *Journal of Archaeological Research*, 9(1): 1~43, 2001.

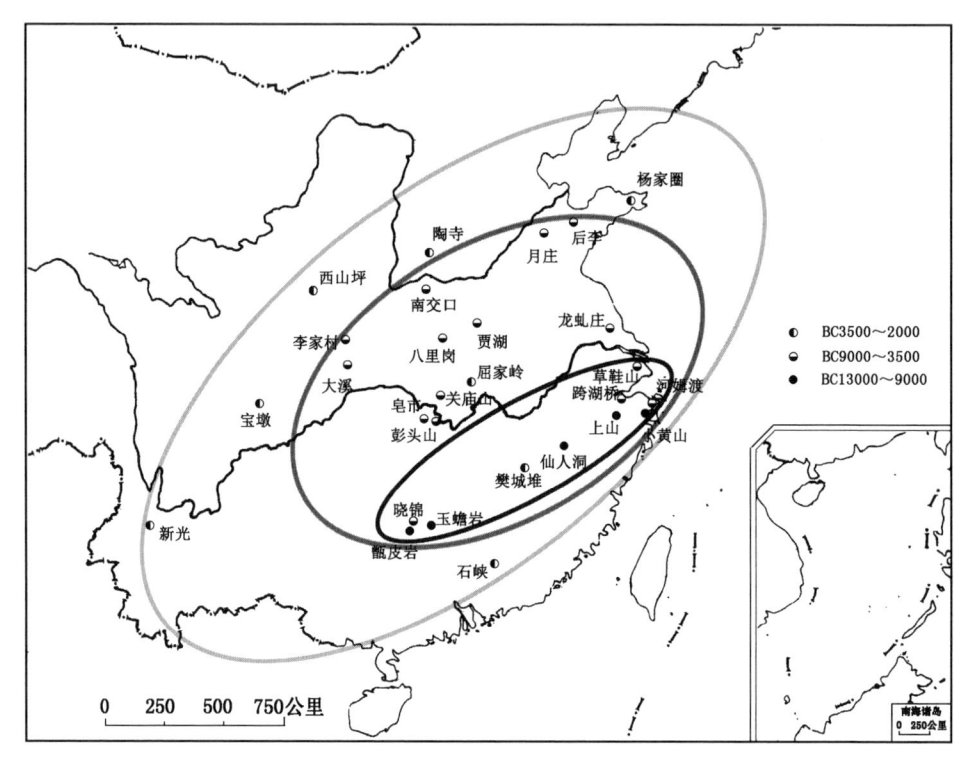

图三　中国新石器时代稻作农业空间拓展的三个阶段(公元前 13000～前 2000 年)

地区,而且三者基本上是以组合的方式同时出现的。虽然三者的最初发生不见得就有必然的联系,但在发展过程中它们却互相关联:农业为定居提供基础,为易破碎的陶器的繁荣和磨制石器的精心制作准备了条件;陶器作为炊器、饮食器和盛储器,为食物制作、分享和农产品的储藏提供了最大的方便;磨制石器则逐渐成为农业生产工具的主流,此外还为早熟的木材加工——尤其是榫卯结构的出现提供了条件。这都为中国此后成为世界上最大最稳定的农业地区、最有特色的陶瓷器大国奠定了坚实基础。发展农业需要较为长期的定居,需要不断调节社会内部以保持稳定,而不需要无节制的对外扩张,尤其不需要扩张至不适合发展农业的地区,这使得中国文化逐渐形成质朴稳健、注重整体性思维、重视传统、稳定内敛的特质或性格。此外中国还在万年前就出现了纺织技术和玉器,为后世中国丝织业和玉文化的辉煌发展埋下了伏笔。

相比之下,西亚地区麦类农业和磨制石器的出现仅万年左右,晚于中国五六千年;陶器最早不过八九千年,晚于中国一万多年,以致存在一个"前陶新石器时代";房屋则主要用泥坯石块垒砌。这样的社会,其农业基础不够稳固,后来的发展方向一次次被北方畜牧民族强力影响,从而造就其动荡、冲突和外向的性格。

三、早期中国的萌芽

大约公元前 7000 以后,现今中国的大部地区文化蓬勃发展,进入新石器时代中期,先后涌现出近 20 个考古学文化。这些文化从总体上可以分为 3 个发展阶段,早、中、晚段的绝对年代大致在公元前 7000～前 6200 年、公元前 6200～前 5500 年、公元前 5500～前 5000 年(表二)。这时农业文化的范围向东北和西北方向显著扩张,文化间的碰撞、交流和融合趋势明显加强,文化格局因此得以大幅度调整,黄河和长江流域尤其是中原地区的特殊地位逐渐显现出来,到晚段时已经可以约略看出后世中国的大致轮廓。

表二 中国新石器时代中期的文化区系
(公元前 7000～前 5000 年)

	早 段 (公元前 7000～ 前 6200 年)	中 段 (公元前 6200～ 前 5500 年)	晚 段 (公元前 5500～ 前 5000 年)
黄河流域和淮河上中游	1. 深腹罐—双耳壶—钵文化系统(裴李岗文化早期) 2. 素面圜底釜文化系统(后李文化早期)	1. 深腹罐—双耳壶—钵文化系统(裴李岗文化中期、白家文化早期) 2. 素面圜底釜文化系统(后李文化中期)	1. 深腹罐—双耳壶—钵文化系统(裴李岗文化晚期、白家文化晚期、双墩文化) 2. 素面圜底釜文化系统(后李文化晚期)
长江中下游和华南	1. 绳纹圜底釜文化系统(顶蛳山文化早期、彭头山文化早期) 2. 平底盆—圈足盘—双耳罐文化系统(上山文化)	1. 绳纹圜底釜文化系统(顶蛳山文化晚期、彭头山文化晚期) 2. 釜—圈足盘—豆文化系统(跨湖桥文化早期)	釜—圈足盘—豆文化系统(跨湖桥文化晚期、皂市下层文化、高庙文化、城背溪文化、楠木园文化)
华北和东北		筒形罐文化系统(磁山文化早期、兴隆洼文化、哈克一期类遗存)	筒形罐文化系统(磁山文化晚期、赵宝沟文化早期、新乐下层文化、左家山下层文化早期、新开流文化、哈克一期类遗存)
其他地区		中石器时代文化(拉乙亥遗存)	中石器时代文化

1. 两大河流域文化的首度崛起

新石器时代中期早段文化格局上最大的变化,就是中国的两大河流域——黄河和长江流域文化的首度崛起。

黄河流域和淮河上中游地区

黄河流域和淮河上中游地区的新石器时代中期早段文化,包括裴李岗文化早期和后李文化早期,前者以河南舞阳贾湖 1~4 段为代表[1],后者以山东临淄后李第 12 层[2]和章丘小荆山 I 段为代表[3],绝对年代大致在公元前 7000~前 6200 年。

裴李岗文化早期有带台面的半地穴式圆形建筑和氧化焰陶窑,流行长方形竖穴土坑墓,仰身直肢葬,普遍随葬日用陶器和生产工具等,出现最早的儿童瓮棺葬[4]。出土器物有斧、锛、凿、铲、锯齿刃或无齿刃镰等磨制石器以及石磨盘、石磨棒、网坠。舞阳贾湖、邓州八里岗等遗址发现栽培水稻[5],贾湖等遗址还发现饲养的家猪。陶器中占据主体的深腹角把罐为颜色斑杂的夹砂褐陶,筒形小平底,多饰绳纹和圆窝纹,主要以泥片贴筑法制作,和新石器时代早期的新密李家沟陶器当有继承关系[6]。卵形双耳罐则和湖南澧县彭头山早期的双耳罐有近似之处,但前者口稍大、颈不显、小平底,而后者小口、高颈、圜底,二者毕竟有所区别。或许卵形双耳罐正是中原传统和长江中游传统结合的产物。其他如双耳壶、方口盆、錾耳深腹盆、平底钵等也当如此。

后李文化早期有较大的长方形半地穴式房屋,墓葬和裴李岗文化类似而少见随葬品,磨制石器有斧、铲等。从对长清月庄、章丘西河等遗址的分析可知,后李文化早期大概也是稻作和旱作两种农业并存的状况[7],并饲养猪、狗等。陶

---

[1] 河南省文物考古研究所:《舞阳贾湖》,科学出版社,1999 年,第 465~519 页。

[2] 济青公路文物考古队:《山东临淄后李遗址第一、二次发掘简报》,《考古》1992 年 11 期,第 987~996 页;济青公路文物工作队:《山东临淄后李遗址第三、四次发掘简报》,《考古》1994 年 2 期,第 97~112 页。

[3] 山东省文物考古研究所、章丘市博物馆:《山东章丘市小荆山遗址调查、发掘报告》,《华夏考古》1996 年 2 期,第 1~28 页。

[4] 如贾湖遗址瓮棺葬等。见河南省文物考古研究所:《舞阳贾湖》,科学出版社,1999 年,第 198~199 页。

[5] 秦岭:《中国农业起源的植物考古研究与展望》,《考古学研究》(九),文物出版社,2012 年,第 264~266 页。

[6] 贾湖早期角把罐与更早的甑皮岩和玉蟾岩的直腹釜有近似之处,实际上贾湖早期也确有圜底的可称为釜的陶器。由此可推测,李家沟文化的直腹罐可能与华南新石器时代早期早段的陶釜存在联系。

[7] Gary W. Crawford、陈雪祥、王建华:《山东济南长清区月庄遗址发现后李文化时期的炭化稻》,《东方考古》(第 3 集),科学出版社,2006 年,第 247~251 页。

器主要为粗陋的夹砂褐色素面直腹圜底釜,多口外叠唇,有的带鋬耳,采用泥片贴筑法制作,和早先的扁扁洞陶器当有直接联系。数量很少的小口卵形壶矮颈无耳,和裴李岗文化同类器有别。

总体来看,这时黄河中下游文化仍属于联系不多的两个文化系统,裴李岗文化可称"深腹罐—双耳壶—钵文化系统",后李文化仍属"素面圜底釜文化系统"。

长江中下游和华南地区

包括从新石器时代早期延续下来的上山文化,以甑皮岩第三、四期和顶蛳山第二期遗存为代表的顶蛳山文化早期,奇和洞三期类遗存,以及新出现的以湖南澧县彭头山和八十垱第一、二期遗存为代表的彭头山文化早期[1],绝对年代大致在公元前7000~前6200年。

顶蛳山文化早期流行宽短长方形竖穴土坑墓,多为屈曲严重的蹲踞式屈肢葬,有磨制不精的斧、锛等石器和穿孔重石,陶器中占据主体的是拍印绳纹的褐色圜底罐釜类器物,一种小口细高颈,一种大口矮颈或无颈。奇和洞三期遗存有木骨泥墙地面式房屋,斧、锛、网坠等磨制石器,鱼形石佩,以及饰绳纹、贝齿压印纹等的釜、罐、钵类陶器。他们显然都仍属华南绳纹圜底釜文化系统。该文化尚未发现稻作农业迹象,当以采集经济为主。

彭头山文化有环壕聚落,地面式或干栏式房屋,墓葬为宽短长方形或圆形竖穴土坑墓,可能和华南新石器时代早期一样主要流行屈肢葬[2],随葬少量日用陶器或石器;除大量打制石器外,还有斧、锛、凿等磨制石器,以及农业工具骨耜。八十垱、彭头山等遗址发现大量炭化栽培水稻遗存,表明其稻作农业已经有一定发展,但对野生植物的采集仍占重要地位。陶器主要有拍印绳纹的褐色圜底罐釜类和盆钵类器物,其与甑皮岩三、四期陶器接近,颈部饰平行线纹的特征也彼此类似。据推测,它的主要源头在南岭两侧的绳纹圜底釜文化系统[3]。当然彭头山文化也有不少自身特色,比如流行夹炭陶,有一定数量的双肩耳高颈罐、矮足器和兽形支座,器物唇部压印锯齿状花边而非绳纹,出现戳印圆点、圆圈、篦点等组成的较复杂的图案等。

---

[1] 湖南省文物考古研究所:《彭头山与八十垱》,科学出版社,2006年。
[2] 韩建业:《中国古代屈肢葬谱系梳理》,《文物》2006年1期,第53~60页。
[3] 2007年发现的湖南临澧华垱、澧县宋家岗早期遗存,绝对年代当在公元前7000年以前,包含饰绳纹的粗陋褐色陶片。它可能同样属于"华南绳纹圜底釜文化系统",或为彭头山文化的直接前身。见郭伟民:《新石器时代澧阳平原与汉东地区的文化和社会》,文物出版社,2010年,第44页。

2. 碰撞与交融

黄河流域和淮河上中游地区

新石器时代中期中段包括以舞阳贾湖5~6段和河南新郑裴李岗遗存所代表的裴李岗文化中期[1]，后李第11、10层和小荆山Ⅱ~Ⅲ段所代表的后李文化中期，以及陕西临潼白家村和甘肃秦安大地湾一期为代表的白家文化早期[2]，绝对年代大致在公元前6200~前5500年。

这时河南新郑沙窝李等裴李岗文化遗址发现粟。据对一些遗址内石磨盘、石磨棒淀粉粒的分析显示，这些器物具有加工粟、坚果等多种食物的功能[3]。这一期开始出现鼎、三足钵、圈足钵（碗）等形态较复杂的陶器，壶类多样化，甚至出现个别管状流壶，泥质陶大增，泥条筑成法盛行，器形规整，火候均匀，这些都反映了制陶技术的显著进步和陶器功能更加专门化。聚落已小有分化，面积从几千平方米到数万平方米不等。墓葬分区埋葬，小墓仅有几件随葬品，而较大的墓则达数十件。其中贾湖大墓包含骨笛（图四）、骨板、象牙雕版、绿松石饰品、龟甲（有的上有刻符）（图五）等精致新器，墓主人极可能在宗教方面具有较高地位。较为发达的物质文化为裴李岗文化对外产生较大影响准备了条件，最显著者是裴李岗文化向渭河流域和汉水上游的扩展。

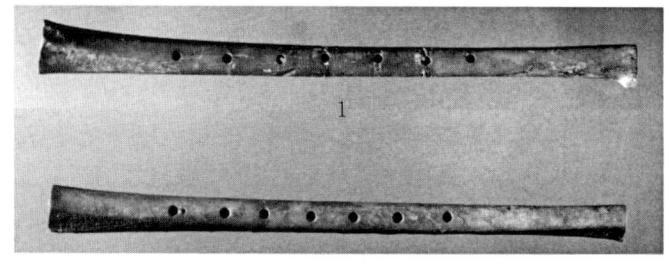

图四　贾湖遗址七孔骨笛

1、2. M282:21、20

---

[1] 开封地区文管会、新郑县文管会：《河南新郑裴李岗新石器时代遗址》，《考古》1978年2期，第73~79页；中国社会科学院考古研究所河南一队：《1979年裴李岗遗址发掘报告》，《考古学报》1984年1期，第23~52页。

[2] 中国社会科学院考古研究所：《临潼白家村》，巴蜀书社，1994年；甘肃省文物考古研究所：《秦安大地湾——新石器时代遗址发掘报告》，文物出版社，2006年。

[3] 张永辉等：《裴李岗遗址出土石磨盘表面淀粉粒的鉴定与分析》，《第四纪研究》2011年31卷5期，第891~899页；liuli, Judith Field, Richard Fullagar, et al., "What did Grinding Stones Grind? New Light on Early Neolithic Subsistence Economy in the Middle Yellow River Valley, China", *Antiquity* (84), 2010: 816~833.

渭河流域和汉水上游白家文化早期的圜底钵、三足钵、圈足钵、深腹罐等主要陶器都可在裴李岗文化中找到原型,前者的锯齿形蚌或骨镰与后者的石镰也存在明显联系。两者都流行磨制石铲,均以简陋的带台面半地穴式房屋为居室,有氧化焰陶窑,流行仰身直肢葬且都有合葬墓,都有随葬獐牙和猪下颌骨的习俗,都有婴孩瓮棺葬[1]。大地湾一期发现有炭化黍,说明该期应当已有旱作农业[2]。由于渭河流域和汉水上游并无更早的农业文化遗存,白家文化的初始年代又比裴李岗文化晚1 000年左右,因此有理由推测,白家文化可能是裴李岗文化西向扩展并与土著文化融合的产物(图六)[3]。当然,二者也存在一定的差别,如白家文化流行交错绳纹,有简单棕红色彩陶,还有小口高领鼓腹罐等陶器,这些都是和裴李岗文化不同的地方,或许是受峡江地区枝城北类彭头山文化的影响所致,少数屈肢葬或许也与此相关[4]。另外,白家文化已出现大略呈长方形的石刀,有的侧面有绑绳凹槽,已基本具备新石器时代晚期以后典型石爪镰——铚的雏形。

图五　贾湖遗址龟甲及刻符(M244∶18)

该阶段后李文化的情况基本同前。值得注意的是,淮河中游地区出现了以安徽宿州小山口早期[5]和江苏泗洪顺山集一、二期遗存[6]为代表的一类文化。该文化占据主体的素面圜底釜、棒状支脚、小口双耳壶等与后李文化者接近,但其釜器形矮胖,且有的为多边形口沿,与后李文化有一定区别;其他如双耳平底

---

[1] 如陕西汉阴阮家坝遗址白家文化瓮棺葬。见陕西省考古研究所等:《陕南考古报告集》,三秦出版社,1994年,第211~212页。

[2] 刘长江、孔昭宸、郎树德:《大地湾遗址农业植物遗存与人类生存的环境探讨》,《中原文物》2004年4期,第26~30页。

[3] 韩建业:《裴李岗文化的迁徙影响与早期中国文化圈的雏形》,《中原文物》2009年2期,第11~15页。

[4] 湖北省文物考古研究所:《宜都城背溪》,文物出版社,2001年。

[5] 中国社会科学院考古研究所安徽队:《安徽宿县小山口和古台寺遗址试掘简报》,《考古》1993年12期,第1062~1075页。

[6] 南京博物院考古研究所等:《江苏泗洪县顺山集新石器时代遗址》,《考古》2013年7期,第3~14页。

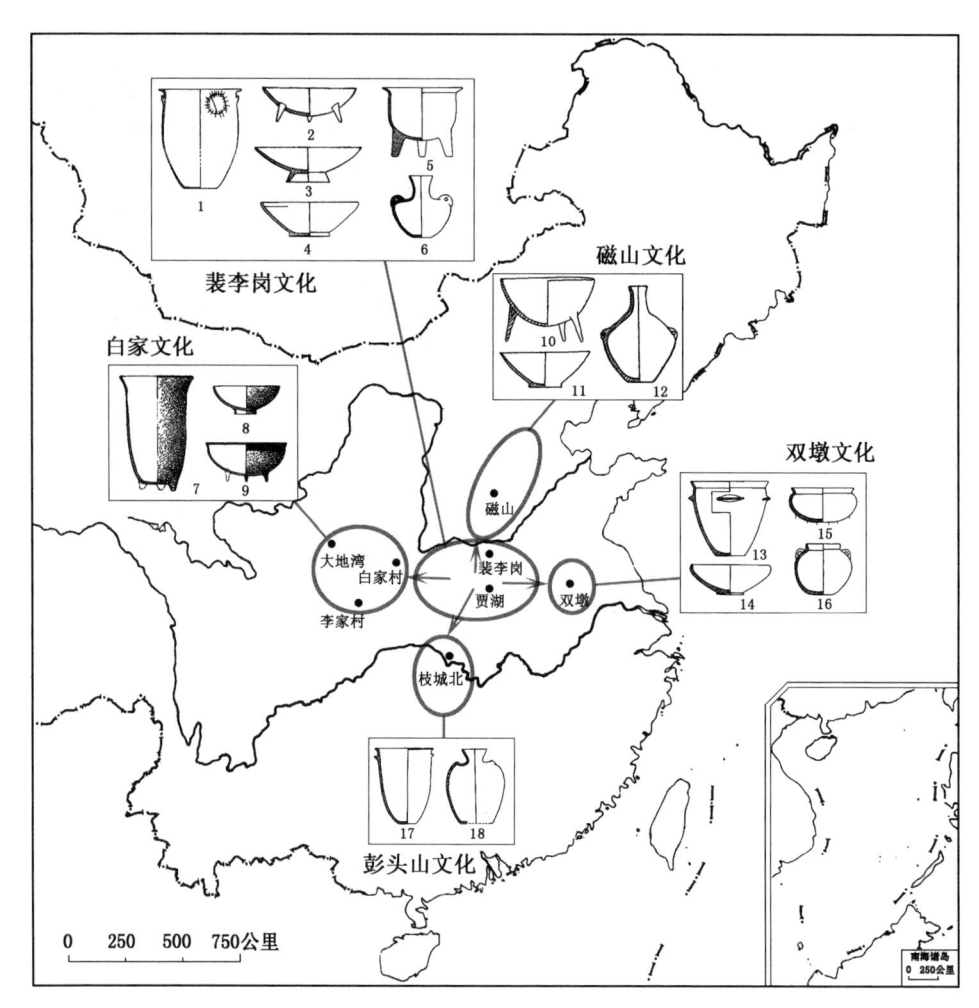

**图六 裴李岗文化陶器及其周围诸文化中的裴李岗
文化因素(公元前6200~前5000年)**

1、7、13、17. 深腹罐(贾湖 H190:2、白家 T309③:4、双墩 91T0719⑬:61、枝城北 H1:5) 2~4、8~11、14. 钵(水泉 M20:2、M2:2、贾湖 H209:1、白家 T117③:4、T116H4:2、磁山 T87②:32、H77:3、双墩 92T0721⑰:16) 5、15. 鼎(贾湖 H102:3、双墩 92T0623⑳:85) 6、12、16、18. 壶(贾湖 M231:2、磁山 T87②:25、双墩 92T0721㉙:29、枝城北 H1:35)

罐、双耳多口器、折腹钵、豆等当为江淮地区土著因素,与上山文化遥相传承(图七)。顺山集发现的圈形陶灶为中国最早的陶灶之一,其泥塑的人面和兽面也很有特点。该遗址还发现有玉管等。这类遗存曾被划归后李文化[1],但毕竟自有特色,可单独称为顺山集文化。该文化还发现了黄淮河流域最早的环壕聚落,

---

[1] 栾丰实:《试论后李文化》,《海岱地区考古研究》,山东大学出版社,1997年,第1~26页。

有类似裴李岗文化的椭圆形半地穴式房屋,也有地面式房屋,发现埋葬整条狗的坑。墓葬流行仰身直肢葬,无随葬品或有 1~3 件随葬品。

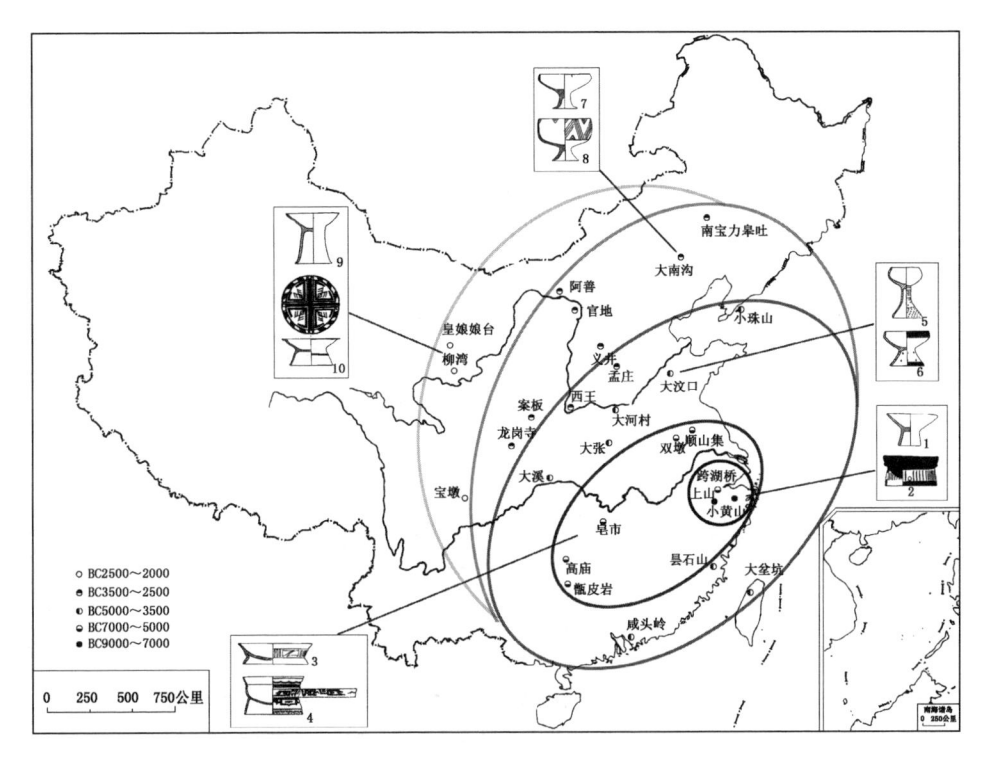

图七　中国新石器时代陶豆和圈足盘的空间拓展

1、5~10. 豆(上山 H193:1、大汶口 M2004:8、M2012:3、大南沟 M24:3、M31:6、柳湾 M308:3、皇娘娘台 M47:10)　2~4. 圈足盘(小黄山 M2:2、皂市 T4⑤:22、高庙 T2003㉑:12)

可见,通过裴李岗文化的强烈扩张,黄河上游地区也已经被纳入到"深腹罐—双耳壶—钵文化系统"当中,但整个黄河流域的整体文化格局大体依旧(图八)。

长江中下游和华南地区

新石器时代中期中段包括以顶蛳山第三期和广西南宁豹子头晚期遗存为代表的顶蛳山文化晚期[1],彭头山和八十垱第三期遗存为代表的彭头山文化晚期,以及浙江萧山跨湖桥第一期为代表的跨湖桥文化早期等[2],绝对年代大致在公元前 6200~前 5800 年。

---

[1]　中国社会科学院考古研究所广西工作队、广西壮族自治区文物工作队等:《广西南宁市豹子头贝丘遗址的发掘》,《考古》2003 年 10 期,第 22~34 页。
[2]　浙江省文物考古研究所、萧山博物馆:《跨湖桥》,文物出版社,2004 年。

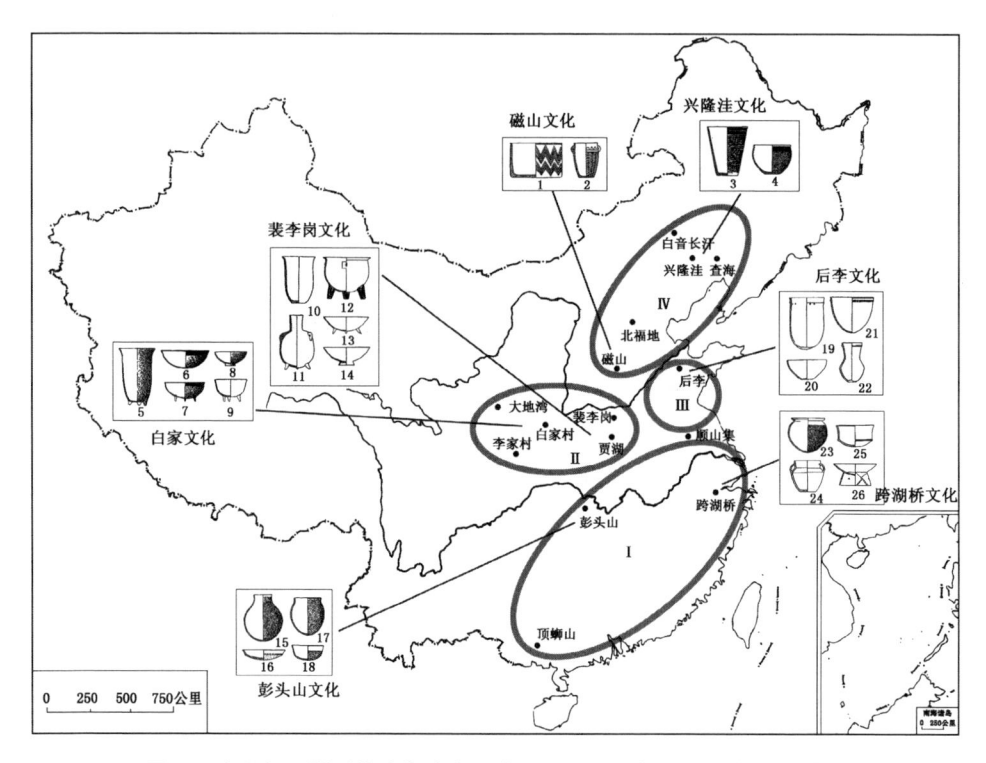

图八　中国新石器时代中期中段文化区系(公元前6200～前5500年)

Ⅰ 釜—圈足盘—豆文化系统　　Ⅱ 深腹罐—双耳壶—钵文化系统
Ⅲ 素面圜底釜文化系统　　Ⅳ 筒形罐文化系统

1～4. 筒形罐(盂)(磁山 T96②:38、25、兴隆洼 F171④:10、F180④:8)　5、10. 深腹罐(白家 T309③:4、裴李岗 M37:3)　6~9、13、14、16、18、20、25. 钵(白家 T204H25:1、T116H4:2、T117③:4、T121③:8、裴李岗 M38:11、M56:4、彭头山 T5⑤:4、F2:1、后李 H1546:1、跨湖桥 T0410 湖Ⅲ:17)　11、22. 壶(裴李岗 M100:10、后李 H1677:1)　12. 鼎(贾湖 H104:6)　15、17、19、21、23. 釜(罐)(彭头山 H2:47、H1:6、后李 H3827:1、H3832:1、跨湖桥 T0411⑧A:132)　24. 双耳罐(跨湖桥 T0411⑧A:24)　26. 圈足盘(跨湖桥 T0513⑨C:2)(均为陶器)

　　顶蛳山文化晚期和彭头山文化晚期基本是早期的延续。跨湖桥文化早期工具以锛、斧、凿等磨制石器为主,也有骨耜、石或骨镞,其经济形态应当和彭头山文化接近。线轮显示出纺织手工业的早熟。该文化也有作为装饰品的骨笄。陶器可大致分成两组:属第一组的双耳折肩罐、圈足盘和豆等,早就见于上山文化且细部形态彼此相似,二者还均以夹炭陶为主,都有器表施红衣现象,这说明跨湖桥文化的主体应当源自上山文化;第二组为各种形态的绳纹圜底釜和折腹圜底钵,不见或少见于上山文化,而与长江中游的彭头山文化接近,可见跨湖桥文化的形成应当有彭头山文化的贡献在内。换句话说,跨湖桥文化应当是在上山文化基础上接受彭头山文化影响发展而成的(图九)〔1〕。而跨湖桥遗址独木舟的发现(图一〇),为长江中下游之间通过水道发生联系提供了条件。此外,峡江地区的枝城北类彭头山文化遗存(或可称为彭头山文化枝城北类型)的一些地方性因素当为受到裴李岗文化影响而产生,如双錾平底或圈足深腹罐、小口耸肩扁壶等。

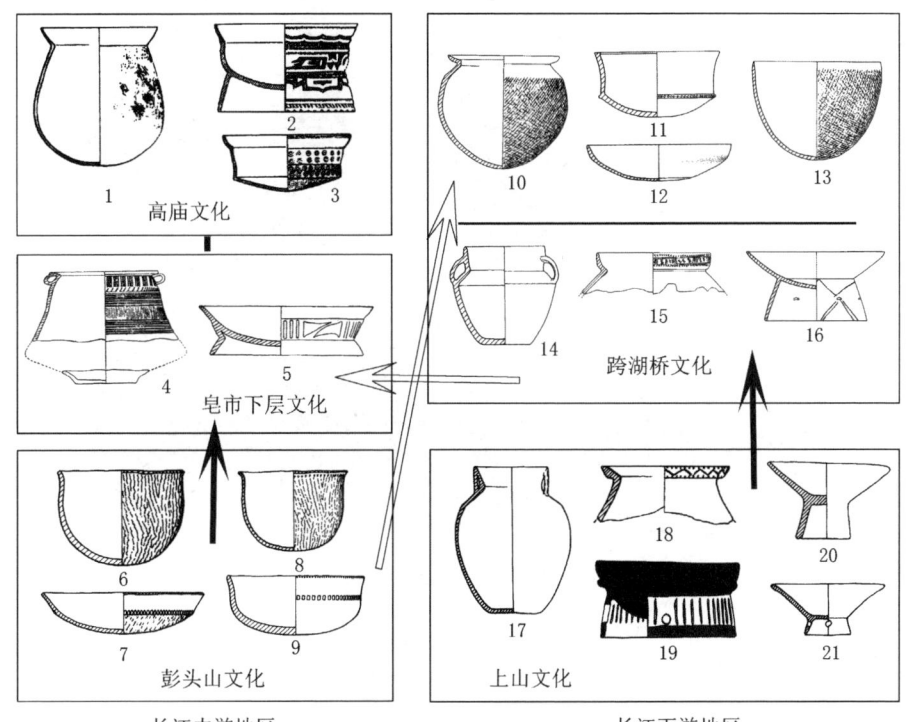

图九 新石器时代中期长江中下游地区间的文化互动

1、6、8、10、13. 釜(高庙T2003㉔:18、彭头山T1⑥:5、F2:3、跨湖桥T0411⑧A:132、T0510⑤B:5)
2、5、16、19. 圈足盘(高庙T2003㉑:12、皂市T4⑤:22、跨湖桥T0513⑨C:2、小黄山M2:2) 3、7、9、11、12. 钵(高庙T2104㉔:20、彭头山T2②:49、T14④:53、跨湖桥T0410湖Ⅲ:17、T0512湖Ⅱ:10) 4、14、15、17、18. 罐(皂市T3③:143、跨湖桥T0411⑧A:24、T0411Ⅳ:45、上山H226:5、H221:4) 20、21. 豆(上山H193:1、H196:1)(均为陶器)

(图中实线箭头表示同一地区文化的发展关系,中空箭头表示不同地区文化的影响关系)

华北和东北地区

新石器时代中期中段包括太行山以东以河北武安磁山早期〔2〕和易县北福

---

〔1〕 韩建业:《试论跨湖桥文化的来源和对外影响——兼论新石器时代中期长江中下游地区间的文化交流》,《东南文化》2010年6期,第62~66页。
〔2〕 河北省文物管理处、邯郸市文物保管所:《河北武安磁山遗址》,《考古学报》1981年3期,第303~339页。

图一〇 跨湖桥遗址独木舟

地一期遗存[1]为代表的磁山文化早期,西辽河—凌河流域和燕山南北以内蒙古敖汉旗兴隆洼F171[2]、林西白音长汗二期甲类[3]、辽宁阜新查海D1[4]为代表的兴隆洼文化,以及呼伦贝尔地区的哈克一期类遗存[5],绝对年代大致在公元前6200~前5500年。

磁山文化有方形或长方形半地穴式房屋,长方形窖穴,包含成组"明器"化陶器、石玉器等的所谓"祭祀场",还有较多斧、锛、凿、铲等磨制石器,以及细石器、砺石、石磨盘、石磨棒、网坠等。磁山遗址的80多个窖穴中,发现有大量成层

---

[1] 河北省文物研究所:《北福地——易水流域史前遗址》,文物出版社,2007年。
[2] 中国社会科学院考古研究所内蒙古工作队:《内蒙古敖汉旗兴隆洼遗址发掘简报》,《考古》1985年10期,第865~874页;中国社会科学院考古研究所内蒙古工作队:《内蒙古敖汉旗兴隆洼聚落遗址1992年发掘简报》,《考古》1997年1期,第1~26页。
[3] 内蒙古自治区文物考古研究所:《白音长汗——新石器时代遗址发掘报告》,科学出版社,2004年。
[4] 辽宁省文物考古研究所:《辽宁阜新县查海遗址1987~1990年三次发掘》,《文物》1994年11期,第4~19页。
[5] 中国社会科学院考古研究所、内蒙古自治区文物考古研究所等:《哈克遗址——2003~2008年考古发掘报告》,文物出版社,2010年。

堆积的栽培黍的朽灰,以及极少量的粟[1],这表明旱作农业在磁山文化中已经居于重要位置。

圈足石碗和陶假面面具很有特色。此外,还有鸟首形支座和纺轮。陶容器基本都是夹砂褐陶,泥条筑成法制作,矮筒形罐(盂)占据主体,也有深腹罐、平底盘等。该文化与华北新石器时代早期文化存在明显的渊源关系,仍属"筒形罐文化系统"。只是南北有所差别,北部的北福地类型器表上部压印或刻划一周成组斜线纹、鳞纹、篦点纹等,与新石器时代早期的东胡林二期遗存陶器风格接近,其中之字纹平底钵和玉玦等可能为兴隆洼文化因素;南部的磁山类型陶器常带双錾,器表以拍印绳纹为主,也有细泥条附加堆纹、篦点纹、刻划纹等,与新石器时代早期的南庄头遗存可能有联系,至于少量泥质三足钵的出现,则是裴李岗文化向北渗透的结果。

兴隆洼文化有成排较大方形半地穴式房屋构成的环壕聚落,墓葬为长方形竖穴土坑墓或石棺墓,葬式以仰身直肢葬为主,有屈肢葬,还有奇特的居室葬,随葬玉玦、蚌饰、石玉珠等各类随身装饰品,有的还随葬整猪。其玉玦、玉匕形器、玉蝉、嵌蚌石面具、骨蚌面具、石雕人等很有特色,玉器、陶假面面具与双塔一期文化陶人面饰有继承关系。石器以打制或略磨的有肩或无肩铲、斧、锛等为主,还有石磨盘、石磨棒、骨梗石刃刀等。兴隆沟遗址大量炭化黍和少量粟的出土[2],白音长汗石磨盘、石磨棒上黍、粟类淀粉粒的发现[3],说明兴隆洼文化存在黍、粟旱作农业,而以黍为主。此外,还有少量罐、杯、臼等石质容器。陶器主要为泥条筑成法制作的夹砂褐色筒形罐,其次为平底钵、盆、圈足碗。器表最初基本为素面[4],后遍饰压印弦纹、网格纹、附加堆纹、多重鳞纹等,最后流行之字纹、绞索纹等。它和磁山文化同属"筒形罐文化系统",其渊源当为新石器时代早期的双塔一期文化。兴隆洼文化各区域也有一定的地方性差异。

哈克一期类遗存有扁圆形房屋和简陋墓葬,葬式为屈肢葬或二次葬,和兴隆洼文化一样随葬玉匕形器。出土器物有大量石叶、刮削器、端刮器、镞、钻等细石

---

[1] 秦岭:《中国农业起源的植物考古研究与展望》,《考古学研究》(九),文物出版社,2012年,第297~298页。

[2] Zhijun Zhao, "New Archaeobotanic Data for the Study of the Origins of Agriculture in China", *Current Anthropology*, Vol. 52, No. S4, The Origins of Agriculture: New Data, New Ideas (Oct 2011): S295~306.

[3] Dawei Tao, Yan Wu, Zhizhong Guo, et al., "Starch Grain Analysis for Groundstone Tools from Neolithic Baiyinchanghan Site: Implications for Their Function in Northeast China", *Journal of Archaeological Science* 38(12): 3577~3583.

[4] 以内蒙古敖汉小河西遗存、林西白音长汗一期遗存为代表,有人称之为"小河西文化"。

器、穿孔器、磨盘、磨棒等琢制磨制石器,锥、镖、镞等骨器,以及骨梗石刃刀,表明该遗存的渔猎经济较为发达。陶器为素面或绳纹筒形罐,同类陶器在贝加尔湖附近地区也有分布。哈克一期类遗存和兴隆洼文化一样属于"筒形罐文化系统"。

3. 三大文化系统的初步形成

黄河流域和淮河上中游地区

新石器时代中期晚段包括以河南巩义瓦窑嘴[1]、孟津寨根[2]为代表的裴李岗文化晚期,甘肃天水师赵村一期为代表的白家文化晚期[3],安徽蚌埠双墩[4]、山东济宁张山J1[5]为代表的双墩文化,以及山东章丘小荆山Ⅳ段所代表的后李文化晚期,绝对年代大致在公元前5500~前5000年。

这时的裴李岗文化进入没落阶段,壶类数量大减,新出黑衣陶、竖条纹等,部分碗钵口部略折。恰巧此时或稍后,锥足鼎、双耳平底壶、三足壶、三足钵、口部略折的圈足或假圈足碗等裴李岗文化因素却较多见于淮河中游地区,由此促使淮河中游乃至于泰沂山西南的顺山集文化、后李文化转变为双墩文化,与泰沂山以北的后李文化形成对峙格局[6]。双墩文化当中的豆、人面或兽面陶塑等,都在之前的顺山集文化中早已存在。这一文化格局的转变或许伴随着人群的东向迁徙。此外,白家文化晚期也出现类似裴李岗文化晚期的竖条纹,罐、钵、盆和新出的平口双耳壶等也都呈现出向仰韶文化过渡的趋势。

如此一来,黄河流域大部和淮河上中游文化实际上大致融合成一个"深腹罐—双耳壶—钵文化系统","黄淮流域文化区"初步形成。但泰沂山以北地区后李文化所代表的素面圜底釜文化系统还仍然存在。

长江中下游和华南地区

新石器时代中期晚段包括以跨湖桥第二、三期为代表的跨湖桥文化晚期,湖

---

[1] 巩义市文物管理所:《河南巩义市瓦窑嘴新石器时代遗址试掘简报》,《考古》1996年7期,第12~16页;郑州市文物工作队、巩义市文物管理所:《河南巩义市瓦窑嘴新石器时代遗址的发掘》,《考古》1999年11期,第13~20页。

[2] 河南省文物管理局:《黄河小浪底水库考古报告》(二),中州古籍出版社,2006年,第157~211页。

[3] 中国社会科学院考古研究所:《师赵村与西山坪》,中国大百科全书出版社,1999年。

[4] 安徽省文物考古研究所、蚌埠市博物馆:《蚌埠双墩——新石器时代遗址发掘报告》,科学出版社,2008年。

[5] 济宁市文物考古研究室:《山东济宁市张山遗址的发掘》,《考古》1996年4期,第1~7页。

[6] 韩建业:《双墩文化的北上与北辛文化的形成——从济宁张山"北辛文化遗存"论起》,《江汉考古》2012年2期,第46~50页。

南石门皂市下层[1]和临澧胡家屋场遗存[2]为代表的皂市下层文化,湖南洪江高庙下层为代表的高庙文化[3],湖北宜都城背溪早期遗存为代表的城背溪文化[4],湖北巴东楠木园遗存为代表的楠木园文化[5]等,绝对年代大致在公元前5800~前5000年。

从陶器来看,皂市下层文化流行的束颈或高领圜底釜、绳纹等因素显然承继自彭头山文化,其他如斜弧腹的盆、钵类以及直体支脚等,也都和彭头山文化有颇多联系,可以说皂市下层文化是在彭头山文化基础上发展而来的[6]。但和彭头山文化相比,皂市下层文化突然出现了很多新因素,如大量镂孔装饰的圈足盘,折腹罐、折腹钵,边带一周凹槽的"线轮",釜罐类盛行的双耳、折沿内凹、折肩或折腹、平底等特征,这些恰好是起点更早的跨湖桥文化的典型因素。可见皂市下层文化是在彭头山文化基础上,接受较多跨湖桥文化因素发展而成(图九)。

再往外围,沅江上中游地区的高庙文化和峡江口以下的城背溪文化,其主体都是承继彭头山文化而来。它们的圈足盘等跨湖桥文化因素比皂市下层文化明显要少,或许只是通过皂市下层文化传播而来;地方特点则更加浓厚,如高庙文化的精美白陶和带獠牙兽面纹、八角星纹、太阳纹等。至于三峡地区的所谓楠木园文化,已不见圈足盘,只有个别双耳罐体现出与跨湖桥文化的些许间接联系;而较多圈足碗则明确为白家文化因素。特别值得一提的是,这时甑皮岩五期遗存有和高庙文化颇为接近的一面,如出现圈足盘和白陶,器口内曲,压印或戳印复杂几何形纹饰等,贵州东部和广西东北部也有类似遗存,可见高庙文化对此地区产生了较大影响。

总体来看,首先是在公元前7000年前后,华南的绳纹圜底釜文化系统北上,可能与当地文化结合而在长江中游洞庭湖地区诞生彭头山文化。公元前7000

---

[1] 湖南省博物馆:《湖南石门县皂市下层新石器遗存》,《考古》1986年1期,第1~11页。
[2] 湖南省文物考古研究所:《湖南临澧县胡家屋场新石器时代遗址》,《考古学报》1993年2期,第171~206页。
[3] 湖南省文物考古研究所:《湖南黔阳高庙遗址发掘简报》,《文物》2000年4期,第4~23页;湖南省文物考古研究所:《湖南洪江市高庙新石器时代遗址》,《考古》2006年7期,第9~15页。
[4] 湖北省文物考古研究所:《宜都城背溪》,文物出版社,2001年。
[5] 巴东一带属于长江上中游交界之地,其文化系统与长江中游相同,因此仍归入长江中游文化区。见国务院三峡工程建设委员会办公室、国家文物局:《巴东楠木园》,科学出版社,2006年。
[6] 尹检顺:《浅析湖南洞庭湖地区皂市下层文化的分期及其文化属性》,《长江中游史前文化暨第二届亚洲文明学术讨论会论文集》,岳麓书社,1996年,第105~125页;何介钧:《长江中游新石器时代文化》,湖北教育出版社,2004年。

年末期，彭头山文化向东挺进长江下游的杭州湾以南地区，使得当地的上山文化发展成为跨湖桥文化，从此绳纹圜底釜成为长江下游南部地区长期存在的重要文化内容。几百年之后的公元前6000年初期，处于兴盛期的跨湖桥文化又反过来向西影响了洞庭湖地区，促成彭头山文化向皂市下层文化的转变，使得圈足盘等成为长江中游文化的重要特征。不仅如此，间接通过皂市下层文化的对外影响，跨湖桥文化因素还渗透到沅江、湘江、峡江甚至漓江流域。通过这种双向交流融合，此后长江中下游地区和华南北部文化已经大同小异，基本形成"长江中下游—华南文化区"，总体构成新的"釜—圈足盘—豆文化系统"。

华北和东北地区

新石器时代中期晚段包括太行山以东以磁山晚期遗存为代表的磁山文化晚期，西辽河和燕山南北以内蒙古敖汉旗赵宝沟遗存为代表的赵宝沟文化早期[1]，下辽河流域以辽宁沈阳新乐下层遗存为代表的新乐下层文化[2]，第二松花江流域以吉林农安左家山第4层遗存为代表的左家山下层文化早期[3]，东北北部牡丹江流域和三江平原的新开流文化[4]，以及呼伦贝尔地区的哈克一期类遗存等，绝对年代大致在公元前5500~前5000年。

这时冀南磁山遗址磁山文化晚期中泥质素面的三足钵、圜底钵、壶、深腹罐等已经占到陶器总量的近三分之一，还出现了圆形带台面的半地穴式房屋和四足石磨盘。这些因素显示，来自裴李岗文化的影响显著加强[5]。

赵宝沟文化早期流行成排的方形半地穴式房屋，耜（有肩铲）、斧、锛、凿等石器磨制精整。据对北京平谷上宅第5层石磨盘和石磨棒上淀粉粒的分析，该文化存在对栎果、粟、黍等植物的加工利用[6]。筒形罐和平底钵之外新出现尊

---

[1] 中国社会科学院考古研究所：《敖汉赵宝沟——新石器时代聚落》，中国大百科全书出版社，1997年。

[2] 沈阳市文物管理办公室、沈阳故宫博物馆：《沈阳新乐遗址第二次发掘报告》，《考古学报》1985年2期，第209~222页；沈阳新乐遗址博物馆、沈阳市文物管理办公室：《辽宁沈阳新乐遗址抢救清理发掘简报》，《考古》1990年11期，第969~980页。

[3] 吉林大学考古教研室：《农安左家山新石器时代遗址》，《考古学报》1989年2期，第187~212页。

[4] 黑龙江省文物考古工作队：《密山县新开流遗址》，《考古学报》1979年4期，第491~518页；朱延平：《新开流文化陶器的纹饰及其年代》，《青果集——吉林大学考古系建系十周年纪念文集》，知识出版社，1998年，第11~17页。

[5] 韩建业：《裴李岗文化的迁徙影响与早期中国文化圈的雏形》，《中原文物》2009年2期，第11~15页。

[6] 杨晓燕、郁金城、吕厚远等：《北京平谷上宅遗址磨盘磨棒功能分析：来自植物淀粉粒的证据》，《中国科学D辑：地球科学》2009年9期，第1266~1273页。

形器、圈足钵、圈足罐等陶器种类,以遍布器表的压印或刻划几何形纹最具特色,各类题材互相勾连组合,繁缛复杂,之字纹规整成熟,类似风格的纹饰雏形早见于查海兴隆洼文化当中。

新乐下层文化流行方形半地穴式房屋,陶器以规整成熟的之字纹筒形罐为主体,也有斜口器、圈足钵,与赵宝沟文化较为相似。除磨盘、磨棒、网坠和磨制石斧、石锛、石凿、石镞外,还流行精致的带铤石镞、石叶等细石器,煤精制品有特色。左家山下层文化早期和新乐下层文化近似,其刻划的阶梯状带纹较有特色。新开流文化筒形罐流行压印或刻划的鳞纹、网纹、菱形纹、圆窝纹等,但不见之字纹,体现出不一样的地方传统。另外,如果饶河小南山墓葬的确属于新开流文化的话[1],那么其中随葬的玦、环、匕形器等玉器则又传递出和兴隆洼文化的密切关系。

总体来看,赵宝沟文化、新乐下层文化、左家山下层文化和兴隆洼文化有一定的传承关系,新开流文化和哈克一期类遗存则和兴隆洼文化存在交流关系。

4. 新石器文化区之外的文化

虽然新石器时代中期文化已经占据包括中国黄河长江流域在内的主体区域,但远不是全部,在西北等地仍分布着中石器时代文化,如青海贵南拉乙亥[2]、达玉台[3],青海湖江西沟Ⅱ地点,宁夏"贺兰组"细石器地点等[4],其石器均为刮削器等细石器,无陶器和磨光石器,更重要的是这些地点没有农业迹象。

5. 小结

约公元前6200年以后中国大部地区进入新石器时代中期中段,各文化区的交流明显频繁起来,中原裴李岗文化强势扩张,长江流域的彭头山文化和跨湖桥文化东进西渐,从而整合成四个文化区或文化系统,即黄河和淮河上中游文化区

---

[1] 佳木斯市文物管理站等:《黑龙江饶河县小南山新石器时代墓葬》,《考古》1996年2期,第1~8页;刘国祥:《黑龙江史前玉器研究》,《中国历史博物馆馆刊》2000年1期,第72~86页;赵宾福、孙明明、杜战伟:《饶河小南山墓葬出土玉器的年代和性质》,《边疆考古研究》第14辑,科学出版社,2013年,第69~78页。

[2] 盖培、王国道:《黄河上游拉乙亥中石器时代遗址发掘报告》,《人类学学报》2卷1期,1983年,第49~59页。

[3] 青海省文物考古队:《青海龙羊峡达玉台遗址的打制石器》,《考古》1984年7期,第577~581页。

[4] D. B. Madsen, R. G. Elston, R. L. Bettinger, et al., "Settlement Patterns Reflected in Assemblages from the Pleistocene/Holocene Transition of North Central China", *Journal of Archaeologcal Science*, 23(2), 1996: 217~231.

的深腹罐—双耳壶—钵文化系统、长江中下游—华南文化区的釜—圈足盘—豆文化系统、华北—东北文化区的筒形罐文化系统三个大文化系统，以及泰沂山以北地区的素面圜底釜文化系统一个小文化系统，这当中三个大文化系统已和严文明归纳的中国新石器时代的三个系统大致吻合[1]。

不仅如此，中原裴李岗文化的强烈扩张和影响，还使各文化区的边缘都开始互相接触融合，几个文化系统发生一定的联系。无论是长江中游的彭头山文化，还是华北的磁山文化，其临近裴李岗文化的边缘地区都开始出现较多泥质素面的壶、钵以及深腹罐等裴李岗文化因素。这样几个文化系统就具有了一定共性，从而形成雏形的圈层结构或者"重瓣花朵式"结构的"早期中国文化圈"，或者说文化意义上的"早期中国"已经萌芽。当然，在这个文化圈之外还有主要以狩猎采集为生业的属于中石器时代的人群，文化圈内外的文化差异明显增大。新石器时代中期形成的雏形的早期中国文化圈，是当时世界上最大的农业文化圈，有明显不同于世界上其他文化的特征和特质，而且作为核心的裴李岗文化和周围文化相比有着特殊的地位。

（1）互补型的南稻北旱二元谷物农业体系

这个雏形的早期中国文化圈具有南稻北旱二元谷物农业体系，而且两个体系的空间范围都有显著扩张，其中稻作农业已北向扩展至黄河中下游地区（图三），粟作农业扩展至西辽河流域和黄河流域大部。黄河和长江流域均以谷物农业为主体。两个体系交错地带的中原裴李岗文化兼具稻粟二元农业的优势，石器多经打磨，骨器精致，农业发展水平较高，因此成为该文化圈的核心；周围文化一般仅有稻作或旱作一种农业，有的还未出现谷物农业，而仍是北采集狩猎、南采集园圃的状况，石器多为打制，除长江中下游地区外其余地区的生产力水平都比裴李岗文化低一些。值得注意的是，文化发展水平颇高的高庙文化却没有稻作农业的迹象。

虽然当时农业（包括家畜饲养业）在人们食物结构中的比重还不宜过高估计，狩猎采集仍占重要地位，但这已经是当时世界上最大的农业文化区，而且是唯一的两大农业体系并存的文化区。正如严文明所指出的那样，两大农业体系"好像是一个双子星座，结成了一种不可分割的关系"[2]，他们之间又互相补充，很好地保证了食物供给的长期稳定。

---

[1] 严文明：《中国古代文化三系统说——兼论赤峰地区在中国古代文化发展中的地位》，《中国北方古代文化国际学术研讨会论文集》，中国文史出版社，1995年，第17~18页。

[2] 严文明：《东方文明的摇篮》，《农业发生与文明起源》，科学出版社，2000年，第155页。

（2）丰富的陶器和讲究的器用生活

稳定的食物和相当程度的定居，伴随着丰富的陶器。这个文化圈的生活用具以陶器为主，炊器尤其发达，出现多种烹饪方式，这与西亚地区刚出现的陶器主要并非炊器、烹饪方式主要为烧烤的情况形成鲜明对照。正如严文明所说，如果我们着眼于陶器和农业的起源和发展道路，"可以在恒河流域和印度河流域之间清楚地划出一条分界线"[1]。

其中核心区裴李岗文化的陶器细腻素雅、形制复杂、功能细化、规整精美，尤其是该文化发明了稳重实用的专门炊器鼎——该类器延续数千年、三代时是礼器之首，堪称早期中国的第一标型器（图一一），还出现了中国特有的蒸食器甑，而陶壶可能已是饮酒器具[2]，反映定居社会生活的丰富讲究。裴李岗文化和白

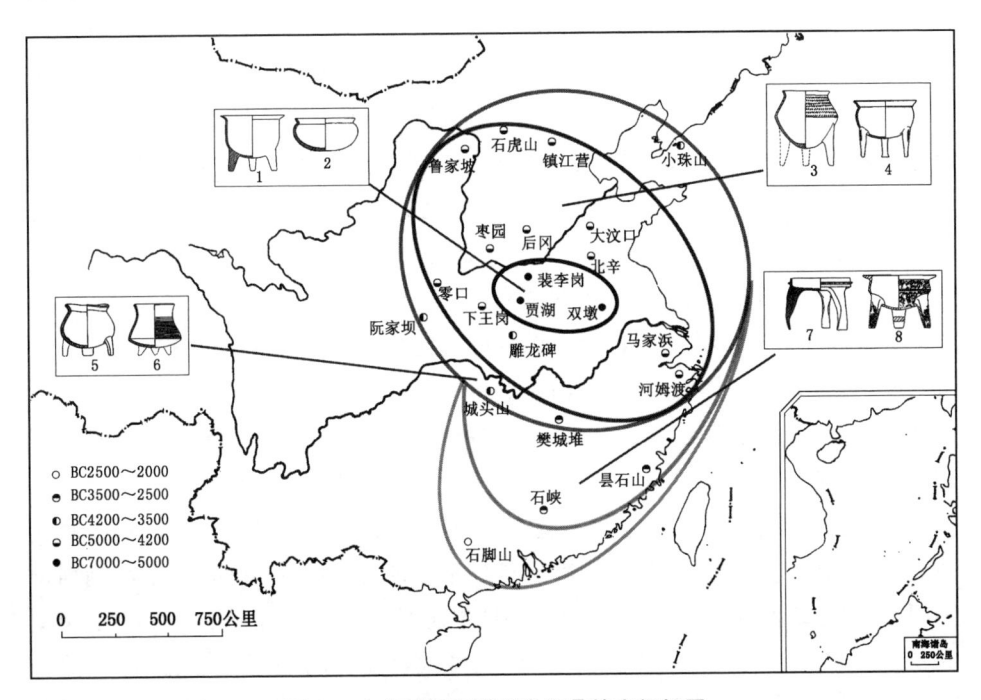

图一一　中国新石器时代陶鼎的空间拓展

1. 贾湖 H102:3　2. 双墩 92T0623⑳:85　3. 大汶口 H24:7　4. 后冈 H9③:14　5、6. 城头山 M649:6、M665:2　7. 石峡 M11:6　8. 昙石山 M130:4

---

[1] 严文明：《长江文明的曙光——与梅原猛对谈录》，《长江文明的曙光》，湖北教育出版社，2004年，第 104 页。

[2] 对贾湖陶器残留物的分析表明，当时已经出现由稻米、蜂蜜和水果等酿造的酒。见 Patrick E. McGovern, Juzhong Zhang, Jigen Tang, et al., "Fermented Beverages of Pre-and Proto-Historic China", *Proceedings of the National Academy of Sciences of the United States of America*, 101(51), 2004: 17593~17598。

家文化已经明确发现陶窑,这在世界范围内都是一件了不起的大事。有了陶窑就可以较好地控制火候、提升温度,一定程度上为中国作为世界上最发达的陶器制作地区准备了条件。仅次于它的长江中下游文化陶器多见纹饰,也具有形制复杂、功能细化、规整精美等特点,江淮等地区还发明了中国特有的炊器灶和饮食器豆,尤其高庙文化的白陶盘纹饰繁缛、制作精细。而外围诸文化的陶器则较为粗陋、形制单一、一器多用,社会生活较为简单。此外,兴隆洼文化、顺山集文化等出现精美玉器。

(3) 早熟的木工手工业和梁架结构建筑

从大江南北普遍发现石斧、石锛、石凿等与砍伐或加工木材有关的石器来看,木工手工业已经有较大发展,甚至在跨湖桥等遗址发现具有榫卯结构的木构件。北方地区的半地穴式房屋可分为两大类,一类以裴李岗文化为代表,地穴面积虽小但外有台面可资利用;一类以兴隆洼文化和后李文化为代表,地穴面积较大但外无台面,实际上两类房屋的使用面积并无太大区别。无论是北方的半地穴式房屋,还是南方的地面式或干栏式房屋,均用木柱支撑屋顶,应已初步形成后世盛行于中国的梁架式结构建筑传统,与西亚等地流行垒砌式房屋判然有别。尤其兴隆洼文化、后李文化等竟然有 100 多平方米的大型房屋,其建筑技术之高令人惊叹!

(4) 彩陶、符号、图像与文字的源头

跨湖桥文化的彩陶多为红色或白色的几何纹,也有太阳纹等,这些纹饰分单元布局,复杂繁缛中体现韵律;而白家文化的红色彩陶多数简单勾染,布局随意,这表明在 8000 年前就已形成东西二元的视觉艺术传统(图一二)。彩陶鲜艳醒目,图案中蕴含深意,应当是当时人们表达传递信息的重要载体。

但论抽象化程度,还是以贾湖遗址的刻符为最。贾湖刻符颇为规整,与商代甲骨文的"田""目"等字接近,又是契刻在神秘的龟甲上面,可称"文字性刻划符号"[1]或类文字符号,体现出裴李岗人抽象思维能力的极度早熟。受裴李岗文化深刻影响而形成的双墩文化,也发现大量内容复杂的刻划符号和图像(图一三)。另外,高庙文化出现八角星纹、兽面纹等图像花纹,这些图像花纹流传后世数千年、影响东部大半个中国[2]。它们比刻符具象而类似"族徽"(图一四、图一五)。中国文字的前身——符号和图像,在这个时期都已经萌芽,而且主要就在黄河和长江流域。

---

[1] 王晖:《中国文字起源时代研究》,《陕西师范大学学报(哲学社会科学版)》40 卷 3 期,2011 年,第 5~23 页。
[2] 贺刚:《湘西史前遗存与中国古史传说》,岳麓书社,2013 年。

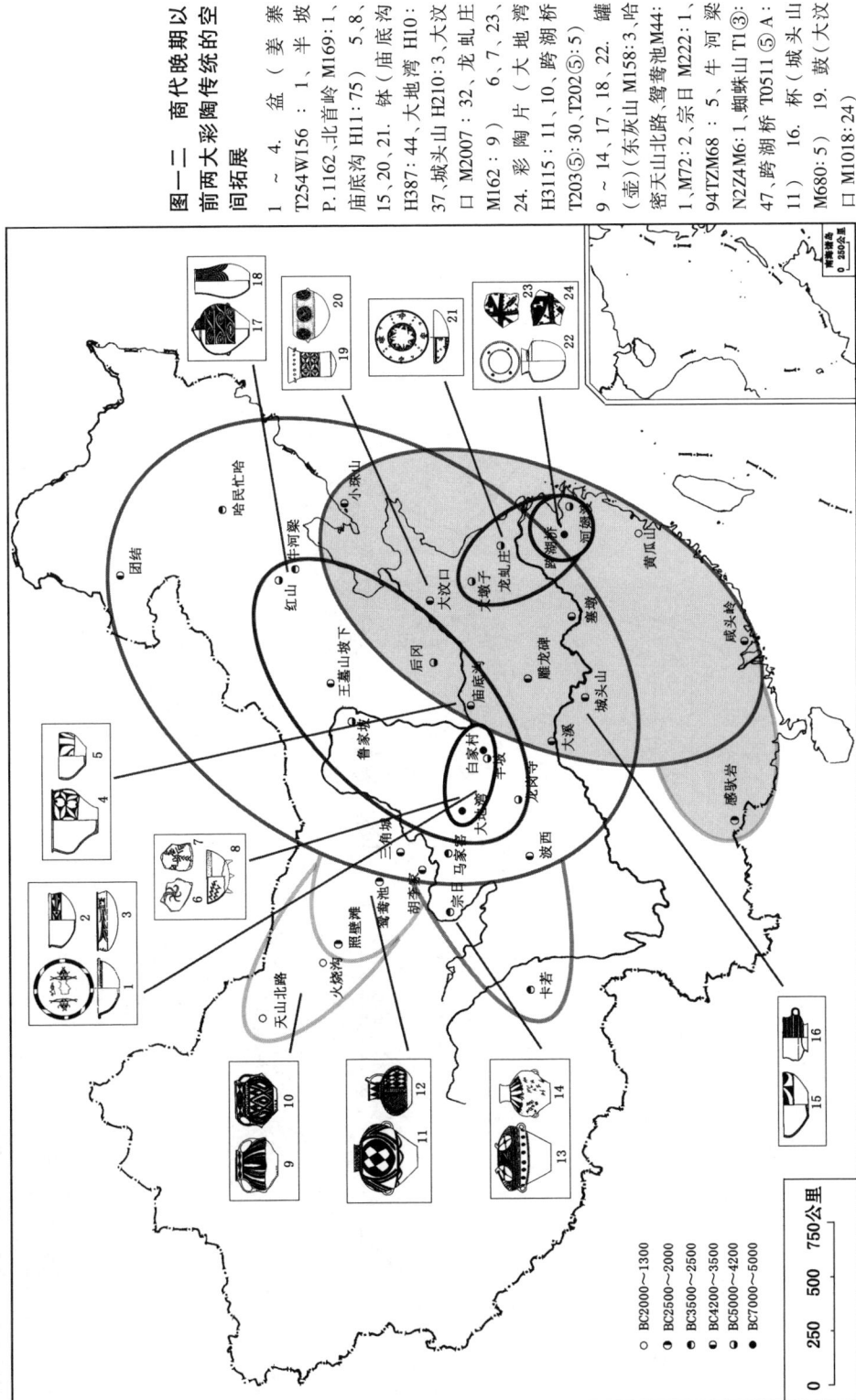

图一二 商代晚期以前两大彩陶传统的空间拓展

1~4. 盆（姜寨坡T254W156：1，半坡P.1162，北首岭M169：1，庙底沟H11：75）5、8、15、20、21. 钵（庙底沟H10：37，城头山H210：3，大汶口M2007：32，龙虬庄M162：9）6、7、23、24. 彩陶片（大地湾H3115：11、10，跨湖桥T203⑤：30，T202⑤：5）9~14、17、18、22. 罐（壶）（东灰山M158：3，哈密天山北路，鸳鸯池M222：1，M72：2，崇日M68：5，牛河梁94TZM68：1，蜘蛛山T1③：47，跨湖桥T0511⑤A：11）16. 杯（城头山M680：5）19. 鼓（大汶口M1018：24）

· 50 ·　早期中国

图一三　商代晚期以前符号（原始文字）的发展演变

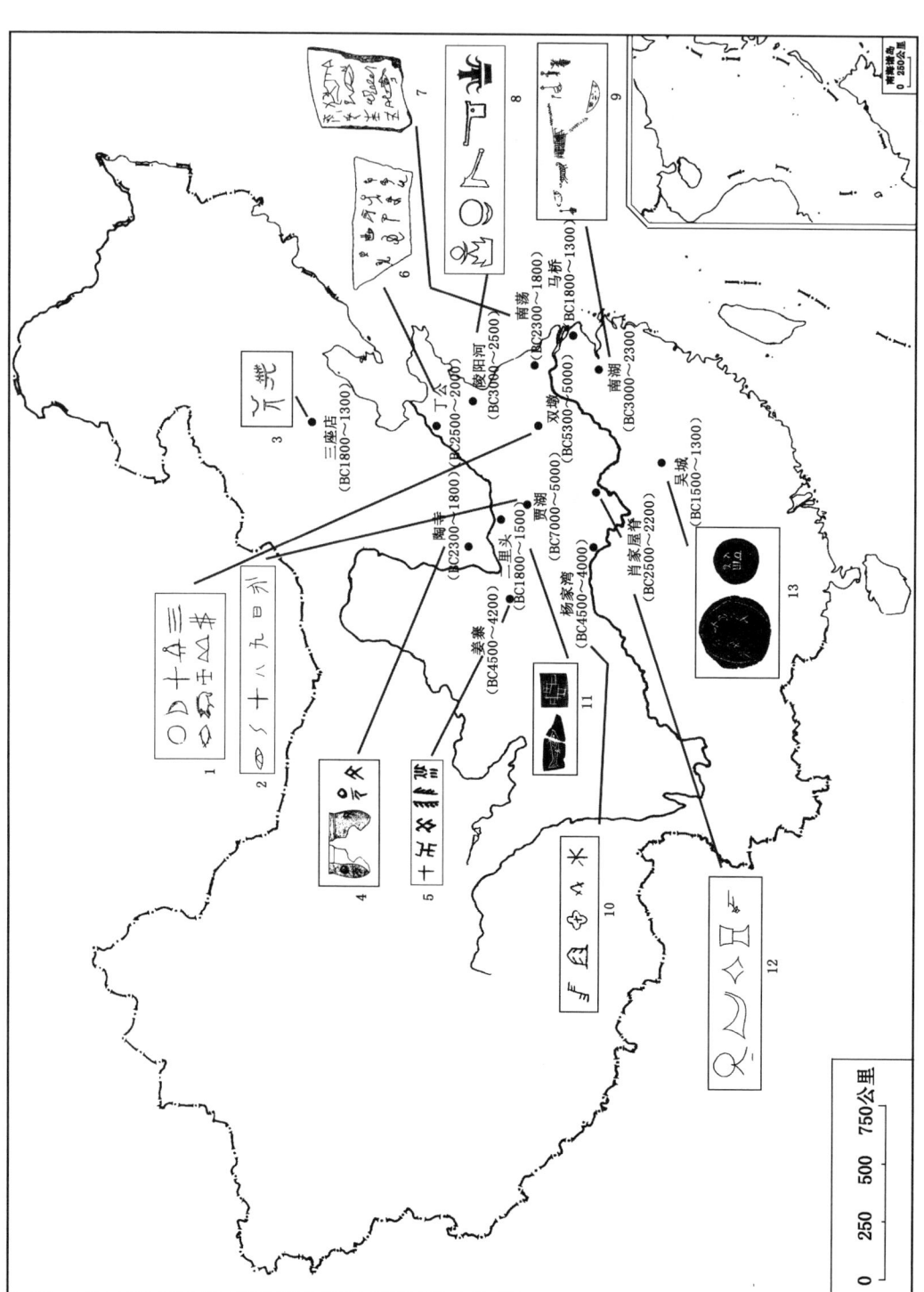

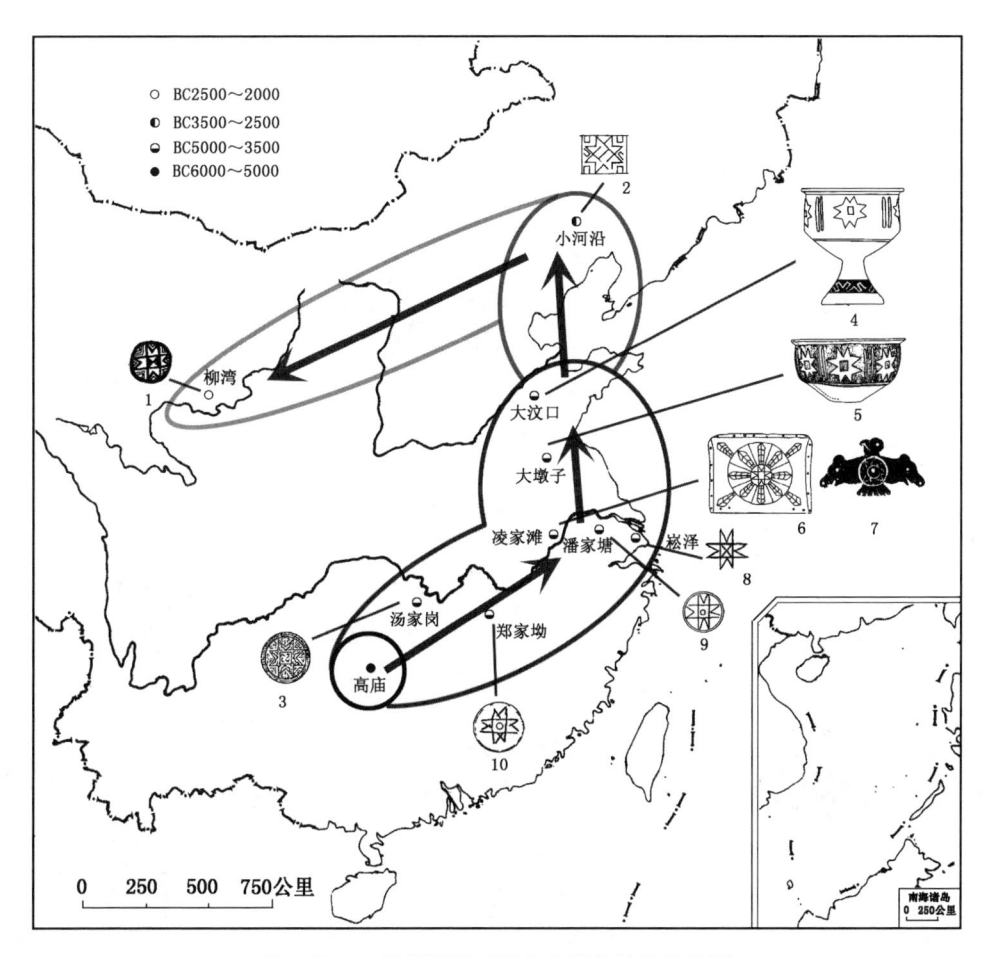

图一四 中国新石器时代八角形纹的发展流播

1. 柳湾（M1275） 2. 小河沿（F4:3） 3. 汤家岗（M1:1） 4. 大汶口（M2005:49） 5. 大墩子（M44:4） 6、7. 凌家滩（87M4:30、98M29:6） 8. 崧泽（T2:7） 9. 潘家塘 10. 郑家坳（T2M8:2）

（5）以祖先崇拜为核心的世俗化的信仰体系、多层次整体性的思维方式

在这个文化圈内，很少有如西亚神像祭龛那样纯粹属于宗教类的遗存，其原始宗教信仰主要蕴含在日常生产生活当中，祖先崇拜应当是这个信仰体系的核心。比如裴李岗文化墓地分区分组，井然有序，其空间分区应当主要依据的是血缘关系，体现出对祖先的敬重和对社会秩序的重视，可能反映了现实社会中的氏族组织等；仰身直肢的墓葬葬式，是后世中原地区乃至于整个中国的主体葬式。而裴李岗文化和白家文化有着中国最早的瓮棺葬，体现出对儿童特别的关怀之情。而长江中游和华南等地流行屈肢葬，兴隆洼文化所见人猪合

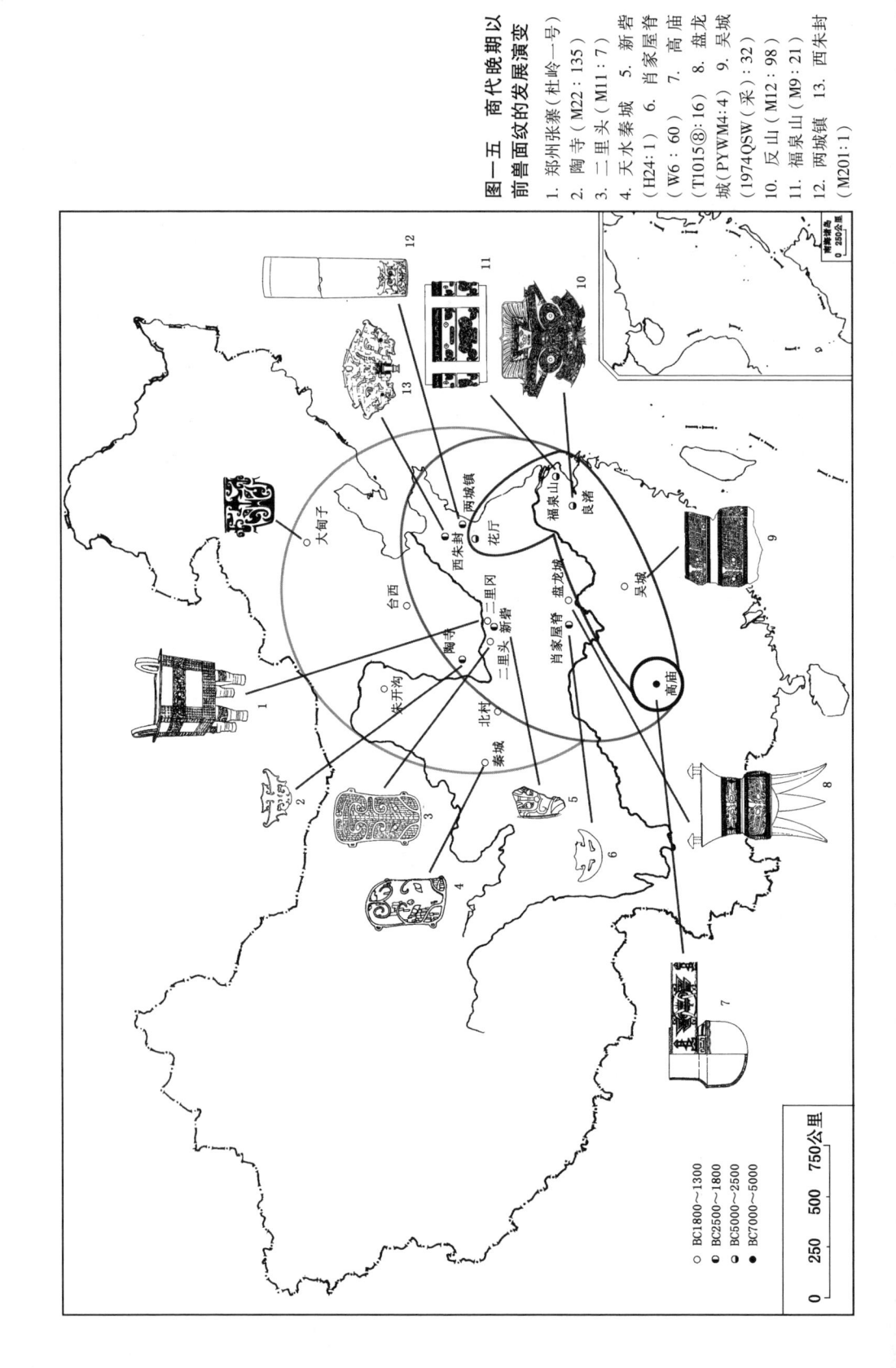

图一五 商代晚期以前兽面纹的发展演变

1. 郑州张寨（杜岭一号）
2. 陶寺（M22：135）
3. 二里头（M11：7）
4. 天水秦城（H24：1）
5. 新砦（W6：60）
6. 肖家屋脊（T1015⑧：16）
7. 高庙
8. 盘龙城（PYWM4：4）
9. 吴城（1974QSW（采）：32）
10. 反山
11. 福泉山（M12：98）
12. 两城镇（M9：21）
13. 西朱封（M201：1）

葬现象和"猪龙"[1],体现出不一样的丧葬观念。

裴李岗文化大墓随葬有骨笛、骨板、绿松石饰品、龟甲等精致新器:骨笛可演奏七声或五声音阶,或者用于调音——开中国传统音乐之先河;龟甲内藏的黑白石子,或与占卜或太极、八卦等的源起有关;龟甲内的骨针不排除针灸医用的可能——墓主人或许为卜筮、音乐、医术、天文兼通的巫觋。华北和东北地区的磁山—兴隆洼文化流行面具、陶塑、玉玦等,虽也被认为与巫觋或者原始萨满教有关,但与前者有差异,偶像崇拜的成分稍多,体现出与北方草原西部地区的联系。如白音长汗兴隆洼文化房屋 AF50、52、17 等灶后的泥圈以及带窝石,可能是用来竖置雕像用的,F19 灶后还有石雕人;河北迁安东寨遗址发现双人面石雕像[2](图一六);赵宝沟文化尊形器腹部刻划鹿首、野猪首、鸟首等动物形象;辽宁阜新查海发现属于兴隆洼文化的大型"龙形堆石"。尤其兴隆洼文化圆润带缺口的玉玦,极具"中国"特色,可能源于双塔一期文化,并对后世中国乃至东亚的玉文化有深远影响[3]。

有趣的是,有人发现兴隆洼文化陶筒形罐纹饰分上、中、下三段而以中段最为复杂,房屋分灶、中心活动区和边缘区三部分而以灶为核心,整个聚落分房屋(实为中心大房子)、环壕内空间、环壕外空间三部分,甚至农业、采集和狩猎也大致分成利用上的由近及远的三部分[4]。这暗示兴隆洼人乃至于当时整个东北和华北地区可能存在整体性的"有中心三层次结构"的思维底层!中原裴李岗文化的墓葬排列颇有秩序,但聚落中的房屋安排则较凌乱,暂时还看不出是否存在这样的结构。按照张光直的观点,巫术和萨满文化正是"玛雅—中国文化连续体"的基本特征,"在他们的世界观中把世界分成不同的层次,巫师可以在不同层次之间往来"[5]。

总之,这个 8 000 年前形成的雏形的早期中国文化圈,其社会虽然还处于比较平等的状态,但大约已经不是旧石器时代以来人人都可祭享沟通神灵的状况,巫师一类较专业的神职人员的地位逐渐凸显出来,且已经奠定了此后中国文化

---

[1] 中国社会科学院考古研究所内蒙古第一工作队:《内蒙古赤峰市兴隆沟聚落遗址 2002～2003 年的发掘》,《考古》2004 年 7 期,第 3～8 页。
[2] 河北省文物研究所:《河北省迁西县东寨遗址发掘简报》,《文物春秋》1992 年增刊,第 128～143 页。
[3] 邓聪:《东亚玦饰的起源与扩散》,《东方考古》(第 1 集),科学出版社,2004 年,第 23～35 页。
[4] 陈继玲、陈胜前:《兴隆洼文化筒形罐的纹饰艺术分析》,《边疆考古研究》第 11 辑,科学出版社,2012 年,第 313～327 页。
[5] 张光直:《考古学专题六讲》,文物出版社,1986 年,第 20～22 页。

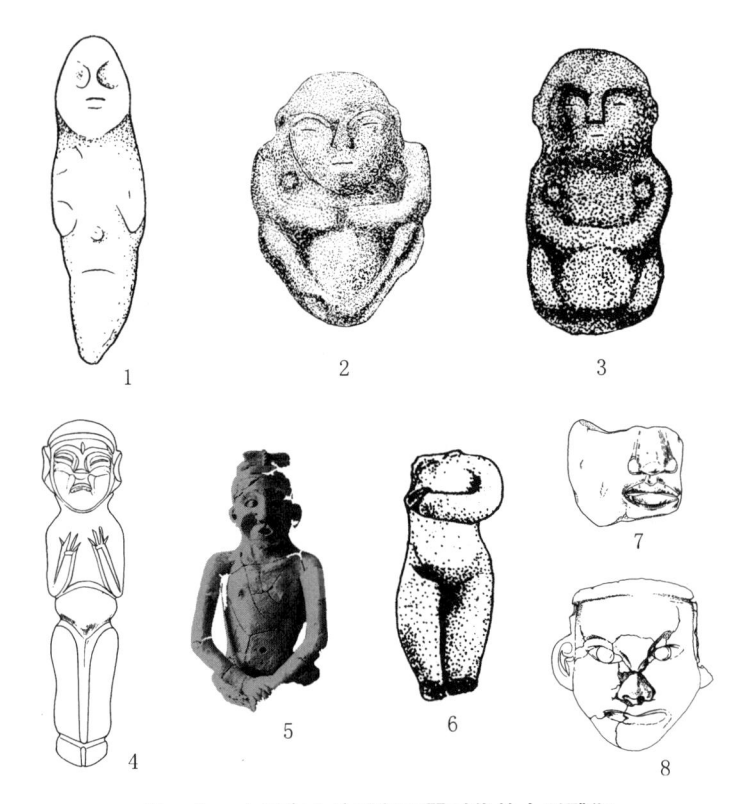

图一六　中国东北地区新石器时代的人形雕塑

1. 白音长汗(AF19②:4)　2、3. 后台子(采:14、15)　4、7、8. 牛河梁(N16M4:4、N3G2:1、N1J1B:1)　5. 兴隆沟　6. 东山嘴(TD8②:5)(1～3. 石质　4. 玉质　5～8. 陶质,其中 8 的眼珠为玉质)

稳定、连续发展的基础,进一步锤炼着中国文化稳定内敛、中庸务实、重视传统和内部秩序、注重整体性思维的特质。

四、三大文化系统

公元前 5000 年前后是一个重要转折点。中国文化从此迎来发展的又一个高峰期,文化间的交流和融合进一步加强,三大文化系统的格局正式确立,聚落成群,社会秩序井然,进入新石器时代晚期,雏形的"早期中国"得到长足发展(表三)。

1. 黄河流域文化区

黄河流域文化区,实际包括黄河流域大部、华北和淮河上中游地区。

北辛文化的形成和西向影响

约公元前 5000 年,双墩文化和后李文化南北对峙的局面宣告结束,二者融

表三　中国新石器时代晚期前段的文化区系(公元前 5000~前 4200 年)

黄河流域	瓶(壶)—钵(盆)—罐—鼎文化系统(仰韶文化初期、一期前段,北辛文化)
长江中下游和华南	釜—圈足盘—豆文化系统(汤家岗文化、大溪文化一期、马家浜文化、河姆渡文化、龙虬庄文化、咸头岭文化)
东北	筒形罐文化系统(赵宝沟文化晚期、红山文化早期、左家山下层文化晚期、左家山中层文化、小珠山下层文化、振兴文化、亚布力文化)
其他地区	中石器时代文化

合成面貌一新的北辛文化[1]。如果我们把北辛文化分为前后两期,那么前期就是以北辛遗址的发掘者所划分的中期遗存为代表[2],其锥足鼎、浅腹敞口平底钵、小口双肩耳壶、圈足捉手或环状捉手器盖、支脚、网坠等器类,附加细泥条或压划、戳刺而成的网格纹、成组斜线纹、折线纹、篦点纹等纹饰,以及较多泥质陶等特征,都与双墩文化接近而与后李文化有别,可见双墩文化是北辛文化的重要来源之一。北辛文化中的所谓裴李岗文化因素主要间接承继自双墩文化。当然正如前人所论述的那样,在北辛文化中占据重要地位的圜底釜、三足釜等是继承后李文化而来的,锥足鼎的深腹特征也与后李文化相关。此外,此期已经出现细颈壶、红顶钵、带鸟喙状勾鋬的大口罐(或许为陶鼓)等。约公元前 4500 年北辛文化进入后期,这以山东泰安大汶口遗址 1974 年发掘的 H24、H2[3]和兖州王因 H11、H1 为代表[4],其变化表现在釜的数量减少,鼎大增且腹部变浅,附加细泥条装饰逐渐被戳印纹、锥刺纹替代等方面,不过总体上和前期一脉相承。

北辛文化的房屋为简陋的近圆形带台面半地穴式建筑,地穴的面积多在 3~10 平方米之间,地穴周边有台面可放置物品。这显然与裴李岗文化的房屋类似而迥异于后李文化。墓葬主要为长方形竖穴土坑墓,有的墓壁砌以石板,葬式以单人仰身直肢葬为主,也有合葬、二次葬等;多无随葬品,个别有 1~3 件随葬品;男性葬镞而女性随锥、针等。墓葬的总体情况与裴李岗文化相似,但未见贾湖那

---

[1] 韩建业:《双墩文化的北上与北辛文化的形成——从济宁张山"北辛文化遗存"论起》,《江汉考古》2012 年 2 期,第 47~51 页。
[2] 北辛遗址的发掘者早就注意到早期和中、晚期遗存间存在更大差别,"这三期从出土的遗物分析,中、晚期之间的关系比较密切;早、中期之间的关系,由于早期出土的器物少,其关系不及中、晚期那样密切,可能还有缺环"。见中国社会科学院考古所山东队等:《山东滕县北辛遗址发掘报告》,《考古学报》1984 年 2 期,第 190 页。
[3] 山东省文物考古研究所:《大汶口续集——大汶口遗址第二、三次发掘报告》,科学出版社,1997 年。
[4] 中国社会科学院考古研究所:《山东王因——新石器时代遗址发掘报告》,科学出版社,2000 年。

样的较大墓葬。东贾柏墓葬成人拔出侧门齿的现象,为后来东方人的拔牙习俗开了先河[1]。北辛文化有石斧、石铲、石磨盘、石磨棒等工具,理应存在原始农业,但缺乏植物遗存方面的证据;仅从石器磨制程度不高,以及用于收割的刀(爪镰)数量很少来看,与旱作农业发达的仰韶文化有较大区别,估计渔猎采集经济所占比重很大;此外,还有猪、狗等家畜饲养业。

仰韶文化的形成:初期仰韶文化

在两大文化系统基础上融合而成的北辛文化极富活力,形成之初即向西渗透影响,对整个黄河上中游地区文化的频繁交流和整合重组起到较大推动作用,面貌一新的初期仰韶文化诞生,并自东而西形成以河北磁县下潘汪仰韶文化"第二类型"遗存为代表的下潘汪类型[2]、河南方城大张遗存为代表的大张类型[3]、山西翼城枣园一、二期为代表的枣园类型[4]、陕西临潼"零口村文化遗存"[5]为代表的零口类型[6]。

仰韶文化的前身当然是黄河中游地区的新石器时代中期文化[7]。笼统来说,初期仰韶文化的钵、罐、盆、壶等主要陶器,都可在裴李岗文化、白家文化和磁山文化中找到源头,生产工具、房屋建筑和墓葬习俗也彼此类似。具体来说,关中和汉中地区零口类型的前身就应当是白家文化,零口类型的钵、假圈足碗、小口壶、绳纹罐等主要陶器,同时也是白家文化晚期的典型器物,前者钵上的红顶、红褐彩带,绳纹罐颈部饰戳印纹等特点,也都先见于后者。豫中南地区的大张类型与裴李岗文化末期存在诸多联系,其钵、盆、罐、圈足碗、豆、小口肩耳壶、锥足圆腹鼎等陶器,都可在裴李岗文化中找到源头。京冀地区的下潘汪类型则继承了部分磁山文化磁山类型的因素,如钵、小口肩耳壶、支脚、带槽砺石等。

但若仔细分析,各种类型之间仍然存在不少差别,前后过渡也不甚连贯。如零口类型流行的旋纹罐、锥足圆腹鼎、大口尖底罐等陶器就不见于白家文化晚期,而白家文化晚期罐带三足、钵饰绳纹等特征也没有延续至零口类型。大张类

---

[1] 中国社会科学院考古所山东工作队:《山东汶上县东贾柏村新石器时代遗址发掘简报》,《考古》1993年6期,第481~487页。

[2] 河北省文物管理处:《磁县下潘汪遗址发掘报告》,《考古学报》1975年1期,第73~116页。

[3] 南阳地区文物队等:《河南方城县大张庄新石器时代遗址》,《考古》1983年5期,第398~403页。

[4] 山西省考古研究所:《翼城枣园》,科学技术文献出版社,2004年。

[5] 陕西省考古研究所:《临潼零口村》,三秦出版社,2004年。

[6] 韩建业:《初期仰韶文化研究》,《古代文明》(第8卷),文物出版社,2010年,第16~35页。

[7] 严文明:《略论仰韶文化的起源和发展阶段》,《仰韶文化研究》,文物出版社,1989年,第122~165页。

型的旋纹、指甲纹和红褐彩等装饰,大口尖底罐、折腹鼎等陶器,都不见于之前的裴李岗文化。下潘汪类型的旋纹罐、旋纹盆、大口尖底罐、红褐彩装饰以及数量众多的釜在当地也没有源头,磁山文化盛行的盂(矮体筒形罐),以及绳纹、刻划几何纹也未得到延续,尤其易水流域的磁山文化北福地类型和下潘汪类型间差别更大。不过零口类型的小口壶(瓶)和锥足圆腹鼎却可以在豫中南找到源头,大张类型和下潘汪类型的红褐彩装饰也早见于关中和汉中,罐等器物上旋纹或旋转痕迹的流行则可视为慢轮制陶技术普及化的结果。这说明初期仰韶文化在形成过程中存在大范围快捷有效的交流,实际上这一时期黄河中游经历了一次十分重要的文化整合过程。但无论如何,初期仰韶文化普遍存在的大口尖底罐、壶类折唇特征和下潘汪类型大量存在的釜,以及灶等陶器,的确无法在黄河中游地区新石器时代中期文化中找到源头。

如果放大眼光,我们会发现黄河下游的北辛文化也存在大量类似下潘汪类型的圆腹陶釜,下潘汪类型的陶釜源于北辛文化自然没有疑问。小口折唇球腹壶和大口尖底罐的圜、尖底特征与釜接近,小口肩耳壶在北辛文化中期很是流行,说明这三种器物也可能是从山东传入河北的而非相反。陶灶则早在双墩文化中就已存在。可见北辛文化的西—西北向扩张对下潘汪类型的形成起到了至关重要的作用[1]。不仅如此,北辛文化的影响还通过下潘汪类型继续蔓延,一定程度上推动了整个黄河中游地区文化的频繁交流和动荡重组,不但使京冀、关中、汉中和豫中南地区新石器时代中期文化整合转变为面貌一新的初期仰韶文化,而且将其范围扩展到晋西南,从而将各区联系为一个相对整体。带鸟喙状錾的大口尖底罐(或许为陶鼓)则似乎成了联系北辛文化和初期仰韶文化各类型的特殊标志。同时,北辛文化西向强烈影响的过程,也是与初期仰韶文化相互交流的过程[2],像红顶钵这样的器物就应当是交流过程中形成的共性因素。

初期仰韶文化的房屋建筑都是半地穴式的,其中垣曲古城东关枣园类型房屋仍为圆形半地穴式,继承了裴李岗文化传统;而北福地等下潘汪类型房屋为圆角方形房屋,继承了磁山文化传统。墓葬多为长方形竖穴土坑墓,墓主人多为单人仰身直肢葬,这与裴李岗文化等一脉相承。但福临堡等零口类型墓葬随葬数件陶器[3],而垣曲古城东关枣园类型墓葬一无所有,体现出丧葬思想上的差异。

---

[1] 戴向明:《黄河流域新石器时代文化格局之演变》,《考古学报》1998年4期,第389~418页。
[2] 孙祖初:《中原新石器时代中期向晚期的过渡》,《华夏考古》1997年4期,第47~59页。
[3] 宝鸡市考古工作队、陕西省考古研究所宝鸡工作队:《宝鸡福临堡——新石器时代遗址发掘报告》,文物出版社,1993年。

正定南杨庄等遗址发现婴孩瓮棺葬[1],此类葬俗最早见于裴李岗文化等。聚落形态总体上表现出平等的社会状态。此外,初期仰韶文化还发现有骨或陶笄、石环(镯)等装饰品。

初期仰韶文化的生产工具磨制多于打制,除斧、锛、凿等以前就有的木工工具外,石铲数量最多,掐谷穗用的石或陶刀(铚或爪镰)增多,打制的石或陶盘状器或许也用于收割,石磨盘、石磨棒则可加工谷物籽粒,说明旱作农业生产当有较大发展。当时或许正值由以黍为主向以粟为主转变的关键时期。此外,陶锉可用于木器、皮革等的精细加工。

仰韶文化的初步发展:一期仰韶文化

至公元前4500年左右,仰韶文化终于发展到第一期阶段[2],包括半坡类型、后冈类型、枣园类型、鲁家坡类型等。它的文化格局虽无大的变化,但分布地域显著扩展;各类型间虽存在文化交流,但地方性差异反而增大,实际是个彰显个性的时期。

仰韶文化一期时实力最为强盛者莫过于半坡类型和后冈类型。半坡类型以西安半坡早期遗存为代表[3],为零口类型的继承者,小口尖底瓶由小口平底瓶演变而来,已扩展至陕北和鄂尔多斯西南边缘[4]。后冈类型以河南安阳后冈一期遗存为代表[5],为下潘汪类型的继承者,其釜形鼎由釜演变而来。和此前的零口类型和下潘汪类型相比,半坡类型和后冈类型间的差异显著增大[6],如半坡类型出现小口尖底瓶,基本不见鼎,彩陶发达且流行黑彩,常见鱼纹等动物纹题材;而后冈类型仍为小口平底瓶,鼎为主要陶器,彩陶不甚发达且为红彩,常见成组斜线纹。两类型差异显著,或许是其所代表的人群有意强调自身特点的结

---

[1] 河北省文物研究所:《正定南杨庄——新石器时代遗址发掘报告》,科学出版社,2003年。

[2] 严文明:《略论仰韶文化的起源和发展阶段》,《仰韶文化研究》,文物出版社,1989年,第122~165页。

[3] 即严文明所分半坡三期中的早期,见严文明:《半坡仰韶文化的分期与类型问题》,《考古》1977年3期,第182~188页;中国科学院考古研究所、陕西省西安半坡博物馆:《西安半坡——原始氏族公社聚落遗址》,文物出版社,1963年。

[4] 王志浩、杨泽蒙:《鄂尔多斯地区仰韶时代遗存及其编年与谱系初探》,《内蒙古中南部原始文化研究文集》,海洋出版社,1991年,第86~112页。

[5] 中国科学院考古研究所安阳发掘队:《1971年安阳后冈发掘简报》,《考古》1972年3期,第14~25页;中国社会科学院考古研究所安阳工作队:《安阳后冈新石器时代遗址的发掘》,《考古》1982年6期,第565~583页。

[6] 有人将二者分别称之为半坡文化和后冈一期文化。见赵宾福:《半坡文化研究》,《华夏考古》1992年2期,第34~55页;张忠培、乔梁:《后冈一期文化研究》,《考古学报》1992年3期,第261~280页。

果,这样就造成仰韶文化东西对峙局面。不仅如此,两类型还向地广人稀的狭义的北方地区同时挺进,碰撞融合的结果是在北方地区产生鲁家坡类型和石虎山类型[1]。其中石虎山类型偏于岱海一隅[2],与后冈类型颇为近似,只是有少量绳纹等半坡类型因素;而鲁家坡类型则分布广泛[3],实为半坡类型和后冈类型的融合体:绳纹瓮、绳纹或绳纹和旋纹兼施的罐,以及个别黑彩陶器,与半坡类型近似;折唇球腹壶、矮领壶、成组的红色条纹彩陶,以及少量鼎、釜、甑等,与后冈类型相近。此外,在半坡类型和鲁家坡类型二者之间还有延续前期而来的枣园类型晚期;在河南地区还有由大张类型发展而来的大河村类型和下王岗类型,二者分别以大河村前二期遗存[4]和下王岗一期遗存为代表。

仰韶文化一期发现有半坡、姜寨等环壕聚落,而以姜寨聚落最具代表性[5]。该聚落总体分为居住区、陶窑厂和墓地三大部分。居住区基本位于环壕以内,同时期的100余座房屋围成圆圈,门一概朝向中央;房屋可分为大、中、小三类,为圆形或方形半地穴式,围绕5座大型方形房屋形成5群,可能代表5个氏族或大家族。全聚落共同构成一个胞族或氏族,人数可达100多人。在环壕的东、南、北三面有3片以成人葬为主的墓地,大致与各组房屋对应;在每组房屋附近还有较多婴孩瓮棺葬。成人墓葬基本为长方形竖穴土坑墓,绝大多数为仰身直肢葬,随葬数件日用陶器、生产工具和装饰品,没有明显的贫富分化,也不存在明显的男女社会地位的差别,但男女的随葬品种类有一定差别:男女随葬生产工具的不同,反映存在自然的性别分工;同时,女性用骨笄、骨珠随葬,男性不见,反映男女装饰有别。此外,在村西还有一片窑厂,可能是属于全村的产业。当时应当至少存在3级财产所有制(图一七、一八)[6]。其余半坡类型聚落的布局大体和姜寨聚落类似,它们都有着向心结构的房屋布局,反映出一种利益与共、血缘凝聚、颇有秩序的平等社会状态[7]。这种向心结构的出现可能和东北—华北地区

---

[1] 韩建业:《中国北方地区新石器时代文化研究》,文物出版社,2003年。

[2] 内蒙古文物考古研究所、日本京都中国考古学研究会岱海地区考察队:《石虎山遗址发掘报告》,《岱海考古(二)——中日岱海地区考察研究报告集》,科学出版社,2001年,第18~145页。

[3] 内蒙古文物考古研究所:《准格尔旗鲁家坡遗址》,《内蒙古文物考古文集》(第二辑),中国大百科全书出版社,1997年,第120~136页。

[4] 郑州市文物考古研究所:《郑州大河村》,科学出版社,2005年。

[5] 半坡博物馆、陕西省考古研究所等:《姜寨——新石器时代遗址发掘报告》,文物出版社,1988年。

[6] 严文明:《史前聚落考古的重要成果——姜寨评述》,《文物》1990年12期,第22~26页。

[7] 巩启明、严文明:《从姜寨早期村落布局探讨其居民的社会组织结构》,《考古与文物》1981年1期,第63~71页。

的传统存在关联。有人认为这样的社会符合所谓分节社会的特征[1]。值得注意的是,该期偏晚的元君庙、横阵墓地出现的男女老少多人合葬墓,一次葬和二次葬并存,即使是二次葬也大致摆放成仰身直肢葬式,都说明当时的社会在总体上强调组织和秩序、集体与平等[2]。另外,濮阳西水坡等后冈类型墓葬基本不见随葬品[3],这和半坡类型有所区别。

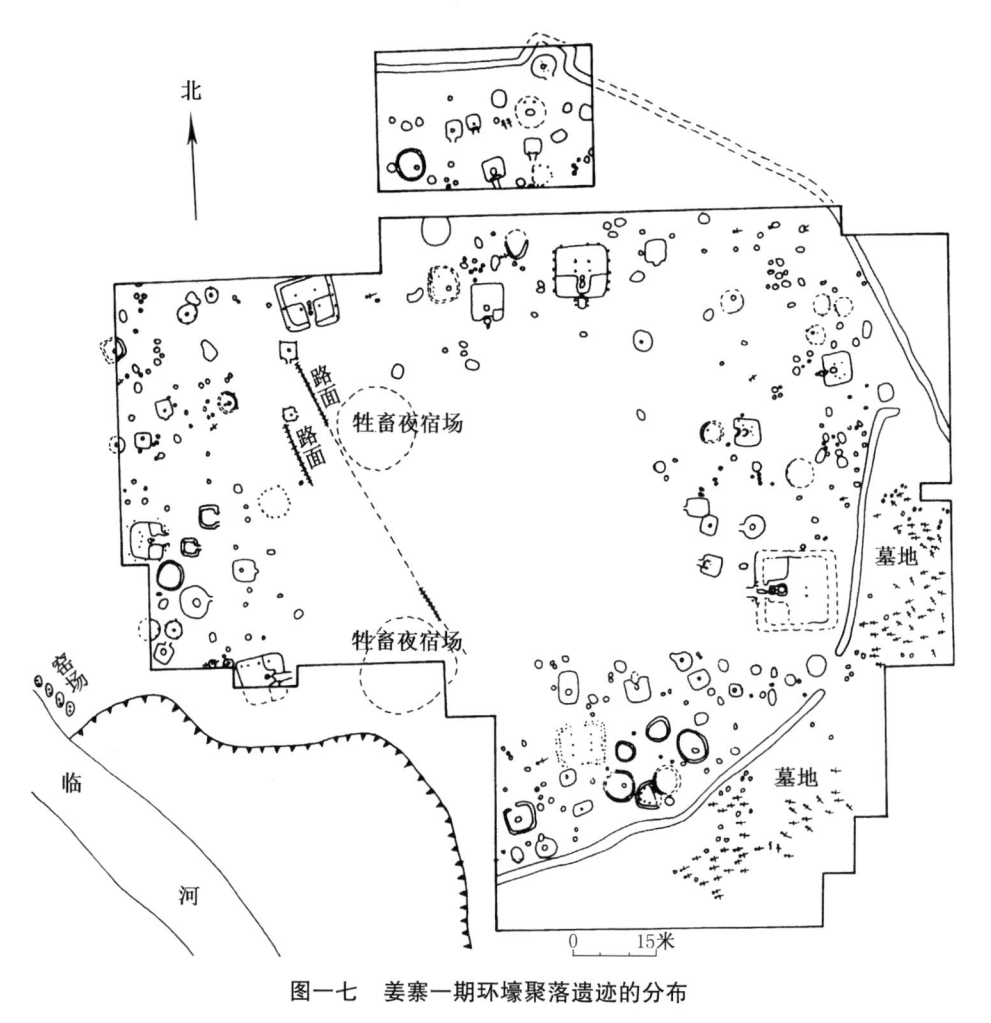

图一七 姜寨一期环壕聚落遗迹的分布

---

[1] 李润权:《文化结构、社会媒介和建筑环境的多元互动——论仰韶先民的主观能动》,《新世纪的考古学——文化、区位、生态的多元互动》,紫禁城出版社,2006年,第26~60页。
[2] 张忠培:《元君庙墓地反映的社会组织》,《中国北方考古文集》,文物出版社,1990年,第34~50页;严文明:《横阵墓地试析》,《仰韶文化研究》,文物出版社,1989年,第248~261页。
[3] 河南省文物考古研究所、濮阳市文物保护管理所:《濮阳西水坡》,中州古籍出版社、文物出版社,2012年。

图一八　姜寨一期环壕聚落复原图(张孝光作)

仰韶文化一期和初期的生产工具和经济形态情况近似,农业继续发展,且已经居于主导地位。在窖穴内常发现粮食朽灰,在陶罐、钵内发现炭化腐朽的粟、黍,粟已居于主体,还有橡籽、芥菜籽、白菜籽等,说明当时已存在蔬菜种植。半坡类型、后冈类型中用陶片打制的圆形和椭圆形"刮削器"仍居首位,仅在姜寨一期就出土近2 000件,或许属于收割类农业工具[1]。在其他地区,石刀(爪镰)已占据主体。家畜以猪为主,为肉食的主要来源。大地湾陶角形饰似为模仿牛、羊角而来。另外,骨梗石刃刀、镞、鱼钩、网坠等渔猎采集工具的发现,说明渔猎采集仍占重要地位。

2. 长江中下游—华南文化区

汤家岗文化、大溪文化一期和咸头岭文化

在仰韶文化初期和一期时,长江中游先后为汤家岗文化等和大溪文化一期,华南地区比较明确者为咸头岭文化。

汤家岗文化主要见于湖南安乡汤家岗[2]、划城岗[3]和澧县城头山[4]等遗

---

[1] 王炜林、王占奎:《试论半坡文化"圆陶片"之功用》,《考古》1999年12期,第54~60页。
[2] 湖南省文物考古研究所:《安乡汤家岗——新石器时代遗址发掘报告》,科学出版社,2013年。
[3] 湖南文物考古研究所等:《湖南安乡划城岗遗址第二次发掘报告》,《考古学报》2005年1期,第55~108页。
[4] 湖南省文物考古研究所:《澧县城头山——新石器时代遗址发掘报告》,文物出版社,2007年。

址,该文化明确由皂市下层文化发展而来,其圈足盘和釜等陶器组合彼此相似,绳纹和几何纹前后相承。但也出现了看得见的变化,如亚腰双耳罐等基本消失,新见夹细砂白陶器和大量压印几何纹、篦点纹,尤以印纹白陶盘最具特色(图一九)。有人认为这是受到沅江流域高庙文化影响的结果[1]。在洞庭湖周围,还有一些与汤家岗文化近似的遗存,如沅水中上游地区的松溪口文化、峡江地区的柳林溪文化等[2]。

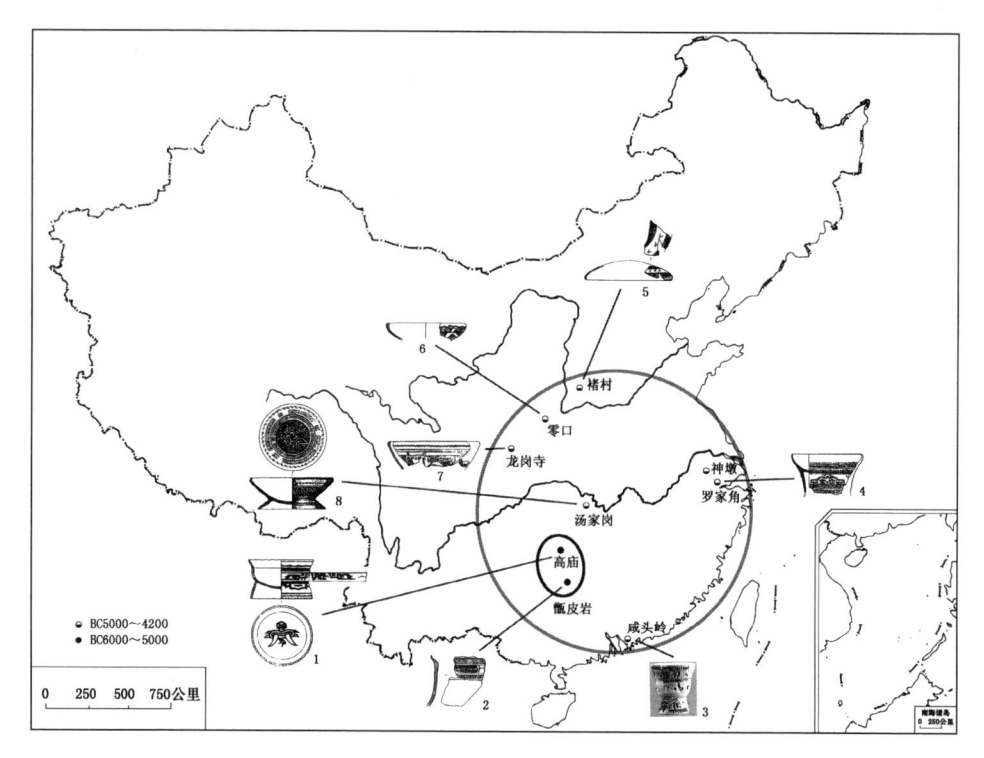

图一九 中国新石器时代中晚期压印纹白陶的分布(公元前6000~前4200年)

1. 高庙(T2003㉑:12) 2. 甑皮岩(KBT3:013) 3. 咸头岭(T2⑥:1) 4. 罗家角(T118②:4)
5. 褚村(TG③:2) 6. 零口(T6⑥a:117) 7. 龙岗寺(T5③:30) 8. 汤家岗(M1:1)

汤家岗文化之后的大溪文化以四川巫山大溪遗址命名[3],发展阶段看得最

---

[1] 贺刚、陈利文:《高庙文化及其对外传播与影响》,《南方文物》2007年2期,第51~60页。

[2] 郭伟民:《洞庭湖地区大溪文化再研究》,《考古学研究》(九),文物出版社,2012年,第166~196页。

[3] 巫山一带属于长江上中游交界之地,其文化系统与长江中游相同,因此仍应归入长江中游文化区。四川省博物馆:《巫山大溪遗址第三次发掘》,《考古学报》1981年4期,第461~490页。

清楚的是湖北枝江关庙山[1]和湖南澧县城头山遗址,可以据此将大溪文化分为三期[2],属于本阶段的是第一期。大溪文化第一期是在汤家岗文化的基础上发展而来的,釜、圈足盘、折腹钵、曲颈罐等主要陶器都与汤家岗文化一脉相承,其变化主要表现在绳纹釜基本被素面釜替代,新出足饰镂孔的三足盘、素面圈足碗等方面——这些因素可能来自长江下游的马家浜文化和龙虬庄文化。大溪文化最早发源于澧阳平原和峡江地区,稍后向周围地区扩展。

咸头岭文化以广东深圳咸头岭遗存为代表,属于该阶段的大致是其Ⅰ~Ⅲ段[3]。它主要分布在珠江三角洲及附近岛屿,北部或可延伸至韶关地区[4]。该文化的大量绳纹釜当然可以是继承顶蛳山文化而来的,但较多的戳印纹白陶盘却显然不是本地因素,而应当是从长江中游的高庙文化、汤家岗文化等传播而来的[5],白陶圈足杯也应当是受白陶盘的影响而产生的。广西东北部的桂林甑皮岩第五期、资源晓锦一期[6]也有类似遗存,或许这里正是联系长江中游和珠江口的通道。

汤家岗文化已出现城头山、汤家岗等环壕聚落和地面式房址。汤家岗墓地分区埋葬,北墓区普遍随葬白陶盘和白衣红陶盘,南墓区基本没有,反映出不同墓区所代表家族在社会地位上已经存在一定差别[7]。大溪文化有圆形的城头山古城——中国最早的城垣,城内有房屋、墓地、祭坛等,新出后来大行于江淮地区的地面式长排房,墓葬仍为传统的长方形竖穴土坑墓、屈肢葬,有个别瓮棺,还有随葬鱼、龟的现象。城垣的出现可能是为了防御洪水,但也可能是为了防御外

---

[1] 中国社会科学院考古研究所湖北工作队:《湖北枝江县关庙山新石器时代遗址发掘简报》,《考古》1981年4期,第289~297页;中国社会科学院考古研究所湖北工作队:《湖北枝江关庙山遗址第二次发掘》,《考古》1983年1期,第17~29页。

[2] 郭伟民:《新石器时代澧阳平原与汉东地区的文化和社会》,文物出版社,2010年,第52~57页;郭伟民:《洞庭湖地区大溪文化再研究》,《考古学研究》(九),文物出版社,2012年,第166~196页。

[3] 深圳博物馆、中山大学人类学系:《深圳市大鹏咸头岭沙丘遗址发掘简报》,《文物》1990年11期,第1~11页;深圳市文物考古鉴定所:《深圳咸头岭——2006年发掘报告》,文物出版社,2013年。

[4] 曲江石峡一期或许属于咸头岭文化。见广东省博物馆、曲江县文化局石峡发掘小组:《广东曲江石峡墓葬发掘简报》,《文物》1978年7期,第1~15页。

[5] 区家发:《浅谈长江中下游诸原始文化向广东地区的传播与消亡》,《岭南古越族文化论文集》,香港市政局,1993年,第24~33页;贺刚、陈利文:《高庙文化及其对外传播与影响》,《南方文物》2007年2期,第51~60页。

[6] 广西壮族自治区文物工作队等:《广西资源县晓锦新石器时代遗址发掘简报》,《考古》2004年3期,第7~30页。

[7] 郭伟民:《新石器时代澧阳平原与汉东地区的文化和社会》,文物出版社,2010年,第144~147页。

敌和强调秩序,加上长方形排房反映出的家庭结构方面的变化,都表明大溪文化时期社会出现较大转型,社会秩序显著加强。汤家岗文化和大溪文化一期仍有不少打制石器,也有斧、锛、凿等磨制石器,还发现船桨等木器。城头山遗址发现水稻遗存和稻田,显见稻作农业已具一定规模,其他野生植物的采集也占重要地位。咸头岭文化多属于贝丘遗址,其生业主要依靠捕捞采集,还没有稻作农业。

河姆渡文化和马家浜文化

一般认为,长江下游的河姆渡文化和马家浜文化的年代上限在公元前5000年左右。但这就带来一个疑问:二者与新石器时代中期的跨湖桥文化显然并非一脉相承的关系,与新石器时代早期的上山文化至少也得有上千年的时间差,其文化渊源到底在何处?

河姆渡文化以浙江余姚河姆渡遗址第一、二期文化为代表[1],包括余姚田螺山遗存等[2],它主要分布在西到余杭、东到舟山群岛的杭州湾以南宁绍地区。陶器以夹炭黑陶为主,流行绳纹、刻划几何纹以及各种动植物纹。其双耳罐、敞口盆、敛口钵、圈足盘、豆等陶器,以及口沿外双耳、多边形器口等风格,其实都与上山文化有传承关系;各类下腹饰绳纹的釜可能是受跨湖桥文化影响变异而成的——最早的源头还在彭头山文化,只是其腰沿、敛口等特征的确很具地方特点;真正新出的主要陶器其实只有带管状流的盉形器(图二〇),就连灶也在顺山集文化中就早已出现。这样看来,河姆渡文化很有可能直接上承上山文化,其上限可能与跨湖桥文化同时,田螺山遗址早期遗存的测年数据也的确接近公元前6000年,只是河姆渡文化的下限延续较晚,晚期受到马家浜文化的影响而出现锥足鼎、高柄豆等。

马家浜文化主要分布在太湖周围地区,情况更加复杂[3]。现在发现的最早的马家浜文化遗存,见于浙江桐乡罗家角[4]、江苏张家港东山村[5]和宜兴骆驼墩[6]

---

[1] 浙江省文物考古研究所:《河姆渡——新石器时代遗址考古发掘报告》,文物出版社,2003年。
[2] 浙江省文物考古研究所:《浙江余姚田螺山新石器时代遗址2004年发掘简报》,《文物》2007年11期,第4~24页。
[3] 马家浜文化发现于浙江嘉兴马家浜遗址。浙江省文物管理委员会:《浙江嘉兴马家浜新石器时代遗址的发掘》,《考古》1961年7期,第345~351页。
[4] 罗家角考古队:《桐乡县罗家角遗址发掘报告》,《浙江省文物考古所学刊》,文物出版社,1981年,第1~42页。
[5] 苏州博物馆、张家港市文物管理委员会:《张家港市东山村遗址发掘简报》,《文物》2000年10期,第45~57页。
[6] 南京博物院考古研究所:《江苏宜兴市骆驼墩新石器时代遗址的发掘》,《考古》2003年7期,第3~7页。

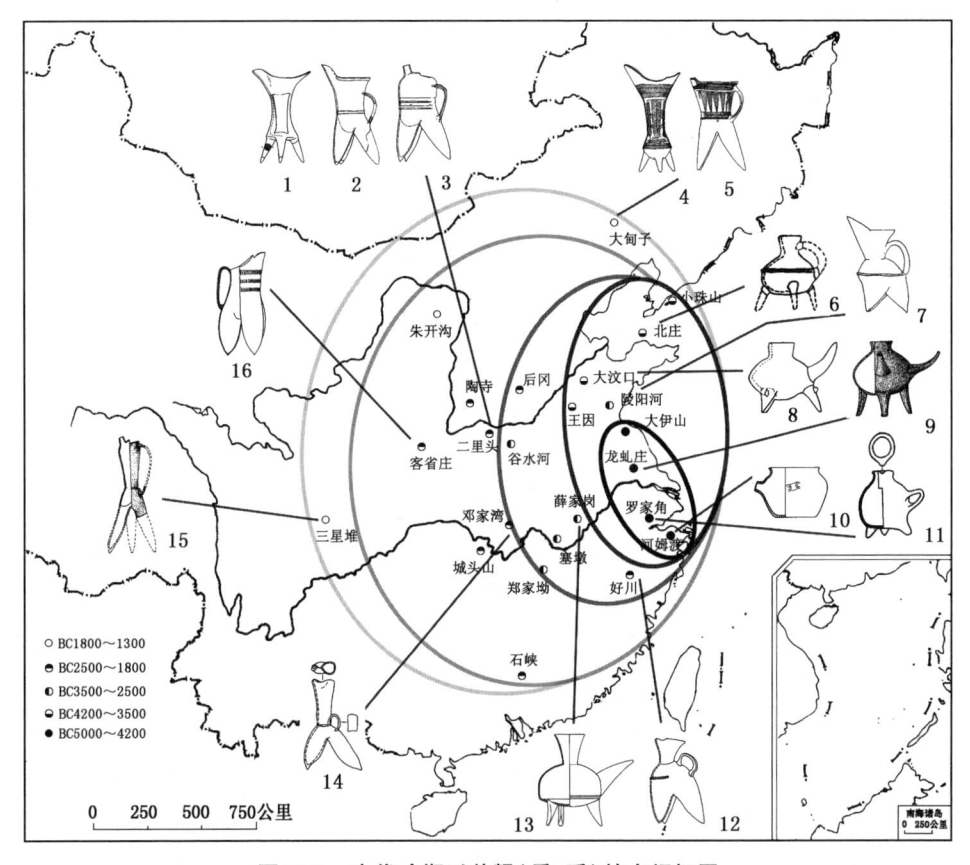

图二〇　商代晚期以前鬹（盉、爵）的空间拓展

1～3. 二里头（ⅣM11∶1、VM22∶8、ⅣM8∶1）　4、5. 大甸子（M666∶8、7）　6. 北庄（H101①∶1）　7. 陵阳河（79M24∶32）　8. 大汶口（M1001∶4）　9. 龙虬庄（T1827⑦∶25）　10. 河姆渡（T243(4A)∶253）　11. 罗家角（T135③∶16）　12. 好川（M32∶12）　13. 薛家岗（M5∶1）　14. 邓家湾（H30∶3）　15. 三星堆（DcT1②∶43）　16. 客省庄（H74）（均为陶器）

等遗址。陶器以夹蚌红褐陶为主，流行素面而非绳纹，这是其与河姆渡文化的显著差异之一，至于器类则颇多近似之处。其双耳罐、敞口盆、敛口钵、圈足盘、豆、杯等陶器可能源自类似上山文化的遗存——只可惜目前在杭州湾以北地区实际上还没有发现这样一类遗存，但大量带鋬的腰沿釜却很难在长江下游找到源头。放眼周边，会看到双墩文化流行双鋬平底釜，其文化范围曾一度达到江苏句容[1]，那么太湖西部骆驼墩类马家浜文化的平底釜或许与其有关；后李文化有很多的口沿外带附加堆纹的圜底釜，那么太湖东部罗家角类马家浜

---

[1] 南京博物院：《江苏句容丁沙地遗址试掘钻探简报》，《东南文化》1990年1、2期，第241~254页。

文化的圜底釜或许与其有关。但无论如何，数量较多的盉形器、匜或许只能被视为马家浜文化或河姆渡文化的创造。马家浜文化在后来的发展过程中，出现高柄豆，以及锥足鼎、盉、三足钵等大量三足陶器——锥足鼎或许与来自北辛文化的影响有关，其他三足陶器也是受此启发而产生的，还新出很有特色的猪形罐、双口或三口壶、多流壶等，并向南影响到浦阳江流域楼家桥类遗存的出现[1]。而类似遗存还有一个更大的分布面，如江淮东部地区的龙虬庄文化一期[2]，除腰沿釜外还有双环耳釜等，其彩陶繁缛似跨湖桥文化，但细节则又有差异。龙虬庄文化北部可到苏北的连云港—邳州一线[3]，只是受到北辛文化的影响。

河姆渡文化、马家浜文化、龙虬庄文化等还有两项引人注意的特征，一是有一定数量璜、玦、珠等玉石类装饰品，玦应当是受到兴隆洼文化影响的结果，璜则可能是这里的首创；二是出现大量木器和骨、角、牙器，这当然与保护条件有关，包括舟楫构件、方柱榫卯、蝶形器等建筑构件，纺轮、梭刀等纺织工具，耜、镞等农业或渔猎生产工具，以及木胎漆碗、竽、哨、象牙梳等。石器仍主要是斧、锛、凿等。几个文化都发现过很多水稻遗存，粳稻与籼稻并存，也养猪、狗，尤其河姆渡遗址有厚达半米的稻谷稻草遗存，陶器上有稻穗、猪等刻划图案，吴县草鞋山、昆山绰墩[4]和姜里遗址[5]还发现有古稻田，可见对水稻的利用是其生业的重要组成部分。从对田螺山遗址的分析可知，栽培稻的比例持续提升，显示农业不断发展，但栎果的数量也很多[6]。目前学界对上述文化所代表的水稻农业的发达程度，仍有较大争议[7]。它们的总体生业形态当和城头山大溪文化接近。

---

[1] 浙江省文物考古研究所等：《楼家桥、蚕塘山背、尖山湾——浦阳江流域考古报告之二》，文物出版社，2010年。

[2] 龙虬庄遗址考古队：《龙虬庄——江淮东部新石器时代遗址发掘报告》，科学出版社，1999年。

[3] 南京市博物院、连云港市博物馆等：《江苏灌云大伊山遗址1986年的发掘》，《文物》1991年7期，第10~27页。

[4] 苏州市考古研究所：《昆山绰墩遗址》，文物出版社，2011年，第34页。

[5] 苏州市考古研究所等：《江苏昆山姜里新石器时代遗址2011年发掘简报》，《文物》2013年1期，第4~24页。

[6] Dorian Q Fuller, Ling Qin, Yunfei Zheng, etc., "The Domestication Process and Domestication Rate in Rice: Spikelet Bases from the Lower Yangtze", *Science* 323(5921), 2009: 1607~1610.

[7] 秦岭、傅稻镰(Dorian Q Fuller)、Emma Harvey：《河姆渡遗址的生计模式——兼谈稻作农业研究中的若干问题》，《东方考古》(第3集)，科学出版社，2006年，第307~350页；刘莉、李昊娥、蒋乐平等：《关于中国稻作起源证据的讨论与商榷》，《南方文物》2009年3期，第25~37页。

河姆渡文化长达20多米的干栏式排房十分引人注目,在强调集体和秩序方面和仰韶文化的姜寨聚落有异曲同工之妙。马家浜文化和龙虬庄文化有有木骨泥墙的地面式房屋,也有连间式的。墓葬基本都是长方形的竖穴土坑墓,也有瓮棺葬。土坑墓以单人葬为主,也有两三人的合葬墓,常以数件日用陶器或工具随葬,少数随葬猪下颌骨或狗头等。其中河姆渡文化墓葬既有屈肢葬也有仰身直肢葬;马家浜文化的俯身葬别具特色,个别墓主人口中有玉玲;龙虬庄文化墓葬大部分为仰身直肢葬,少量为俯身葬,还有在死者头面部覆盖红陶钵、豆等的习俗。

3. 东北文化区

公元前5000年以后,东北地区的文化格局并没有发生大的变化,其偏南部仍然是赵宝沟文化、新乐下层文化等,只是文化面貌略有改变,进入其晚期阶段。具体来说,赵宝沟文化晚期的内蒙古林西白音长汗三期乙类[1]、敖汉旗小山遗存[2],新出泥质红陶钵、盆等来自仰韶文化下潘汪类型的因素。至约公元前4500年左右,随着仰韶文化后冈类型东北向更加强烈地推进,终于在当地文化的基础上产生红山文化。它以赤峰魏家窝铺早期遗存[3]和西水泉F17[4]为代表,除筒形罐外还有斜口器,出现较多钵、盆、小口双耳壶、口沿外带指甲纹的圜底釜等后冈类型因素,红色斜线纹彩也与后冈类型近似。而东北文化区南缘的赵宝沟文化上宅类型晚期就有更多泥质红陶钵(包括红顶钵)、盆、小口壶、勺等,见于北京平谷上宅中期晚段[5]、河北迁西西寨二期[6]等当中。实际上在当时北京房山一带属于仰韶文化,燕山地区属于赵宝沟文化,北京地区正是两大文化系统的交汇之处[7]。另外,左家山下层文化发展为左家山中层文化,筒形罐上开始流行

---

[1] 内蒙古自治区文物考古研究所:《白音长汗——新石器时代遗址发掘报告》,科学出版社,2004年。

[2] 中国社会科学院考古研究所内蒙古工作队:《内蒙古敖汉旗小山遗址》,《考古》1987年6期,第481~503页。

[3] 塔拉、曹建恩、成璟瑭等:《内蒙古赤峰魏家窝铺遗址2011年发掘成果》,《中国文物报》2012年2月10日第4版。

[4] 中国社会科学院考古研究所内蒙古工作队:《赤峰西水泉红山文化遗址》,《考古学报》1982年2期,第183~198页。

[5] 北京市文物研究所等:《北京平谷上宅新石器时代遗址发掘简报》,《文物》1989年8期,第1~8页。

[6] 河北省文物研究所等:《迁西西寨遗址1988年发掘报告》,《文物春秋》1992年增刊,第144~177页。

[7] 韩建业:《北京先秦考古》,文物出版社,2011年。

之字纹,应为受到红山文化影响所致。

当时与赵宝沟文化近似或者受其影响的文化,还有辽东半岛的小珠山下层文化等[1],筒形罐上也流行之字纹,但小珠山下层文化还常见双耳筒形罐、双耳鼓腹罐(壶)以及席纹、横线纹等。此外,东北北部的牡丹江流域和三江平原还有新开流文化(晚期)[2]、振兴文化[3]、亚布力文化等[4],筒形罐上流行压印或刻划的鳞纹、网纹、三角纹、菱形纹、圆窝纹、篦点纹、附加堆纹等,但不见之字纹。这样就可以大致将东北筒形罐文化区分成有之字纹和无之字纹的两个小区。

特别值得注意的是,当时在吉林长岭腰井子[5]等左家山下层文化和黑龙江尚志亚布力等亚布力文化当中,时常发现斧、锛、凿、镞、璧、联璧、管等玉器;在左家山中层还发现造型古拙的似红山文化的石龙。这些玉石器的年代均早于大量流行此类玉器的红山文化晚期。

东北筒形罐文化系统一般都有长方形无台面半地穴式房屋。墓葬多为长方形竖穴土坑墓,葬式以仰身直肢葬为主,但新开流文化等有墓室宽短的屈肢葬,还有二次葬式的附葬现象。除黄河流域常见的斧、锛、凿、铲(耜)等磨制石器以及石磨盘、石磨棒外,还有不少镞、石叶、刮削器、矛(枪头)等细石器,骨梗石刃刀、网坠,以及大量镞、矛、鱼镖、鱼钩、刀等骨、角、牙器。新开流遗址有专门的鱼窖,墓葬随葬鱼刺。这些发现反映渔猎经济占有很重要的地位,尤其在北部小区更是如此,但在辽河流域等南部小区旱作农业也占一定比例。赵宝沟文化等的石耜(铲)规整轻薄,刃部锋利,应该是比兴隆洼文化带肩石铲(锄)更加先进的翻地农业工具。

---

[1] 以2006年以来发掘者所划分的小珠山第一期遗存为代表,包括后洼下层,其筒形罐均为直口。1978年发掘者所划分的"小珠山下层文化",实际包含直口和翻缘两种筒形罐,后者年代较晚。本书仍保留"小珠山下层文化"的名称,但内涵有所变化。见辽宁省博物馆等:《长海县广鹿岛大长山岛贝丘遗址》,《考古学报》1981年1期,第63~110页;中国社会科学院考古研究所、辽宁省文物考古研究所等:《辽宁长海县小珠山新石器时代遗址发掘简报》,《考古》2009年5期,第16~25页;许玉林、傅仁义、王传普:《辽宁东沟县后洼遗址发掘概要》,《文物》1989年12期,第1~23页。

[2] 黑龙江省文物考古工作队:《密山县新开流遗址》,《考古学报》1979年4期,第491~518页。

[3] 以黑龙江海林振兴遗址一期甲类遗存为代表。见黑龙江省文物考古研究所、吉林大学考古学系:《河口与振兴——牡丹江莲花水库发掘报告》,科学出版社,2009年。

[4] 黑龙江省文物考古研究所:《黑龙江尚志县亚布力新石器时代遗址清理简报》,《北方文物》1988年1期,第2~7页。

[5] 吉林省文物考古研究所等:《吉林长岭县腰井子新石器时代遗址》,《考古》1992年8期,第673~688页。

4. 三大文化系统的形成和各文化系统间的文化交流

三大文化系统的形成

在约公元前5000年进入新石器时代晚期以后,黄河下游和淮河中游地区整合为北辛文化,然后北辛文化影响并推动黄河上中游地区产生面貌一新的初期仰韶文化,使得黄河流域和淮河上中游地区文化出现较为统一的面貌,形成黄河流域文化区(黄河流域大部、华北和淮河上中游)的瓶(壶)—钵(盆)—罐—鼎文化系统。

长江中下游—华南文化区的釜—圈足盘—豆文化系统在古老传统的基础上继续交融发展。偏早阶段,长江中游汤家岗文化的印纹白陶,传播到下游马家浜文化早期的浙江桐乡罗家角等遗址;反之,马家浜文化的石钺等因素,见于长江中游宜昌朝天嘴柳林溪文化当中。偏晚阶段,大溪文化一期的印纹白陶传播至马家浜文化晚期的江苏溧阳神墩等遗址[1],反之,大溪文化足饰镂孔的三足盘可能来自马家浜文化。令人称奇的是,长江中游的印纹白陶等因素还大量见于珠江口沿岸,广西东北部可能是这个传播通道的重要中转站。

东北和华北地区此前都属于筒形罐文化系统,但随着仰韶文化的形成和北向扩展,华北地区已经成了瓶(壶)—钵(盆)—罐—鼎文化系统的天下,筒形罐文化系统北向退缩形成东北文化区,并以之字纹的有无大致形成南北两个文化小区。

这样,早期中国三大文化系统正式形成(图二一)。

三大文化系统间的文化交流

这时各地区文化正处于自我积淀、并行发展的时期,暂时不存在明显的核心文化,但各文化系统之间的交流比以前更加频繁,交流范围空前广阔,还出现远距离的水路交通。尤其三大文化系统交界处的交流更加普遍,呈现出你中有我、我中有你、犬牙交错的状态。

就黄河、长江流域交界地带的西部来说,类似仰韶文化下王岗类型的遗存,已经分布到汉水东北的江汉平原北缘,见于钟祥边畈等遗址[2]。反过来,汤家岗文化印纹白陶因素,如模印回纹、菱块填珠纹图案的钵、盆,多周波纹的器盖等,见于陕西临潼零口、山西侯马褚村[3]等仰韶文化零口类型,以及陕西南郑龙岗寺[4]

---

[1] 南京博物院等:《江苏溧阳神墩遗址发掘简报》,《东南文化》2009年5期,第45~58页。
[2] 张绪球:《汉江东部地区新石器时代文化初论》,《考古与文物》1987年4期,第56~66页。
[3] 山西省考古研究所:《山西侯马褚村遗址试掘简报》,《文物季刊》1993年2期,第1~10页。
[4] 陕西省考古研究所:《龙岗寺——新石器时代遗址发掘报告》,文物出版社,1990年。

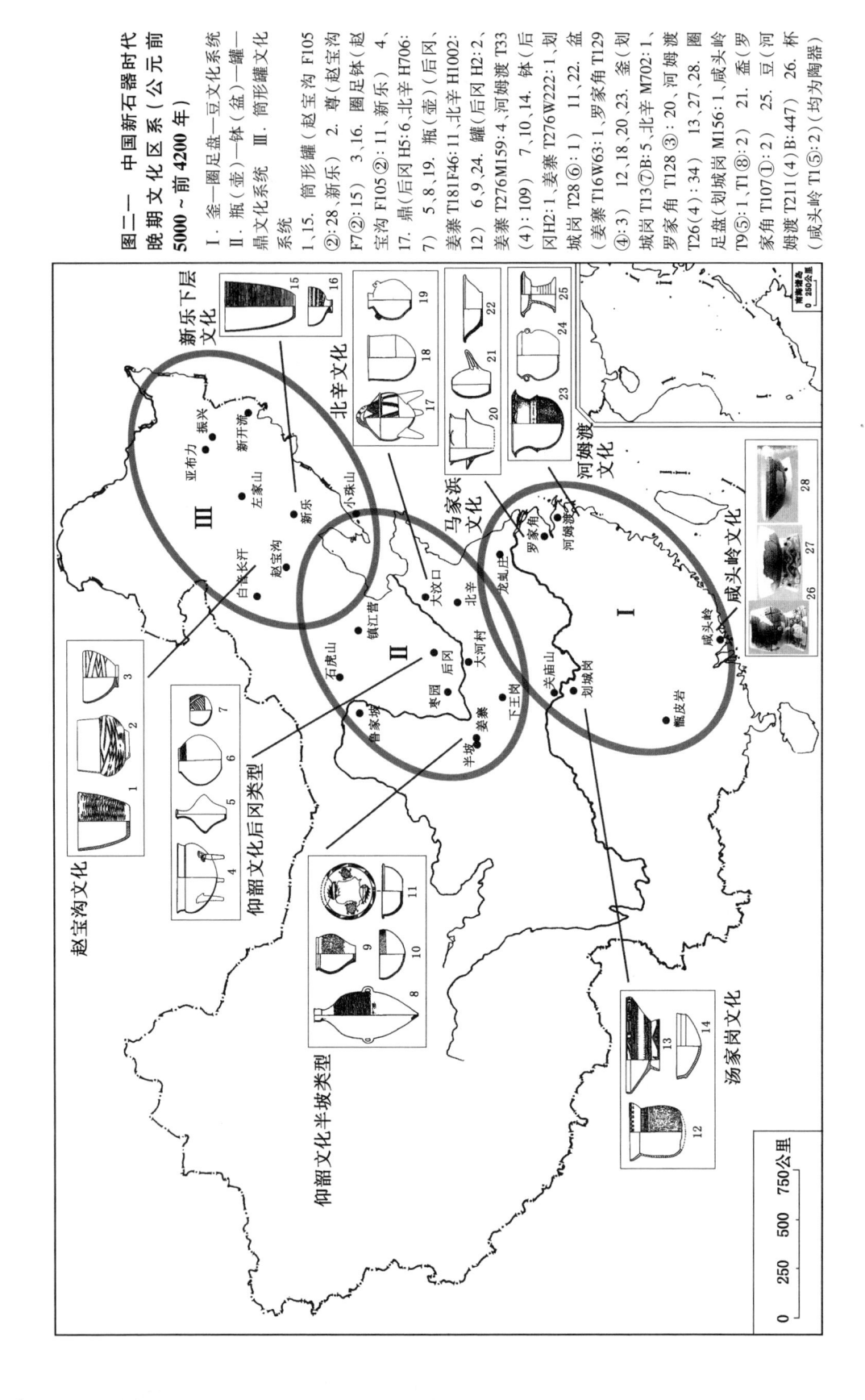

图二一 中国新石器时代晚期文化区系（公元前5000～前4200年）

I. 釜—圈足盘—豆文化系统 II. 瓶（壶）—钵（盆）—罐—鼎文化系统 III. 筒形罐文化系统

1、15. 筒形罐（赵宝沟F105②:28,新乐） 2. 尊（赵宝沟F7②:15） 3、16. 瓶（壶）—钵（赵宝沟F105②:11,新乐） 4、17. 鼎（后冈H5:6,北辛H706:7） 5、8、19. 瓶（后冈H2:2,后冈H1002:12） 6、9、24. 罐（后冈H2:2,姜寨T181F46:11,北辛H1002:4):109） 7、10、14. 钵（后冈H2:1,姜寨T28⑥:1） 11、22. 盆（姜寨T16W63:1,罗家角T129④:3） 12、18、20、23. 釜（划城岗T13⑦B:5,北辛M702:1,罗家角T128③:20,河姆渡T26(4):34） 13、27、28. 圈足盘（划城岗M156:1,咸头岭T9⑤:1,T1⑧:2） 21. 盂（河姆渡T107①:2） 25. 豆（河姆渡T211(4)B:447） 26. 杯（咸头岭T1⑤:2）（均为陶器）

等仰韶文化半坡类型遗存当中。而在东部,北辛文化的深腹钵、双耳壶等因素影响到大伊山早期等龙虬庄文化,反之济宁玉皇顶[1]、邳州大墩子[2]等北辛文化遗存中也有龙虬庄文化早期的网纹、波纹彩陶因素。

就黄河流域和东北文化区交界地带来说,仰韶文化下潘汪类型和后冈类型的细泥质红陶浅腹平底钵、盆、壶、勺、小杯等,已经较多见于北京和冀东北的赵宝沟文化当中,泥质钵、盆、釜还渗透进西辽河流域的赵宝沟文化,甚至远达第二松花江流域的左家山下层文化[3],稍后甚至促成赵宝沟文化向红山文化的转变。大汶口文化北庄类型[4]和小珠山下层文化则互有影响,前者的筒形罐为从后者传入,后者的双耳罐(壶)为受前者双耳壶影响而产生,可见山东和辽东半岛之间存在海路交通。

即使黄河中游的仰韶文化半坡类型和长江下游的马家浜文化等之间,也还存在远距离的交流。仰韶文化半坡类型口外带勾錾的大口尖底罐,见于江苏张家港东山村墓葬[5],其形态规范地道,或许为从仰韶文化直接输入;类似半坡类型的人面鱼纹彩陶见于江苏高邮龙虬庄遗址[6],应属当地仿制。反过来,属于马家浜文化因素的穿孔石钺、折体石璜、豆等,则见于陕西南郑龙岗寺仰韶文化半坡类型[7]、河南淅川下王岗一期仰韶文化下王岗类型遗存[8]。如此远距离的交流通过何种途径实现? 这个谜团的解开或许有待于将来淮河上中游地区的考古发现。另外,当时可能已经出现从长江下游杭州湾到山东半岛、辽东半岛的航海路线。通过持续不断的交流,各文化系实际上已初步联结成一个更大的文化共同体。

5. 小结

在约公元前 5000 年进入新石器时代晚期以后,中国大部地区终于整合形成三大文化区或三大文化系统,即黄河流域文化区的瓶(壶)—钵(盆)—罐—鼎文

---

[1] 济宁市文物考古研究室等:《山东济宁市玉皇顶遗址发掘简报》,《考古》2005 年 4 期,第 3~11 页。
[2] 南京博物院:《江苏邳县四户镇大墩子遗址探掘报告》,《考古学报》1964 年 2 期,第 9~50 页。
[3] 吉林省文物考古研究所:《吉林农安县元宝沟新石器时代遗址发掘》,《考古》1989 年 12 期,第 1067~1075 页。
[4] 北京大学考古实习队等:《山东长岛北庄遗址发掘简报》,《考古》1987 年 5 期,第 385~394 页;张江凯:《论北庄类型》,《考古学研究》(三),科学出版社,1997 年,第 37~51 页。
[5] 南京博物院等:《江苏张家港市东山村新石器时代遗址》,《考古》2010 年 8 期,第 3~12 页。
[6] 龙虬庄遗址考古队:《龙虬庄——江淮东部新石器时代遗址发掘报告》,科学出版社,1999 年。
[7] 陕西省考古研究所:《龙岗寺——新石器时代遗址发掘报告》,文物出版社,1990 年,第 18、158 页。
[8] 河南省文物研究所等:《淅川下王岗》,文物出版社,1989 年,第 40 页。

化系统,长江中下游—华南文化区的釜—圈足盘—豆文化系统,东北文化区的筒形罐文化系统。各文化区基本平行发展,中原地区的核心作用反而不如之前明显,但文化区的内外交流更加频繁,雏形的"早期中国文化圈"继续发展,为下一步文化意义上"早期中国"的正式形成夯实了基础。

(1) 两大农业体系进一步发展

两大农业体系进一步发展,农业在黄河长江流域大部地区的地位越来越重要。在黄河中上游地区的仰韶文化中石铲增多,用于割取谷穗的石或陶刀(铚)非常发达,粟类谷物遗存常有发现,农业应该已经居于主体地位,这为此后中原地区核心地位的形成打下了基础。在黄河下游、长江中下游和西辽河流域农业的比重也显著增加,但渔猎采集经济或许仍与其平分秋色。华南大部、东北北部的新石器时代文化,以及西北大部地区的中石器时代文化,其生业仍主要依靠渔猎采集或所谓原始农业[1]。尤其新开流文化的鱼窖、各种渔猎工具,筒形罐上的鱼鳞纹、网纹等,展现出渔家乐的生动场景。

(2) "中国"特色器物:陶器、玉器、漆器

就世界范围来看,陶器、玉器、漆器无疑是最具"中国"特色的几类器物。陶器当然不只中国特有,却以中国最早最盛。到新石器时代晚期,中国大部地区陶器盛行,不但房屋中常发现大量陶器,随葬品也普遍以陶器为主,炊器、饮食器、盛储器一应俱全,反映定居程度进一步提高,社会生活更加稳定,其中以黄河长江流域的陶器最为发达。黄河流域文化区的瓶(壶)—钵(盆)—罐—鼎文化系统,器物形态简单但较为规范;长江中下游—华南文化区的釜—圈足盘—豆文化系统,器物形态复杂且富于变化。他们还共有专门炊具釜灶。在黄河长江流域的影响下,外围诸文化的陶器也渐趋复杂,比如东北在筒形罐之外有了泥质红陶的钵、盆,华南在釜之外有了印纹白陶的盘、豆,这无疑会使当地的社会生活更加细腻丰富。

玉器早见于新石器时代中期的兴隆洼文化和顺山集文化等,此时开始发扬光大,广见于东北地区的左家山下层文化、亚布力文化,东南沿海地区的马家浜文化、河姆渡文化和龙虬庄文化等当中。可以说中国特有的玉文化传统已经正式形成。其中东南沿海从石斧特化出的专门武器——玉钺,可能已经有军权象

---

[1] 约公元前 4000 年华南的资源晓锦等遗址才开始出现稻作农业,此前该地被认为存在所谓块茎作物原始农业或园圃农业。见赵志军:《对华南地区原始农业的再认识》,《华南及东南亚地区史前考古——纪念甑皮岩遗址发掘 30 周年国际学术研讨会论文集》,文物出版社,2006 年,第 145~156 页。

征意义。作为装饰品的玦、璜、环等,其使用或许与某些特定的身份和场合有关(图二二)。河姆渡文化发现的木胎朱漆碗,是中国最早的漆器之一。各地均发现大量纺轮,说明原始纺织业普遍发展起来,河姆渡文化甚至出现机刀、卷布辊等织机零件。

以上几类器物的盛行都与相当程度的定居社会密切相关。尤其玉器制作费时、技术含量高、使用讲究,成为"中国"文化的象征之一。除此以外,每个地区还有其独特而工艺水准高的物品,如东北的细石器,江南的木器和骨角牙器等,不一而足。还有就是当时大江南北普遍流行发笄和手镯(环)等装饰品。

(3) 秩序井然的聚落和三类梁架结构房屋

无论是仰韶文化的分组房屋和向心聚落结构,还是大溪文化和河姆渡文化的排房,都将房屋、窖穴等主要建筑秩序井然地安排在一个特定空间内,有的在外周还有环壕或者城垣,在强调集体利益和公共秩序方面有异曲同工之妙。其中仰韶文化姜寨聚落等还在聚落内的房屋附近有婴孩瓮棺葬,中央有公共活动空间,聚落外有集体陶窑场和与每组房屋对应的墓葬,聚落之间也还没有显著的贫富分化或地位分化。很大程度上,这是一个平等友善、爱护弱小、重视集体、秩序井然的时代。

建筑技术趋于成熟和定型,在大江南北已经明确形成三类梁架结构房屋:黄河流域及其以北地区有台面或无台面的半地穴式、长江中下游的干栏式和地面式。尤其河姆渡文化的干栏式木构建筑长达二三十米,使用了榫卯结构,说明该文化的建筑技术已很成熟[1]。

(4) 以西东二元彩陶为核心的艺术和符号体系

当时的中国大地最引人注目的艺术形式就是彩陶,并在黄河长江流域形成仰韶文化和龙虬庄文化为代表的西东二元彩陶体系,与此前的二元彩陶体系一脉相承。其中西部仰韶文化的彩陶简练凝重,节奏明快,严谨质朴,又分两区:西区半坡类型彩陶流行黑彩,以直线、折线、三角等元素组成各种几何纹,也有鱼纹、蛙纹、鹿纹、网纹等像生纹饰;而东区后冈类型彩陶只见红彩,主要是成组斜线纹,绝不见像生纹饰,与东胡林二期几何纹遥相传承。东部龙虬庄文化、河姆渡文化、马家浜文化等的彩陶,繁缛细致,变化复杂,以黑彩为主,也有红彩,主要以直线和曲线元素组成重鳞纹、网纹、栅

---

[1] 杨鸿勋:《河姆渡遗址早期木构工艺考察》,《建筑考古学论文集》,文物出版社,1987年,第145~156页。

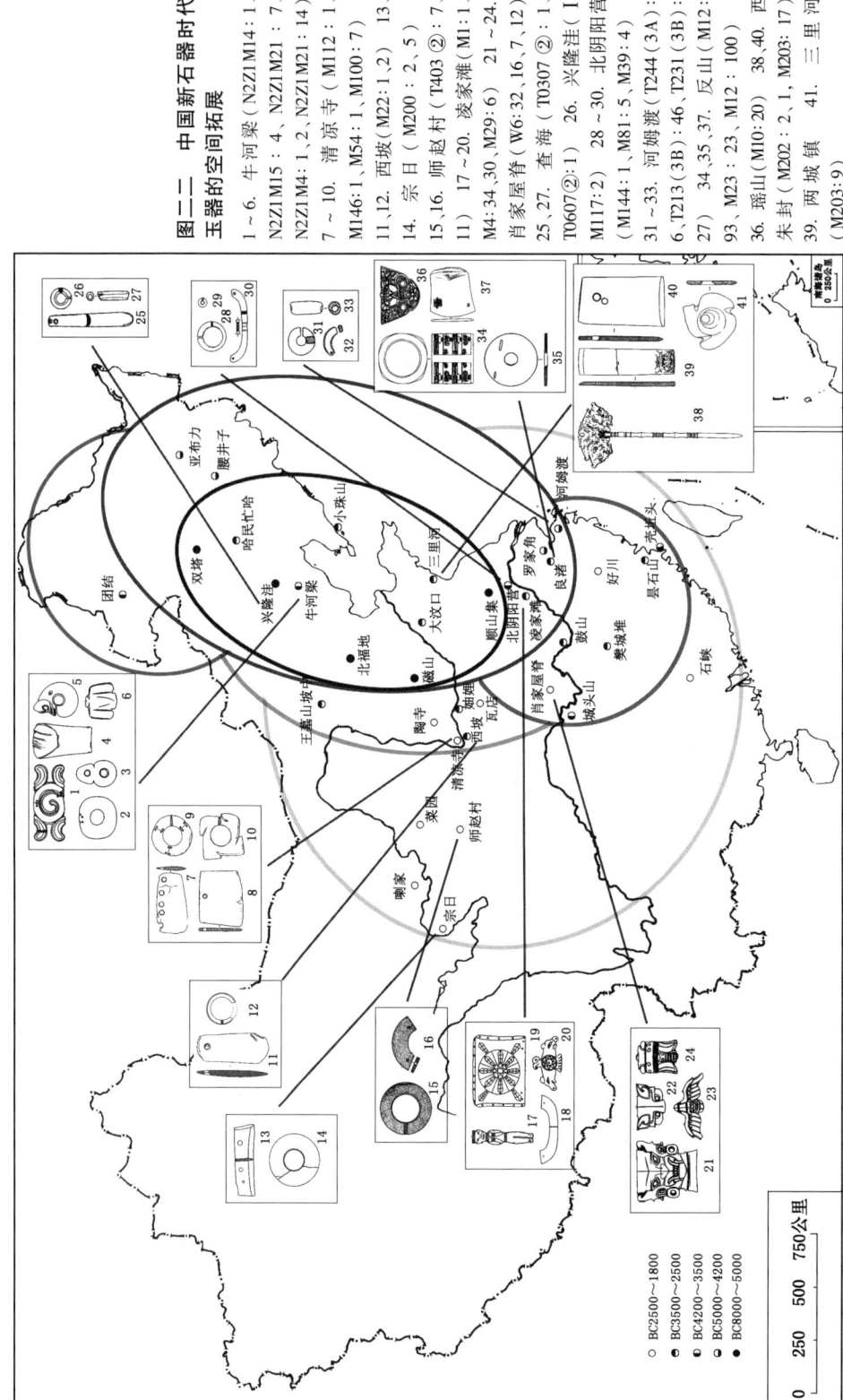

图二二 中国新石器时代玉器的空间拓展

1～6. 牛河梁（N2Z1M14：1、N2Z1M15：4、N2Z1M21：7、N2Z1M4：1，2、N2Z1M21：14）7～10. 清凉寺（M112：1，M146：1、M54：1，M100：7）11，12. 西坡（M22：1，2）13、14. 宗日（M200：2，5）15，16. 师赵村（T403②：7）17～20. 凌家滩（M1：1，M4：34，30，M29：6）21～24. 肖家屋脊（W6：32，16，7，12）25，27. 查海（T0307②：1，T0607②：1）26. 兴隆洼（I M117：2）28～30. 北阴阳营（M144：1，M81：5，M39：4）31～33. 河姆渡（T244（3A）6、T213（3B）：46、T231（3B）：27）34，35，37. 反山（M12：93、M23：23，M12：100）36. 瑶山（M10：20）38，40. 西朱封（M202：2，1，M203：17）39. 两城镇 41. 三里河（M203：9）

栏纹等各种几何纹。

在热烈鲜亮的彩陶区外围的陶器,饰以拍印、刻划、压印等各种手法制作的纹饰,以几何纹居多,也有各种动物纹。特别引人注意的是,赵宝沟文化繁缛发达的几何纹,以直线、篦点、弧线等元素组织搭配成回纹、钩形纹等复杂纹样,甚至还常见主纹和地纹搭配的情形,和仰韶文化简洁明快的风格迥然有别。其尊形器上的猪、鹿、鸟等动物形象似是而非,已经有相当程度的抽象提炼。而汤家岗文化白陶器上的八角星纹、太阳纹、波纹、垂幛纹等复杂细密的纹饰也自具特色,河姆渡文化的双鸟(凤)朝阳等图像更是让人回味无穷的艺术珍品(图二三)。

图二三 河姆渡遗址双鸟(凤)朝阳图案象牙雕刻(T226(3B):79)

纹饰不仅有装饰作用,它们也是史前人类表达、记载、传播思想信息的重要手段。但比其更加抽象、承载意义更准确的是符号。仰韶文化半坡类型发现不少刻符,一般都是刻划在陶钵上的,一器一符。如果说他们是制陶人的记号,那为何不见于其他陶器?他们可能就如郭沫若等所说,是文字的前身[1],与以前裴李岗文化的陶符可能一脉相承。此外,河姆渡文化、大溪文化也发现不少符号。河姆渡遗址刻划的互有联系的鸟、禾苗等符号,可能是在表达某种特定的含义。湖北宜昌杨家湾大溪文化的符号则种类繁多(见图一三)[2]。

雕塑多为小型的人头和动物陶塑、骨雕等,数量不多,其中有河姆渡遗址的双鸟(凤)朝阳象牙雕刻、新开流遗址的鸟首(天鹅)骨雕等精品。最值得关注的是东北地区南部发现的石或陶质雕塑,包括北京平谷上宅遗址属于赵宝沟文化的石鸮形器、石龟、石人(石猴形饰件)、陶塑猪头、陶蚕形饰、陶海马形饰,河北

---

[1] 郭沫若:《古代文字之辩证的发展》,《考古学报》1972年1期,第1~13页。
[2] 湖北省文物考古研究所:《宜昌县杨家湾》,科学出版社,2013年。

滦平后台子遗址赵宝沟文化[1]、辽宁丹东后洼遗址小珠山下层文化的石雕人像等。

这一时期还发现有陶铃、陶埙等打击或吹奏乐器。陶铃最早见于仰韶文化半坡类型[2]和北辛文化，后来延续数千年，成为龙山时代铜铃和商周以后钟镈的源头。而裴李岗文化的骨笛已不复见，河姆渡文化则发现有骨哨。

（5）以祖先崇拜为核心的世俗化的宗教信仰体系

当时仍然延续以祖先崇拜为核心的世俗化的宗教信仰体系，流行大型氏族墓地，同一墓地往往有大致相同的头向和葬俗，彼此应当有亲近的血缘亲属关系。尤其关中地区仰韶文化墓地有的数十数百人葬于一坑，十分强调集体归属性。在仰韶文化、大溪文化、河姆渡文化等当中都有婴孩瓮棺葬，盖在上面的陶器往往底部穿孔，有人认为是为了方便儿童灵魂出入[3]，生动体现出氏族社会对儿童的关爱。

当时还存在对各类动物的崇拜或关注现象。仰韶文化后冈类型的河南濮阳西水坡发现的蚌塑"龙虎墓"（图二四），应该就是后世所谓青龙、白虎的原型，该墓或为精晓天文而又能沟通天地的大巫之墓[4]。仰韶文化半坡类型常见鱼纹和人面鱼纹，可能反映该类型人群有崇鱼习俗。龙岗寺一尖底罐上的12个人面眼睛或闭或开，蕴含深意（图二五）。河姆渡文化常见鸟、猪、鱼等题材，尤其象牙雕刻的双鸟（凤）朝阳图案，是东方地区崇鸟习俗的反映。东北地区小型雕塑较多，学者们认为这些动物或人形雕塑或许是某种通神巫术活动用品[5]，其中的人雕像可能与祭祖活动或者生殖崇拜有关[6]。但它们与日本绳文时代盛行的陶偶相比则就是小巫见大巫了，更不用说和西亚同时期的大量雕塑相比。

---

[1] 承德地区文物保管所等：《河北滦平县后台子遗址发掘简报》，《文物》1994年3期，第53~74页。

[2] 陕西省考古研究所：《龙岗寺——新石器时代遗址发掘报告》（图八三，9），文物出版社，1990年，第118页。

[3] 李仰松：《谈谈仰韶文化的瓮棺葬》，《考古》1976年6期，第356~360页。

[4] 张光直：《濮阳三蹻与中国古代美术上的人兽母题》，《文物》1988年11期，第36~39页；冯时：《河南濮阳西水坡45号墓的天文学研究》，《文物》1990年3期，第52~60页。

[5] 宋兆麟：《后洼遗址雕塑品中的巫术寓意》，《文物》1989年12期，第23~28页；郭大顺：《红山文化的"唯玉为葬"与辽河文明起源特征再认识》，《文物》1997年8期，第20~26页；曹楠：《红山文化玉巫人辨析》，《红山文化研究》，文物出版社，2006年，第322~328页。

[6] 孙守道、郭大顺：《牛河梁红山文化女神头像的发现与研究》，《文物》1986年8期，第18~24页；汤池：《试论滦平后台子出土的石雕女神像》，《文物》1994年3期，第46~51页；刘国祥：《论滦平后台子下层文化遗存及相关问题》，《考古求知集》，中国社会科学出版社，1997年，第194~212页。

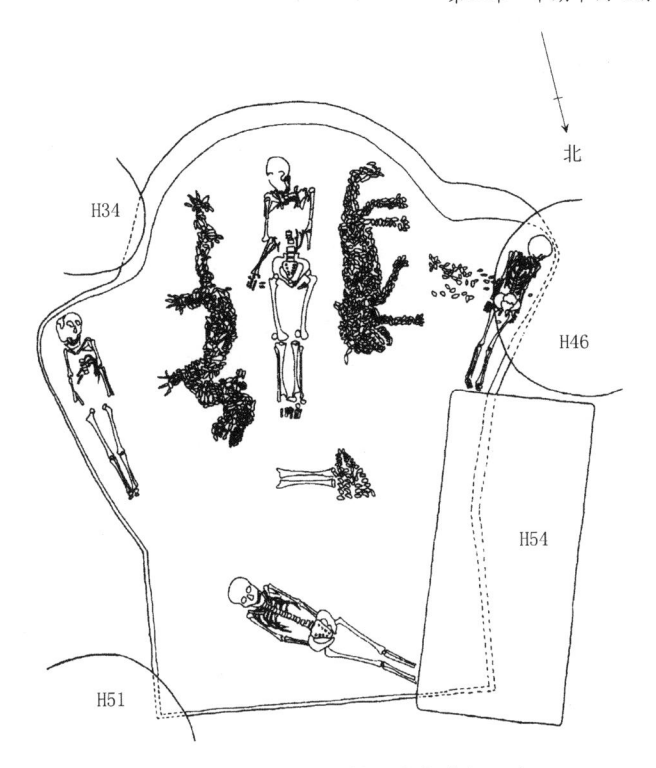

图二四　西水坡遗址蚌塑龙虎墓（M45）

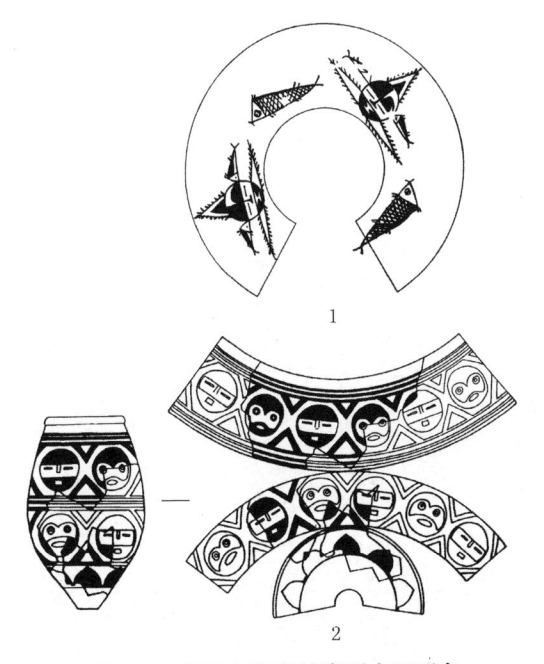

图二五　仰韶文化半坡类型人面形象
1. 半坡（P.4691）　2. 龙岗寺（H23:1）

此外，原先植根于东北和华北地区的"有中心三层次结构"的整体思维方式也开始见于中原地区，仰韶文化的房屋以灶为核心，聚落以中央广场为核心，经济以农业为核心，信仰以祖先为核心，由核心向外至少分 3 个层次，这对其后多层次的早期中国基本格局的形成和发展应当存在一定影响。

第三章　庙底沟时代与早期中国的形成

（公元前 4200～前 3500 年）

新石器时代晚期后段，中原核心地区的仰韶文化东庄—庙底沟类型迅猛崛起，向周围强力扩张，导致周围地区发生重大的文化格局调整和文化面貌改变，其影响的深度和广度前所未见。正是在这一过程中，中国大部地区文化首次形成以中原为核心的文化共同体，"早期中国文化圈"或者文化意义上的"早期中国"正式形成（表四）。本书把文化意义上早期中国形成的这个辉煌时代叫做庙底沟时代[1]。

表四　中国新石器时代晚期后段的文化区系（公元前 4200～前 3500 年）

早期中国文化圈	黄河上中游	瓶（壶）—钵（盆）—罐—鼎文化系统（仰韶文化一期后段、二期）
	长江中下游、黄河下游	鼎—豆—壶—杯文化系统（大汶口文化早期，崧泽文化早期，北阴阳营文化，龙虬庄文化，大溪文化二、三期）
	东北南部和西部	筒形罐—彩陶罐—钵文化系统（红山文化中期，小珠山中层文化）
早期中国外缘区	华南	釜—圈足盘—豆文化系统（昙石山一期、咸头岭Ⅵ～Ⅴ段）
	东北东部	筒形罐文化系统（亚布力文化）
	其他地区	中石器时代文化

仰韶文化庙底沟类型实力强盛且对外产生很大影响，这已成为学术界的共识。早在 1965 年，苏秉琦就注意到庙底沟类型"对远方邻境地区发生很大影

---

[1]　"庙底沟时代"是与"龙山时代"相对应的概念。参见严文明：《龙山文化和龙山时代》，《文物》1981 年 6 期，第 41～48 页；韩建业：《庙底沟时代与"早期中国"》，《考古》2012 年 3 期，第 59～69 页。

响"[1]。此后严文明指出:"庙底沟期是一个相当繁盛的时期,这一方面表现在它内部各地方类型融合和一体化的趋势加强,另一方面则表现在对外部文化影响的加强。"[2]张忠培认为此时是"相对统一的时期"[3],西阴文化(即庙底沟类型)对周围同期考古学文化产生了积极作用[4]。王仁湘称庙底沟期的彩陶扩展是"史前中国的艺术浪潮"[5]。本章在前人研究的基础上,对仰韶文化东庄—庙底沟类型的扩张影响和早期中国形成的具体过程进行更加详细地梳理。

一、核心文化的蓬勃发展

仰韶文化东庄类型和庙底沟类型主要分布在晋西南豫西地区,其绝对年代约在公元前4200~前3500年[6]。

1. 仰韶文化东庄类型

东庄类型以山西芮城东庄村仰韶遗存[7]和翼城北橄一、二期[8]为代表,时代介于半坡类型和庙底沟类型之间[9],绝对年代约在公元前4200~前4000年,是在当地仰韶文化枣园类型的基础上,接受东进的半坡类型的强烈影响而形成的[10]。具体来说,其钵、盆、罐、瓮等主体陶器兼具枣园类型和半坡类型的特点,尖底瓶的雏形双唇口为仰韶文化枣园类型内折唇口和半坡类型杯形口的结合;杯形口尖底瓶和雏形双唇口尖底瓶的尖底特征,绳纹和宽带纹、三角纹、菱形纹、鱼纹等黑彩,都来自半坡类型;素面壶、鼎,尖底瓶的瘦长特征等,基于枣园类型;葫芦形瓶、火种炉以及豆荚纹、花瓣纹等彩陶纹饰则为

---

[1] 苏秉琦:《关于仰韶文化的若干问题》,《考古学报》1965年1期,第51~82页。
[2] 严文明:《略论仰韶文化的起源和发展阶段》,《仰韶文化研究》,文物出版社,1989年,第122~165页。
[3] 张忠培:《关于内蒙古东部地区考古的几个问题》,《内蒙古东部区考古学文化研究文集》,海洋出版社,1991年,第3~8页。
[4] 张忠培:《仰韶时代——史前社会的繁荣与向文明社会的转变》,《文物季刊》1997年1期,第1~47页。
[5] 王仁湘:《史前中国的艺术浪潮——庙底沟文化彩陶研究》,文物出版社,2011年。
[6] 严文明:《略论仰韶文化的起源和发展阶段》,《仰韶文化研究》,文物出版社,1989年,第122~165页。
[7] 中国科学院考古研究所山西工作队:《山西芮城东庄村和西王村遗址的发掘》,《考古学报》1973年1期,第1~63页。
[8] 山西省考古研究所:《山西翼城北橄遗址发掘报告》,《文物季刊》1993年4期,第1~51页。
[9] 张忠培、严文明:《三里桥仰韶遗存的文化性质与年代》,《考古》1964年6期,第301~305页。
[10] 田建文、薛新民、杨林中:《晋南地区新石器时期考古学文化的新认识》,《文物季刊》1992年2期,第35~44页;山西省考古研究所:《山西翼城北橄遗址发掘报告》,《文物季刊》1993年4期,第1~51页。

新创。从总体看，来自半坡类型的影响巨大，甚至从某种程度上可视其为半坡类型的关东变体[1]。

东庄类型大致可以细分为两期，早期以北橄一期为代表，尖底瓶无颈且雏形双唇口的下唇不突出；晚期以北橄二期为代表，尖底瓶出颈且雏形双唇口的下唇较突出。同属东庄类型的豫西陕县三里桥仰韶遗存[2]、三门峡南交口仰韶文化一期等[3]，仅见杯形口尖底瓶而不见雏形双唇口尖底瓶，也不见火种炉，因此东庄类型的核心当不在豫西而在晋西南地区。

东庄类型有圆角方形或圆形的半地穴式房屋，地穴周围有台面可资利用，这都和仰韶文化半坡类型的情况类似。最奇特的变化表现在墓葬方面。虽然仍存在仰身直肢葬，但在北橄等遗址却新出一种将头骨和肢骨摆在一起的前所未见的二次葬，其源头应当还是在半坡类型——在属于该类型的陕西华县元君庙和华阴横阵墓地，就已经有大致摆放成仰身直肢葬式的二次葬。但东庄类型墓葬均无任何随葬品，其质朴特点承袭枣园类型，而与半坡类型一般随葬数件陶器的情况有别。

东庄类型的生产工具和枣园类型、半坡类型的基本相同。从南交口的发现来看，至少黄河以南存在稻作农业和粟、黍旱作农业混杂的情形。

2. 仰韶文化庙底沟类型

庙底沟类型以河南陕县庙底沟一期为代表[4]，绝对年代约在公元前4000～前3500年，总体是在东庄类型基础上的继续发展，其新出的直领釜和灶等则体现来自郑洛地区的影响。该类型流行鸟纹彩陶，见有鸟形鼎、灶、器盖等。庙底沟类型大致可以分为三期：北橄三、四期和南交口仰韶文化二期早段代表早期，庙底沟遗址一期和西阴村庙底沟类型主体遗存[5]代表中期，西坡H110代表晚期[6]。小口尖底瓶先是上唇圆翘、下唇突出下垂而成为真正的双唇口，然后双唇逐渐尖平，最后上唇几乎消失而变为近于喇叭口，器底则由尖向钝变化；葫芦

---

[1] 严文明：《论半坡类型和庙底沟类型》，《考古与文物》1980年1期，第64～72页；戴向明：《试论庙底沟文化的起源》，《青果集——吉林大学考古系建系十周年纪念文集》，知识出版社，1998年，第18～26页。

[2] 中国科学院考古研究所：《庙底沟与三里桥》，科学出版社，1959年。

[3] 河南省文物考古研究所：《三门峡南交口》，科学出版社，2009年。

[4] 中国科学院考古研究所：《庙底沟与三里桥》，科学出版社，1959年。

[5] 李济：《西阴村史前的遗存》，清华学校研究院丛书第3种，1927年；山西省考古研究所：《西阴村史前遗存第二次发掘》，《三晋考古》第二辑，山西人民出版社，1996年，第1～62页。

[6] 河南省文物考古研究所、中国社会科学院考古研究所河南一队等：《河南灵宝市西坡遗址2001年春发掘简报》，《华夏考古》2002年2期，第31～52页。

形瓶上部由斜弧向斜直转变,最后变为颈部出棱近似喇叭口;钵和宽沿盆由浅弧腹向深曲腹发展,罐、瓮腹由矮弧向深直演变,器錾和附加堆纹越来越常见;彩陶中花瓣纹逐渐繁复成熟,最后又趋于简化,钵口沿先是由宽带纹变为窄带纹,最后彩带基本消失。

庙底沟类型的墓葬情况和东庄类型的基本相同。聚落形态方面的最大变化,是在河南灵宝西坡等遗址出现数座超大型房屋[1]。其中最大的 F105,其房基面积就达 372 平方米,加上门棚、回廊则总计有 516 平方米,中央 4 个主承重柱的直径达 0.5~0.7 米;地面用料姜石、草拌泥等层层铺垫,表面见红色涂层。该房宏大气派,装饰讲究,具有"原始宫殿"性质(图二六)。虽然这些大房子之间的关系还不十分肯定,周围是否存在其他中小型房屋也还不清楚,但仅从其建造规模和讲究程度来看,应当不仅是公共集会的场所,而更可能与一定程度的社会分化有关。此外,在庙底沟等遗址开始出现人的乱葬坑。

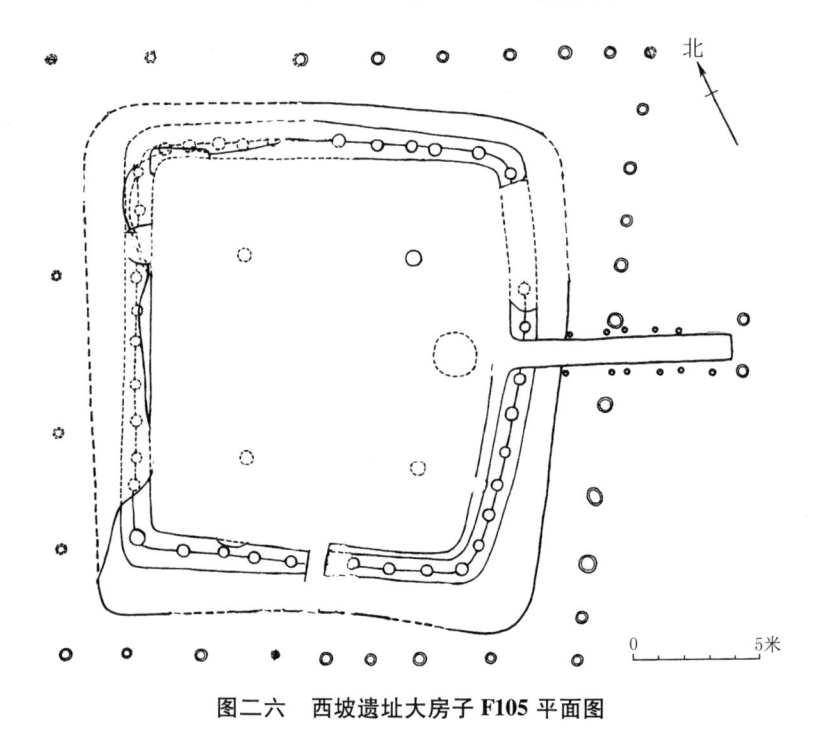

图二六 西坡遗址大房子 F105 平面图

---

[1] 河南省文物考古研究所、中国社会科学院考古研究所河南一队等:《河南灵宝市西坡遗址 2001 年春发掘简报》,《华夏考古》2002 年 2 期,第 31~52 页;河南省文物考古研究所、中国社会科学院考古研究所河南一队等:《河南灵宝西坡遗址 105 号仰韶文化房址》,《文物》2003 年 8 期,第 4~17 页;中国社会科学院考古研究所河南一队、河南省文物考古研究所等:《河南灵宝市西坡遗址发现一座仰韶文化中期特大房址》,《考古》2005 年 3 期,第 3~6 页。

农业生产工具中石刀(爪镰)和石铲大增,石铲阔大规整,磨制更精,显示农业有长足发展。庙底沟类型的农作物仍为粟、黍、稻,并出现了猪等家畜。坑下套坑的袋状窖穴的发现,表明当时人们的保存技术更为先进。此外,庙底沟、南交口等遗址穿孔石钺的发现,体现出来自长江下游的影响。

二、仰韶文化的"庙底沟化"

东庄类型形成以后,就以其极具活力的姿态迅速拓展,庙底沟类型青出于蓝而胜于蓝,进一步扩张影响,由此造成仰韶文化的"庙底沟化"和黄河上中游文化的空前趋同(图二七~二九)。

1. 对西部地区的影响

东庄类型一经形成,就迅速反馈影响关中地区,使半坡类型进入晚期亦即史家类型阶段[1]。陕西渭南史家墓葬[2]、临潼姜寨二期[3]等史家类型遗存,总体上继承半坡类型早期而有所发展,如钵、盆类器向尖圜底、折腹方向转变,小口尖底瓶、细颈壶变小退化等。但史家类型遗存也有不少东庄类型因素,如葫芦形瓶以及彩陶中的花瓣纹、豆荚纹等。考虑到半坡类型尚鱼,而东庄类型崇鸟,则此时新出现的鸟鱼合体纹不啻为半坡类型和东庄类型融合的象征[4]。这次文化浪潮还一直延伸到关中西部乃至于甘肃中东部,形成陕西陇县原子头仰韶一、二期遗存[5]、甘肃秦安大地湾第二期遗存等[6],西北可能已延伸至河西走廊东缘[7],只是这些西部遗存流行仰身直肢葬而基本不见东部的多人二次合葬,而且不少土坑竖穴墓带有放置随葬品的侧龛,双腹耳罐、双腹耳钵、葫芦口小口尖底瓶、人头形口平底瓶等也具有一定地方特点。

庙底沟类型的向西扩张使得关中和甘肃东部由史家类型发展为泉护类型,

---

[1] 王小庆:《论仰韶文化史家类型》,《考古学报》1993年4期,第415~434页。
[2] 西安半坡博物馆等:《陕西渭南史家新石器时代遗址》,《考古》1978年1期,第41~53页。
[3] 半坡博物馆、陕西省考古研究所等:《姜寨——新石器时代遗址发掘报告》,文物出版社,1988年。
[4] 赵春青:《从鱼鸟相战到鱼鸟相融——仰韶文化鱼鸟彩陶图试析》,《中原文物》2000年2期,第13~15页。
[5] 宝鸡市考古工作队、陕西省考古研究所:《陇县原子头》,文物出版社,2005年。
[6] 甘肃省文物考古研究所:《秦安大地湾——新石器时代遗址发掘报告》,文物出版社,2006年。
[7] 考古工作者在甘肃古浪三角城遗址曾采集到1件史家类型阶段的细黑彩带圜底钵。见甘肃省文物考古研究所、北京大学考古文博学院:《河西走廊史前考古调查报告》(图三五,1),文物出版社,2011年,第65页。

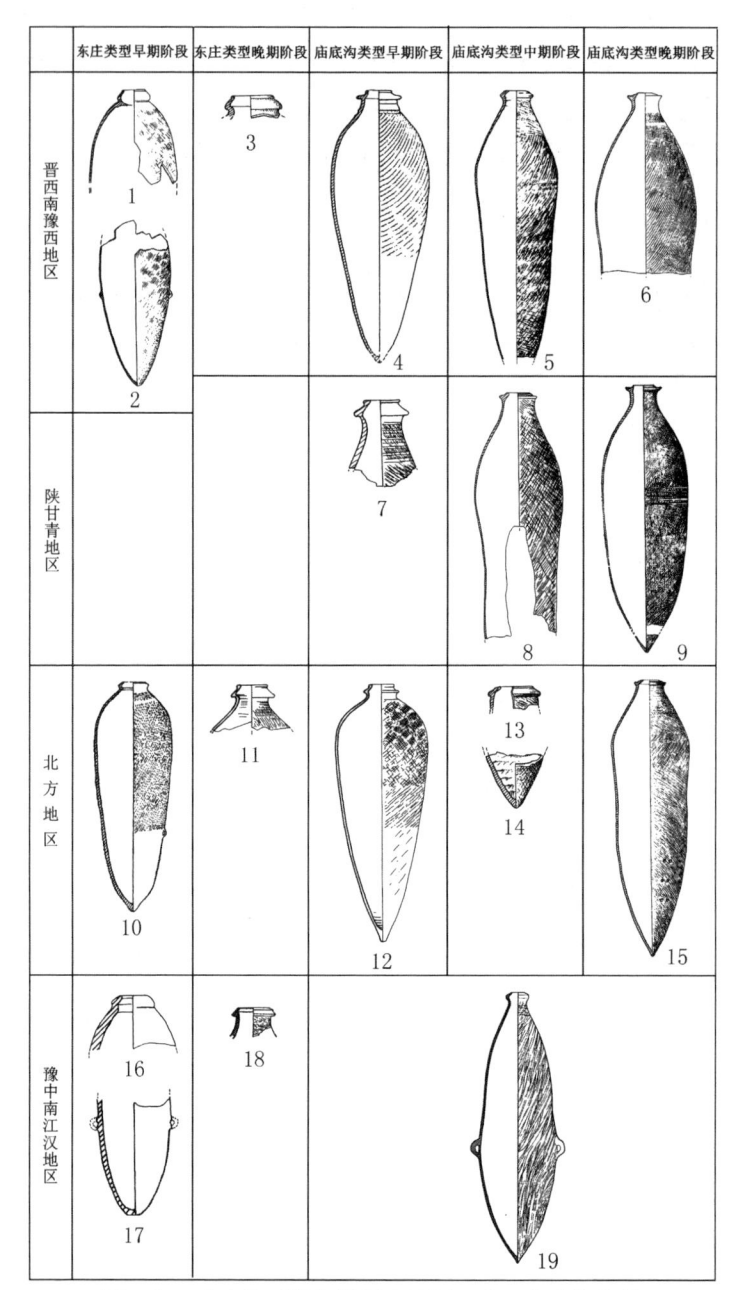

图二七　庙底沟时代各地区陶双唇口小口尖底瓶比较

1~3. 仰韶文化东庄类型（北橄 H34:27、5、ⅡT1302④:6）　4~6. 仰韶文化庙底沟类型（南交口 H90:1、西阴 G1:28、西坡 H110:5）　7~9. 仰韶文化泉护类型（大地湾 T704③:P50、案板 GNDH24:7、福临堡H37:8）　10~15. 仰韶文化白泥窑子类型（白泥窑子F1:1，王墓山坡下ⅠF1:21、ⅠF11:13、段家庄H3:15、27、杨家坪 F1:3）　16、17. 仰韶文化大河村类型（大河村 T5616:27、28）　18. 大溪文化（关庙山 T63⑤A:27）　19. 仰韶文化阎村类型（水地河 W1:2）

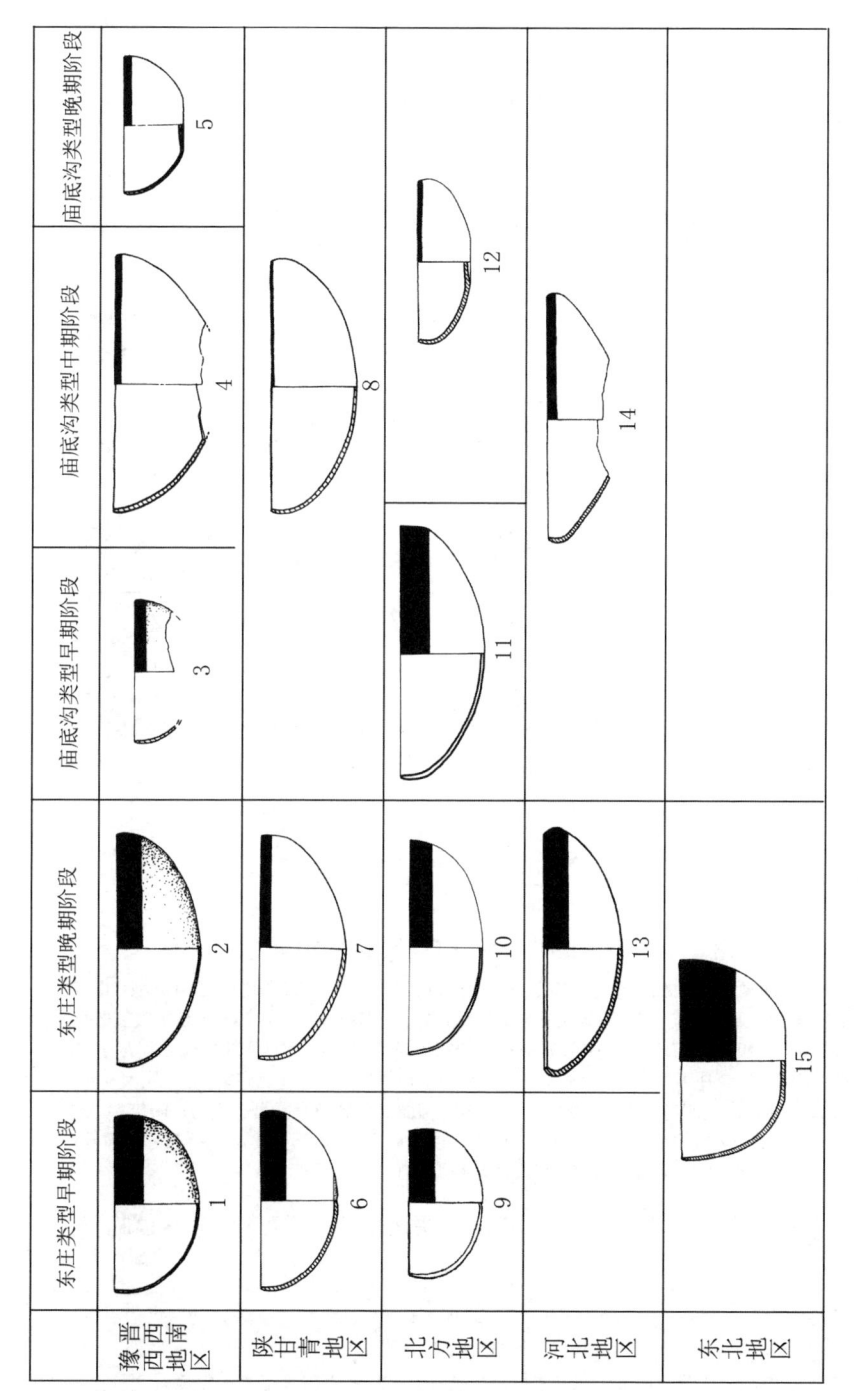

图二八　庙底沟时代各地区黑彩带纹陶钵比较

1，2. 仰韶文化东庄类型（北橄 H34:20，H32:2）　3～5. 仰韶文化庙底沟类型（北橄ⅡT402③:2，西阴 H33:54，H30:9）　6，7. 仰韶文化史家类型（原子头 H26:1，大地湾 T302③:21）　8. 仰韶文化泉护类型（大地湾 F709:1）　9～12. 仰韶文化白泥窑子类型（白泥窑子F1:11，王墓山坡下ⅠH1:4，IF6:13，段家庄 H3:5）　13. 仰韶文化后冈类型（南杨庄 T40②:1）　14. 仰韶文化钓鱼台类型（钓鱼台 H1）　16. 红山文化（西水泉 T7②:20）

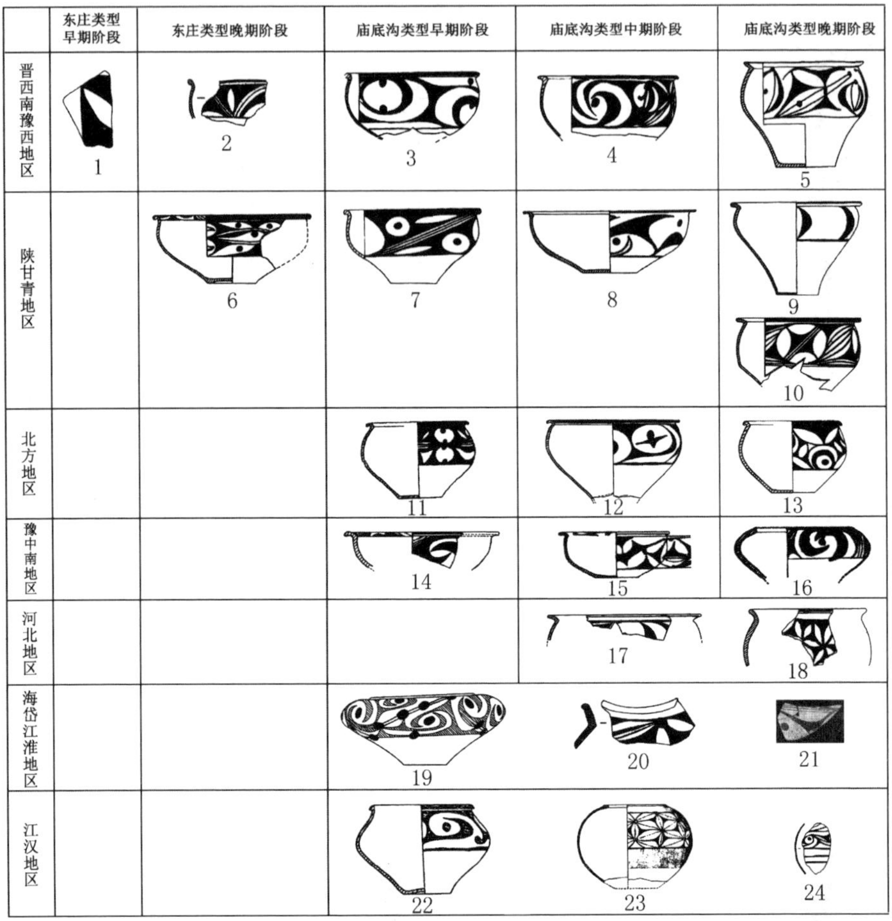

· 86 · 早期中国

	东庄类型早期阶段	东庄类型晚期阶段	庙底沟类型早期阶段	庙底沟类型中期阶段	庙底沟类型晚期阶段
晋西南豫西地区	1	2	3	4	5
陕甘青地区		6	7	8	9 / 10
北方地区			11	12	13
豫中南地区			14	15	16
河北地区				17	18
海岱江淮地区			19	20	21
江汉地区			22	23	24

图二九　庙底沟时代各地区花瓣纹彩陶盆比较

1、2. 仰韶文化东庄类型（北橄 H38∶11、东庄 H104∶1∶01）　3~5. 仰韶文化庙底沟类型（北橄 T8⑨∶1、西阴 H33∶7、H30∶63）　6. 仰韶文化史家类型（原子头 H42∶1）　7~10. 仰韶文化泉护类型（大地湾 T700③∶19、泉护 H5∶192、H1127∶871、胡李家 H14∶2）　11~13. 仰韶文化白泥窑子类型（章毛勿素 F1∶4、段家庄 H3∶07、白泥窑子 A 点 F2∶2）　14~16. 仰韶文化阎村类型（大河村 T1⑥D∶113、点军台 F3∶7、大河村 T11⑤A∶83）　17、18. 仰韶文化钓鱼台类型（南杨庄 H108∶1、钓鱼台 T4②）　19. 大汶口文化（刘林 M72∶1）　20、21. 崧泽文化（青墩下文化层、草鞋山 T304∶6）　22~24. 大溪文化（螺蛳山 1 号墓、关庙山 T37④∶9、T4③∶9）

如陕西华县泉护一期[1]、白水下河一期[2]、扶风案板一期[3]、宝鸡福临堡一、

---

〔1〕　北京大学考古学系：《华县泉护村》，科学出版社，2003 年。
〔2〕　王炜林、张鹏程：《陕西白水下河新石器时代遗址》，《2010 中国重要考古发现》，文物出版社，2011 年，第 18~20 页。
〔3〕　西北大学文博学院考古专业：《扶风案板遗址发掘报告》，科学出版社，2002 年。

二期[1]、甘肃省秦安大地湾第三期等,其花瓣纹、鸟纹彩陶和双唇口小口尖底瓶等典型因素和庙底沟类型大同小异,区别只在鼎较少等细节方面。类似遗存还向西北一直扩展至青海东部[2]和宁夏南部[3],西南达陇南至川西北[4],其偏晚阶段的彩陶明显繁缛化,与关中东部彩陶简化的趋势正好相反,反映核心区和"边远地区"逐渐分道扬镳。至于汉中地区的陕西汉阴阮家坝、紫阳马家营等遗存[5],流行釜形鼎而与泉护类型有所不同,当受到过晋南豫西核心区文化的直接影响。

史家类型的聚落形态基本沿袭半坡类型,仍有环壕聚落,房屋建筑也大同小异,但在墓葬方面有显著区别。尤其是关中东部地区盛行多人二次合葬,是头骨和肢骨摆放在一起的那种形式,应该是受到东庄类型的影响。埋葬人数很多而又高度集中,姜寨二期达 2 000 余人,史家墓地也应在 1 000 人以上(图三〇)。这样埋葬人数众多的墓地可能不仅埋葬了本村落的死者。据对史家墓地头骨特征的观察,同一墓穴的个体有更多相似性,说明同墓的死者可能存在血缘关系[6]。东部区还有一个特点,就是不少成年人也实行瓮棺葬,甚至有少数成人瓮棺合葬。严文明认为这是来自更东部的人群侵占的结果[7]。这与陶器等方面表现出的来自东部东庄类型的巨大影响情况吻合。另外,史家类型的随葬陶器多数比居址陶器小而粗陋,表现出比较明显的明器化趋势,折射出当时社会开始发生重要转折。泉护类型的聚落密度显著增加,并出现咸阳尹家村那样面积达 130 万平方米的大型聚落。更重要的是在下河、泉护等遗址出现两三百平方米的特大型房子,和西坡的情况基本相同,表明聚落内部和聚落之间的分化都开始明显起来。

---

[1] 宝鸡市考古工作队、陕西省考古研究所宝鸡工作队:《宝鸡福临堡——新石器时代遗址发掘报告》,文物出版社,1993 年。

[2] 青海省文物考古队:《青海民和阳洼坡遗址试掘简报》,《考古》1984 年 1 期,第 15~20 页;中国社会科学院考古研究所甘青工作队、青海省文物考古研究所:《青海民和县胡李家遗址的发掘》,《考古》2001 年 1 期,第 40~58 页。

[3] 北京大学考古实习队等:《隆德页河子新石器时代遗址发掘报告》,《考古学研究》(三),科学出版社,1997 年,第 158~195 页。

[4] 北京大学考古学系、甘肃省文物考古研究所:《甘肃武都县大李家坪新石器时代遗址发掘报告》,《考古学集刊》第 13 集,中国大百科全书出版社,2000 年,第 1~36 页;成都文物考古研究所等:《四川茂县波西遗址 2002 年的试掘》,《成都考古发现(2004)》,科学出版社,2006 年,第 1~12 页。

[5] 陕西省考古研究所等:《陕南考古报告集》,三秦出版社,1994 年。

[6] Gao Qiang, and Yun Kuen Lee, "A Biological Perspective on Yangshao Kinship". *Journal of Anthropological Archaeology* 12(3), 1993: 266~298.

[7] 严文明:《史前聚落考古的重要成果——姜寨评述》,《文物》1990 年 12 期,第 22~26 页。

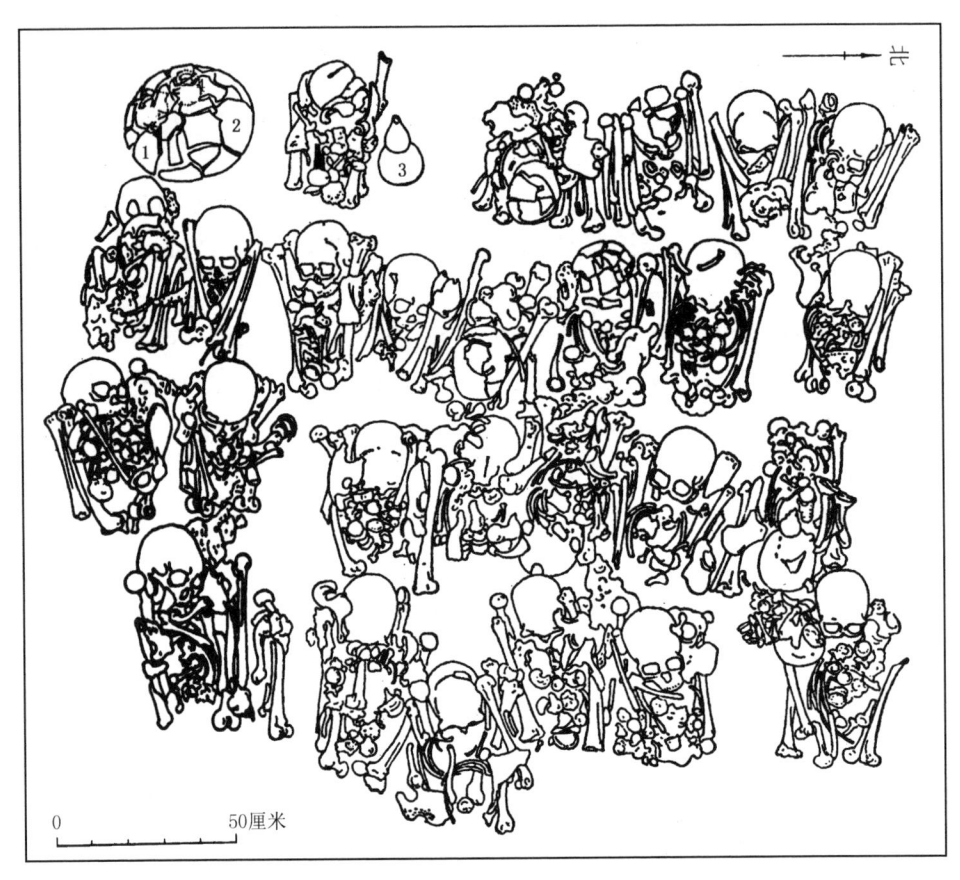

图三〇　史家墓地 M25 平面图
1、2. 陶钵　3. 陶葫芦瓶　4. 陶带盖罐

史家类型和泉护类型的房屋地面和窖穴中常有炭化或朽坏的粟粒,连远在青海的胡李家遗址也发现炭化小米。生产工具中最大的变化是长方形陶刀增多而圆形陶、石"爪镰"锐减,虽然收割方式未变,但生产效率却大大提高,说明农业生产持续进步。家畜仍以家猪最多。西部还见有骨梗石刃刀等狩猎采集工具。

2. 向北方地区的扩张

东庄类型同时向北扩张至晋中北、内蒙古中南部、陕北北部和冀西北——狭义的北方地区,形成仰韶文化白泥窑子类型和马家小村类型[1]。

此前内蒙古中南部至陕北北部分布着仰韶文化鲁家坡类型和石虎山类型,

---

〔1〕 韩建业:《中国北方地区新石器时代文化研究》,文物出版社,2003 年。

一定程度上可视为后冈类型和半坡类型的融合体,此时却变为白泥窑子类型,早晚期分别以内蒙古清水河白泥窑子C点F1[1]和凉城王墓山坡下第1段[2]遗存为代表,新出雏形双唇口小口尖底瓶和火种炉,钵、盆流行宽带纹和花瓣纹黑彩装饰,显然与东庄类型因素的大量涌入有关;甚至早晚期的尖底瓶口特征正好与北橄一、二期对应,充分显示其与晋西南亦步亦趋的关系。但白泥窑子类型缺乏鼎、釜、灶等,花瓣纹彩陶也较简单,仍体现出一定的地方特色。晋北和冀西北此前属后冈类型,此时则演变为地方特征浓厚的以山西大同马家小村遗存为代表的马家小村类型[3],宽带纹和花瓣纹彩陶少而简单,小口尖底瓶个别卷沿外附加一圈泥条似双唇口,多数为单圆唇直口。至庙底沟类型早中期,晋中北和冀西北的文化面貌已与庙底沟类型基本相同[4],而内蒙古中南部仍更多延续此前的风格。庙底沟类型晚期,由于红山文化的南下影响,冀西北孕育出最早的雪山一期文化,岱海地区形成装饰较多红彩的王墓山坡下第3段遗存——初期海生不浪类型,北方地区文化与晋西南的关系渐行渐远。

北方地区白泥窑子类型和马家小村类型的聚落,也与东庄—庙底沟类型基本相同,而和此前当地的石虎山类型、鲁家坡类型等差异较大,如房屋地面常为草拌泥面而非白泥面等。王墓山坡下聚落中央位置为面积达90平方米的大房子F7,周围留有空白地带,外周才是中小型房屋,体现出F7的特殊地位,这和姜寨等聚落大房子与中小型房子聚成一组的情况有别。但这里最大的房子和豫西关中相比算是小巫见大巫了,可见核心区和边缘区已经存在明显的等级差异。此外,北方地区当时的生产工具、经济形态和晋南关中核心区相似,但狩猎采集的成分更重。这里常发现的细石器镞、骨梗石刃刀等就主要是适应草原狩猎方式的工具。

3. 对河南中南部和鄂北的影响

东庄类型东南—南向对河南中南部和鄂北产生很大影响。郑洛及以南地区,此时转变为大河村类型偏晚阶段遗存,新出雏形双唇口小口尖底瓶[5]和花

---

[1] 崔璇、斯琴:《内蒙古清水河白泥窑子C、J点发掘简报》,《考古》1988年2期,第97~108页。
[2] 内蒙古文物考古研究所等:《岱海考古(三)——仰韶文化遗址发掘报告集》,科学出版社,2003年。
[3] 山西省考古研究所、大同市博物馆:《山西大同马家小村新石器时代遗址》,《文物季刊》1992年3期,第7~16页。
[4] 如山西汾阳段家庄H3、柳林杨家坪F1(国家文物局、山西省考古研究所、吉林大学考古学系:《晋中考古》,文物出版社,1999年)、河北蔚县三关F3(张家口考古队:《1979年蔚县新石器时代考古的主要收获》,《考古》1981年2期,第97~105页)等,只是仍少见鼎。
[5] 《郑州大河村》将其划分为M型罐。

瓣纹、豆荚纹黑彩等东庄类型因素，但流行的釜形鼎、崇尚素面和红彩带等仍为当地传统的延续，小口折腹釜形鼎的出现当为北辛文化影响的结果，豆、杯等则体现与江淮地区的文化联系。豫西南和鄂西北地区，此前为仰韶文化大张庄类型[1]，此时则发展为以河南淅川下王岗二期下层[2]、邓州八里岗 M53[3] 为代表的下王岗类型，新出宽带纹、豆荚纹、花瓣纹黑彩等东庄类型因素，小口尖底瓶则多为杯形口。

庙底沟类型的影响更加深入，花瓣纹彩陶成为这些地区的典型因素，双唇口小口尖底瓶和葫芦形瓶也见于各地，只是距离豫西越远越少。但地方性特征仍然浓厚，郑洛地区的河南汝州阎村、郑州大河村一、二期、荥阳点军台一期[4]、巩义水地河三、四期[5]类遗存，小口尖底瓶更多为矮杯形口，浅腹釜形鼎发达，还新出圆肩大腹的素面高领罐，常在白衣上兼施黑、红彩，流行成人瓮棺葬，被称为仰韶文化阎村类型[6]。豫西南和鄂西北地区仍为下王岗类型的延续，以下王岗二期中、上层为代表，扩展至鄂西北的郧县、枣阳、随州一带[7]，流行圆腹釜形鼎，小口尖底瓶多为杯形口，彩陶黑、红、白搭配，相映成趣。偏晚阶段接受大汶口文化、大溪文化和崧泽文化影响，出现太阳纹、互字纹等彩陶图案，豆、杯、圈足碗、附杯圈足盘等陶器增多，与晋西南豫西核心区的差异逐渐增大。

东庄类型时期大河村类型和下王岗类型的聚落情况与当地此前的情况相近，但墓葬发生很大变化，由原先的单人仰身直肢葬变为多人二次葬，这显然是东庄类型影响的结果。但一般多随葬数件陶制明器，体现了对当地传统的维系。庙底沟类型时期它们的聚落形态发生很大变化，普遍出现有木骨泥墙的地面式多间房屋，比如八里岗、下王岗、点军台等遗址。这可能是受到长江流域传统的影响，但同时也是家庭和社会结构发生变化的反映。墓葬各地不同：豫西南西

---

[1] 南阳地区文物队等：《河南方城县大张庄新石器时代遗址》，《考古》1983 年 5 期，第 398 ~ 403 页。

[2] 河南省文物研究所等：《淅川下王岗》，文物出版社，1989 年。

[3] 北京大学考古实习队、河南省南阳市文物研究所：《河南邓州八里岗遗址发掘简报》，《文物》1998 年 9 期，第 31 ~ 45 页。

[4] 郑州市博物馆：《荥阳点军台遗址 1980 年发掘报告》，《中原文物》1982 年 4 期，第 1 ~ 21 页。

[5] 张松林、刘彦锋、刘洪淼：《河南巩义水地河遗址发掘简报》，《郑州文物考古与研究》（一），科学出版社，2003 年，第 220 ~ 254 页。

[6] 严文明《略论仰韶文化的起源和发展阶段》，《仰韶文化研究》，文物出版社，1989 年，第 122 ~ 165 页；袁广阔：《阎村类型研究》，《考古学报》1996 年 3 期，第 307 ~ 324 页。

[7] 以郧县大寺 H98、枣阳第一期为代表，见湖北省文物考古研究所、湖北省文物局南水北调办公室：《湖北郧县大寺遗址 2006 年发掘简报》，《考古》2008 年 4 期，第 3 ~ 13 页；中国社会科学院考古研究所：《枣阳雕龙碑》，科学出版社，2006 年。

峡老坟岗仰韶文化墓葬为长方形竖穴石棺墓[1]，随葬穿孔石钺和成对陶圈底大口缸；而伊洛河流域则流行成人瓮棺葬，有的一墓就有上百瓮棺[2]，如果去掉瓮棺，实际就与多人二次合葬墓接近。另外，见于汝州阎村"伊川缸"上的"鹳鱼石斧图"，"斧"有穿孔或象征军权[3]，其实就是钺，故也可称"鹳鱼钺图"，说明阎村类型早已有钺（图三一）。

4. 对太行山以东的影响

东庄类型向太行山以东的影响最小，仅在河北正定南杨庄三期、永年石北口中期四段和晚期的 H52 等遗存中，见有少量黑彩宽带钵、凹折沿绳纹罐和旋纹罐等东庄类型因素[4]，这当与后冈类型的顽强抵制有关。公元前 4000 年左右庙底沟类型正式形成之后，其与后冈类型的对峙局面

图三一　仰韶文化阎村类型的鹳鱼钺图（汝州阎村）

终于宣告结束。这时除以磁县钓鱼台、正定南杨庄四期为代表的少量与庙底沟类型近似的钓鱼台类型遗存外[5]，河北平原大部呈现出文化萧条景象，或许与庙底沟类型进入太行山以东引起的激烈战争有关。这也从另外一个侧面见证了庙底沟类型强势扩张的剧烈程度。

三、红山文化的新阶段

东庄类型和庙底沟类型对仰韶文化区以外的东北地区也产生了深远影响。

东庄类型形成后向北方强势扩张，形成仰韶文化白泥窑子类型和马家小村类型，其中前者已扩展至内蒙古锡林郭勒盟境，后者到达冀西北[6]。这两个类型继续向东北扩张，使西辽河流域的红山文化进入以内蒙古赤峰水泉 H2 以及

---

[1] 河南省文物考古研究所、南阳市文物考古研究所：《河南西峡老坟岗仰韶文化遗址发掘报告》，《考古学报》2012 年 2 期，第 217～268 页。
[2] 河南省文物考古研究所：《汝州洪山庙》，中州古籍出版社，1995 年。
[3] 严文明：《〈鹳鱼石斧图〉跋》，《文物》1981 年 12 期，第 79～82 页。
[4] 河北省文物研究所、邯郸地区文物管理所：《永年县石北口遗址发掘报告》，《河北省考古文集》，东方出版社，1998 年，第 46～105 页。
[5] 严文明：《略论仰韶文化的起源和发展阶段》，《仰韶文化研究》，文物出版社，1989 年，第 122～165 页。
[6] 以河北蔚县三关 F4 为代表。见张家口考古队：《1979 年蔚县新石器时代考古的主要收获》，《考古》1981 年 2 期，第 97～105 页。

辽宁建平、凌源、喀左三县交界处的牛河梁第五地点早期遗存[1]为代表的红山文化中期早段，出现不少装饰黑彩的泥质红陶钵、盆、壶类，尤其宽带纹黑彩钵明确为东庄类型因素。此时出现的大重鳞纹（或平行弧线纹）、菱块纹等彩陶则属于仰韶文化和当地传统的合璧：彩陶来自中原，而鳞纹等图案则在当地。

庙底沟类型继续东北向施加影响，不但在冀西北地区留下蔚县三关 F3 那样与其很类似的遗存，而且使得以牛河梁第五地点中期、敖汉旗三道湾子 H1[2]为代表的中期晚段红山文化开始流行涡纹彩陶，那实际上是花瓣纹彩的变体，还新出彩陶罐、筒形器等陶器和玉镯。

苏秉琦曾以"华山玫瑰燕山龙"的诗句，对中原和东北的这种文化联系进行了高度概括。他指出花瓣纹等仰韶文化因素正是从华山脚下开始，经由晋南、北方地区而至于东北地区，并说红山文化"是北方与中原两大文化区系在大凌河上游互相碰撞、聚变的产物"[3]。

作为红山文化中期早段典型代表的魏家窝铺、西台聚落[4]属于环壕聚落，环壕内为方形半地穴式房屋和圆形灰坑（有的是窖穴），房屋分大、中、小型，这些都和黄河以北仰韶文化诸类型的情况很接近，其社会状况也应近似。不过敖汉旗四棱山遗址发现的方形横穴式陶窑却很有地方特点[5]。最值得注意的是，此时在牛河梁遗址已经开始建造积石冢，其中第五地点的两座积石冢石块间发现少量筒形器，墓葬为石块垒砌的长方形竖穴墓，墓主人仰身直肢葬，其中 M7 随葬 1 件玉镯。积石冢附近还发现底部烧烤过的祭祀坑。

红山文化的生产工具也有与仰韶文化近似的一面，如都有磨制的斧、锛、凿、刀（爪镰）、铲，反映旱作农业有较大发展，只是形态有所差异：红山文化石刀多为双孔，有一种呈桂叶形；铲成鞋底状，刃部尖锐，又称"耜"。此外，石磨盘、石磨棒，以及大量凹底石镞、石叶（骨梗石刃刀之刀刃）、刮削器等细石器的存在，反映草原狩猎采集经济成分在生业模式中占据较大比重。

红山文化向北扩张，使得呼伦贝尔草原同期遗存出现几何纹黑彩[6]，至于

---

[1] 辽宁省文物考古研究所：《牛河梁——红山文化遗址发掘报告（1983～2003年度）》，文物出版社，2012年。

[2] 辽宁省博物馆等：《辽宁敖汉旗小河沿三种原始文化的发现》，《文物》1977年12期，第1~22页。

[3] 苏秉琦：《中华文明的新曙光》，《东南文化》1988年5期，第1~7页。

[4] 林秀贞、杨虎：《红山文化西台类型的发现与研究》，《考古学集刊》第19集，科学出版社，第59~99页。

[5] 辽宁省博物馆等：《辽宁敖汉旗小河沿三种原始文化的发现》，《文物》1977年12期，第1~22页。

[6] 中国社会科学院考古研究所内蒙古工作队等：《内蒙古海拉尔市团结遗址的调查》，《考古》2001年5期，第3~17页。

该类遗存的窝点纹、菱格纹陶罐以及斧、圆角方形璧、环等玉器则可能属当地传统，大量制作精细的凹底细石器镞、骨梗石刃刀、骨矛等显示其属于狩猎采集经济。玉斧当为木工工具，显示可能存在相对定居的村落。

此外，这时辽东半岛的小珠山中层文化早期，以辽宁长海小珠山中层[1]、大连郭家村下层遗存为代表[2]，实际是在原先小珠山下层文化——筒形罐文化系统基础上的继续发展，筒形罐由直口变为翻缘，之字纹基本消失而流行刻划戳印的平行线纹、斜线纹、戳点纹等；更重要的是增加了大量来自大汶口文化的釜形鼎、豆、杯以及涡纹彩陶等文化因素。

四、黄河下游和长江中下游地区文化的趋同

东庄类型和庙底沟类型向东部沿海和长江中下游地区的扩张，使海岱地区刚诞生的大汶口文化的面貌发生一定程度的改观，刺激了江淮和江浙地区文化的"崧泽化"进程，为长江中游带来鼎、豆、壶等因素，最终促进了中国东部区"鼎—豆—壶—杯文化系统"的形成。

1. 大汶口文化的形成

大约公元前 4100 年，在江淮地区龙虬庄文化北向渗透的背景之下，海岱地区增加了杯、豆、盉等崭新因素，从而由北辛文化发展为以山东泰安大汶口 H2003、兖州王因 M2594 为代表的最早期的大汶口文化，其中鼎、钵、小口双耳壶等则属北辛文化因素[3]。约公元前 4000 年以后，庙底沟类型的影响显著增强，在大汶口、王因等早期大汶口文化遗存中，突然新增较多花瓣纹彩陶以及敛口鼓肩深腹彩陶钵、宽折沿彩陶盆等庙底沟类型因素，使得大汶口文化的面貌发生了一定程度的改观。不过从它的彩陶的黑、红、白组合以及钵敛口显著等来看，其与阎村类型更为接近，说明庙底沟类型间接通过阎村类型对大汶口文化产生影响。

大汶口文化早期聚落和墓葬见于山东泰安大汶口、兖州王因、潍坊前

---

[1] 包括 1978 年发掘的小珠山中层和下层中翻缘筒形罐类遗存，以及 2006 年以来发掘的小珠山二、三期遗存。

[2] 辽宁省博物馆、旅顺博物馆：《大连市郭家村新石器时代遗址》，《考古学报》1984 年 3 期，第 287～330 页。

[3] 山东省文物考古研究所：《大汶口续集——大汶口遗址第二、三次发掘报告》，科学出版社，1997 年；中国社会科学院考古研究所：《山东王因——新石器时代遗址发掘报告》，科学出版社，2000 年；韩建业：《龙虬庄文化的北上与大汶口文化的形成》，《江汉考古》2011 年 1 期，第 59～64 页。

埠下[1]、长岛北庄等遗址[2]。聚落的总体情况远不如仰韶文化清楚,房屋一般为有木骨泥墙的半地穴式或地面式,多方形或长方形,常依墙设多灶,与仰韶文化单灶且基本位于房子中部有别。墓葬分区埋葬,排列整齐,为长方形竖穴土坑墓,葬式可分两种:第一种为仰身直肢一次葬,多为单人,也有合葬,当属于北辛文化传统;第二种为多人二次合葬,当属仰韶文化东庄—庙底沟类型传统。大汶口文化早期偏晚阶段已经出现较为显著的贫富分化,大型墓葬如 M2005 带二层台,随葬陶、石器等多达 104 件,有的陶器里面还盛放猪下颌骨、牛头骨等以供祭享(图三二),多数小墓则仅有几件随葬品或一无所有。其随葬龟甲的习俗最早源自裴李岗文化。

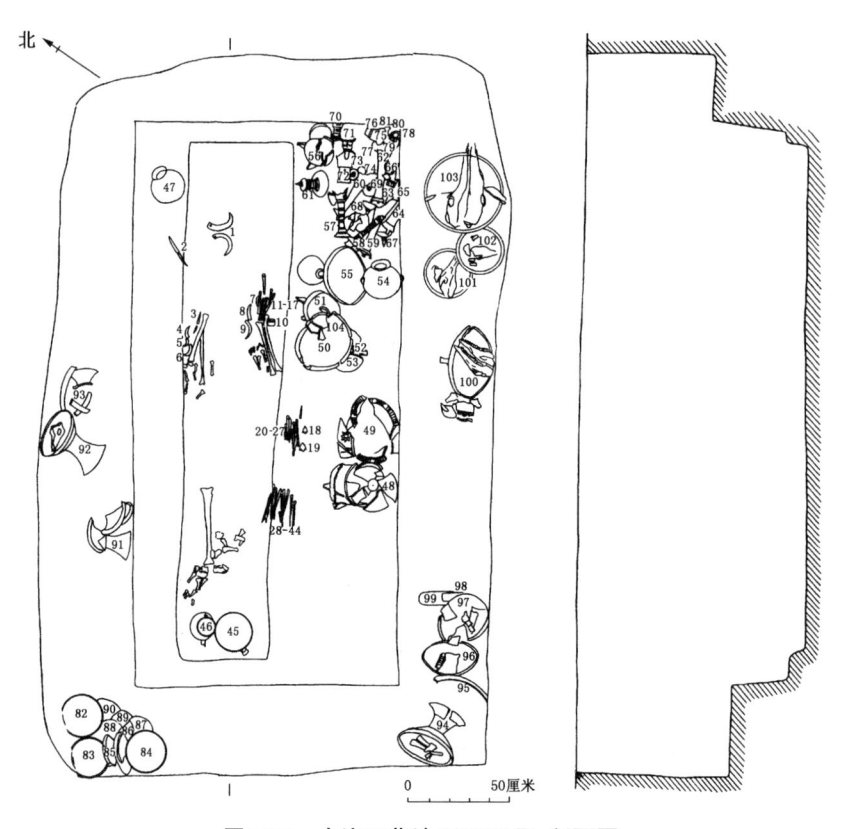

图三二　大汶口墓地 M2005 平、剖面图

1. 牙束发器　2、3. 骨笄　4~9. 獐牙　10. 象牙器柄　11~17、20. 角棒形坠饰　18、19. 牙镞　21~44. 骨两端刃器　45、46、50、52、100、101、103. 陶钵　47、54. 陶壶　48、51、56. 陶鼎　49、55、82~97、102. 陶豆　53、104. 陶器盖　57~70. 陶觚形杯　71~81. 陶高足杯　98. 石锛　99. 石斧

---

[1]　山东省文物考古研究所等:《山东潍坊前埠下遗址发掘报告》,《山东省高速公路考古报告集(1997)》,科学出版社,2000 年,第 1~108 页。
[2]　北京大学考古实习队等:《山东长岛北庄遗址发掘简报》,《考古》1987 年 5 期,第 385~394 页。

工具中的舌形石铲、角锄，以及牙、蚌、角质的刀、镰为农业工具，石或陶质的盘状器或许也与农业有关；斧、锛、凿等石器主要为木工工具，用陶片打制的一端带尖的所谓"蚝蛎啄"大约是加工食用贝蚌类的工具，其他还有针、锥、镞、镖、两端刃器等骨角器，以及网坠、纺轮等，穿孔砺石很有特点。北庄遗址发现黍壳[1]，蓬莱大仲家遗址发现水稻硅酸体，王因遗址有水稻花粉，这些发现说明大汶口文化早期的经济方式应当是以粟、黍旱作农业为主，兼有水稻种植，并饲养猪、狗，而渔猎采集仍占重要地位。

大汶口文化流行拔牙、枕骨变形、手执獐牙、口含石球等特殊习俗，尤其拔牙习俗后来遍及东亚、东南亚以及太平洋岛屿[2]，其面向东部沿海的影响不可小觑。

2. "崧泽化"过程

约公元前4100年以后，江淮、江浙地区的文化发生重要转变，出现以上海青浦崧泽一、二期[3]、浙江嘉兴南河浜早期[4]为代表的早期崧泽文化，以江苏南京北阴阳营二期[5]、安徽宿松黄鳝嘴遗存[6]和湖北黄梅塞墩早期[7]为代表的早期北阴阳营文化[8]，以及龙虬庄文化二期遗存。由于这些文化遗存的面貌大同小异，形成过程互相关联，故本文暂称其为"崧泽化"过程。

这些遗存普遍新出小口鼓腹釜形鼎，有的肩部还饰慢轮旋转形成的多周旋纹，当为受到庙底沟类型—阎村类型小口折腹釜形鼎的影响所致；安徽肥西古埂早期H2[9]、江苏海安青墩下文化层[10]、吴县草鞋山T304[11]、金坛三星村[12]等所见花瓣纹彩陶，以及龙虬庄二期M141的葫芦形瓶等，都更明确为庙底沟类型因素。由此推测，东庄—庙底沟类型尤其是后者的影响在这次"崧泽化"进程

---

[1] 吴诗池：《山东新石器时代农业考古概述》，《农业考古》1983年2期，第165~171页。
[2] 韩康信、潘其风：《我国拔牙习俗的源流及其意义》，《考古》1981年1期，第64~76页。
[3] 上海市文物保管委员会：《崧泽——新石器时代遗址发掘报告》，文物出版社，1987年。
[4] 浙江省文物考古研究所：《南河浜——崧泽文化遗址发掘报告》，文物出版社，2005年。
[5] 南京博物院：《北阴阳营——新石器时代及商周时期遗址发掘报告》，文物出版社，1993年。
[6] 安徽省文物考古研究所：《宿松黄鳝嘴新石器时代遗址》，《考古学报》1987年4期，第451~469页。
[7] 中国社会科学院考古研究所：《黄梅塞墩》，文物出版社，2010年。
[8] 北阴阳营文化最南界大约已经分布到江西西北部，如靖安老虎墩下层遗存。见江西省文物考古研究所等：《江西靖安老虎墩史前遗址发掘简报》，《文物》2011年10期，第4~21页。
[9] 安徽省文物考古研究所：《安徽肥西县古埂新石器时代遗址》，《考古》1985年7期，第577~583页。
[10] 南京博物院：《江苏海安青墩遗址》，《考古学报》1983年2期，第147~190页。
[11] 南京博物院：《吴县草鞋山遗址》，《文物资料丛刊》(3)，文物出版社，1980年，第1~24页。
[12] 江苏省三星村联合考古队：《江苏金坛三星村新石器时代遗址》(图五三，5、10)，《文物》2004年2期，第4~26页。

中起到了重要刺激作用。

但更重要的是在这种刺激下江淮地区文化本身的趋同性变革。在其前身马家浜文化、龙虬庄文化一期等的基础上,陶器普遍变得造型复杂、形态多样、多段拼接,以三足、圈足器居多;纹饰以八角星纹、边绕三角的太阳纹(或星纹)最有特色;彩陶或彩绘陶有红、黄、黑诸色。主要器类为鼎、豆、壶、盉、杯类,其他还有釜、罐、缸、盆、钵、圈足碗、圈足盘、匜、钵形甑、三口器等,常带器盖。具体来说,鼎的数量大增,多为高足釜形鼎,也有矮足鼎,足多呈凿形、扁柱形、鸭嘴形;豆多折盘曲柄,形态多样;杯直腹或曲腹,平底、圈足或三足。玉石器中最引人注意的是精美的钺、璜、玦、镯,钺分舌形、"风"字形等多种,有的圆形圆孔似璧;璜多为两头翘起的长条形,有的为对称两半联结而成。

当然,每个文化还有其自身特点。如崧泽文化陶器泥质陶和夹炭陶居多,器身棱角分明,器表常呈瓦棱状,圈足常带花边,多鱼鳍形足鼎、圈足罐,有鼎形甗(图三三)、猪嘴形支脚、盆形擂钵等,釜下腹带錾,编织纹富有特色,多见烧成后上彩的彩绘陶。北阴阳营文化和龙虬庄文化二期遗存陶器夹砂陶多于泥质陶,器身较为圆弧,釜常带双肩耳,多圜底钵等,多见烧成前上彩的彩陶。其中前者的敞口双腹盆很有特点,内壁饰多边形或多角形纹饰。甚至还存在更细致的地域区别:如同为北阴阳营文化,东部宁镇地区的鼎足多棱角分明且上带乳突,西部鄂皖交界处的鼎足扁圆且根部常见压窝,单耳彩陶杯、压印几何纹白陶器的比例也远多于东部,有饰螺旋纹富于旋转动感的纺轮。我们可暂称东部遗存为北阴阳营类型,西部为黄鳝嘴类型。

崧泽文化早期、北阴阳营文化和龙虬庄文化二期等的聚落情况总体不甚清楚,房屋一般为有木骨泥墙的地面式建筑,西部地区也有半地穴式建筑,南河浜遗址发现有用土堆砌的祭坛。墓葬有分区现象,多为长方形竖穴土坑墓[1],有的有二层台和棺,墓主人多单人仰身直肢葬;一般都随葬数件陶器、玉石器、骨器等,有的陶器拙小简陋,当属明器。北阴阳营文化、崧泽文化有随葬猪下颌骨、成对猪獠牙的情况,有的死者口中有玉琀或雨花石。贫富分化已经较为显著。比如属于崧泽文化早期的江苏张家港东山村墓地总体富有,其中 M90 有包括彩绘石钺、玉璜、陶大口缸等在内的 67 件随葬品[2],显示出富贵并重的风格,与一般墓地每墓仅随

---

[1] 由于特殊土质条件及发掘技术等原因,早年发掘的属于这些文化的墓葬多被描述为"平地掩埋",实际应为竖穴土坑墓。塞墩遗址的所有墓葬都是这样的,崧泽、龙虬庄等遗址也发现过这种竖穴土坑墓的墓穴。

[2] 南京博物院等:《江苏张家港市东山村新石器时代遗址》,《考古》2010 年 8 期,第 3~12 页。

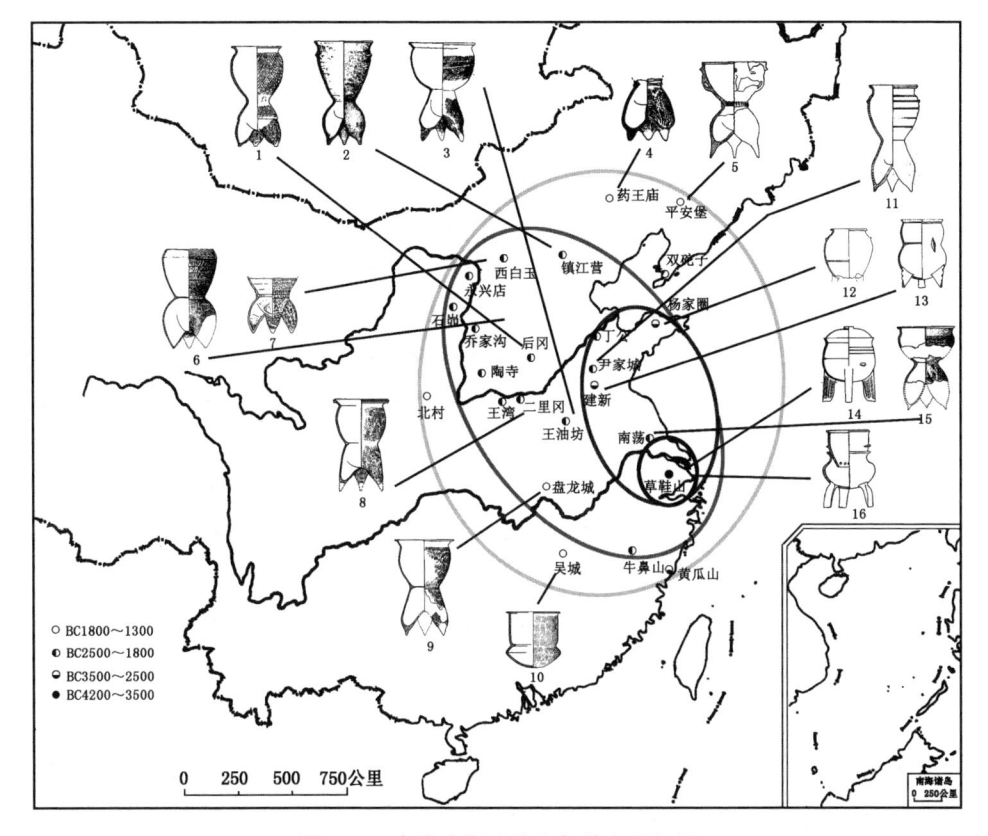

图三三 商代晚期以前陶鬲的空间拓展

1. 后冈 H31:6 2. 镇江营 H1101:12 3. 王油坊 H5:5 4. 药王庙 T1③:13 5. 高台山 76XGT1H1:5
6. 乔家沟 H1:11 7. 西白玉 T2③:1 8. 二里冈 C1H1:39 9. 盘龙城 PWZT80⑥:2 10. 吴城 1993ZW(X)T1H7:1 11. 尹家城 H67:2 12. 杨家圈 T41④:44 13. 建新 F20:02 14. 福泉山 M136:14 15. 南荡 T7②:6 16. 草鞋山 M203:23

葬数件陶、石器的情况明显有别。北阴阳营 M145 随葬 7 件玉石器半成品，还有玉芯，或许是玉石器专业工匠的墓葬，说明当时已经出现比较明确的社会分工。

磨制石器常见锛、凿、斧、刀等，尤以锛、凿最多，显示木器加工业的发达，而其中又以有段石锛、三孔或七孔石刀富有特色。工具中还有骨铲、角锄、纺轮、骨镞、骨镖、网坠等。玉石器制作技术发达，多通体磨光，规整精美，并使用了切割、管钻技术。稻作农业有长足发展，兼有猪、狗等家畜饲养和渔猎。崧泽、龙虬庄等多处遗址发现水稻遗存，包括籼稻和粳稻；吴县澄湖遗址还发现水田遗迹，出土炭化米粒[1]。崧泽遗址发现大量桑树花粉，或许当时已经种桑养蚕。

---

[1] 南京博物院等：《江苏吴县澄湖古井群的发掘》，《文物资料丛刊》(9)，文物出版社，1985 年，第 1～22 页。

3. 大溪文化的变革

约公元前4100年，仰韶文化东庄类型的花瓣纹彩陶、宽带黑彩钵、锥形双唇口小口尖底瓶、小口鼓腹旋纹鼎等因素渗透进汉水两岸，见于关庙山二期、城头山二期等大溪文化二期遗存当中。与此同时，大溪文化中还出现高圈足豆、小口鼓腹豆、单耳曲腹圈足彩陶杯、圈足薄胎彩陶碗、敛口簋、高领或矮领圈足壶罐等较为新颖的矮圈足陶器，以及深腹尖底缸、匜等，陶器常配器盖。这当中占据主体的矮圈足器是在大溪文化一期类似矮圈足器的基础上发展而来的——尽管更早的源头在长江下游，高圈足豆、小口鼓腹豆、匜以及璜的出现应该是此时受到长江下游文化影响的结果，彩陶的较多出现或许是受到仰韶文化的启发，深腹尖底缸来自中原或海岱。此外，素面釜、圈足盘等很多器物仍与大溪文化一期一脉相承。大溪文化陶器明确分为红陶和黑灰陶两个系列，红陶一般施红衣，彩陶一般为黑彩。

特别值得注意的是，此时长江中游的文化格局发生较大调整，大溪文化东进到汉水以东地区，使得此地原先的仰韶文化转变为具有一定地方特点的大溪文化二期遗存，包括湖北京山油子岭一期早段[1]、天门谭家岭一期等[2]，有人称其为大溪文化油子岭类型[3]。

庙底沟类型对长江中游大溪文化三期的影响更加深入，其典型因素花瓣纹、鸟纹彩陶装饰，以及口沿外带一周钩錾的大口罐，发现于湖北宜昌中堡岛新石器时代Ⅰ期[4]、清水滩遗存[5]、关庙山大溪文化三期、重庆巫山大溪遗存等当中[6]，在湖北黄冈螺蛳山M1中甚至还随葬了庙底沟类型风格的彩陶鼓腹盆[7]。大溪文化本身出现较为明显的分异，汉水以东地区最为活跃，油子岭一期晚段、谭家岭二期等遗存中，新出折腹簋、曲腹杯、附杯圈足盘等器类，矮凿形足鼎、敛口簋的数量大增；峡江地区其次，新出曲腹杯、筒形杯、瓦棱纹球腹罐等，多见釜和支脚；澧阳平原地区最保守，但也新出筒形杯、盆形擂钵、饰编织纹的罐等。由于这种分异，有人提出此时汉水以东地区遗存已经可独立为一个考古学文化——油

---

[1] 湖北省荆州地区博物馆：《湖北京山油子岭新石器时代遗址的试掘》，《考古》1994年10期，第865~876页。

[2] 湖北省荆州地区博物馆、北京大学考古学系、湖北省文物考古研究所：《谭家岭》，文物出版社，2011年。

[3] 张绪球：《长江中游新石器时代文化概论》，湖北科学技术出版社，1992年。

[4] 国家文物局三峡考古队：《朝天嘴与中堡岛》，文物出版社，2001年。

[5] 湖北省宜昌地区博物馆、四川大学历史系考古专业：《宜昌县清水滩新石器时代遗址的发掘》，《考古与文物》1983年2期，第1~17页。

[6] 四川省博物馆：《巫山大溪遗址第三次发掘》，《考古学报》1981年4期，第461~490页。

[7] 中国科学院考古研究所湖北发掘队：《湖北黄冈螺蛳山遗址的探掘》，《考古》1962年7期，第339~344页。

子岭文化[1]。但实际上各区多数器类还是在大溪文化二期基础上发展创新而来的,汉水以东地区也不例外,因此,汉水以东地区文化仍以称大溪文化为宜。这些不同地区的大溪文化各具特点,可分别划分为一些地方类型。

大溪文化二期的聚落形态大致如前,但也发生了一些引人注意的变化。在城头山古城中,甲类大墓有的随葬20多件陶器和玉璜等,显示墓主人具有较高等级,其葬式为仰身直肢葬;其他一些基本不见随葬品的小墓的葬式则为屈肢葬。这显示不同级别的墓葬葬俗有所差异,或许其墓主人的族源也有所不同。放大眼光来看,整个大溪文化的葬式在汉水东西有一定区别:汉水以西多数为屈肢葬,秉承华南古老传统;汉水以东多为仰身直肢葬,同于仰韶文化传统。那么是否城头山仰身直肢葬者来自北方,而屈肢葬为当地土著?这或许需要借助DNA分析等手段才有可能进一步回答。

它的经济方式应当和大溪文化一期大同小异,既有稻作农业,捕捞、采集也占相当比重。磨制石器工具常见磨制不精的斧、锛、凿等,斧的数量明显多于锛,这是其与长江下游的显著差别。石器制作也使用了管钻技术。峡江地区存在很多石器加工场,包含大量石器半成品、石料、钻芯等,如宜都红花套、宜昌中堡岛等遗址[2],还有蚌镰、骨铲、骨耜、骨锥、纺轮、网坠等。澧阳平原发现有舻、桨等与舟船有关的木质工具,体现了江南水乡的特点,也有木质的刀、矛以及榫卯结构的建筑构件等。

五、华南、东北、西北和西南地区文化

尽管仰韶文化东庄—庙底沟类型对周边文化影响广泛,但还远没有扩展至历史上中国的全部范围。

华南地区的代表性遗存包括福建闽侯县石山一期[3]、平潭壳坵头遗存[4],以及广东深圳咸头岭Ⅳ～Ⅴ段和台湾新竹市大坌坑中期遗存等[5],主要为贝丘、沙丘遗址,发现打制石器和骨器等,其主要的经济方式为捕捞采集。较多石锛的发现显示,该类遗存存在较为发达的木工手工业,当与定居有关。

---

[1] 郭伟民:《新石器时代澧阳平原与汉东地区的文化和社会》,文物出版社,2010年,第76～86页。

[2] 张弛:《大溪、北阴阳营和薛家岗的石、玉器工业》,《考古学研究》(四),科学出版社,2000年,第55～76页。

[3] 福建博物院:《闽侯县石山遗址第八次发掘报告》,科学出版社,2004年。

[4] 福建省博物馆:《福建平潭壳坵头遗址发掘简报》,《考古》1991年7期,第587～599页。

[5] Kwang-chih Chang, *Fengpitou, Tapenkeng, and the Prehistory of Taiwan*, Department of Anthropology of Yale University, 1969: 166～168.

陶器有绳纹圜底釜、圈足盘、豆、支脚等,流行绳纹、贝齿纹、戳点纹、圆圈纹等,有少量彩陶和玉玦,和长江中下游仍大体属于同一文化区,仍为釜—圈足盘—豆文化系统,但却并不像长江中下游地区那样可以看到东庄—庙底沟类型的明显影响。

东北地区从西辽河流域、辽东半岛直到呼伦贝尔草原都受到黄河流域的影响,但再向东向北则仍为比较单纯的筒形罐文化系统,如牡丹江流域的晚期亚布力文化。

前文提及,仰韶文化西北向已抵青海省东部,西南到达四川西北部,但再向西向南,则目前还没有包含陶器和农业的遗存发现,这些地区主要当还属于中石器时代文化范畴。

六、庙底沟时代的三层次结构文化共同体

1. 三层次结构文化共同体

总体来看,由于公元前4000年前后仰韶文化东庄—庙底沟类型从晋南豫西核心区向外强力扩张,以前的三大文化区或文化系统的格局大为改观,中国大部地区的文化交融联系成相对的文化共同体。其空间结构自内而外至少可以分为三个层次:

核心区在晋西南豫西及关中东部,即仰韶文化东庄类型—庙底沟类型分布区和泉护类型的东部,最具代表性的花瓣纹彩陶线条流畅,色彩典雅;双唇口小口尖底瓶、折腹釜形鼎等典型器造型规整大气;有一定数量的宫殿式房屋。

向外是主体区即黄河中游地区(南侧还包括汉水上中游、淮河上游等),也就是除核心区之外的整个仰韶文化分布区,花瓣纹彩陶造型因地略异,线条稚嫩迟滞,其中偏东部彩陶多色搭配,活泼有余而沉稳不足;西北部多双唇口小口尖底瓶而少鼎,东南部少双唇口小口尖底瓶而多鼎,体现出区域性差异。

再向外是边缘区即黄河下游、长江中下游和东北等仰韶文化的邻境地区,常见正宗或变体花瓣纹彩陶,以及黑彩带钵、折腹釜形鼎、双唇口小口尖底瓶、葫芦形瓶等,但其主体器类仍为当地传统,常见在当地器物上装饰庙底沟类型的花纹,土洋结合。

这个三层次结构共同体初定于东庄类型,成熟于庙底沟类型,是一个延续达六七百年的相对稳定的共同体,他们所处的时代构成庙底沟时代(图三四)。

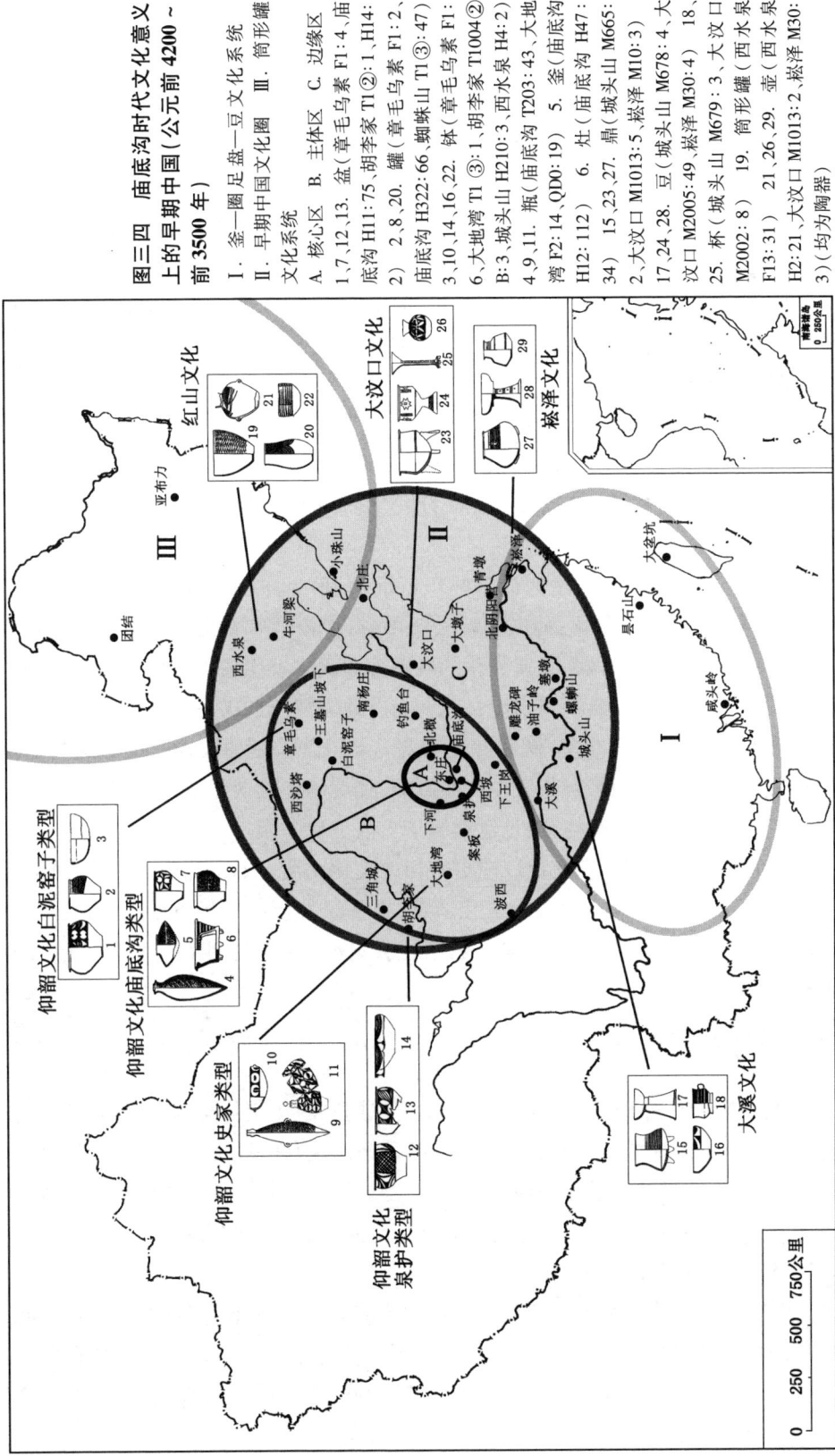

图三四 庙底沟时代文化意义上的早期中国(公元前4200～前3500年)

I. 釜—圈足盘—豆文化圈 II. 早期中国文化圈 III. 筒形罐文化系统
A. 核心区 B. 主体区 C. 边缘区

1,7,12,13. 盆(章毛乌素 F1:4,庙底沟 H11:75,胡李家 T1②:1,H14:2) 2,8,20. 罐(章毛乌素 F1:2,庙底沟 H322:66,蜘蛛山 T1③:47) 3,10,14,16,22. 钵(章毛乌素 F1:3,大地湾 T1③:1,胡李家 T1004②B:3,城头山 H210:3,西水泉 H4:2) 4,9,11. 瓶(庙底沟 T203:43,大地湾 F2:14,QD0:19) 5. 釜(庙底沟 H12:112) 6. 灶(庙底沟 H47:34) 15,23,27. 鼎(城头山 M10:3,大汶口 M1013:5,崧泽 M10:3) 17,24,28. 豆(城头山 M678:4,大汶口 M2005:49,崧泽 M30:4) 18,25. 杯(城头山 M679:3,大汶口 M2002:8) 19. 筒形罐(西水泉 F13:31) 21,26,29. 壶(西水泉 H2:21,大汶口 M1013:2,崧泽 M30:3)(均为陶器)

可以看出，这个三层次结构文化共同体的核心区和主体区基本就是此前的黄河流域、华北和淮河上中游文化区，换句话说它主要是在瓶（壶）—钵（盆）—罐—鼎文化系统的基础上发展而来的，其边缘区则包括了新整合而成的长江中下游和黄河下游地区的鼎—豆—壶—杯文化系统，以及东北南部和西部的筒形罐—彩陶罐—钵文化系统。在这个三层次结构的文化共同体之外，还有华南的釜—圈足盘—豆文化系统，东北大部的筒形罐文化系统，以及中石器文化区，这些文化区都和上述三层次结构文化共同体互有联系。如果站在现代中国的角度，那实际上已经是第四层次了。

2. 庙底沟时代的文化交流

庙底沟时代文化的交流，突出表现在东庄—庙底沟类型对外单方向的扩展影响方面，反方向的影响有限，只有玉石钺、玉璜等少量因素体现出来自长江下游文化的影响。

长江下游对周围其他地区的影响广泛而深刻：北向影响黄河下游，使得北辛文化转变为大汶口文化；西向影响长江中游，使该地区新出大量高柄豆、杯等陶器和钺、璜、玦等玉石器，大溪文化的发展方向因之发生较大转变；南向先是对宁绍平原产生很大影响，使河姆渡文化变为有地方特点的崧泽文化，再进一步向南影响华南地区，使之在釜、圈足盘的基础上新出豆等陶器和钺、玦等玉石器。当然，长江下游也受到来自长江中游的影响，如北阴阳营文化塞墩类型的印纹白陶、饰网格纹的单耳彩陶杯、圈足盘就属于大溪文化因素。

其他各区域之间也存在比以前更密切的文化交流。如东北地区的筒形罐等因素，见于山东长岛北庄大汶口文化遗存，之字纹甚至见于潍坊地区；而大汶口文化的釜形鼎、鬶、盉、豆、杯等文化因素也大量出现在辽东半岛，使该地区出现小珠山中层文化。

七、小结

公元前 4000 年前后庙底沟时代的这个三层次的文化共同体，已经涵盖了历史上中国的主体区域。与南北边缘地带的釜—圈足盘—豆文化系统和筒形罐文化系统相比，它明显处于强势地位。这个三层次的文化共同体已经基本具备了历史上中国的主要文化特征，也已经迈开了走向文明社会的脚步。

（1）两大农业体系走向成熟

中原北方地区旱作农业和长江流域稻作农业两大体系走向成熟，二者互融互补，为庙底沟时代三层次文化共同体的形成奠定了基础。这主要表现在两个方面：一是石质工具的比例明显增加，石铲普遍，磨制趋于精细，显示农业生产工具显著改进；二是农业文化区域大为扩展，尤其是随着东庄—庙底沟类型的剧烈扩张，粟黍类旱作农业北向扩展至包括锡林郭勒在内的北方半干旱草原区，西向扩展至青海省东部和河西走廊东缘，形成世界上最大的农业文化区。当然两大农业体系之外仍然存在较大范围的狩猎采集经济文化区。

（2）"中国"特色器物繁荣发达

陶器、玉器、漆器和丝织品等"中国"特色器物种类繁多、制作精致，进入第一个繁荣发达时期。作为中国文化象征的陶鼎此时流行于大江南北，长江下游北阴阳营文化—崧泽文化的玉器制作精美，影响广泛，东北地区的玉器也有进一步发展。李济曾在山西夏县西阴村发现经切割的半个蚕茧，后来人们在河南荥阳青台仰韶文化遗存中发现丝织品残迹[1]，看来当时已经出现丝织品。纺轮遍及大江南北。黄河长江流域广见陶铃、口沿外带勾錾的陶鼓，大溪文化有内装石子的空心陶球（响器）。此外，长江流域及以北地区人群普遍带镯，黄河流域人群普遍插笄束发。当然各地器物还是各有特色的。就陶器来说，仰韶文化陶器朴实、厚重、大方，长江流域和黄河下游陶器复杂、细腻、小巧，而东北和华南陶器则颇为古朴。

（3）土木建筑走向成熟

大江南北的半地穴式、干栏式和地面式三类梁架结构房屋更加成熟。尤其仰韶文化庙底沟类型的似宫殿式房屋，规模宏大，装修精美，令人惊叹。大溪文化已经出现中国最早的城垣，以土堆筑，外有城壕，以木桩、芦席等做护坡，已经不像城垣初始的样子。

（4）彩陶和符号的多元一体

这是个彩陶最盛的时期，随着彩陶在各个地区的发展，以前的东西二元彩陶体系已经发生较大变化，仰韶文化、红山文化、大汶口文化、北阴阳营文化—崧泽文化、大溪文化彩陶各擅胜场，异彩纷呈。但仰韶文化东庄—庙底沟类型彩陶黑红搭配、对比鲜明、凝重典雅、大气磅礴，盛行弧线、回旋勾连，活泼灵动、浑然一体，彰显出旺盛的生命力，无疑居于核心地位，对外影响广泛，使得中国彩陶呈现出多元一体的面貌，奠定了后世中国最传统色彩的基调。总体来说，中国彩陶图案以抽象的几何纹饰为主，少见动物人物等具象图案。即如阎村鹳鱼钺图，也只是象征性表现族群冲突和权力，不似同时代西亚埃及彩陶直接描绘胜利者形象和复杂葬仪等。

符号也可作如是观。虽然各地符号不尽相同，但总体都与后世的甲骨文有

---

[1] 郑州市文物考古研究所：《荥阳青台遗址出土纺织物的报告》，《中原文物》1999年3期，第4~9页。

相似之处,如八角星纹、太阳纹等成熟规矩,蕴含深意,影响广泛,及于中国面向海洋的大部地区;一些旋涡纹或类似"太极图"的纹饰,体现出阴阳"太极"理念的萌芽。时人显然已经能够区分数字的奇偶,且可能赋予它们特殊的意义,比如北阴阳营文化的双腹盆一般饰偶数的多边形、多角形纹饰,而石刀则为奇数的三孔或七孔。

(5) 祖先崇拜体系

此时中国大部地区继续维持以祖先崇拜为核心的世俗化的宗教信仰体系。墓葬多为竖穴土坑墓,是为祖先安排的永久地下居所。核心地区的东庄—庙底沟类型的多人二次合葬生死明判、朴实执中,强调家族或氏族;虽然也有鸟、猪、狗等形象的纹饰或器物,但少见陶偶,人物形象罕见,几乎看不出偶像崇拜或者鬼神崇拜的内容,和后世的西周文化气韵相通;而且开始出现专门制作的随葬品——明器,虽然它们小而简陋,形态滞后,但仍表现出当时开始出现追随祖先和"复古"的丧葬思想[1]。周边地区就不见得这样。如红山文化开始有积石冢、祭祀坑、女性雕塑等,继承了先前东北地区常见陶偶的传统,或许仍是沟通天地的原始萨满宗教系统。此外,庙底沟类型有不少鸟纹题材彩陶,包括三足乌、鸟负日等图案,也有鸟形鼎、鸟形器盖等器物,东方诸文化也常见八角形纹以及鸟、日题材,可见庙底沟类型和东方大部地区都有崇拜鸟日的传统。庙底沟时代的宗教崇拜已经较为复杂,尤其东方和长江流域祭享设施规模扩大,显示出一定的宗教权利分化。

(6) 文明起源与三种模式

庙底沟时代是社会开始走向分化的时代,稍后铜石并用时代的社会变革和复杂化趋势都于此开端[2]。核心区附近的河南灵宝西坡、陕西白水下河、陕西华县泉护遗址已经出现200~500平方米的大型"宫殿式"房屋;出现作为专门武器的穿孔石钺,或许已经具有军权杀伐的象征意义[3];出现乱葬坑,暗示战争在社会中的地位越来越重要。这些均表明社会已经复杂到相当程度,已经站在了文明社会的门槛。但墓葬多无或仅有少量随葬品,表现出生死有别、质朴执中的

---

[1] 巫鸿:《中国艺术和视觉文化中的"复古"模式》,《时空中的美术——巫鸿中国美术史文编二集》,三联书店,2009年,第3~30页。

[2] 苏秉琦曾指出,距今6 000年是"从氏族向国家发展的转折点"。苏秉琦:《迎接中国考古学的新世纪》,《华人·龙的传人·中国人——考古寻根记》,辽宁大学出版社,1994年,第238页。

[3] 西周时虢季子白盘铭云:"锡用弓,彤矢其央;锡用戉(钺),用征蛮方。"《尚书·牧誓》:"(武)王左杖黄钺,右秉白旄以麾。"吴其昌、林沄认为"王"字本象斧钺之形。见林沄:《说"王"》,《考古》1965年6期,第311~312页。

习俗,其贫富分化、社会地位分化和手工业分化还比较有限。但东部诸文化——大汶口文化、崧泽文化、北阴阳营文化等,已经出现随葬百余件器物和大量玉器的富贵墓葬,富贵墓区和贫贱墓区明显分野,家族地位颇为凸显,显示其社会复杂程度比中原核心区有过之而无不及。这些文化的较大墓葬随葬较多随身用品和成组陶器,有的里面还盛放猪、牛骨等,表现出富贵并重、奢侈浪费的特点。玉石器的制作已有明显的专业化趋势。但归根结底,这些文化的迅猛发展离不开仰韶文化东庄—庙底沟类型的启发。而北方地区的仰韶文化白泥窑子类型不但看不出贫富分化,而且社会地位分化也很不明显。

这样看来,早在庙底沟时代,中国大部地区就已经初具社会分化、家族凸显、男权军权凸显等一般趋势,又初步形成社会发展的三种不同模式,开启了早期中国文明起源的先河。我们可将这三种不同模式分别称之为"中原模式"、"东方模式"和"北方模式"[1]。当然这些不同模式的形成与各地自然资源和财富积累的程度有关,实际是适应不同自然环境的结果。这种社会发展的一般趋势和不同模式,是早期中国文化有中心的多元一体特点的又一种体现方式,是中国文明发展具有无穷活力而从不间断的根源所在[2]。其中"中原模式"生死有度、重贵轻富、井然有礼、朴实执中的特点,实际上成为后世中国文明的核心特质。

(7) 文化意义上早期中国的正式形成

庙底沟时代的这个三层次的文化共同体,与商代政治地理的三层次结构竟有惊人的相似之处[3]。该共同体无论在地理还是文化意义上,都为夏商乃至于秦汉以后的中国奠定了基础,因此可称之为"早期中国文化圈",或者文化意义上的"早期中国",简称"早期中国"。

前文述及,张光直、苏秉琦和严文明曾先后分别提出"中国相互作用圈"、共识的"中国"、"重瓣花朵式"格局的史前中国等概念,其内涵和本书所说文化意义上的"早期中国"近同。仔细来看,张光直具体指出"中国相互作用圈"大致形成于公元前 4000 年,只是当时他并未意识到中原文化的核心地位和"中国相互作用圈"的层次结构;他所谓"中国相互作用圈"只是在历史上中国这个地盘上互有联系的一系列文化构成的圈子。苏秉琦提出,"五帝时代"由于各大文化区系交流和彼此认同而形成共识的"中国",其含义和"中国相互作用圈"基本相

---

[1] 韩建业:《略论中国铜石并用时代社会发展的一般趋势和不同模式》,《古代文明》(第 2 卷),2003 年 6 月,第 84~96 页。

[2] 严文明:《中国史前文化的统一性与多样性》,《文物》1987 年 3 期,第 38~50 页。

[3] 宋新潮:《殷商文化区域研究》,陕西人民出版社,1991 年。

同。而严文明提出的"重瓣花朵式"格局则有主有次,"花心"就是中原这个核心,相当于本书早期中国的第一个层次;"重瓣"就是与中原亲疏差等、分层联系的周围文化:紧靠"花心"的第一层瓣相当于本书早期中国的第二个层次,第二层瓣相当于本书早期中国的第三个层次。只是他没有明确指出这个"重瓣花朵式"格局的形成时间。

人们不禁会问:在公元前4000年前后的庙底沟时代,如何会形成范围如此广大的早期中国?强势的核心区是用什么样的方式使其文化因素渗透到周围地区,使其认知成为周围广大地区的主体认知?或许战争和人群外迁在其中起到了重要作用,但此后这种认同趋势得以延续达六七百年之久,显然与中原核心区令人仰慕的文化特质和足以服人的文化策略有关。"中原模式"稳定内敛、重贵轻富、井然有礼、朴实执中的特质,决定了其社会政治的本质特点在于协调稳定内部秩序,礼制应当在这时才真正出现;决定了其社会管理基于基本的血缘关系,空间上由近及远,按照不同层次实行不同的管理方式,尊重各地区的不同文化,形成一种有着超稳定结构的文化或政治共同体,最初期的"朝贡体系"或许已经萌芽;决定了其主张"王权"而非"霸权",主要依靠优秀文化的辐射影响而非军事经济干预。

第四章　早期中国的古国时代

（公元前3500~前1800年）

一、仰韶后期：分化与整合

大约公元前3500年中国大部地区进入铜石并用时代早期,也就是仰韶文化半坡晚期—庙底沟二期类型时期[1]。这时形势逆转,早期中国文化圈各地文化的地方性特征大为增强,文化分化趋势显著,文化间交流碰撞的激烈程度前所未见。仰韶文化所代表的中原文化的势力减弱,接受周围地区,尤其是偏东部地区文化影响的程度明显加大(表五)。究其原因,与中原文化逐渐进入一个相对低谷的时期,中原腹地核心文化地位的逐渐丧失有直接关系。对中原地区的人们来说,外来文化因素的大量涌入自然意味着被动与痛苦,但经过磨难与奋争之后,日益增强的外来影响反而逐渐转化为新的能量源泉,新的文化整合过程其实已经开始。虽然总体是趋于分化的时期,但以前"早期中国"的基础还得以维系,而且在西部地区还有显著扩展,并仍与东北亚地区的筒形罐文化系统、华南地区的釜—圈足盘文化系统在边缘地带互有交错。另一方面,此时也是社会分化显著加强的时候,社会冲突不断,急剧复杂化,普遍开始了走向文明社会的步伐,已基本进入初期文明社会阶段。旧秩序遭到破坏,新秩序正在建立,分化和整合趋势同时并存成为当时最大的特点。

（一）以黄河上中游为主体

此时早期中国的核心区相对衰落,主体区即除核心区之外的仰韶文化分布

---

[1] 严文明:《论中国的铜石并用时代》,《史前研究》1984年1期,第36~44页;严文明:《中国新石器时代聚落形态的考察》,《庆祝苏秉琦考古五十五年论文集》,文物出版社,1989年,第24~37页。

表五　中国铜石并用时代早期的文化区系（公元前3500～前2500年）

		前段（公元前3500～前3000年）	后段（公元前3000～前2500年）
早期中国文化圈	黄河上中游、长江上游、青藏高原东部	罐—钵—盆—瓶文化系统（仰韶文化三期，马家窑文化石岭下类型期，哨棚嘴二期文化，桂圆桥类遗存，卡若文化）	罐—钵—盆—瓶文化系统（仰韶文化四期，马家窑文化马家窑类型期，哨棚嘴二期文化，桂圆桥类遗存，卡若文化）
	长江中下游、黄河下游	鼎—豆—壶—杯文化系统（大汶口文化中期，大溪文化四期，薛家岗文化，崧泽文化晚期—良渚文化早期）	鼎—豆—壶—杯文化系统（大汶口文化晚期，屈家岭文化，良渚文化中期，樊城堆文化，石峡文化，牛鼻山文化，昙石山文化）
	东北南部和西部	筒形罐—彩陶罐—钵文化系统（红山文化晚期，哈民忙哈文化，雪山一期文化，小珠山中层文化）	筒形罐—彩陶罐—钵文化系统（雪山一期文化，南宝力皋吐文化，偏堡子文化）
早期中国外缘区	华南、西南局部	釜—圈足盘—豆文化系统（大帽山文化、大坌坑文化）	釜—圈足盘—豆文化系统（大帽山文化、大坌坑文化）
	东北东部	筒形罐文化系统（左家山上层文化、莺歌岭下层文化）	筒形罐文化系统（小拉哈一期文化、左家山上层文化、莺歌岭下层文化）
	其他地区	中石器时代文化	中石器时代文化

区分化严重，除关中地区外，其他地区的地方性特点越来越浓厚，但多数都还可以囊括在仰韶文化当中。至于甘青地区文化已经分化变异为马家窑文化，并影响长江上游、青藏高原东部而形成哨棚嘴二期文化、卡若文化等，总体属于罐—钵—盆—瓶文化系统。

1. 晋南豫西地区文化的相对衰落

仰韶文化西王类型

大约公元前3500年，中原核心区的仰韶文化庙底沟类型转变为西王类型，以山西芮城西王村 H4[1]、河南灵宝西坡 H143[2]、M27[3] 等遗存为代表。其主要陶器与庙底沟类型一脉相承：双唇口小口尖底瓶的双唇渐次退化变为喇叭口，瓶底越来越钝；深腹罐、瓮日渐瘦长，肩腹常箍数周附加堆纹；盆、钵口部近

---

[1] 中国科学院考古研究所山西工作队：《山西芮城东庄村和西王村遗址的发掘》，《考古学报》1973年1期，第1～63页。

[2] 河南省文物考古研究所、中国社会科学院考古研究所河南一队等：《河南灵宝西坡遗址105号仰韶文化房址》，《文物》2003年8期，第4～17页。

[3] 中国社会科学院考古研究所、河南省文物考古研究所：《灵宝西坡墓地》，文物出版社，2010年。

折;新出双腹盆、带流罐、釜形附加堆纹足鼎等。篮纹增加而绳纹减少,灰黑陶增加而彩陶大为衰落,以红色网纹、爪形纹、重鳞纹等为主,仍有圆点、勾叶、三角纹彩陶的影子。西王类型可谓是庙底沟类型最坚定的继承者。当然它的器物群中也可见到来自东部地区的影响,如敛口折盘豆、敞口双腹豆、背壶、高领壶等应与来自大汶口文化的影响有关,重鳞纹当为红山文化因素,折肩罐、高领罐、彩陶碗等为秦王寨类型因素,而带流器最早的源头在长江下游。钺、大口缸当然可以是继承庙底沟类型而来的,也不排除受到长江下游地区文化的影响。特别值得注意的是,西王类型的范围实际已扩展至洛阳盆地西缘,包括河南渑池仰韶二期[1]、新安马河仰韶文化一、二期等[2],只是其中的秦王寨类型因素稍多一些。

成人墓葬仍为长方形竖穴土坑墓,葬式以仰身直肢葬为主,此前的多人二次合葬墓已经消失。墓葬分化明显。最引人注目的是灵宝西坡墓地,所有墓葬都有二层台,整体较大,大型墓墓口面积达 12~17 平方米,墓室以木板封盖,特设脚坑,随葬精美玉钺以及成对大口缸、篮形器等陶器,彰显出墓主人的崇高地位;但随葬品最多一墓不过 10 余件,且多为粗陋明器,显示出生死有度、重贵轻富、井然有礼、朴实执中的特点(图三五)[3]。和周围地区相比,社会复杂化程度较低,说明中原核心区已经变得相对衰弱。一般墓地墓葬基本不见二层台,多为大小仅可容身的墓口面积 1 平方米左右的小墓,罕见随葬品。

生产工具情况基本同于庙底沟类型,农业收割工具常见单孔石刀、侧缺口陶刀。经济方式也应与庙底沟类型基本相同。垣曲上亳遗址发现建筑用长方形带把手的陶抹子,是为最早的建筑装修工具之一。

仰韶文化庙底沟二期类型

约公元前 3000 年,西王类型发展为庙底沟二期类型,并以山西垣曲古城东关"庙底沟二期文化遗存"早期[4]、河津固镇第二、三期[5],河南陕县庙底沟二期、渑池仰韶三期遗存为代表,其陶器绝大部分都与西王类型有继承关系,只是在形态上小有区别,如深腹罐更趋瘦直、附加堆纹更多,鼎为附加堆纹足盆形鼎,

---

[1] 河南省文物研究所等:《渑池仰韶遗址 1980~1981 年发掘报告》,《史前研究》1985 年 3 期,第 38~58 页。

[2] 河南省文物管理局、河南省文物考古研究所:《黄河小浪底水库考古报告(一)》,中州古籍出版社,1999 年,第 225~272 页。

[3] 韩建业:《西坡墓葬与"中原模式"》,《仰韶和她的时代——纪念仰韶文化发现 90 周年国际学术研讨会论文集》,文物出版社,2014 年,第 153~164 页。

[4] 中国历史博物馆考古部、山西省考古研究所等:《垣曲古城东关》,科学出版社,2001 年。

[5] 山西省考古研究所:《山西河津固镇遗址发掘报告》,《三晋考古》第二辑,山西人民出版社,1996 年,第 63~126 页。

·110· 早期中国

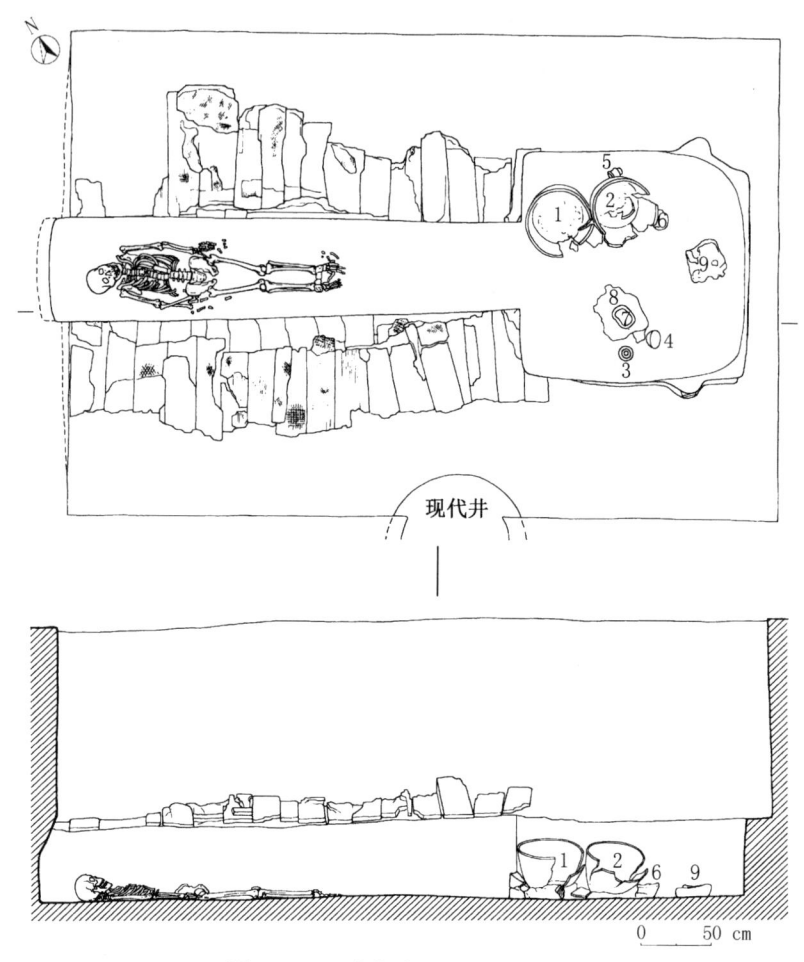

现代井

0 50 cm

图三五　西坡墓地 M27 平、剖面图

1、2. 陶大口缸　3. 陶壶　4. 陶钵　5、6、9. 陶簋形器　7. 陶釜　8. 陶灶

小口尖底瓶领由弧变直、底更钝，在小口尖底瓶基础上发展出小口平底瓶，进一步发展为小口高领罐。新出的最引人注意的陶器为釜形斝——被认为是受到来自豫中地区鬶的启发而产生的（图三六）[1]，其余少量彩陶薄胎斜腹杯、盂形杯、宽沿直腹杯、高颈壶以及彩陶侈口罐等陶器也都是从豫中或通过豫中传播而来的。此外，宽沿直腹杯、觚形杯、高颈壶、高领折肩尊、钝尖底陶尊

---

[1] 卜工：《庙底沟二期文化的几个问题》，《文物》1990 年 2 期，第 38～47 页；陈冰白：《新石器时代空足三足器源流新探》，《中国考古学会第八次年会论文集》(1991)，文物出版社，1996 年，第 84～101 页；张忠培：《黄河流域空三足器的兴起》，《华夏考古》1997 年 1 期，第 30～48 页。

（缸）等当为大汶口文化因素，盂形矮圈足杯和高柄杯、彩陶斜腹杯、双腹豆等当为屈家岭文化因素。东关还发现琮形残器（ⅡH22:72），或许与良渚文化早期的影响有关。

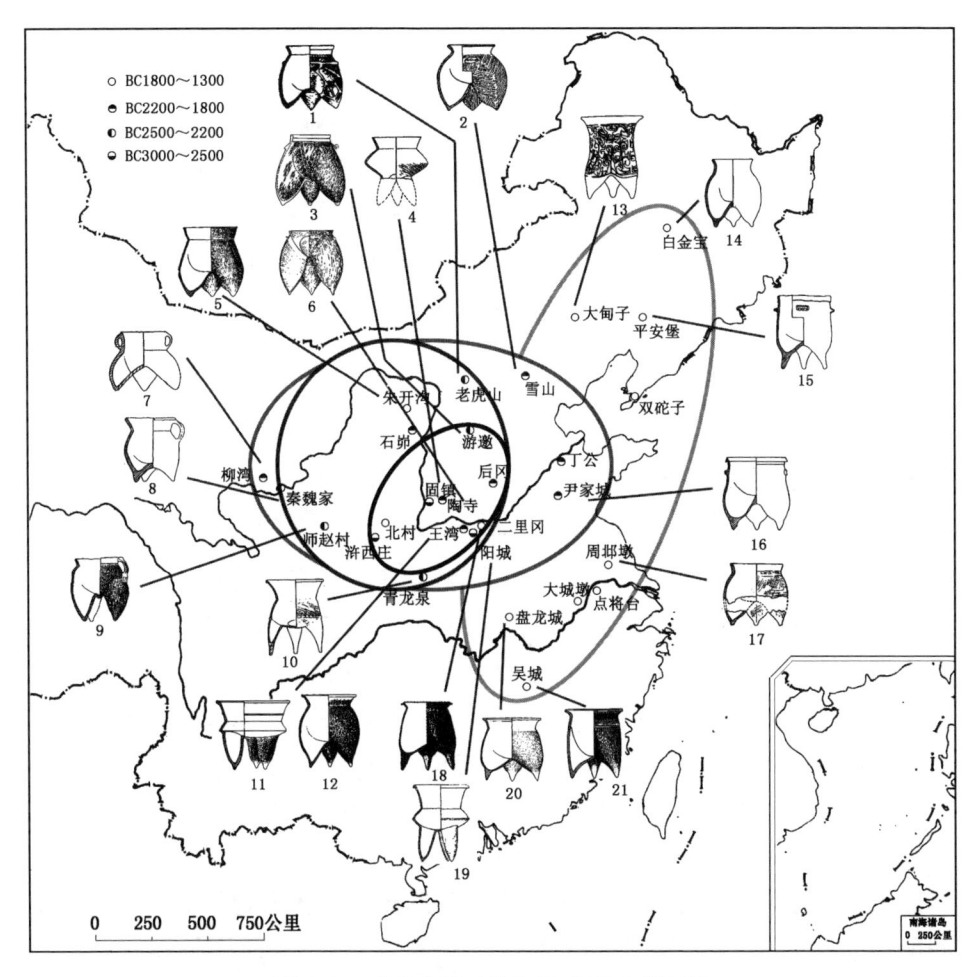

图三六　商代晚期以前陶斝、鬲的空间拓展

1. 老虎山 F27:1　2. 雪山 H66:7　3. 游邀 H248:1　4. 固镇 H2:1　5. 朱开沟 W2004:2　6. 陶寺Ⅲ H303:12　7. 柳湾 M1103:13　8. 秦魏家 M36:1　9. 师赵村 T317②:10　10. 青龙泉 T2⑤C:6　11、12. 王湾 T58④:1、H166:158　13. 大甸子 M726:17　14. 白金宝 F3028:3　15. 平安堡 H1012:1　16. 尹家城 H728:1　17. 周邺墩 H10:25　18. 二里冈 H17:119　19. 阳城 YT39H29:9　20. 盘龙城 PYWT23④:1　21. 吴城 1974 秋 QSWT7⑤:2

房屋仅见小型圆形半地穴式建筑，有白灰地面和墙裙。墓葬发现较少，庙底沟遗址均为小型的长方形竖穴土坑墓，一般无随葬品，仅个别随葬一件小陶杯。房屋和墓葬均体现出中原核心区朴实执中的特点，但也可能是其发展处于低谷阶段的表现，不过应当还有更高规格的遗迹没有发现。陶窑为顶部内收的竖穴式窑,陶器多为灰陶,且火候提高。生产工具和经济形态以及装饰品等都应当和西王类型近同。

2. 关中地区文化的稳定发展

仰韶文化半坡晚期类型

公元前 3500 年以后受周围文化影响最小的地区是关中,其仰韶文化泉护类型稳定发展为半坡晚期类型,并以西安半坡晚期、宝鸡福临堡三期遗存为代表。陶器向灰黑化发展,平唇或喇叭口钝底尖底瓶、浅腹盘(常为双腹)、宽沿浅腹或深腹盆、双錾敛口或敞口深腹盆、敛口平底钵或碗、大口深腹罐、高领罐(高颈壶)、敛口瓮、釜灶等绝大部分陶器都是继承泉护类型而来的,新出少量钵形甑、带流盆或带流罐,新见少量白彩以及拍印的篮纹和方格纹,这应当与其和西王类型的交流有关。渭河中游福临堡等处发现有弧线涡纹壶,可能为石岭下类型因素。半坡晚期类型的南界已达重庆北部忠县一带[1]。

这一时期聚落的分化明显起来,最大的案板遗址的面积达 70 万平方米。它的房屋多为圆角方形或长方形半地穴式建筑,绝大多数为中小型,也有案板 F3 那样达 165 平方米的前廊后堂大型地面式房屋,其附近灰坑中有和大地湾一样的陶簸箕形器,以及涂朱的猪下颌骨、用植物编织物包裹的猪头骨、8 件陶塑人像,可能与某种祭祀行为有关。泾河流域的南佐遗址发现前厅后堂式大型夯土墙地面式建筑,面积达 680 平方米,墙壁和地面抹白灰,室外有经烧烤的散水[2]。附近其他的夯土地面式建筑也较为讲究。南佐"殿堂"式建筑的出现,表明泾河流域聚落和社会分化显著,已经走向文明社会。而泾河流域的阳坬遗址则为狭小的半地穴式和窑洞式房屋[3],这也是西北地区最早的窑洞式建筑。墓葬仍主要为长方形竖穴土坑墓,绝大多数仰身直肢,罕见随葬品。阳坬遗址有的墓葬随葬猪下颌骨,还发现一特殊的圆形三人合葬坑中随葬整猪的现象。

半坡晚期类型的生产工具和经济形态大体同于泉护类型,作为收割工具的刀(爪镰)绝大多数仍为陶质,但石刀的数量略有增加,表明谷物收割效率有所提高。

---

[1] 以忠县哨棚嘴一期早段遗存为代表。见北京大学考古学研究中心等:《忠县哨棚嘴遗址发掘报告》,《重庆库区考古报告集 1999 卷》,科学出版社,2006 年,第 530~643 页。

[2] 赵雪野:《西峰市南佐疙瘩渠仰韶文化大型建筑遗址》,《中国考古学年鉴》(1995),文物出版社,1997 年,第 251~252 页;赵雪野:《西峰市南佐新石器时代遗址》,《中国考古学年鉴》(1997),文物出版社,1999 年,第 233~234 页。

[3] 庆阳地区博物馆:《甘肃宁县阳坬遗址试掘简报》,《考古》1983 年 10 期,第 869~876 页。

仰韶文化泉护二期类型

约公元前3000年,半坡晚期类型发展为泉护二期类型,以《华县泉护村》所分的泉护第二、三期为代表,还包括扶风案板三期、武功浒西庄二期和赵家来早期[1]等。它的基本器类与半坡晚期类型一脉相承,篮纹和附加堆纹盛行,新出斝、盉等三足器和盆形擂钵,常见鼎,这些都应当是受到庙底沟二期类型影响的结果,此外,还有扁腹红彩壶、大圈足盘、圈足碗、敞口圈足(假圈足)杯等早期屈家岭文化或秦王寨类型的因素。在泉护遗址还明确出现快轮拉坯制作的陶器,这种先进的制陶技术当为从东方传入。此外,在陇东泾河上游还有以镇原常山下层遗存为代表的常山类型[2],除缺乏三足器外,其总体情况和泉护二期类型近似。汉中地区西乡李家村、南郑龙岗寺"龙山文化遗存",有折肩罐、绳纹深腹罐、豆等,也和泉护二期类型近似,复杂的压印纹很有特色。

房屋为半地穴式或窑洞式,多在地面和墙壁敷设白灰面,有的上面还画有红线,有的火塘周围涂画红、黑色彩圈,这种用彩色线条装饰室内的做法主要从这个时候逐渐多起来,大约与洁净的白灰面的开始流行有关。墓葬仍流行长方形竖穴土坑墓,大小多仅能容身;绝大多数仰身直肢,罕见随葬品,骨架多有缺肢现象。

生产工具和经济形态基本同前。下魏洛、案板等遗址发现集中的陶窑区,陶窑仍为横穴式,向上逐渐内收呈馒头形,还发现火膛顶部的封泥痕迹,表明已出现上部封口的还原气氛陶窑。

3. 北方地区的文化变异

仰韶文化海生不浪类型和义井类型

早在庙底沟时代末期,北方地区就出现内蒙古凉城红台坡上G1和王墓山坡中一类海生不浪类型初期遗存[3],它是在白泥窑子类型的基础上,受到东部文化深刻影响而形成的:绳纹罐、素面罐、钵、盆等陶器继承了白泥窑子类型传统,筒形罐来自红山文化,小口双耳鼓腹罐是雪山一期文化小口双耳高领罐的变体,深折腹钵则与仰韶文化大司空类型者近似。就彩陶来说,黑、紫红、褐色相间的复彩为新出,相对双勾纹、鳞纹、棋盘格纹等来自红山文化,对顶三角形、对顶

---

[1] 中国社会科学院考古研究所:《武功发掘报告——浒西庄与赵家来遗址》,文物出版社,1988年。

[2] 中国社会科学院考古研究所泾渭工作队:《陇东镇原常山遗址发掘简报》,《考古》1981年3期,第201~210页。

[3] 内蒙古文物考古研究所等:《岱海考古(三)——仰韶文化遗址发掘报告集》,科学出版社,2003年。

菱形与菱形网纹则应来自雪山一期文化。另外,王墓山坡中遗存还发现典型的红山文化系统的圆角方形的岫玉璧,红台坡上发现打磨过的岫玉料,表明有红山文化工匠携带玉料到达岱海地区。

至约公元前 3500 年,海生不浪类型已经分布于内蒙古中南部和陕北大部地区,以内蒙古托克托海生不浪[1]、察右前旗庙子沟[2]、凉城王墓山坡上[3]遗存为代表。总体是在初期基础上的继续发展,如小口鼓腹罐中腹从方折向圆鼓再向微折发展,彩陶渐趋衰减而篮纹逐渐增加。另外,准格尔白草塔遗址饰四组大圆形图案的彩陶盆应当为马家窑文化石岭下类型的因素[4]。该类型也存在地方性差异,最明显的是喇叭口小口尖底瓶流行于鄂尔多斯黄河两岸地区,却不见于岱海—黄旗海地区。而此时晋中北地区已经是义井类型,以山西太原义井 T1⑥[5]、太谷白燕 H99[6]和汾阳杏花村 H11[7]为代表。陶器总体上是在白泥窑子类型基础上的继续发展,变异程度远小于海生不浪类型,但垂带纹、蝶须纹、网纹、棋盘格纹、对角三角纹等彩陶仍体现出来自大司空类型和雪山一期文化的影响。

海生不浪类型存在多个聚落群。王墓山坡上、庙子沟等聚落的房屋为长方形半地穴式,室内有单或双灶,居住面多用白黏土铺垫,有的还带长方形门斗。房屋成群分布,可能是家族组织凸显的反映,在大小、功能上均没有明显区别,反映的应当是一个基本平等的社会场景。其中房屋带门斗的特征可能来自马家窑文化石岭下类型。义井类型的白燕等聚落出现窑洞式建筑——这是中国最早出现的窑洞式建筑之一,居住面在草拌泥上抹白灰。庙子沟聚落有宽短的长方形竖穴土坑墓,见单人葬、双人或多人合葬等形式,墓主人多侧身屈肢,随葬品一般有数件到 10 余件不等。其中屈肢葬习俗应为受到雪山一期文化影响的结果。

生产工具和经济形态大体同前。王墓山坡上、庙子沟遗址的细石器镞、刮削器和复合工具骨梗石刃刀等突然增多,表明狩猎采集经济的比重有所增加。

---

[1] 北京大学考古系、内蒙古文物考古研究所等:《内蒙古托克托县海生不浪遗址发掘报告》,《考古学研究》(三),科学出版社,1997 年,第 196~239 页。

[2] 内蒙古文物考古研究所:《庙子沟与大坝沟》,中国大百科全书出版社,2003 年。

[3] 内蒙古文物考古研究所、日本京都中国考古学研究会岱海地区考察队:《王墓山坡上遗址发掘报告》,《岱海考古(二)——中日岱海地区考察研究报告集》,科学出版社,2001 年,第 146~205 页。

[4] 内蒙古文物考古研究所:《准格尔旗白草塔遗址》,《内蒙古文物考古文集》(第 1 辑),中国大百科全书出版社,1994 年,第 183~204 页。

[5] 山西省文物管理委员会:《太原义井村遗址清理简报》,《考古》1961 年 4 期,第 203~206 页。

[6] 晋中考古队:《山西太谷白燕遗址第一地点发掘简报》,《文物》1989 年 3 期,第 1~21 页;晋中考古队:《山西太谷白燕遗址第二、三、四地点发掘简报》,《文物》1989 年 3 期,第 22~34 页。

[7] 国家文物局、山西省考古研究所、吉林大学考古学系:《晋中考古》,文物出版社,1999 年。

仰韶文化阿善三期类型和白燕类型

约公元前3000年,北方地区文化在原有基础上稳定发展,海生不浪类型转变为阿善三期类型,义井类型转变为白燕类型。前者以内蒙古包头阿善三期[1]、准格尔小沙湾遗存[2]以及陕西绥德小官道遗存为代表[3],后者以白燕H538和F2为代表。各类罐、瓮、盆、钵和直壁缸、豆、钵形甑等陶器都是此前基础上的进一步发展,只是阿善三期类型有喇叭口或浅杯形口小口尖底瓶,是当地传统的延续,白燕类型还有少量盆形鼎、折腹斝、釜灶、釜、素面高领折肩壶等,显然是其接近晋南、受庙底沟二期类型影响的结果。阿善三期类型的准格尔白草塔遗址还发现牛骨卜骨。

阿善三期类型出现许多"石城"聚落,包括准格尔地区的白草塔、小沙湾、寨子塔、马路塔、寨子圪旦、阿善、西园、莎木佳、黑麻板、威俊,陕北的石摞摞山、后寨子峁等。这些聚落多分布在地势险峻之处,流行在聚落主体周围环绕石墙,内有"祭坛"和"大房子"等大型公共场所、有石墙房屋等。石围墙或者"石城"能够加强聚落防御,而"祭坛"和"大房子"则是维系血缘亲情、加强聚落团结的有效设施。房屋有较明显的大小区别,表明社会可能存在一定程度的贫富分化。这些均可能植根于人群之间空前紧张的相互关系。此外,陕北还有窑洞式房屋,有的房屋居住面和墙裙抹白灰,有的房屋穴壁下部表面画有红色平行线条,有的火塘周围绘一周黑色彩带。白燕类型的房屋基本都是窑洞式的。两个类型的墓葬一般为简陋的长方形竖穴土坑墓,葬式为仰身直肢葬。生产工具和经济形态等与前无明显变化。

4. 河南中南部的文化变异

仰韶文化秦王寨类型和八里岗类型

由于受东方和南方文化的强烈影响,河南中南部于庙底沟时代末期已经开始文化变异的过程,至公元前3500年以后这一过程变得更加显著起来,河南中部仰韶文化阎村类型转变为秦王寨类型,以河南郑州大河村三期和洛阳王湾二期一、二段[4]遗存为代表;河南南部仰韶文化下王岗类型转变为八里岗类型,以

---

[1] 内蒙古社会科学院蒙古史研究所、包头市文物管理所:《内蒙古包头市阿善遗址发掘简报》,《考古》1984年2期,第97~108页。

[2] 内蒙古文物考古研究所:《准格尔旗小沙湾遗址及石棺墓地》,《内蒙古文物考古文集》(第1辑),中国大百科全书出版社,1994年,第225~234页。

[3] 陕西省考古研究所陕北考古队:《陕西绥德小官道龙山文化遗址的发掘》,《考古与文物》1983年5期,第10~19页。

[4] 严文明:《从王湾看仰韶》,《仰韶文化研究》,文物出版社,1989年,第1~20页;北京大学考古文博学院:《洛阳王湾——田野考古发掘报告》,北京大学出版社,2002年。

河南邓州八里岗仰韶晚期[1]、淅川下王岗仰韶三期遗存为代表。至于此前属于仰韶文化的鄂北随枣走廊一带已经基本属于大溪文化的范围。

秦王寨类型和八里岗类型总体比较相似,都以继承当地仰韶文化而来的陶器占据主体,如鼎、深腹罐、盆、钵、瓮、高领罐、小口尖底瓶、大口尖底瓶等陶器,以及彩陶中的勾叶、圆点、三角纹及其变体。其中圆肩大腹的素面高领罐,与中原以西地区由小口尖底瓶演变而来的高领罐形似而神异。但它们的器物群中也出现了很多深受东方和南方文化影响的因素:细颈壶、双连壶、大口鼓肩罐以及彩陶中的六角星纹、圆圈纹,体现出来自大汶口文化的影响;曲腹杯、圈足碗、矮圈足壶、矮圈足敛口杯和刻划纹陶球,体现出来自大溪文化油子岭类型的影响;肩腹有转折的壶体现出来自崧泽文化的影响;镂孔圈足豆属于偏东大部地区文化共见因素;其他如带流罐以及睫毛纹、X 纹、S 纹彩陶等则为新出。秦王寨类型和八里岗类型的区别,主要表现在前者罐多折肩,鼎多折腹,钵多深曲腹,常见饰横带网格纹的彩陶罐,有更多大汶口文化因素;而八里岗类型罐、鼎、钵多圆肩弧腹,常见高领壶形鼎、曲腹杯,有更多大溪文化因素。

秦王寨类型出现郑州西山古城——这也是中原地区发现的年代最早的城址,平面近圆形,面积约 3.5 万平方米,城墙分段夯筑,有城壕和城门,城内有大型夯土建筑,有杀婴奠基的习俗[2]。该城的出现应当首先出于军事防御的目的,或许是中原地区对抗东方人群的重要设施[3],也是向文明社会迈进的标志之一。很多聚落发现成排的有木骨泥墙的地面式房屋,有的数间,有的 10 余间甚至 20 余间。如大河村每排三四间的房屋,房屋之间有主次之分,房屋门向也不见得完全一致;每排很可能属于一个家族所有,那么整个聚落就是若干个家族组成的家族公社[4]。如下王岗每排 20 余间者,由若干双间套房和单间房组成,每个双间套房可能就是一个小家族,整排房屋或许就是一个大家族或家族公社了。家族组织的凸显是这个时代的大事。

成人墓葬多为竖穴土坑墓,一般鲜见随葬品。河南伊川伊阙城发现数座带二层台(甚至三层台)的长方形竖穴土坑大墓,有棺有椁,墓口面积 6~11 平方

---

[1] 樊力:《豫西南地区新石器文化的发展序列及其与邻近地区的关系》,《考古学报》2000 年 2 期,第 147~182 页。
[2] 国家文物局考古领队培训班:《郑州西山仰韶时代城址的发掘》,《文物》1999 年 7 期,第 4~15 页。
[3] 韩建业:《西山古城兴废缘由试探》,《中原文物》1996 年 3 期,第 59~62 页。
[4] 严文明:《仰韶房屋和聚落形态研究》,《仰韶文化研究》,文物出版社,1989 年,第 180~242 页。

米;但每墓仅有一两件随葬品,包括石钺或钺形器、玉璜、陶罐、陶钵等[1]。宏大的墓穴和二层台显示出墓主人具有较高的社会地位,但总体质朴执中,和灵宝西坡墓葬近似。

生产工具和经济形态基本同前,仍为旱作农业和稻作农业共存的局面。值得注意的是,这时多见两侧带缺口的较粗糙的石刀,而此前流行磨制穿孔石刀。

仰韶文化谷水河类型

约公元前3000年,河南中部的秦王寨类型稳定发展为谷水河类型,而豫南大部地区已经属于屈家岭文化的天下了。谷水河类型以河南禹州谷水河三期[2]、登封阳城"龙山文化早期"[3]、郑州大河村四期、孟津妯娌二、三期[4]遗存为代表。主体陶器与前一脉相承,罐类上腹略鼓,白衣彩陶基本消失而留下少量红衣彩陶;新出斝,篮纹、附加堆纹比例显著增加,显示出庙底沟二期类型影响的增强。直腹鼎、背壶、圈足尊等为大汶口文化因素,双腹豆、盂形杯等为屈家岭文化因素,重鳞纹为红山文化因素,个别石璧、玉镯、玉璜等为崧泽文化—良渚文化因素。另外,妯娌遗址个别大口曲腹的所谓铙形器很有特色。

谷水河类型早段郑州西山古城还在沿用。偏东的郑州地区聚落多为成排的有木骨泥墙的地面式房屋,而偏西的洛阳地区则常见圆形半地穴式房屋,有的有白灰面。孟津妯娌遗址还发现石器制作场,包含很多石料、石器半成品和石器。墓葬情况与前相似。孟津妯娌墓地的墓葬排列整齐,均为长方形竖穴土坑墓,少量有二层台和棺,基本都没有随葬品。最大的一座墓墓口面积达20多平方米的墓葬(M50),有二层台,墓室以圆木封盖。墓主人臂带象牙箍,俨然是重要首领人物,但并没有其他随葬品,依然是重贵不重富的特点。大河村遗址有在灰坑中掩埋人骨和猪骨架的现象。生产工具和经济形态基本同前,但带肩石铲显著增加。

5. 太行山以东地区文化的崛起

仰韶文化大司空类型和雪山一期文化

约公元前3500年,太行山以东地区的文化再度崛起,河北南部兴起仰韶文化大司空类型,河北中北部兴起雪山一期文化。

---

[1] 洛阳市第二文物工作队:《河南伊川县伊阙城遗址仰韶文化遗存发掘简报》,《考古》1997年12期,第8~16页。
[2] 河南省博物馆:《河南禹县谷水河遗址发掘简报》,《考古》1979年4期,第300~307页。
[3] 河南省文物研究所、中国历史博物馆考古部:《登封王城岗与阳城》,文物出版社,1989年,第205~210页。
[4] 河南省文物管理局:《黄河小浪底水库考古报告(二)》,中州古籍出版社,2006年,第6~156页。

大司空类型以河南安阳大司空仰韶文化遗存[1]、鲍家堂遗存[2]和新乡洛丝潭一、二期遗存[3]为代表,是在钓鱼台类型基础上发展而来的[4]。陶器以灰色为主,主要陶器为敛口或曲腹钵、彩陶鼓腹盆、鼓肩深腹罐、高领罐、彩陶罐、瓮等,个别彩陶碗、凿形足鼎当为秦王寨类型的因素。纹饰以素面为主,有少量篮纹和花边口沿。彩陶为红或黑彩,最主要的弧边勾叶三角纹和多条竖波纹的组合,显然是在钓鱼台类型彩陶纹饰基础上发展而来的。其他还有蝶须纹、同心圆纹、网格纹、S纹、睫毛纹、飘带纹等,后几种当属于秦王寨类型因素。此外,个别重鳞纹属于红山文化因素。鲍家堂发现窑室上部收缩的馒头形陶窑,以及埋有4头猪骨架的窖穴。

雪山一期文化可分早晚期,早期以河北平山中贾壁遗存为代表[5],晚期以北京昌平雪山一期[6]、河北容城午方第二层[7]、阳原姜家梁墓地[8]为代表。早期的中贾壁遗存的主要陶器为筒形罐、斜腹敛口钵、盆、素面侈口罐、高领罐、壶、甑等,彩陶有横带纹、垂带纹、三角纹、菱形纹、网格纹、逗点纹、宽鳞纹、梯格纹等纹样,尤以菱形纹和网格纹、三角形纹和垂线纹组成的复合图案最为流行。它的主体因素与冀中正定南杨庄类仰韶文化后冈类型接近,但二者间存在较大缺环,至于筒形罐、宽鳞纹等则为红山文化因素。晚期新出折腹盆、平底盆、豆等大汶口文化因素。

雪山一期文化的房屋多为方形半地穴式。姜家梁墓地分区分排埋葬,大约是几个家族组成的家族公社墓地。墓葬多为较宽短的土坑竖穴墓,流行木棺和"熟土二层台",葬式为仰身屈肢,多有数件随葬品。生产工具中细石器镞、双孔石刀等体现出来自红山文化的影响。该文化可能仍以粟黍类旱作农业为主,但

---

[1] 中国科学院考古研究所安阳发掘队:《1958~1959年殷墟发掘简报》,《考古》1961年2期,第63~76页。

[2] 中国社会科学院考古研究所安阳队:《安阳鲍家堂仰韶文化遗址》,《考古学报》1988年2期,第169~188页。

[3] 新乡地区文管会等:《河南新乡县洛丝潭遗址试掘简报》,《考古》1985年2期,第97~107页。

[4] 严文明:《大司空类型彩陶之分析》,《中华文明的始原》,文物出版社,2011年,第127~156页。

[5] 滹沱河考古队:《河北滹沱河流域考古调查与试掘》,《考古》1993年4期,第300~310页。

[6] 《北京大学历史系考古专业四年级在京郊实习发掘到新石器时代至辽代文化遗址》,《光明日报》1964年4月2日。

[7] 河北省文物研究所:《河北容城县午方新石器时代遗址试掘》,《考古学集刊》第5集,中国社会科学出版社,1987年,第61~78页。

[8] 河北省文物研究所:《河北阳原县姜家梁新石器时代遗址的发掘》,《考古》2001年2期,第13~27页。

狩猎采集的比重增加。

仰韶文化台口类型

约公元前3000年，太行山以东地区的文化比较低迷，遗存发现很少。冀中北直至西辽河一带大约仍属于雪山一期文化，而冀南豫北地区则是以河北永年台口一期遗存[1]、辉县孟庄"仰韶文化遗存"[2]为代表的仰韶文化台口类型。陶器流行竖篮纹和附加堆纹，有个别红、褐或黑色网格纹、折线纹彩陶。篮纹花边深腹罐、素面罐、高领罐、双腹盆、杯等主体器类都为继承大司空类型发展而来，豆、圈足尊、高领壶等当为大汶口文化因素。

房屋多为连间长方形地面式，有木骨泥墙或者用土坯砌墙，居住面和墙裙涂抹白灰，有的白灰面上还涂以红色。安阳孝民屯发现陶器制作场、取土坑和保存很好的馒头形陶窑[3]。生产工具为石铲、石斧、陶或蚌刀等，反映该类型的生业模式仍应为粟作农业。

6. 西部地区文化的变异和拓展

马家窑文化石岭下类型

早在泉护类型末段，西部甘青地区的彩陶就已趋于繁复，与关中等地开始分道扬镳。约公元前3500年以后，变异程度更大，终于在有一定地方特点的泉护类型基础上发展为马家窑文化石岭下类型[4]。当然从更宏观的角度着眼，其与仰韶文化半坡晚期类型还是有很多共同点，他们无疑仍属于一个大的文化系统[5]。

石岭下类型主要分布在甘肃省东南部的渭河上游地区，以武山石岭下遗存为代表[6]，包括秦安大地湾仰韶晚期遗存[7]，天水师赵村四期、西山坪四期[8]

---

[1] 河北省文化局文物工作队：《河北永年县台口村遗址发掘简报》，《考古》1962年12期，第635~640页。
[2] 河南省文物考古研究所：《辉县孟庄》，中州古籍出版社，2003年。
[3] 殷墟孝民屯考古队：《河南安阳市孝民屯新石器时代窑址发掘简报》，《考古》2007年10期，第3~13页。
[4] 严文明：《马家窑类型是仰韶文化庙底沟类型在甘肃地区的继续和发展》，《史前考古论集》，科学出版社，1998年，第167~171页；谢端琚：《论石岭下类型的文化性质》，《文物》1981年4期，第21~27页。
[5] 严文明：《甘肃彩陶的源流》，《文物》1978年10期，第62~76页。
[6] 甘肃省文物管理委员会：《甘肃渭河上游渭源、陇西、武山三县考古调查》，《考古通讯》1958年7期，第6~16页。
[7] 甘肃省文物考古研究所：《秦安大地湾——新石器时代遗址发掘报告》，文物出版社，2006年。
[8] 中国社会科学院考古研究所：《师赵村与西山坪》，中国大百科全书出版社，1999年，第50~71、248~253页。

和傅家门"石岭下类型"遗存[1]等。泥质陶仍流行彩陶,主要为黑彩,彩陶纹样为弧线三角纹、圆饼纹、波纹、弧线纹等,其中变体鸟纹、变体蛙纹、二重连续旋纹很具特点,其图案主要是泉护类型彩陶的复杂化和变形化。器物平底或尖底,包括平口直颈平底壶、平口直颈尖底瓶、敛口平底钵、宽折沿深腹盆、敛口弧腹或敞口折腹的盘(盆)、深腹罐、鼓腹彩陶罐、盆形甑等。穿孔石钺增多。傅家门发现带有简单刻符的卜骨,上有烧灼痕迹,是目前中国发现的最早的卜骨(图三七)。

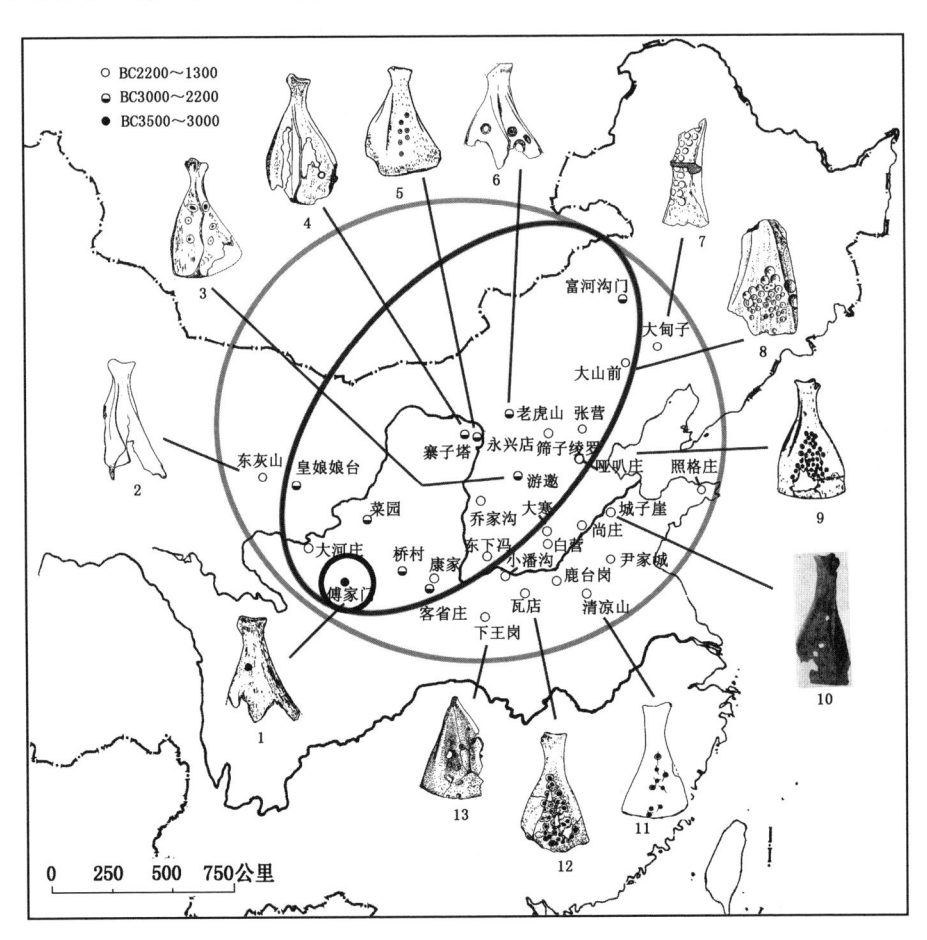

图三七 商代晚期以前卜骨的分布

1. 傅家门92KWF25H1:25 2. 东灰山022 3. 游邀 H194:6 4. 寨子塔 H47:9 5. 永兴店 H31:12 6. 老虎山 T510④:4 7. 大甸子 T5A:2 8. 大山前 96KDIH145②:1 9. 哑叭庄 H106:2 10. 尚庄 H75:63 11. 清凉山 H18:5 12. 瓦店ⅤT1H17:3 13. 下王岗 T15③:42

---

[1] 中国社会科学院考古研究所甘青工作队:《甘肃武山傅家门史前文化遗址发掘简报》,《考古》1995年4期,第289~296页;中国社会科学院考古研究所甘青工作队:《武山傅家门遗址的发掘与研究》,《考古学集刊》第16集,科学出版社,2006年,第380~454页。

石岭下类型明确出现聚落群,而且聚落之间和聚落内部的分化颇为严重。以中心聚落大地湾乙址为例,面积达 50 万平方米。聚落内有的房屋面积甚大且颇为特殊,如平地起建的 F405,建筑面积 270、室内面积 150 平方米,有檐廊、散水残迹,室内地面、墙壁、柱面、灶面均抹草拌泥再上敷白灰面,其西侧出有大理石权杖头。F411 为带门斗的横长方形地面式建筑,灶后用黑色颜料绘有人物和动物地画,发掘者认为属于家庭的"祖神"崇拜,也有学者认为与巫术仪式有关[1]。最引人注意的当属 F901,该房主要由主室、后室和东西侧室组成,主室前面还有以成排青石为柱础的附属建筑和宽阔的场地;主室面积 131 平方米,中央有直径约 2.5 米的地面式灶,室内中部偏后有两个直径近 1 米、底垫青石柱础的顶梁柱;地面以黄土、红烧土、人造轻骨料层层铺垫,最上面还敷设性状和现代水泥相若的以料姜石为主的粉浆。这座房屋占地 290 平方米,加上前面的附属建筑则达 420 平方米(图三八),是西北地区仰韶晚期面积最大、规格最高的房屋之一,已初具前堂后室、内外有别、东西两厢左右对称、左中右三门主次分明这些中国古典建筑的基本格局特征,已经属于殿堂式建筑。该房还出土有四足盘、条形盘、敞口罐、簸箕形器等特殊陶器,表明在其中曾经有过特殊活动。大地湾乙址的发现表明,当时聚落内部已不平等,某些富有家族已逐渐凌驾于其他家族之上;聚落之间也出现等级差别,大地湾乙址这样的中心聚落可能比周围其他聚落拥有更多的特权。值得注意的是,在傅家门遗址 F11 的地面上发现 5 块卜骨,或许该房内曾进行过占卜活动,该遗址还发现埋葬猪骨的祭祀坑。

墓葬发现很少,一般为长方形竖穴土坑墓,葬式为单人一次性仰身直肢葬,随葬少量陶器和装饰品。师赵村四期墓葬均为单人或双人"二次葬",除随葬石器、兽牙、摆放石块外,墓底还有较多陶片。如果这些所谓"二次葬"是有意扰动形成的"二次扰乱葬",则就开了甘青地区这类特殊葬俗的先河[2]。

经济形态基本同于泉护类型。除粟、黍外,有证据表明在甘肃庆阳和天水西山坪该期遗存中还发现栽培稻[3]。作为收割工具的刀(爪镰)绝大多数仍为陶质,但石刀的数量略有增加,表明谷物收割效率有所提高。师赵村

---

[1] 李仰松:《秦安大地湾遗址仰韶晚期地画研究》,《考古》1986 年 11 期,第 1000~1004 页。
[2] 陈洪海:《甘青地区史前文化中的二次扰乱葬辨析》,《考古》2006 年 1 期,第 54~68 页。
[3] 张文绪、王辉:《甘肃庆阳遗址古栽培稻的研究》,《农业考古》2000 年 3 期,第 80~85 页;李小强、周新郢、张宏宾等:《考古生物指标记录的中国西北地区 5000 a BP 水稻遗存》,《科学通报》2007 年 6 期,第 673~678 页。

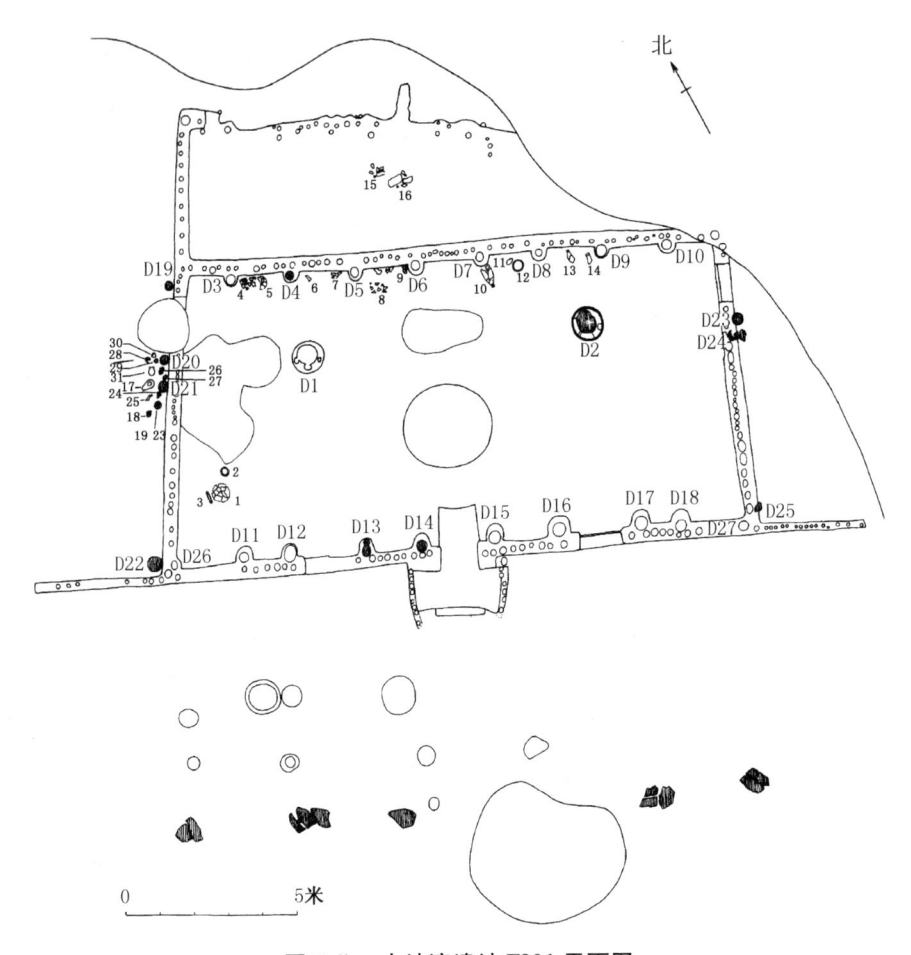

图三八 大地湾遗址 F901 平面图

1. 陶三足盆　2、30. 陶喇叭形器　3. 陶条形盘　4、12、29、31. 陶罐　5. 陶器盖　6. 石刀
7、19～28. 陶敛口钵　8、16、18. 陶瓮　9、10. 陶簸箕形器　11. 研磨石　13、14. 砥磨石
15. 陶缸　17. 研磨盘　　D1～D27. 柱洞

M5 随葬羊下颌骨,武山傅家门遗址随葬大量家畜[1],其中以猪为主,也当存在家羊、黄牛。羊、牛需要较大草场才能放养,说明甘青地区石岭下类型的畜牧业有显著发展。家羊、牛最早是在西亚一带被驯化的,与其一起进入甘青地区的当还有其他西方因素。

马家窑文化马家窑类型

公元前 3000 年以后,甘青宁地区形成马家窑文化马家窑类型和宗日类型。马家窑类型以甘肃省的渭河上游地区为分布中心,以甘肃临洮马家窑遗存

---

〔1〕 袁靖:《论中国新石器时代居民获取肉食资源的方式》,《考古学报》1999 年 1 期,第 1～22 页。

为代表[1],包括甘肃天水师赵村五期和西山坪五期、傅家门"马家窑类型"遗存、东乡林家遗存[2]等。北至宁夏南部[3],西至青海东北部[4]和河西走廊东部[5],南达白龙江上游甚至四川西北部[6]。它是在石岭下类型基础上进一步发展而来的[7],还可以分为西坡瓰组、雁儿湾组、王保保组、小坪子组四个连续发展的小阶段[8]。

细泥质陶绝大部分施黑彩,其数量竟占陶片总数的一半左右,个别施白、红彩。马家窑类型彩陶具有施彩面积大、内外兼施、构图复杂、线条流畅等特点,其纹饰有同心圆圈纹、波纹、涡纹、网纹等图案,也有较具象的蛙纹、蜥蜴纹、蝌蚪纹、人面纹等。主体图案以大圆形或椭圆形为主,在上孙家寨等遗址还发现多人舞蹈纹彩陶。器物基本都是平底器,和石岭下类型一脉相承。特别值得注意的是,林家房屋内发现的一件青铜弧背刀,为两块范合铸而成,这是西北地区乃至于中国最早的青铜器,灰坑中还见有铜渣。据研究,这件刀可能由铜锡共生矿冶炼而成,是冶金技术仍处于原始阶段的产物[9]。其形态与宝鸡关桃园属于白家文化的一件骨梗石刃刀非常相似,其前身或许就是这类骨梗石刃刀,但青铜技术的出现,仍不能不考虑西方文化渗入的可能性。

房屋多为圆角方形半地穴式,多带有方形门斗。师赵村还有个别前后室相

---

[1] 甘肃省文物管理委员会:《甘肃临洮、临夏两县考古调查简报》,《考古通讯》1958年9期,第36~48页。
[2] 甘肃省文物工作队等:《甘肃东乡林家遗址发掘报告》,《考古学集刊》第4集,中国社会科学出版社,1984年,第111~161页。
[3] 北京大学考古实习队等:《宁夏海原曹洼遗址发掘简报》,《考古》1990年3期,第206~209页;北京大学考古实习队等:《隆德页河子新石器时代遗址发掘报告》,《考古学研究》(三),科学出版社,1997年,第158~195页。
[4] 青海省文物考古队:《青海乐都县脑庄发现马家窑类型墓》,《考古》1981年6期,第554~555页;青海省考古队:《青海民和核桃庄马家窑类型第一号墓葬》,《文物》1979年9期,第29~32页。
[5] 甘肃省文物考古研究所:《武威塔儿湾新石器时代遗址及五坝山墓葬发掘简报》,《考古与文物》2004年3期,第8~11页;李水城:《河西地区新见马家窑文化遗存及相关问题》,《苏秉琦与当代中国考古学》,科学出版社,2001年,第121~135页。
[6] 成都市文物考古研究所等:《四川茂县营盘山遗址试掘报告》,《成都考古发现》(2000),科学出版社,2002年,第1~77页。
[7] 张学正、张朋川、郭德勇:《谈马家窑、半山、马厂类型的分期和相互关系》,《中国考古学会第一次年会论文集》,文物出版社,1979年,第50~71页。
[8] 严文明:《甘肃彩陶的源流》,《文物》1978年10期,第62~76页;严文明、张万仓:《雁儿湾和西坡瓰》,《考古学文化论集》(三),文物出版社,1993年,第12~31页。
[9] 孙淑云、韩汝玢:《甘肃早期铜器的发现与冶炼、制造技术的研究》,《文物》1997年7期,第75~84页。

连的"吕"字形房屋,以及石圆圈祭祀遗迹,其中见有陶片、猪下颌骨、猪头骨、肢骨等。墓葬发现很少,基本都是长方形竖穴土坑墓,流行一次性仰身直肢葬,一般随葬有彩陶器。

生产工具的制作技术明显进步,劳动效率应有所提高。最大的变化是石刀开始明显多于陶刀,且磨制精美的长方形穿孔石刀增多,表示收割效率有长足进步,其中林家的凹背石刀和半月形石刀为新出现的形制。林家遗址窖穴发现大量炭化的黍,陶器中也见有炭化的黍、粟、大麻籽等[1],可见其仍以粟作农业为主。另外,该类型还养猪,牧羊、牛[2]。较多细石器和骨梗石刃刀说明,该类型的畜牧业和狩猎采集业继续发展。

马家窑文化宗日类型

宗日类型分布在以共和盆地为中心的青海省东部,以同德宗日一期遗存(M291类)为代表[3]。它的陶器主要可分为两大类,第一类为质地细腻的泥质红陶,饰精美黑彩,器类、彩陶图案和风格基本同于马家窑类型。宗日遗址还发现饰有多人舞蹈纹、二人抬物纹彩的盆。第二类为质地粗糙的夹粗砂褐陶,有的上部施线条生硬的紫红色彩,有鸟纹、折尖三角纹、折线纹等图案,极富地方特征。陶器多底部外撇呈假圈足状,器类仅高领瓮(壶)、单耳或双耳罐、敞口钵(碗)三种。正如陈洪海所推测,该类型极可能为马家窑类型扩展至青海后,与当地无陶文化融合的产物。值得注意的是,其僵硬的折线纹等,似乎与欧亚草原筒形罐类器物上的几何形纹饰有近似之处(图三九)。

宗日墓地有墓区、墓群和墓组的区分,实际代表了至少四级社会组织。墓葬多数为带有二层台的长方形竖穴土坑墓,在二层台上以木料或石板搭成木椁或石椁,绝大多数为单人葬,葬式以俯身直肢者最多,相当数量属于二次扰乱葬,多随葬实用的"马家窑式陶器",还有个别火葬现象。它的经济方式和马家窑类型基本相同,但畜牧和狩猎采集的成分更大。

7. 长江上游新石器时代文化的兴起

公元前3500年或稍早,长江上游东部偏北地区出现重庆忠县哨棚嘴一期

---

[1] 西北师范学院植物研究所、甘肃省博物馆:《甘肃东乡林家马家窑文化遗址出土的稷与大麻》,《考古》1984年7期,第654~655页。

[2] 周本雄:《师赵村与西山坪遗址的动物遗存》,《师赵村与西山坪》,中国大百科全书出版社,1999年,第335~339页。

[3] 青海省文物管理处、海南州民族博物馆:《青海同德县宗日遗址发掘简报》,《考古》1998年5期,第1~14页;格桑本、陈洪海主编:《宗日遗址文物精粹论述选集》,四川科学技术出版社,1999年。

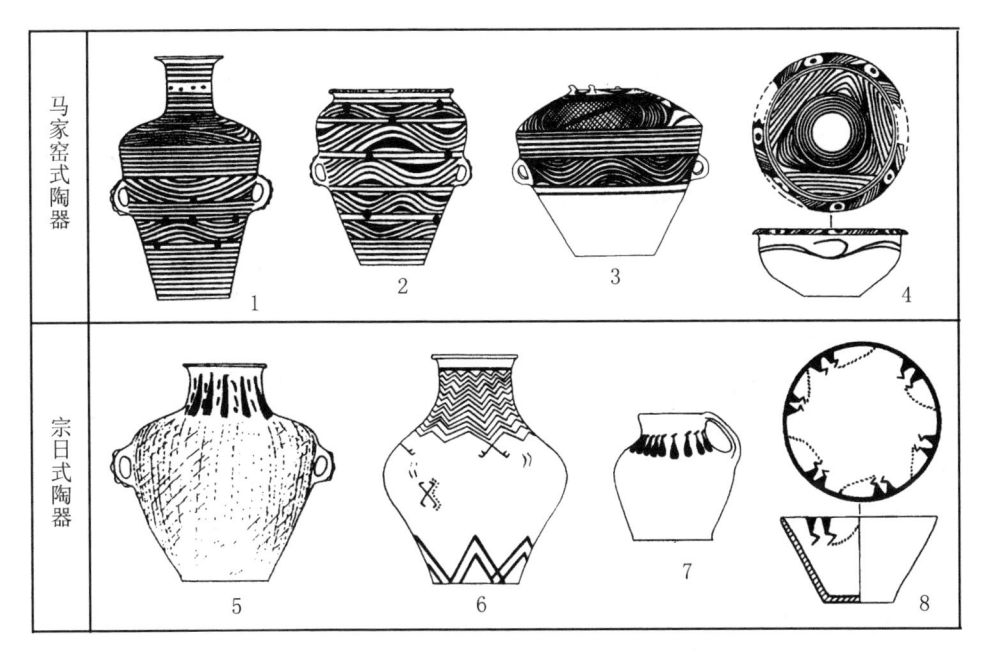

图三九　马家窑文化宗日类型的两类陶器

1. 壶（M295:1）　2、3、5、6. 瓮（M324:1、M159:12、M270:5、M222:3）　4. 盆（M294:3）　7. 罐（M69:3）　8. 钵（M12:6）

早段类遗存[1]，仅就目前发现的退化形态的双唇口小口尖底瓶和绳纹罐等器物来看，仍可勉强归入仰韶文化半坡晚期类型范畴。至公元前3000年左右，它发展为哨棚嘴一期晚段和二期类遗存，总体继承一期早段，如小口尖底瓶发展为小口平底罐或小口高领壶，仍有绳纹深腹罐、敛口平底钵等，也和关中地区一样越来越流行附加堆纹。但盘口、花边口沿、交错绳纹等地方特点则显著加强，因此已经可以单独命名为一个考古学文化，即哨棚嘴二期文化，或称玉溪坪文化[2]。这当中的彩陶圈足壶、高柄杯、尊、缸等陶器属于屈家岭文化因素。

无独有偶，公元前3500年左右长江上游西北山区甚至成都平原偏北地区都出现类似仰韶文化泉护类型和马家窑文化石岭下类型的遗存，什邡桂圆桥所见退化形态的小口尖底瓶尤其引人注目，至公元前3000年左右演变为以桂圆桥

---

[1] 北京大学考古学研究中心等：《忠县哨棚嘴遗址发掘报告》，《重庆库区考古报告集1999卷》，科学出版社，2006年，第530～643页。

[2] 邹后曦、袁东山：《重庆峡江地区的新石器时代文化》，《重庆·2001三峡文物保护学术研讨会论文集》，科学出版社，2003年，第17～40页；白九江：《重庆地区的新石器文化——以三峡地区为中心》，巴蜀书社，2010年。

H20 为代表的一类遗存[1]。该类遗存流行粗绳纹、附加堆纹,甚至器物口、底也施绳纹,器类有绳纹花边深腹罐、钵、盆等,其面貌与哨棚嘴二期文化相似。

至于大渡河流域的四川汉源麦坪类遗存[2],它的主要器类也是深腹罐、小口罐、敛口平底钵等,流行绳纹和附加堆纹,其总体面貌和桂圆桥早期类遗存近似,主要源头依然是马家窑文化,不过其网格纹、联珠纹、篦点纹等几何纹饰更具特色。麦坪遗址还发现有木骨泥墙的地面式房屋。

无论如何,在仰韶文化系统(包括马家窑文化)南向扩展影响之下,长江上游地区终于发展出了较具地方特色的新石器时代文化。

哨棚嘴二期文化的房屋涂抹白灰面。生产工具有石斧、石锛、石凿、蚌刀、陶纺轮等工具,但更多为砍砸器、刮削器等打制石器,应当存在粗放农业。另外,该文化也饲养猪、狗等家畜,渔猎采集则占较大比重。蚌刀的发现则体现出长江流域的特点。此外,三峡地区盛行石器手工业,有很多石器加工点。

8. 青藏高原的卡若文化

青藏高原最早的新石器时代文化,就是以西藏昌都卡若遗存为代表的卡若文化[3],年代上限大致在公元前3000年。其早期的高领罐和敞口盆等主要器类,与马家窑文化宗日类型早期的宗日式陶器较为接近,如同样流行假圈足,见少量黑彩,常见与后者彩陶图案类似的刻划折线纹、网格纹、附加堆纹等;其他如有孔刀(有的凹背)和长体锛、凿等磨制石器,以及石璜、石珠、穿孔贝等也彼此近似。而以上文化特征同样与川西北马家窑文化马家窑类型存在关联。或者卡若文化就是青海东部和川西北地区马家窑文化共同西向推进并与当地无陶文化融合的结果。需要指出的是,卡若文化或类似遗存可能已经分布至以拉萨为中心的西藏东南部甚至锡金地区。

卡若文化早期发现有半地穴式或地面式房屋,多为长方形或方形,以木柱撑顶,半地穴式房屋外有台面,墙壁内侧抹草拌泥并贴木板。除马家窑文化常见的斧、锛、凿、刀等磨制石器外,该文化还有大量打制的砾石石器,有些打制的铲、锄、刀等的边缘有使用痕迹,表明它们并非半成品,另外,也有不少石叶、石核、刮削器等细石器,以及穿孔重石。骨锥、骨针、带锯齿骨片、陶纺轮等也和马家窑文化同类器相似。该文化已经发现家猪和粟黍类作物遗存,存在旱作农业,不过,

---

[1] 四川省文物考古研究院等:《四川什邡桂圆桥新石器时代遗址发掘简报》,《文物》2013年9期,第4~12页。
[2] 四川省文物考古研究院等:《四川汉源县麦坪新石器时代遗址2007年的发掘》,《考古》2008年7期,第11~19页。
[3] 西藏自治区文物管理委员会、四川大学历史系:《昌都卡若》,文物出版社,1985年。

狩猎采集应有更重要的地位。

（二）长江中下游和黄河下游

长江中下游和黄河下游属于鼎—豆—壶—杯文化系统。

1. 海岱地区大汶口文化的强大与扩张

约公元前3500年以后海岱地区进入大汶口文化中期，以1959年发掘的山东泰安大汶口墓地早期为代表[1]，包括枣庄建新早期[2]、兖州六里井[3]、邳州梁王城[4]大汶口文化遗存等。它的主要陶器鼎、豆、背壶、高柄杯、深腹罐等均和早期一脉相承，新出凿形足鬶、圈足尊，开始流行鬶、平底或三足盉、匜等带流器。红陶减少而灰陶增加，出现快轮制陶。大汶口文化的折线纹、网格纹、重鳞纹彩陶钵可能与红山文化或雪山一期文化的影响有关，圆角方形璧、联璧等岫岩质玉器，以及新出的双孔石刀等，更明确为红山文化因素。潍坊、平阴等地所见石璧[5]、双贯耳高领壶[6]等当为良渚文化因素，新沂花厅北区墓葬有玉器等很多良渚文化因素。鲁西南一带由于和仰韶文化秦王寨类型、西王类型等的交流，深腹罐上多饰红色带状网格纹、垂须纹彩，或者拍印绳纹并箍附加堆纹，还出现彩陶高领罐、绳纹双錾钵等。

约公元前3000年该地进入大汶口文化晚期，以1959年发掘的大汶口墓地中晚期为代表，包括枣庄建新中晚期、曲阜西夏侯M26[7]、莒县陵阳河[8]，以及安徽蒙城尉迟寺大汶口文化遗存等[9]。值得注意的是，此时鲁东南地区突然涌

---

[1] 山东省文物管理处、济南市博物馆：《大汶口——新石器时代墓葬发掘报告》，文物出版社，1974年。
[2] 山东省文物考古研究所等：《枣庄建新——新石器时代遗址发掘报告》，科学出版社，1996年。
[3] 国家文物局考古领队培训班：《兖州六里井》，科学出版社，1999年。
[4] 南京博物院等：《梁王城遗址发掘报告·史前卷》，文物出版社，2013年。
[5] 如前埠下二期H128:9。见山东省文物考古研究所等：《山东潍坊前埠下遗址发掘报告》，《山东省高速公路考古报告集（1997）》，科学出版社，2000年，第1~108页。
[6] 平阴周河遗址考古队：《山东平阴县周河遗址大汶口文化墓葬的发掘》，《考古》2014年3期，第3~12页。
[7] 中国科学院考古研究所山东队：《山东曲阜西夏侯遗址第一次发掘报告》，《考古学报》1964年2期，第57~106页；中国社会科学院考古所山东队：《西夏侯遗址第二次发掘报告》，《考古学报》1986年3期，第307~338页。
[8] 山东省考古所、山东省博物馆等：《山东莒县陵阳河大汶口文化墓葬发掘简报》，《史前研究》1987年3期，第62~82页。
[9] 中国社会科学院考古研究所：《蒙城尉迟寺——皖北新石器时代聚落遗存的发掘与研究》，科学出版社，2001年；中国社会科学院考古研究所等：《蒙城尉迟寺（第二部）》，科学出版社，2007年。

现出大批大汶口文化遗址。陶器基本以黑灰陶为主,轮制技术越来越成熟,以薄胎黑陶高柄杯为最。器形多向瘦高方向发展,袋足鬶最多,双腹豆可能是从中期的折盘豆发展而来的,尉迟寺遗址等还出现凿形足甗——是为中国最早的连体甗。该文化还出现了玉璇玑、鹿角勾形器、双孔蚌刀等。虽然该文化对外影响显著,但也有周围文化因素的进入,如偏西区域篮纹、附加堆纹的较多出现,当与来自庙底沟二期类型等的影响有关。栖霞杨家圈一期所见鱼鳍形鼎足、豆等属于良渚文化因素。

10万平方米以上的中心聚落有山东五莲丹土、安徽固镇垓下和南城孜城址,以及尉迟寺环壕聚落等。尉迟寺环壕聚落包括10多排、70多间房屋(图四〇、四一),房屋以有木骨泥墙的地面式为主。2~6间一组的排房,其门道统一

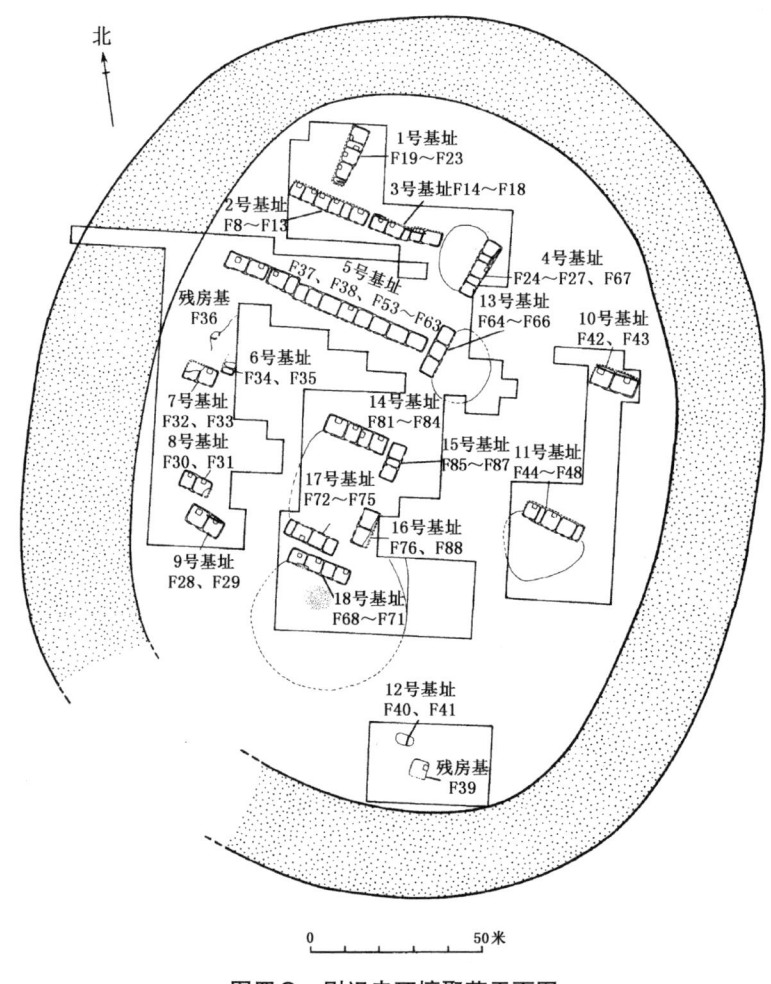

图四〇　尉迟寺环壕聚落平面图

位于排房一侧，大约代表大家庭或家族组织。墓葬均为竖穴土坑墓，部分有二层台或木质葬具，基本都是仰身直肢葬。随葬品和生活用品有差异，明器化现象明显，随葬品一般光素小巧，而饰篮纹、绳纹等的大中型器物一般只见于居址。1959年发掘的大汶口墓地是大汶口文化级别最高的墓地之一，不同墓区的墓葬贫富分化和社会地位分化显著，比如大型墓葬不但有大量高柄杯等精美随葬品，而且还多随葬可能象征军权的石钺或玉钺[1]。其中M10墓口面积13平方米，有骨雕筒、象牙筒、象牙梳、鳄鱼鳞板（鼍鼓）、高柄杯等180多件随葬品，还有该墓地唯一一件玉钺，墓主人或许是该墓地所代表的人们共同体甚至更大范围人群的首领（图四二）。鲁东南陵阳河等墓地大量随葬高柄杯，陶尊上有族徽式文字符号，与大汶口附近地区不同，可见大汶口文化应当不止一个中心。其中陵阳河大墓79M17墓口面积15平方米，有190多件随葬品，其中猪下颌骨33件。大汶口文化仍有随葬獐牙、龟甲等的习俗，三里河墓葬还有口中含玉琀、随葬鱼的习俗[2]。

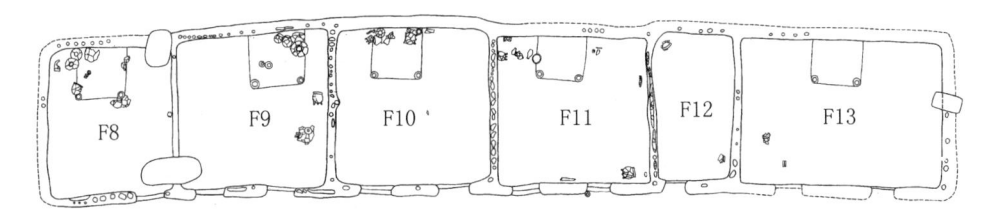

图四一　尉迟寺2号建筑基址（F8～F13）平面图和复原图

上：基址平面图　下：排房复原图[3]

---

〔1〕韩建业：《大汶口墓地分析》，《中原文物》1994年2期，第48～61页。
〔2〕中国社会科学院考古研究所：《胶县三里河》，文物出版社，1988年。
〔3〕中国社会科学院考古研究所：《蒙城尉迟寺——皖北新石器时代聚落遗存的发掘与研究》，图57、58，科学出版社，2001年。

图四二　大汶口墓地 M10 平面图

1. 象牙雕筒　2、8、11、53. 陶鼎　3、32、36、37、41、56、58. 陶单把杯　4、10. 陶盉　5、22. 陶无鼻壶　6、7. 陶鬶　9、29、30、44、45. 陶高柄杯　12. 象牙梳　13. 石笄、穿孔石饰　14. 石珠　15. 绿松石串饰　16. 石斧　17. 玉镯　18. 玉铲　19. 骨雕筒（钺柄端饰）　20、21. 陶器盖　23、25. 石笄　24. 象牙管　26、40、46、51. 陶宽肩壶　27、43. 鳄鱼鳞板　28、33~35、52. 陶背壶　31、48. 陶罐　38、39、47. 陶细柄豆　42. 玉指环　49、54. 猪头骨　50. 陶瓶　55、57. 陶背壶　59. 象牙片　60. 猪骨　61. 陶双鼻壶（有些器物图上未表现出来,因压在其他器物或人体之下）

大汶口文化中晚期的生产工具和经济形态基本同前。双孔石刀、石镰的出现表明,这一时期的收割技术有不小进步。枣庄建新、胶州三里河、广饶傅家、莱阳于家店等遗址都发现粟粒,尉迟寺遗址中粟、稻的比例大致相等。养猪业发达,如陵阳河墓地的 25 座墓随葬了 160 多个猪下颌骨。沿海地区鱼蚌类捕捞经济占重要地位。

2. 长江下游文化的极度强盛和扩张

长江下游文化极度强盛并对外扩张,对周边尤其是华南和东南沿海地区产生强烈影响。

崧泽文化与薛家岗文化

约公元前3500年以后长江下游文化极度强盛,崧泽文化进入发达的晚期阶段,以上海青浦崧泽三期、浙江嘉兴南河浜晚期、湖州毘山"新石器时代文化遗存"[1]为代表。其陶器与之前的一脉相承,流行轮制,有些陶器的具体形态发生变化,如鼎足多为铲形、凿形,出现鱼鳍形足,敛口折盘竹节柄豆、假腹圈足盘、假腹杯、带管状流的塔形壶等很有时代风格,有的豆的口沿有穿孔小鼻。北阴阳营文化发展为薛家岗文化,以安徽潜山薛家岗主体遗存[2]、含山凌家滩遗存[3]为代表。该文化的西南部甚至到达鄂东和江西北部,留下湖北黄梅塞墩晚期、武穴鼓山[4]以及江西靖安郑家坳[5]等遗存。新出的单把实足鬶、觚形杯、高柄杯等陶器以及编织纹,应当与来自崧泽文化和大汶口文化的影响有关;新出的圈足壶、圈足罐、空心陶球以及鄂皖交界处的曲腹杯、簋等当为大溪文化因素,印纹圈足壶的源头当在东南沿海一带。薛家岗文化的鼎新出折腹者,足多为铲形、凿形、鸭嘴形或倒圭形,足上多有复杂的刻划戳印纹饰;赣北地区子口鼎的鸭嘴形足转折夸张。其多孔石刀、石钺等很有特色,多孔石刀有3~13孔不等,大部分为奇数,也有双孔者,有的石钺、石刀有花蒂状朱绘。两个文化都有钺、玦、璜、镯、璧、勺等玉器,以及玉人、玉龙、玉龟、玉版、玉鹰等,其中少量双(三)联璧、圆角方形璧、箍形饰、丫字形器、玉龙、玉人等玉器,当与红山文化的南向影响有关[6]。

崧泽文化和薛家岗文化发现有木骨泥墙的地面式和半地穴式房屋建筑。墓地成区成组分布。墓葬仍为长方形竖穴土坑墓,有的有棺椁类葬具,墓主人基本都是单人仰身直肢葬,多有数件随葬品。一些较大墓葬每墓随葬1件石钺,且多属于男性墓,显示石钺确属武器,且可能象征军权;其他锛、凿、多孔刀、镞等石器也都是

---

[1] 浙江省文物考古研究所、湖州市博物馆:《毘山》,文物出版社,2006年。
[2] 安徽省文物考古研究所:《潜山薛家岗》,文物出版社,2004年。
[3] 安徽省文物考古研究所:《凌家滩——田野考古发掘报告之一》,文物出版社,2006年。
[4] 湖北省京九铁路考古队、湖北省文物考古研究所:《武穴鼓山——新石器时代墓地发掘报告》,科学出版社,2001年。
[5] 江西省文物考古研究所等:《靖安郑家坳墓地第二次发掘》,《考古与文物》1994年2期,第12~26页。
[6] 田名利:《凌家滩墓地玉器渊源探寻》,《东南文化》1999年5期,第18~25页;田名利:《凌家滩遗存与红山文化》,《文物研究》第十五辑,黄山书社,2007年,第79~90页。

男性明显多于女性；玦、璜等装饰品女性多于男性，镯男女均戴。两文化仍有随葬猪下颌骨、狗骨的葬俗，其中塞墩 M197、M193 分别随葬 50、34 副猪下颌骨。贫富分化已很严重，如安徽含山凌家滩 07M23 似有棺椁，有 330 件随葬品，绝大部分为钺、环、镯、璜、玦、璧等玉石器，层层堆满墓室内外，富奢程度令人惊叹[1]。

石质工具以锛(包括有段石锛)为最多，其次为斧、凿、镰、刀、犁形器等，均磨制十分精整。这一时期的石器制作盛行切割、管钻技术。石锛的盛行当与木工手工业的发达有关。刀有多种，其中普通的单孔石刀或许有收割功能，背部带凸钮的石刀(有的凸钮部位有穿孔，曾被称为"耘田器")和多孔石刀或许有切割、刮削等多种功能。精致石镰为高效的收割农具，石犁形器则可能是高效的铲耜类农具[2]，这表明崧泽文化晚期的农业发展有了质的飞跃。大量网坠、石镞的存在表明，这一时期渔猎捕捞经济仍占重要地位。

良渚文化

约公元前 3300 年以后太湖周围地区由崧泽文化发展为以浙江余杭反山[3]、瑶山墓葬[4]和上海青浦福泉山良渚文化墓葬[5]为代表的良渚文化。其主体器类与崧泽文化一脉相承，轮制发达，流行鱼鳍形或 T 字形足鼎、浅折腹盘豆、阔把带流杯、圈足盘、圈足壶(尊)、圈足罐、鼎式甗、鬶、盉，平底匜发展成圈足、三足匜，新出双鼻壶、贯耳壶、带喇叭状流的过滤器等。有些陶器漆黑光洁，有些陶器刻镂繁复细致的蛇、鸟、云形花纹并加以彩绘，精美异常。外来因素少见，江北个别背壶来自大汶口文化，江南少量子口鼎、绳纹等来自樊城堆文化等。余杭良渚、平湖庄桥坟、吴县澄湖以及上海马桥、亭林等多地的陶器上有刻划的类文字符号。

良渚文化的玉石器继承了崧泽文化和薛家岗文化的传统，镯、璧、璜、玦等主要玉器，斧、钺、锛、凿、刀等主要石器均是如此。新出琮、冠状器、半圆形饰、三叉形器、锥形器、柱形器、琮式管、带钩、牌饰、匙等，还见有鸟、龟、鱼等动物雕像。

---

[1] 安徽省文物考古研究所：《安徽含山县凌家滩遗址第五次发掘的新发现》，《考古》2008 年 3 期，第 7~17 页。

[2] 有人认为这种犁形器就是最早的犁，当时已经进入犁耕农业阶段(牟永抗、宋兆麟：《江浙的石犁和破土器——试论我国犁耕的起源》，《农业考古》1981 年 2 期，第 75~84 页)，也有人据微痕分析和实验考古结果对其作为犁的功能加以否认(刘莉、陈星灿、潘林荣等：《新石器时代长江下游出土的三角形石器是石犁吗？——昆山遗址出土三角形石器微痕分析》，《东南文化》2013 年 2 期，第 36~45 页)。

[3] 浙江省文物考古研究所：《反山》，文物出版社，2003 年。

[4] 浙江省文物考古研究所：《瑶山》，文物出版社，2003 年。

[5] 上海市文物管理委员会：《福泉山——新石器时代遗址发掘报告》，文物出版社，2000 年。

玉器形态多样,雕镂复杂,冠绝古今。琮等玉器上常见完整或简化的神人兽面纹、鸟纹,并衬以云雷纹等,一些神人兽面纹属于微雕,刻镂细如发丝,令人叹为观止。此外,还有极为精致的象牙雕刻、嵌玉漆器、漆觚、漆盘、漆豆以及丝绸等。

良渚文化拥有总面积290余万平方米的良渚古城[1]。城的中心部位是人工堆筑的面积约30万平方米的莫角山宫室区[2]、仓储区(图四三)。城西北是良渚文化最高级别的贵族坟山反山墓地[3],其中级别最高的M12仅玉器就有647件之多,出土大玉琮(图四四)、大玉钺(图四五)、镶嵌玉件的彩绘漆盘和漆

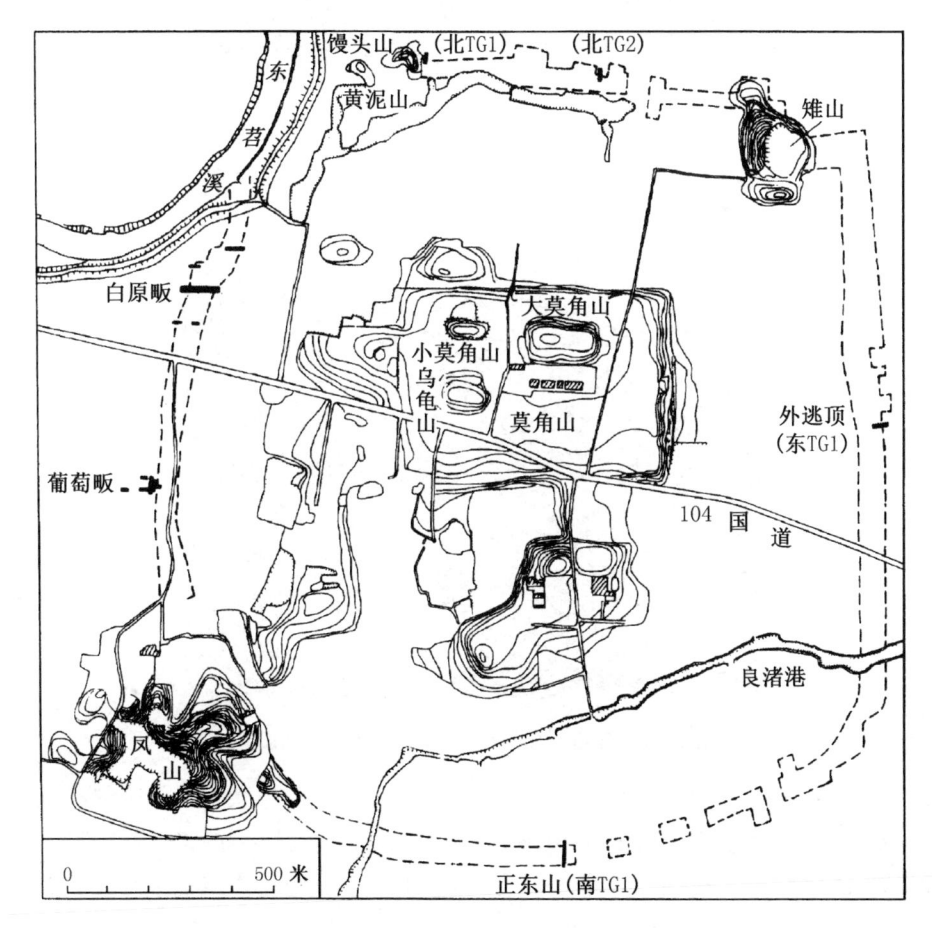

图四三　良渚古城平面图

---

[1] 浙江省文物考古研究所：《杭州市余杭区良渚古城遗址2006～2007年的发掘》,《考古》2008年7期,第3~10页。
[2] 浙江省文物考古研究所：《余杭莫角山遗址1992～1993年的发掘》,《文物》2001年12期,第4~19页。
[3] 浙江省文物考古研究所：《反山》,文物出版社,2003年。

图四四　良渚反山墓地 **M12** 大玉琮（M12:98）

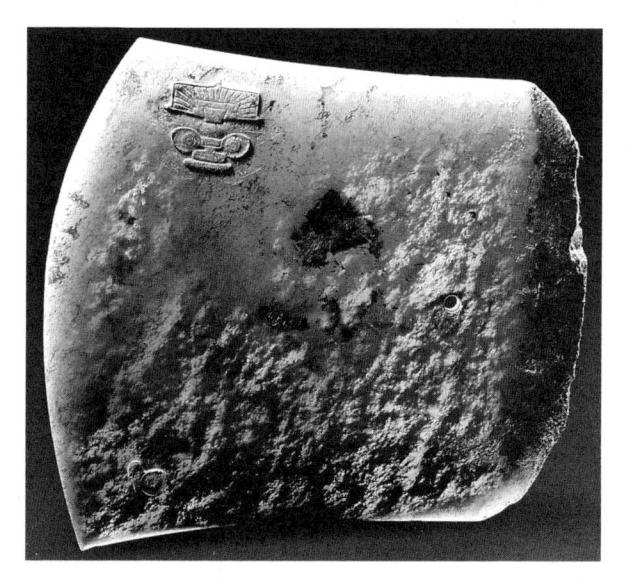

图四五　良渚反山墓地 **M12** 大玉钺（M12:100）

杯,有完整的神人兽面"神徽","说明墓主人是一位掌握军政大权和宗教法权的首领"[1]。在良渚古城周围约50平方公里的区域内,分布着130多处祭坛、墓地、居址、作坊等,它们至少可以分成三个级别[2]。祭坛当中级别最高者当数古城外东北方的瑶山祭坛和西方的汇观山祭坛[3]。墓地当中仅次于反山墓地者

---

[1] 严文明:《一部优秀的考古报告——〈反山〉》,《中国文物报》2006年7月12日第四版。
[2] 浙江省文物考古研究所:《良渚聚落群》,文物出版社,2005年。
[3] 浙江省文物考古研究所:《瑶山》,文物出版社,2003年;浙江省文物考古研究所等:《浙江余杭汇观山良渚文化祭坛与墓地发掘简报》,《文物》1997年7期,第7~19页;浙江省文物考古研究所:《良渚文化汇观山遗址第二次发掘简报》,《文物》2001年12期,第36~41页。

为瑶山墓地,出土玉器上也见有完整神徽;其次为汇观山墓地,未见完整神徽,但仍有琮、钺、璧等玉礼器。与此形成对照的是,还发现很多少见或不见玉器的小墓,一般每个墓区有二三十座墓葬,与家族组织对应。此外,良渚古城以西以北还有由多个堤坝组成的规模宏大的水利防洪系统[1],以南有卞家山码头遗址[2]。整体来看,莫角山宫室区是良渚古城的核心,良渚古城可能又是良渚聚落群的政治、军事和宗教中心。良渚古城及其聚落群规模宏大、布局严整、结构复杂、等级分明、功能明确、规格颇高,完整神徽等礼制性标志物也绝不见于其他区域。莫角山超大型建筑群的建造需调动远不止一个聚落群的人力物力,反山、瑶山等墓地随葬大量精妙绝伦、凝聚了无数人心血的玉器,其制作可能在一套严密的组织内进行,且多被贵族阶层所垄断,专业化程度颇高。这样高程度的社会组织化,既需要浓厚的宗教氛围的感召,也离不开武装人员的强制。反山、瑶山、汇观山墓地既随葬象征军权的钺,又随葬象征神权的琮或璧,瑶山和汇观山墓地更是建在原来的祭坛之上,表明这些贵族生前可能既是左右神灵的大巫,又是统率"军队"的将军[3],他们正符合良渚聚落群最高统治者的身份。更进一步来说,神徽、鸟纹、龙首形纹的普遍发现可能意味着整个良渚文化区已出现统一的权力[4]和高度一致的宗教信仰体系,存在一种对整个社会的控制网络[5];而良渚聚落群毕竟规模最大、级别最高,反山、瑶山所出完整神徽又不见于它处,尤其刻纹玉器在兴盛期可能基本是从良渚聚落群向外分配的[6],故良渚聚落群或许为整个良渚文化的政治核心[7]。良渚文化已进入早期文明社会也自无疑问。但良渚文化很少吸纳其他文化因素,表现出保守、封闭的性格,为其衰落埋下了伏笔。

良渚文化的房屋多为地面式、干栏式建筑,有的多间并带长廊,已经开始使用土坯筑墙,出现方形木构框架的水井。木构普遍采用榫卯结构,流行方形木柱。墓葬形制、葬俗和崧泽文化基本相同,大墓有棺有椁,有的棺内外绘以红色图案或镶嵌玉片。璧、钺等玉石器摆放在身体两侧或覆盖身体,有的墓主人口中有玉琀。上

---

[1] 王宁远:《良渚古城外围结构的探索——兼论 GIS 及 RS 在大遗址考古中的应用》,《中国考古学会第十四次年会论文集 2011》,文物出版社,2012 年,第 60~68 页。
[2] 浙江省文物考古研究所:《卞家山》,文物出版社,2014 年。
[3] 张忠培:《良渚文化的年代和其所处社会阶段》,《文物》1995 年 5 期,第 47~58 页。
[4] 张弛:《良渚文化大墓试析》,《考古学研究》(三),科学出版社,1997 年,第 57~67 页。
[5] 赵辉:《良渚文化的若干特殊性——论一处中国史前文明的衰落原因》,《良渚文化研究——纪念良渚文化发现 60 周年国际学术讨论会文集》,科学出版社,1999 年,第 109~117 页。
[6] 秦岭:《良渚玉器纹饰的比较研究——从刻纹玉器看良渚社会的关系网络》,《浙江省文物考古研究所学刊》第八辑,科学出版社,2006 年,第 23~52 页。
[7] 严文明:《良渚随笔》,《文物》1996 年 3 期,第 28~35 页。

海青浦福泉山墓地在墓葬前后或墓上有祭祀坑、祭祀堆，个别墓内或墓旁有人殉。

良渚文化的石器与崧泽文化晚期类似，多见石犁形器，背部带凸钮的石刀（耘田器）两端上翘呈"V"形，新出双孔石刀、斜柄石刀、有段石凿等。杭州水田畈、湖州钱山漾、吴县澄湖等遗址发现大量良渚文化时期的炭化稻谷遗存，大部分为粳稻，少量为籼稻，说明良渚文化有发达的稻作农业经济。良渚文化还饲养猪、狗等家畜，水牛是否为家养存疑。

樊城堆文化和石峡文化

约公元前3000年，江西北部和西部地区出现以樟树樊城堆下层[1]与筑卫城下层[2]、新余拾年山三期[3]、靖安老虎墩上层遗存[4]为代表的樊城堆文化，也曾被称作筑卫城文化。差不多同时，广东西北部韶关至封开一线则出现以曲江石峡二期遗存为代表的石峡文化[5]。

樊城堆文化由具有一定地方特点的薛家岗文化发展而来，鼎、豆、壶、罐、鬶、杯等主体陶器均和薛家岗文化一脉相承，只是形态发生一定变化，如子口釜形鼎的腹部变浅成为盘形鼎，子口豆的凸棱更宽，出现高柄壶、高柄觚形杯等，鼎足有瓦足、鸭嘴形足、锥足、扁柱足和奇特的管状足，形态多样，装饰复杂。此外，玉琮、T字形足或鱼鳍形足鼎则应为良渚文化因素，双腹豆、篮纹、方格纹与屈家岭文化的影响有关，绳纹体现与昙石山文化的交流。石峡文化的子口浅盘形瓦足鼎、子口豆、圈足壶、圈足罐、鬶等主要陶器和樊城堆文化近同，其形成当与樊城堆文化的南向强烈扩张有关，当然地方特色也很明显，如见有釜形鼎、釜、三足盘，鼎足根端明显宽于足端，鼎足、豆柄等多见小镂孔等[6]。此外，它还有较多釜、绳纹等华南文化因素。

拾年山发现有圆形地面式房屋，较大者有内外两圈柱洞。两文化墓葬均以长方形竖穴土坑墓为主，也都多见墓壁烧烤痕迹，有个别炭化木棺痕迹，人骨多为二次葬并经火烧，可见该文化存在火葬习俗。石峡文化墓葬有两套随葬品，一套是连同人骨从原墓迁来的残破陶器，一套是迁葬时放置的陶器。大型墓葬有

---

[1] 江西省文物工作队等：《清江樊城堆遗址发掘简报》，《考古与文物》1989年2期，第20~40页。

[2] 江西省博物馆等：《江西清江筑卫城遗址第二次发掘》，《考古》1982年2期，第130~138页。

[3] 江西省文物考古研究所等：《江西新余拾年山遗址》，《考古学报》1991年3期，第285~324页。

[4] 江西省文物考古研究所等：《江西靖安老虎墩史前遗址发掘简报》，《文物》2011年10期，第4~21页。

[5] 广东省博物馆、曲江县文化局石峡发掘小组：《广东曲江石峡墓葬发掘简报》，《文物》1978年7期，第1~15页；苏秉琦：《石峡文化初论》，《文物》1978年7期，第16~22页。

[6] 这些特征公元前4000年前就见于鄂皖交界处的黄梅塞墩早期类北阴阳营文化，不排除当时江西西北至广东西北一带也存在此类遗存的可能性。

随葬品百余件，说明该文化已存在较为明显的贫富差别。

生产工具主要是斧、锛（包括有段锛）、凿、锄、双孔石刀、陶垫、陶锉、纺轮等，石峡文化的长身弓背两端带刃石钺很有特色。两文化还有较多网坠、镞，以及很有特色的穿孔纺轮形石器、梭形石器（流星）等。两个文化中都发现较多炭化稻粒、稻壳、茎秆，属于栽培的籼稻和粳稻，说明稻作农业占有较为重要的地位。

牛鼻山文化和昙石山文化

约公元前3000年或更早，福建西北、浙江西南和江西东南部出现以福建浦城牛鼻山下层为代表的遗存[1]，可称牛鼻山文化[2]。素面圜底的釜罐类、圜底壶、圈足罐和锥足釜形鼎很具地方特点，但大量豆、圈足壶以及贯耳特征却与樊城堆文化者近同，少量倒圭形足、盘形鼎与薛家岗文化同类器近似，推测该文化应当为樊城堆文化南下并与当地土著文化结合的产物。稍晚在福建东南沿海一带兴起昙石山文化，以闽侯昙石山二期早段[3]、庄边山下层一期遗存[4]为代表，陶器主要是圜底釜、圜底罐、圈足壶、豆、圈足盘、圈足杯、簋等，其与牛鼻山文化的区别主要表现在釜、罐一般饰绳纹等，不见鼎和贯耳特征。昙石山文化主要是在当地文化基础上发展而来的，但豆、圈足盘等的流行应与来自长江下游的影响有关。

昙石山文化发现过椭圆形半地穴式房址。两个文化的墓葬均为长方形竖穴土坑墓，多以蛤蜊壳填埋墓穴，葬式以仰身直肢葬为主，随葬陶石器和玉玦等，无明显贫富差别。牛鼻山文化为丘陵盆地遗址，生产工具主要是斧、锛、凿、镞等石器，或许存在稻作农业。昙石山文化多为贝丘遗址，有石锛、石凿、贝铲、石镞、骨镞、陶网坠、陶纺轮、陶拍子等生产工具，主要经济方式当为渔猎捕捞，也饲养猪、狗等家畜。

3. 长江中游的大溪文化和屈家岭文化

大溪文化

约公元前3500年以后，长江中游最重要的变化就是大溪文化油子岭类型晚期的极度扩张。主要分布在江汉平原的油子岭类型晚期以油子岭二期、"屈家岭第三期遗存"[5]和谭家岭三期遗存为代表，陶器以黑皮陶为主，流行轮制，形制规整，绝大部分器类是在油子岭类型早期基础上的继续发展，高柄豆、矮圈足

---

[1] 福建省博物馆：《福建浦城县牛鼻山新石器时代遗址第一、二次发掘》，《考古学报》1996年2期，第165~197页。
[2] 黄运明、和奇：《牛鼻山文化再认识——兼论闽浙赣交界地带新石器时代晚期考古学文化的交流》，《中国考古学会第十四次年会论文集2011》，文物出版社，2012年，第181~207页。
[3] 福建博物院：《闽侯昙石山遗址第八次发掘报告》，科学出版社，2004年。
[4] 福建省博物馆：《福建闽侯庄边山遗址发掘报告》，《考古学报》1998年2期，第171~227页。
[5] 屈家岭考古发掘队：《屈家岭遗址第三次发掘》，《考古学报》1992年1期，第63~96页。

罐、矮圈足瓮增多，偏晚阶段新出高领罐、圈足盆形甑、圈足碗、彩陶圈足高颈壶、彩陶盆、塔式钮器盖等，豆、盆等由敛口变为敞口。

油子岭类型晚期实力强劲，向周边地区强力扩张并产生显著影响。南向强烈影响到澧阳平原，使当地文化的发展发生重大转折，出现澧县城头山大溪文化四期类遗存[1]，新出大量矮足鼎、内折盘竹节柄豆、矮圈足甑、矮圈足盆形甑、细高颈壶、曲腹杯、筒形杯、小口瓶等陶器，但较多小口瓶、小口壶等为当地特色。西南向远距离影响到沅江流域，出现怀化高坎垅一、二期类遗存[2]，基本不见鼎等为地方特色。西向影响到峡江地区，出现宜昌中堡岛"新石器时代Ⅲ期"、巴东楠木园H117类遗存，但其中的小口尖底瓶、绳纹罐等为仰韶文化半坡晚期类型因素。北向扩展至鄂北，出现湖北枣阳雕龙碑三期、孝感叶家庙一期类遗存[3]，互字纹、花瓣圆点纹、棋盘格纹、网格纹彩陶，圈足罐形鼎、带管状流的圈足盆形擂钵、圜底或尖底陶缸等自具特色，多见平底钵、深腹罐、矮圈足罐、矮圈足瓮，还有较多横篮纹，个别折肩瓮、似喇叭形小口尖底瓶应分别为仰韶文化秦王寨类型、半坡晚期类型因素。东向扩展至鄂州—黄冈一带，以黄冈螺蛳山M2（1985年发掘）为代表，朱绘多孔石刀、敛口折盘豆等明确属于薛家岗文化因素。此外，油子岭类型晚期常见穿孔石钺、玉璜、玉玦、玉镯等，应当与来自薛家岗文化的影响有关。

雕龙碑等遗址发现长方形地面式房屋，有木骨泥墙，房门为横向推拉式，多为2~7间的连间建筑，也有的为单间。连间房屋基本都有单独的灶和门道，有的相邻两间以门道相通形成套间，应当是随着人口的增加逐渐加盖而成。墓葬为长方形竖穴土坑墓，有的有二层台和木质葬具。屈肢葬基本让位于仰身直肢葬，也有二次葬。鄂北一带流行随葬猪下颌骨的葬俗，最多的如雕龙碑M16达72副，但却无其他随葬品，还有墓主人口含石子和随葬鱼骨、龟鳖等葬俗。存在较为明显的贫富分化，如屈家岭M2随葬70余件陶器，多为小型明器。宜城顾家坡M27随葬4件玉石钺、骨镞、陶簋和约30具猪下颌骨，墓主人或为军事首领。整个顾家坡墓地随葬玉石钺的比例占到玉石器总数的82%，还随葬大量骨镞，常见二次葬，体现出浓厚的军事氛围[4]。

---

[1] 包括《澧县城头山——新石器时代遗址发掘报告》所分"屈家岭文化"一期遗存。
[2] 湖南省文物考古研究所等：《怀化高坎垅新石器时代遗址》，《考古学报》1992年3期，第301~328页。
[3] 湖北省文物考古研究所等：《湖北孝感市叶家庙新石器时代城址发掘简报》，《考古》2012年8期，第3~28页。
[4] 贾汉清：《从顾家坡墓地的发掘看史前时代文化交叉地带的部落冲突》，《华夏考古》2004年4期，第77~86页。

石器有斧、锛、凿以及铲、镰等，仍以斧居多，有肩石锛较具特色。该文化普遍发现炭化稻谷、稻草、稻壳等水稻遗存，如松滋桂花树遗址发现几十厘米厚的稻壳灰层，城头山遗址还发现稻田遗迹，说明水稻农业有长足发展。经鉴定，发现的稻谷主要属于粳稻。雕龙碑遗址同时发现粟和稻的遗存，说明这里属于旱作和稻作农业混合区。鄂北地区收割工具石镰的出现，说明农作物收割方式出现重要改变。随葬猪下颌骨的流行反映养猪业较为发达。石镞、骨镞、骨矛、石球、石网坠等反映渔猎采集经济仍有一定地位。陶纺轮的流行则是纺织手工业发达的反映。峡江地区仍为长江中游主要的石器制作中心。

屈家岭文化

约公元前3000年，江汉平原、鄂西北、豫西南地区的大溪文化率先转变为屈家岭文化，江汉平原以湖北京山屈家岭晚期[1]、天门谭家岭四期以及邓家湾和肖家屋脊"屈家岭文化遗存"为代表[2]，鄂西北和豫西南地区以湖北郧县青龙泉屈家岭文化遗存[3]、河南淅川下王岗"屈家岭文化一期"遗存为代表。随后屈家岭文化向周围扩张，南向、西南向影响形成以澧阳平原、沅江流域澧县城头山、安乡划城岗[4]、怀化高坎垅三期等所代表的屈家岭文化遗存；西向影响形成峡江地区宜昌中堡岛"新石器时代Ⅳ期"、"新石器时代Ⅴ期"类遗存；东北向扩展至豫东南地区，形成罗山李上湾一期类遗存[5]；东向扩展至鄂东，形成黄冈螺蛳山90HLM1类遗存。

屈家岭文化以灰陶为主。彩陶仍多饰黑彩，除油子岭类型常见的网格纹、方格圆点纹等外，新出棋盘格纹、"太极"纹和晕染风格彩陶。陶器中矮足鼎、高领罐、花边足罐、缸、圈足盆形甑、圈足盆、圈足碗、彩陶圈足高颈壶、彩陶斜腹杯、塔式钮器盖、彩绘空心陶球等都和油子岭类型晚期一脉相承。新出的一组极富特征的双腹鼎、双腹豆、双腹圈足碗等双腹器，固然可视为是油子岭类型晚期同类器的发展，但也不排除是受到了大汶口文化和仰韶文化的启发，因为豆、盘等双腹器最早见于黄河流域；至于高柄杯、圈足尊和折腹觚形杯等更明确与来自大汶口文化的影响有关，篮纹、附加堆纹等因素则来自仰韶文化，可见大汶口文化和

---

[1] 中国科学院考古研究所：《京山屈家岭》，科学出版社，1965年。
[2] 湖北省荆州博物馆、湖北省文物考古研究所、北京大学考古学系：《肖家屋脊》，文物出版社，1999年；湖北省文物考古研究所、北京大学考古学系、湖北省荆州博物馆：《邓家湾》，文物出版社，2003年。
[3] 中国社会科学院考古研究所：《青龙泉与大寺》，科学出版社，1991年。
[4] 湖南省文物考古研究所等：《湖南安乡划城岗遗址第二次发掘报告》，《考古学报》2005年1期，第55~108页。
[5] 河南省文物考古研究所等：《河南罗山县李上湾新石器时代遗址》，《华夏考古》2000年3期，第3~16页。

仰韶文化在屈家岭文化的形成和发展过程中起到了重要作用[1]。豫西南和鄂西北地区为黄河流域和长江流域交汇之地,其屈家岭文化遗存中还见有仰韶文化的陶双腹盘、大汶口文化的拔牙习俗等,该地区当为多种文化因素融汇形成屈家岭文化的关键地区。屈家岭文化的鼎足复杂多样、装饰丰富,尤其是宽扁的铲形足等,当与来自薛家岗文化的影响有关。该文化流行彩陶纺轮,有的饰螺旋纹或"太极"纹,富于旋转动感,类似刻划图案最早见于北阴阳营文化塞墩类型。郧县青龙泉等遗址所见个别石琮、石璧、斜柄石刀等则体现出来自良渚文化的影响。

屈家岭文化本身有早晚之别。早期斜腹杯大底斜直腹,彩陶圈足壶大圆腹,双腹器双腹转折明显;晚期斜腹杯小底斜腹内凹,彩陶圈足壶扁折腹,双腹器腹退化。该文化也有地域性差异,可划分为若干地方类型。如澧阳平原仍多见小口瓶和小口折腹壶;峡江地区装饰交叉绳纹、刻划网格纹、戳印纹、箍附加堆纹等的深腹罐、高领罐、敛口瓮富于特色,深腹罐常有花边口沿,与汉中地区同时期遗存近似,受到仰韶文化泉护二期类型影响;鄂东的篮纹罐形凿足鼎属于大汶口文化因素,双鼻壶等属于良渚文化因素。

屈家岭文化有湖北天门石家河与龙嘴城、公安陶家湖与鸡鸣城、孝感叶家庙、沙洋城河、荆门马家垸、江陵阴湘城、应城门板湾、石首走马岭以及湖南澧县鸡叫城和城头山等10多处土筑城址。其中最大的石家河城的面积达120万平方米,城内有宫殿区、墓葬区、祭祀区等不同功能规划,地位很是特殊;周围城址大则60多万平方米,小则几万平方米,加上一般聚落,组成以石家河古城为中心聚落的多个层次的聚落体系。屈家岭文化的社会复杂化程度已很严重。房屋多为长方形连间地面式,也有圆形单间地面式,有土坯墙或木骨泥墙,已经开始在居住面涂抹白灰。湖北应城门板湾连间式房屋现存最高2米,前面连接回廊和院落,门窗均为推拉式,窗为落地窗,和良渚文化一样使用土坯筑墙(图四六)[2]。河南淅川黄楝树排房则为木骨泥墙建筑[3]。它的墓葬情况与大溪文化油子岭类型基本相同。江汉平原邓家湾、肖家屋脊等地有的墓葬在二层台上放置数十件高领罐等,或许象征储藏物;尸骨脚端或头端的杯、小鼎等陶器或许象征常用器。而峡江地区杨家湾等地墓葬则在尸骨周围随葬大量高柄杯、斜腹杯、豆等饮食器,却基本不见高领罐,显见与江汉平原葬俗存在一定区别[4]。屈家岭文化墓葬多只随葬陶器,与同时期的良渚文化

---

[1] 韩建业、杨新改:《苗蛮集团来源与形成的探索》,《中原文物》1996年4期,第44~49页。
[2] 李桃元:《应城门板湾遗址大型房屋建筑》,《江汉考古》2000年1期,第96页。
[3] 长江流域规划办公室考古队河南分队:《河南淅川黄楝树遗址发掘报告》,《华夏考古》1990年3期,第1~69页。
[4] 湖北省文物考古研究所:《宜昌县杨家湾》,科学出版社,2013年。

形成鲜明对比。豫西南黄楝树等遗址墓葬还见有带腰坑且其中附葬婴孩的习俗。

图四六　门板湾遗址土坯墙连间房屋

屈家岭文化的生产工具基本同于大溪文化油子岭类型，青龙泉等遗址出土的凹刃石凿很有特色，可以加工圆形榫卯。屈家岭等很多遗址发现草拌泥内包含大量稻壳、茎秆等，稻谷主要属于粳稻，反映当时应当有发达的稻作农业；黄楝树遗址发现炭化稻、粟，说明屈家岭文化北部区属于稻作和旱作农业混合分布区。

（三）东北南部和西部

东北南部和西部属于筒形罐—彩陶罐—钵文化系统。

1. 红山文化和哈民忙哈文化

红山文化

公元前 3500 年以后，西辽河流域的红山文化进入以牛河梁第 5 地点晚期遗存为代表的晚期阶段，也是最为兴旺发达的时期。彩陶流行三角纹、折线之字纹、平行线加勾连涡纹、大重鳞纹等，新出带盖彩陶瓮，有彩陶筒形器、塔形器、熏炉器盖、三足小杯等与宗教祭祀有关的陶器。红山文化有不少陶或石质的人像，有些逼真传神，盛行玉器，种类有镯、环、圆角方形璧、联璧、斜口筒形器、勾云形器、双人首或兽首三孔饰、双兽（鸮）首饰、兽面牌饰、龙凤佩，以及玉人、玉龙（图四七）、玉凤（图四八）、玉龟、玉鳖、玉贝等。玉器主要以透闪石类岫岩制作[1]，凹下部位多转折圆滑，有强烈的自然温润质感。其主要来源或许在东北的广大地区，因为早在左家山下层文化、左家山中层文化、亚布力文化等当中，就已经常见

---

[1]　郭大顺提出红山文化玉器与贝加尔湖玉料存在关系的可能性。见郭大顺：《红山文化》，文物出版社，2005 年，第 137 页。

斧、锛、凿、镞、璧、联璧、管等玉器以及石龙，而少量穿孔石钺当来自江淮地区，龟、鳖类玉器也有受江淮地区文化影响的可能性。另外，该文化还发现有铜耳环。

图四七　牛河梁遗址红山文化玉龙（N2Z1M4:2）

图四八　牛河梁遗址红山文化玉凤（N16M4:1）

牛河梁遗址群包括至少20多个地点，沿山梁分布，气势恢宏，其主体遗迹属于红山文化晚期。其中最重要的是第一、二地点的所谓"庙、坛、冢"。第一地点的"女神庙"可能为整个遗址群的核心，有仿木结构和彩绘壁画，壁画多见赭色三角纹和勾连纹，发现较多女性人体塑像残件，有的残件为真人2~3倍大小，其中一件嵌玉为睛的人头像堪称精品，还有鸟首形陶塑残件，以及塔形器、熏炉器盖等，附近还有埋藏上百陶筒形器的坑等附属设施。第二地点有石块垒砌的所谓"五冢一坛"，总占地面积近6000平方米（图四九）。冢有方形、长方形、圆形和方圆结合等不同形状，冢界墙内侧以直立的彩陶筒形器环绕，冢顶中心和四个正方向中部摆放陶塔形器，其中有中心大墓的二号冢为主冢，主冢附近有一起三层台阶的圆形祭坛。牛河梁墓葬有明显的等级之分。二号冢中心大墓墓壁和外冢界都起三层台阶，其规格至高无上；一号冢中部的两座大墓都是一侧起台阶的土坑砌石墓，规格稍低；一号冢南侧诸墓规格更低。以上三个等级的墓葬一般随葬数件到20几件精美玉器。此外还有无玉器随葬的小墓。牛河梁以外，在大凌河流域喀左东山嘴[1]、凌源田家沟、阜新胡头沟[2]、敖汉老虎山、北票康家营子

---

〔1〕　郭大顺、张克举：《辽宁省喀左县东山嘴红山文化建筑群址发掘简报》，《文物》1984年11期，第1~11页。

〔2〕　方殿春、刘葆华：《辽宁阜新县胡头沟红山文化玉器墓的发现》，《文物》1984年11期，第1~5页。

等多地也都发现祭坛、积石冢和随葬玉器的墓葬，但其级别都无法与牛河梁相提并论。牛河梁遗址群或许为整个红山文化的圣地和祭祀中心，二号冢中心大墓的墓主人或为整个红山文化宗教或世俗的首领人物。

图四九　牛河梁遗址第二地点全景（西—东）

宗教总要不同程度地反映现实社会。红山文化宗教遗存宏大的场面、高上的规格、金字塔式的等级结构，也应当是现实社会高度复杂化的反映。更何况如此大体量宗教建筑群的修建当要动员很大范围内的人群，没有高度的社会组织能力是难以完成的。红山文化玉器美妙天成，彩陶构图严谨规范，其制作都需要很高的工艺水平，当时应已存在专业制玉和制陶的工匠。这些都昭示红山文化晚期应该已经进入苏秉琦所说"高于部落之上稳定的独立的政治实体"即"古国"阶段[1],已经迈入初始文明社会的范畴,可惜我们对同时期一般聚落的情况还知之甚少。该文化的生产工具和经济形态应与中期略同。

哈民忙哈文化

红山文化晚期盛极之时,曾经一度强力影响到科尔沁草原腹地的通辽—白城一带,留下以内蒙古科左中旗哈民忙哈[2]、辽宁白城双塔第二期为代表的哈民忙哈文化遗存。哈民忙哈文化的双耳壶、彩陶罐、之字纹筒形罐、斜口器等陶器,与一般红山文化者近同,但其素面或麻点纹筒形罐等又体现出浓厚的地方特点;联璧、圆角方形璧等玉器则更可能为当地传统。哈民忙哈的环壕聚落包含数十座方形或长方形半地穴式房屋,门道中前部有灶,地穴内壁和台面上都有柱洞,整体结构与仰韶文化房屋接近。有些房屋内发现大量人骨,其中F40竟多达97具,多为妇女和儿童,估计是因灾难死去后集中扔弃的。哈民忙哈和双塔墓葬为宽短的长方形竖穴土坑墓,墓主人为屈曲严重的仰身屈肢葬,表现出与红山文化不一样的丧葬习俗。工具有石斧、石锛、石凿、石锄、石磨盘、石磨棒、穿孔蚌刀、骨锥等,或许存在农业,但捕捞狩猎仍为该文化的主要经济方式。

2. 雪山一期文化、南宝力皋吐文化、小珠山中层文化、偏堡子文化

雪山一期文化

约公元前3300年,雪山一期文化从燕山以南北进至西辽河流域,代替了曾经烜赫一时的红山文化。雪山一期文化遗址小而少,远不能同红山文化相提并论,以内蒙古敖汉旗南台地遗存[3]、翁牛特旗大南沟墓地[4]为代表。彩陶流行黑彩,也有红彩,有的还带白色陶衣。筒形罐的比例比海河流域的午方类型明显偏高,应该是继承部分红山文化传统的缘故,尊似乎与赵宝沟文化遥相传承。钵、盆、素面侈口罐、高领罐等显然来自燕山以南,鸮形偏口壶、高领壶、双口壶、异形壶、陶器上的八角星纹图案以及石璧、石环、石镯等应当来自大汶口文化,而骨束发器以及卍字纹、回形纹、雷纹、狗形兽纹等纹饰为其特有。其中卍字纹早就见于西亚等地,或许与来自西方的影响有关。这类遗存可称为雪山一期文化小河沿类型[5]。

---

[1] 苏秉琦:《辽西古文化古城古国——试谈当前田野考古工作的重点或大课题》,《文物》1986年8期,第41~44页。

[2] 内蒙古文物考古研究所等:《内蒙古科左中旗哈民忙哈新石器时代遗址2010年发掘简报》,《考古》2012年3期,第3~19页;吉平:《内蒙古通辽哈民史前聚落遗址》,《2011中国重要考古发现》,文物出版社,第29~34页。

[3] 辽宁省博物馆等:《辽宁敖汉旗小河沿三种原始文化的发现》,《文物》1977年12期,第1~22页。

[4] 辽宁省文物考古研究所、赤峰市博物馆:《大南沟——后红山文化墓地发掘报告》,科学出版社,1998年。

[5] 韩建业:《论雪山一期文化》,《华夏考古》2003年4期,第46~54页。

南宝力皋吐文化

大约公元前3000年,雪山一期文化小河沿类型继续向东扩张至科尔沁草原腹地,与下辽河流域的偏堡子文化、嫩江流域及其以北地区的小拉哈一期文化融合,从而形成以内蒙古扎鲁特旗南宝力皋吐墓地为代表的南宝力皋吐文化[1]。它的素面侈口罐、高领罐、钵、盆、尊形器、高领壶、双口壶及部分筒形罐等属于雪山一期文化小河沿类型因素,龟形偏口壶当受鸮形偏口壶启发而产生,也有骨束发器;刻划多周横向平行线纹及席纹、箍多周附加堆纹的筒形罐属于小拉哈一期文化因素;饰纵向附加泥条纹的双耳叠唇罐属偏堡子文化因素;还有璇玑、斧、锛、环、璜、管、坠等玉器,与左家山下层文化等或有联系;复线刻划或彩绘的三角形、菱形、回形几何纹很有特色。最引人注意的是口沿外箍一周附加堆纹的深腹圜底罐早就流行于外贝加尔地区,有些器物肩部装饰一周胡须状垂带纹的情况,早就见于欧亚大陆西部。还有五角形石"骨朵",应为权杖头,也是广见于欧亚大陆西部地区的器物。

小珠山中层文化与偏堡子文化

约公元前3500年以后,辽东地区进入小珠山中层文化晚期阶段,出现鬶、盉等大汶口文化中期因素。约公元前3000年,辽东地区出现以瓦房店三堂村一期[2]、沈阳肇工街一期[3]为代表的偏堡子文化,以装饰纵向附加泥条纹(蛇纹)、篦划纹的双耳叠唇罐最具特色,也有高领壶、斜腹或折腹钵、圈足碗、素面深腹罐等,后几类陶器连同玉璜等基本都属于大汶口文化因素,玉璇玑或许为北方因素。

除南宝力皋吐文化外,其他几个文化都发现简陋的半地穴式房屋。小河沿类型大南沟等地墓葬除常见的竖穴土坑墓外,还新出现偏洞室墓——是为中国最早的洞室墓,葬式均为屈肢葬。与此不同的是,南宝力皋吐文化、偏堡子文化等不见偏洞室墓,流行仰身直肢葬。小河沿类型和南宝力皋吐文化都有火烧墓坑与尸体的习俗,这也是常见于北方草原地带的葬俗,小河沿类型还有以桦树皮掩盖尸体的情况。

几个文化都有斧、锛、凿、钺等磨制石器和打制的亚腰形石锄,也都有骨镖、骨锥等,但也有区别:偏东南的小珠山中层文化—偏堡子文化有磨制石刀、磨制

---

[1] 内蒙古文物考古研究所等:《内蒙古扎鲁特旗南宝力皋吐新石器时代墓地》,《考古》2008年7期,第20~31页;内蒙古文物考古研究所等:《内蒙古扎鲁特旗南宝力皋吐新石器时代墓地C地点发掘简报》,《考古》2011年11期,第24~37页;朱永刚、吉平:《关于南宝力皋吐墓地文化性质的几点思考》,《考古》2011年11期,第67~72页。

[2] 辽宁省文物考古研究所、吉林大学考古学系、旅顺博物馆:《辽宁省瓦房店市长兴岛三堂村新石器时代遗址》,《考古》1992年2期,第107~121页。

[3] 中国社会科学院考古研究所东北工作队:《沈阳肇工街和郑家洼子遗址的发掘》,《考古》1989年10期,第885~892页。

石镞,而偏西北的雪山一期文化小河沿类型、南宝力皋吐文化则有石磨盘、石磨棒以及细石器镞、刮削器、石叶、骨梗石刃刀等,显示偏南以农业为主,偏北以狩猎采集为主。骨梗石刃刀不见于小珠山中层文化而见于偏堡子文化,这也是值得注意的现象。

（四）早期中国外缘区文化

如上所述,仰韶后期文化意义上"早期中国"的范围较前有显著扩展,但在华南、西南、东北和西北地区仍有一些没有涵盖的地方。

华南的福建南部、广东南部和广西大部仍是绳纹釜加圈足盘的传统,台湾的大坌坑文化也是如此。如福建南部(包括台湾)分布着东山大帽山类遗存,有人称之为大帽山文化[1]。西南的贵州、云南大部和西藏中西部,西北的青海西部至新疆,情况更不清楚,推测即使有新石器时代文化,也必定很不发达,主体仍为狩猎采集经济。

东北地区大致在"早期中国"之外的有嫩江流域的小拉哈一期文化、第二松花江流域的左家山上层文化、牡丹江流域的莺歌岭下层文化、图们江流域的金谷文化等。黑龙江肇源小拉哈一期有以刻划平行线纹、席纹筒形罐为代表的所谓甲组陶器,和饰多周附加堆纹的所谓乙组陶器[2],其实它们只是一个考古学文化即小拉哈文化的组成部分,并没有早晚之分;其遥远的源头或许竟在西拉木伦河东北一带富有地方特点的兴隆洼文化[3]。大量细石器镞、刮削器以及骨镖、骨枪头等显示,该文化以渔猎经济为主,没有农业迹象。以吉林农安左家山上层、东丰西断梁山上层[4]为代表的左家山上层文化,筒形罐装饰人字纹、波折纹等,有半地穴式房屋,有打制或略磨的石铲、石斧以及石磨盘、石磨棒等,奇怪的是镞为磨制而非压制,还有骨镖、网坠等,应当是农业和渔猎并存的经济形态。莺歌岭下层文化与左家山上层文化基本情况接近。金谷文化又称兴城文化,以筒形罐为主要器类,填篦点纹的回纹、

---

[1] 福建博物院、美国哈佛大学人类学系:《福建东山县大帽山贝丘遗址的发掘》,《考古》2003年12月,第19~31页。

[2] 黑龙江省文物考古研究所、吉林大学考古学系:《黑龙江肇源县小拉哈遗址发掘报告》,《考古学报》1998年1期,第61~101页。

[3] 中山大学人类学系、内蒙古文物考古研究所:《内蒙古巴林右旗塔布敖包新石器时代遗址2009年发掘简报》,《考古》2011年5期,第3~15页。

[4] 吉林省文物考古研究所:《吉林东丰县西断梁山新石器时代遗址发掘》,《考古》1991年4期,第300~312页。

涡纹等很有特色[1]。

(五) 仰韶后期的文化交流

仰韶后期或铜石并用时代早期,由于中原核心区文化势力的减弱,已经难以对周围地区产生强力影响辐射,因此文化交流的主旋律变为各地文化间的相互交流,尤其东部地区文化对中原和西部地区文化的影响更大,西部地区文化则向更西部推进。

1. 仰韶三期的文化交流

仰韶三期或仰韶晚期阶段,仰韶文化核心区虽然衰落,但对周围仍有看得见的影响。其中秦王寨类型东向影响到鲁西南一带,使得当地大汶口文化的深腹罐上多饰红色带状网格纹彩,或者拍印绳纹并箍附加堆纹。半坡晚期类型甚至向南拓展至长江上中游之交的重庆北部。而主要植根于仰韶文化的雪山一期文化则北向扩展至西辽河流域,代替了曾经强盛的红山文化。

大汶口文化中期对周边文化的影响显著增强:西向与仰韶文化发生深刻的互动交流,促成秦王寨类型的形成,其典型因素敛口折盘豆、敞口双腹豆、背壶、高领壶、圈足尊等还远距离渗入西王类型;北向影响到河北中北部、西辽河流域、辽东地区,使得雪山一期文化晚期出现折腹盆、平底盆、豆、多口壶、鸮形罐、八角星纹等因素,使得小珠山中层文化出现鬶、盉等陶器;南向和良渚文化在苏北一带对峙并相互交流,其典型因素背壶等渗透入良渚文化腹地。

红山文化晚期同样对外强烈影响,不但东向影响并促成与其近似的哈民忙哈文化,而且其之字纹陶筒形罐以及鳞纹、填充斜线的三角形、相对双勾纹、棋盘格纹、连续菱块纹、条带纹等彩陶因素影响到内蒙古中南部、山西、河北、河南中部甚至山东地区,对仰韶文化海生不浪类型、义井类型和雪山一期文化的形成起到重要推动作用。内蒙古中南部初期海生不浪类型的岫岩玉璧、玉料,应当为直接从西辽河流域输入;多为岫岩玉质的圆角方形璧、联璧等也见于野店等大汶口文化遗址[2],圆角方形璧、联璧以及箍形饰、Y形器、玉龙等红山式玉器还影响

---

[1] 延边博物馆:《吉林省龙井县金谷新石器时代遗址清理简报》,《北方文物》1991年1期,第3~18页;吉林省文物考古研究所、延边朝鲜族自治州博物馆:《和龙兴城——新石器及青铜时代遗址发掘报告》,文物出版社,2001年;赵宾福:《东北石器时代考古》,吉林大学出版社,2003年;杨占风:《鸭绿江、图们江及乌苏里江流域新石器文化研究》,文物出版社,2013年。

[2] 赵朝洪、员雪梅、徐世炼等:《从玉器原料来源的考察看红山文化与大汶口文化的关系》,《红山文化研究——2004年红山文化国际学术研讨会论文集》,文物出版社,2006年,第456~463页。

到江淮地区的崧泽文化、薛家岗文化等[1]。我们可以依据影响的远近和深度将红山文化的南向影响大致分为三个层次，其影响过程应当伴随着一定数量人群的迁移，至少对邻近的内蒙古中南部、山西、河北地区是这样（图五〇）[2]。

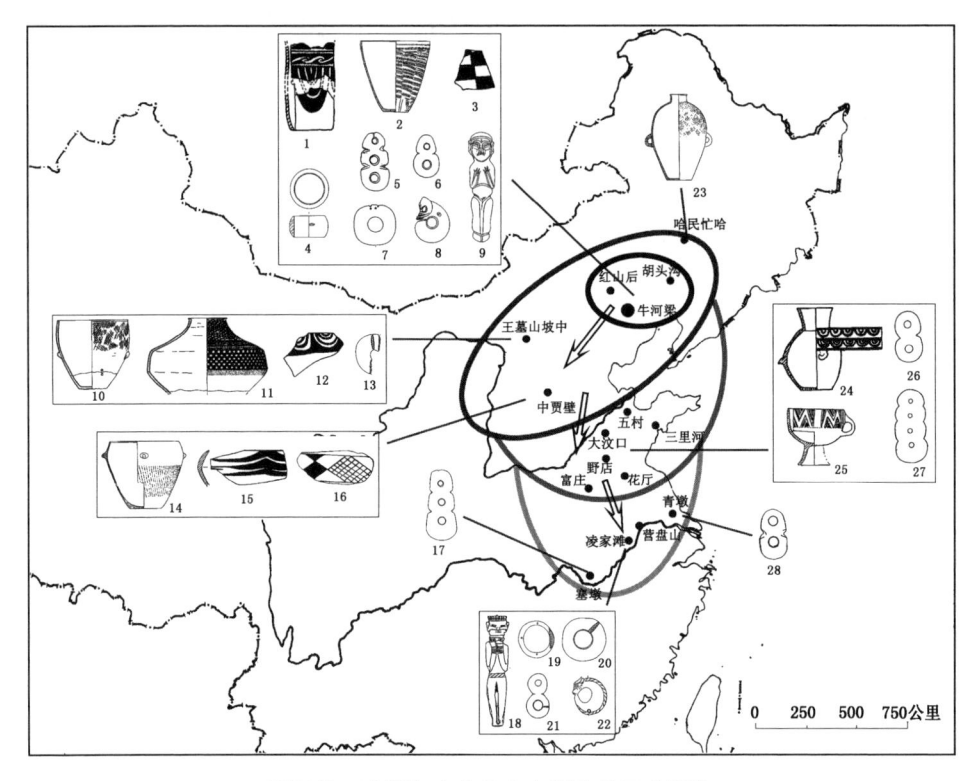

图五〇　晚期红山文化南向影响的三个层次

1. 陶筒形器（胡头沟筒5）　2、10、14. 陶筒形罐（牛河梁N5H14:1、红台坡上F5:6、中贾壁0:18）　3、12、16. 彩陶片（城子山T1②:5、王墓山坡下ⅠT1224③:3、中贾壁H32:10）　4、19. 玉镯（牛河梁N5Z1M1:3、凌家滩87M4:53）　5、6、17、21、26～28. 玉联璧（胡头沟M3-4:1、N2、塞墩M123:4、凌家滩85M15:107-2、野店M22:8、青墩T10:20）　7、13、20. 玉璧（牛河梁N2Z1M15:4、王墓山坡中T2②:1、凌家滩87M7:42）　8、22. 玉龙（牛河梁N2Z1M4:2、凌家滩98M16:2）　9、18. 玉人（牛河梁N16M4:4、凌家滩87M1:3）　11. 陶小口鼓腹罐（红台坡上F2:1）　15. 陶钵（中贾壁0:1）　23、24. 陶壶（哈民忙哈F8:4、焦家ZJ:594）　25. 陶豆（五村M90:3）

长江下游的崧泽文化、薛家岗文化等对外影响广泛，这时黄河流域常见的鬶、盉、匜等的出现应当与其相关。长江中游大溪文化的玉璜、玉玦、石钺、多孔

---

[1] 田名利：《凌家滩墓地玉器渊源探寻》，《东南文化》1999年5期，第18～25页；田名利：《凌家滩遗存与红山文化》，《文物研究》第十五辑，黄山书社，2007年，第79～90页。
[2] 韩建业：《晚期红山文化南向影响的三个层次》，《文物研究》第十六辑，黄山书社，2009年，第61～66页。

石刀以及敛口折盘高柄豆等明确为薛家岗文化因素,因而有人提出长江中游当时的玉器属于长江下游系统[1]。

2. 仰韶四期的文化交流

仰韶四期或仰韶末期阶段,文化间交流和碰撞幅度进一步加大,不少共性因素开始出现。早期中国大部地区的陶器向灰黑化发展,轮制陶器渐次增多。

这时仰韶文化虽然处于弱势,但仍然对外施加影响。如鲁西、豫东、皖北等地大汶口文化晚期的篮纹、附加堆纹等都当与庙底沟二期类型的影响有关,而屈家岭文化的形成也当与庙底沟二期类型的南向影响有一定关系。

大汶口文化对外显著扩张,西向已经拓展至豫东和皖西北地区,形成尉迟寺类型;典型因素凿形足鼎、豆、袋足鬶、直腹缸等渗透到晋豫大部地区,甚至有些墓葬的随葬品基本都是典型大汶口文化器物,推测应当存在人群的迁移;高柄杯、圈足尊甚至拔牙习俗等西南向远距离渗透到江汉地区,对大溪文化向屈家岭文化的转变起到重要作用。此外,大汶口文化先进的轮制黑陶技术,呈波浪状对外产生辐射影响。

良渚文化强力扩张,最重要的是北向和西南向的扩张。北向曾一度扩展至江淮东部[2],并对苏北地区产生强烈影响。江苏新沂花厅墓地南区属于大汶口文化中期墓葬,不见良渚文化因素;而相当于大汶口文化晚期偏早的北区墓葬则出现大量良渚文化因素,包括T形足鼎、贯耳壶、宽把带流杯、竹节纹豆、圈足罐等陶器,饰简化神人兽面纹的琮、琮形管、锥形器、串饰等玉器[3]。同样引人关注的是,北区大墓墓主人都是中青年,符合战士身份;几乎所有大墓都有殉人,这种现象见于良渚文化而不见于大汶口文化。严文明据此提出,这是良渚人远征大汶口人并与其碰撞与融合的产物[4]。不仅如此,良渚文化的贯耳壶、石璧等因素还渗入大汶口文化腹地。至于山东半岛栖霞杨家圈一期良渚文化T形鼎足、豆、鼎式甗等的发现[5],估计更可能是通过海上发生的交流。良渚文化西向

---

[1] 杨建芳:《大溪文化玉器渊源探索——兼论有关中国新石器时代文化传播影响的研究方法》,《南方民族考古》第一辑,1987年,第15~20页;张弛:《大溪、北阴阳营和薛家岗的石、玉器工业》,《考古学研究》(四),科学出版社,2000年,第55~76页。

[2] 南京博物院考古研究所:《江苏阜宁陆庄遗址》,《东方文明之光——良渚文化发现60周年纪念文集》,海南国际新闻出版中心,1996年,第130~146页;南京博物院等:《江苏阜宁县东园新石器时代遗址》,《考古》2004年6期,第7~21页。

[3] 南京博物院:《花厅——新石器时代墓地发掘报告》,文物出版社,2003年。

[4] 严文明:《碰撞与融合——花厅墓地埋葬情况的思考》,《文物天地》1990年6期,第18~20页。

[5] 北京大学考古实习队、山东省文物考古研究所:《栖霞杨家圈遗址发掘报告》,《胶东考古》,文物出版社,2000年,第151~206页。

对皖南、皖西、鄂东、宁镇地区产生影响[1],使得薛家岗文化等当中出现贯耳壶、鱼鳍形足或T形足鼎、鬶、斜柄石刀、三角形石犁形器、玉琮、玉璧等良渚文化因素。最远还影响到郧县青龙泉屈家岭文化、垣曲古城东关庙底沟二期类型,使其出现琮、璧、斜柄刀等石器。南向强烈影响浙东宁绍平原,使得奉化名山后等遗址的上层文化面貌和良渚文化近同[2],良渚文化因素甚至还见于舟山群岛。西南向影响浙西南、皖南、赣北,甚至在湖南湘乡岱子坪一期都可见到良渚文化风格的贯耳罐[3]。

屈家岭文化的对外影响也非常强劲。北向影响河南中西部,使仰韶文化庙底沟二期类型、秦王寨类型出现斜腹杯、双腹豆、尖底锅等陶器,甚至苏北大汶口文化也出现红陶斜腹杯[4];东向影响鄂东[5]、皖西南、赣西北,使这些地区出现圈足盆形甑等陶器。

此外,樊城堆文化等南向影响到广东北部石峡文化的产生,可谓最早的"客家文化"。见于大汶口文化、小珠山中层文化、南宝力皋吐文化等的玉璇玑,其源头或许在东北中北部乃至于外贝加尔地区。西部地区的马家窑文化、卡若文化等当中还不时发现海贝,显示它们与沿海地区存在联系。

3. 马家窑文化的西向拓展与"彩陶之路"

仰韶四期,马家窑文化马家窑类型远距离西向传播,从而形成一条早于"丝绸之路"3 000多年的"彩陶之路"——也就是以彩陶为代表的早期中国文化以陕甘地区为根基自东向西的拓展传播之路,也包括顺此通道西方文化的反向渗透[6]。"彩陶之路"始于公元前3500年左右的泉护类型末期和石岭下类型过渡之时,至公元前3000年马家窑类型形成以后交流更加明显,并且大体分成南北道,其中南道又可分两条支线。马家窑类型从甘肃中部向青海东北部[7]和河西走廊长距离扩展即为北道;拓展至青海东部的共和盆地形成马家窑文化宗日类型,即为南道北支线;拓展至四川西北部的茂县、汶川、理县甚

---

[1] 朔知:《良渚文化的初步分析》,《考古学报》2000年4期,第421~451页。
[2] 名山后遗址考古队:《奉化名山后遗址第一期发掘的主要收获》,《浙江省文物考古研究所学刊(1980~1990)》,科学出版社,1993年,第119~123页。
[3] 湖南省博物馆:《湘乡岱子坪新石器时代遗址》,《湖南考古辑刊》(2),岳麓书社,1984年,第1~25页。
[4] 南京博物院等:《梁王城遗址发掘报告·史前卷》,文物出版社,2013年,第59页。
[5] 中国社会科学院考古研究所湖北工作队:《湖北黄梅陆墩新石器时代墓葬》,《考古》1991年6期,第481~496页。
[6] 韩建业:《"彩陶之路"与早期中西文化交流》,《考古与文物》2013年1期,第28~38页。
[7] 青海省文物管理处考古队:《青海大通上孙家寨出土的舞蹈纹彩陶盆》,《文物》1978年3期,第48~49页。

至云南大理一带[1],即为南道南支线。马家窑文化西向拓展进程中最可注意者,是其通过南道向西藏高原渗透并形成卡若文化(图五一)。

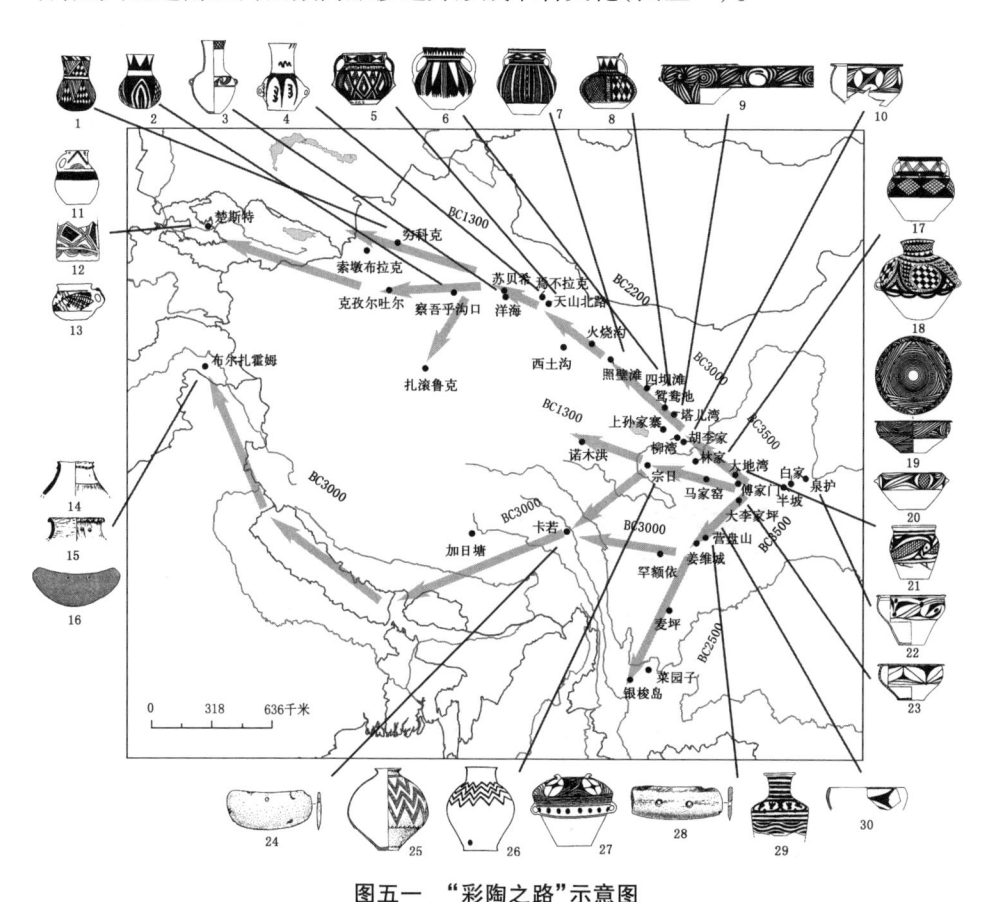

图五一 "彩陶之路"示意图

1~4、8、11、29. 陶壶(穷科克 M46A:1、察吾呼沟四号墓地 M156:16、洋海二号墓地 M242:2、焉不拉克 M2:3、鸳鸯池 M72:2、舒拉巴沙特、营盘山 H12:5) 5~7、13~15、17、18、21、25~27. 陶罐(瓮)(天山北路、干骨崖 M84:1、砖沙窝 JZH—A003、舒拉巴沙特、布尔扎霍姆、布尔扎霍姆、下海石 M10:5、土谷台 M66:1、大地湾 F401:2、卡若 F9:126、宗日 M43:2、M222:1) 9、10、19、22、23. 陶盆(塔儿湾 F10:22、胡李家 H14:2、雁儿湾 H1:36、泉护 H224:501、大李家坪 H16:1) 12. 陶杯(舒拉巴沙特) 16、24、28. 石刀(布尔扎霍姆、卡若 F8:69、营盘山 T11①:3) 20、30. 陶钵(大地湾大地湾 T703②:95、波西 G1:4)

令人称奇的是,克什米尔地区的布尔扎霍姆(Burzahom)一期乙段遗存竟然也与卡若文化有许多近似之处:均以泥条筑成法制作的粗灰陶器为主,褐陶其次;器类都是小口高领罐壶类和平底盆钵类;口沿外贴边、领身部箍附加堆纹、假

---

[1] 云南省文物考古研究所等:《云南大理市海东银梭岛遗址发掘简报》,《考古》2009 年 8 期,第 23~41 页;万娇:《苍洱地区史前文化》,文物出版社,2013 年。

圈足、底部见编织纹印痕等特征也都彼此类似；都流行形态近似的双孔或单孔石刀（爪镰）、磨制的长体石斧、锛、凿等，尤其凹背石刀更是神似；都居住在木柱撑顶的半地穴式房屋当中。如此多的共性，只能用相互间存在关联来解释。由于这些因素在布尔扎霍姆一期中都是突然出现的，且其绝对年代（公元前2850~前2550）不早于卡若文化[1]，因此推测它与卡若文化传统沿着喜马拉雅山南缘的长距离西向渗透有关。

虽然上述早期文化交流南道的主导方向是向西，但也不是没有文化因素顺此通道向东传播的可能。比如类似马家窑类型和宗日类型的舞蹈纹类题材（图五二），早就广见于公元前9000~前6000年的近东和东南欧地区[2]，而甘肃东乡林家马家窑类型的青铜刀，石岭下类型、马家窑类型的家羊等，或许也都与西方存在关联，而东传的可能路线之一就是早期中西文化交流南道。

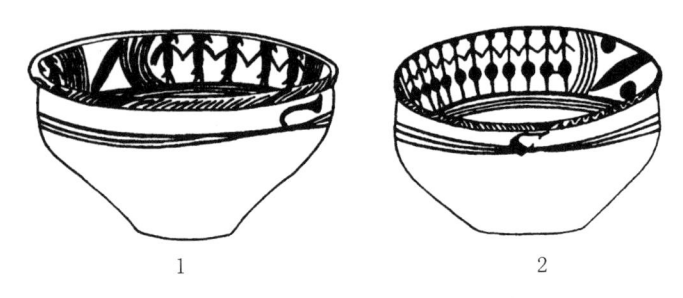

图五二 马家窑文化彩陶舞蹈纹盆
1. 上孙家寨 M384:1　2. 宗日 M157:1

（六）小结

公元前3500年以后文化意义上早期中国的范围进一步扩展，内部碰撞交流空前活跃，"中国"的文化特征进一步凸显，社会发生急剧变化，进入早期中国的初始文明社会阶段——古国时代，同时也加快了早期中西文化交流的步伐。

（1）两大农业体系的互融互补和北方地区多元化经济趋势的加强

粟作农业和稻作农业两大体系的范围显著扩展。粟作农业扩展至河西走廊东部、青藏高原东部、东北地区大部甚至朝鲜半岛和东西伯利亚地区，稻作农业

---

[1] [俄罗斯] V. M. 马松主编：《中亚文明史》第一卷，中国对外翻译出版公司，2002年，第86~106页。
[2] [以色列]约瑟夫·加芬克尔：《试析近东和东南欧地区史前彩陶上的舞蹈纹饰》，《考古与文物》2004年1期，第83~95页。

扩展至广东北部和山东半岛,长江上游有可能为粟作和稻作混合区域(见图三)。两大农业体系都有长足的发展,粟作农业区的石刀、石铲等农业工具磨制得更加精整,而且逐渐开始流行高效的收割工具石镰。稻作农业区如良渚文化不但有大量精致石镰,而且有石犁形器等,显示其生产力水平得到质的提升,与良渚文明的发达程度吻合,但不能确定是否如美索不达米亚文明和埃及文明那样已经发展到犁耕阶段。两大农业体系互融互补的趋势显著加强,稻作农业不但存在于淮河流域、黄河下游大部,而且还见于黄河上中游地区;粟作农业则向南渗透到汉江流域。总体上仍然是南部稻作农业、北部粟作农业占据主体的格局。此时粟作农业地区的狩猎采集经济比重显著上升,镞、刮削器、骨梗石刃刀等细石器的比例明显增加。大约公元前3000年以后甘青地区还出现家养的羊,说明已经出现最初形式的畜牧业。两大农业体系的发展和互融互补,以及北方地区多元化经济趋势,保证了广大地区食物来源的稳定性。

(2)"中国"特色器物的广泛交流和融合创新

陶器、玉器、漆器和丝织品等"中国"特色器物种类更加繁多,制作更加精致。大汶口文化和良渚文化的磨光黑陶,马家窑文化的彩陶,以及红山文化、薛家岗文化、良渚文化的玉器,都精妙绝伦,冠绝一时。磨光黑陶、精美玉器一般出于大型墓葬,而且分不同级别,大约已经初步具有"礼器"性质。尖圜底的陶尊(缸)和玉石钺普遍见于黄河长江流域大中型墓葬,大约已是具有一定普世意义的礼器[1]。值得一提的是,当时玉器异常发达,成为早期中国东部地区最有代表性的物质文化遗存,有人甚至因此提出"玉器时代"的概念[2]。

或许是受长江下游地区的影响,约公元前3500年以后早期中国大部地区出现带流器物,应当代表一种共同的生活习俗的形成。或许是受黄河下游地区鬶的启发,约公元前3000年最早在晋南融合创新形成斝,又迅即传播到周边地区,标志着一种有着中原北方鲜明地方特点的高效炊煮方式的出现。陶鼎的分布范围继续扩大,东部各文化的玉器也存在交流。镯、纺轮等几乎见于所有文化,陶铃等仍见于黄河长江流域,晋中还发现个别细长陶鼓[3]。良渚文化的木屐,大汶口文化、屈家岭文化的象牙梳等也都各具特色。此外,马家窑文化、红山文化等零星发现青铜刀、铜环等。

---

[1] 尖圜底的陶尊(缸)多数当为酒器。见王树明:《考古发现中的陶缸与我国古代的酿酒》,《海岱考古》第一辑,山东大学出版社,1989年,第370~389页。

[2] 曲石:《中国玉器时代》,山西人民出版社,1991年。

[3] 山西省考古研究所等:《清徐都沟遗址发掘简报》,《三晋考古》第三辑,山西人民出版社,2006年,第15~59页。

(3) 土木建筑技术的多样化发展

当时仍为北方地区地穴式、长江中下游地面式和干栏式梁架结构房屋的基本格局。但长江中下游开始流行连间式房屋，并且扩展至淮河领域，而北方地区开始出现窑洞式建筑。

建筑技术有明显进步。已经出现二三百万平方米的良渚、石家河等超大型古城聚落，以及更多中小型古城，城垣建造技术显著提高，尤以良渚为最。良渚古城、大地湾乙址、南佐、牛河梁等遗址出现大型高台建筑、具有"前堂后室东西厢"结构的宫殿式建筑、大型的"庙、坛、冢"等。夯土技术开始流行，不但支持了大量城垣的修筑，而且还用于房屋建造。良渚文化城墙夯窝清晰、层次清楚，显见夯土技术已经比较成熟。在房屋地面和墙裙涂抹石灰的做法，不但见于仰韶文化，还传播到屈家岭文化等当中，这项技术使得房屋比以前任何时候都要明亮、卫生。此外，仰韶文化台口类型、屈家岭文化、良渚文化等已经最早使用土坯建房，仰韶文化阿善类型和卡若文化等则见石墙房屋，屈家岭文化见有推拉式门窗。房屋内应当有了专门的照明设施，如属于大溪文化的雕龙碑三期发现陶多孔器，或上插燃烧树枝等而为照明或火种器具。

(4) 彩陶的衰落和文字符号的兴起

早期中国核心区的彩陶开始衰落，但并非全面衰落，更从未绝迹。仰韶文化秦王寨类型、大司空类型、海生不浪类型以及雪山一期文化、红山文化的彩陶，脱胎于仰韶文化庙底沟期彩陶而融入北方地区因素，互相交融，各擅胜场；屈家岭文化的晕染风格彩陶和良渚文化的彩绘陶，各具特色。尤其是马家窑文化的彩陶后来居上，异军突起，其图案之复杂，线条之流畅，使用之广泛，达到空前绝后的地步。彩陶主色仍为红黑二色，另外西坡、大地湾房屋内部也都有涂朱现象，可见仍存在尚红传统。

就在彩陶衰落的同时，类文字符号越来越发达。尤其是公元前3000年以后大汶口文化、良渚文化的陶符，造型稳定，结构复杂，有的甚至多个符号连为一体，与后世甲骨文相似，很可能已经是文字了[1]。彩陶图像和文字符号都有表达人们思想观念的功能，但图像的表达抽象宽泛，文字的表达具体精确，二者毕竟有所区别。恰在彩陶衰落的同时产生文字，这当然不仅仅是巧合。仰韶后期当为中国文字产生的关键时期。当然以前流行的八角星纹、太阳纹等仍然存在，并且传播范围更广。其中良渚文化盛行的兽面纹或神人兽面纹，或许代表着良

---

[1] 王晖：《从甲骨金文与考古资料的比较看汉字起源时代》，《考古学报》2013年3期，第283～296页。

渚社会文化精神层面的共同认知,可能是文化徽记。东北地区还出现来自欧亚草原地带的卍字纹等符号。

(5) 祖先崇拜体系

墓葬基本都是竖穴土坑墓,该时期仍是以祖先崇拜为核心的世俗化的宗教信仰体系。但北方的雪山一期文化、南宝力皋吐文化、马家窑文化和南方的樊城堆文化等出现部分火葬墓,有的甚至焚烧尸骨,至少意味着对这部分死者而言不是为他们安排地下"永久家园"。中原核心地区西坡大墓等强调生死之别,突出家族或氏族;少见陶偶和人物形象,缺乏偶像崇拜或者鬼神崇拜的内容。特别值得注意的是西坡大墓随葬陶明器有滞后现象,有意模仿庙底沟类型末期器物形态,当为祖先崇拜和"复古"思想的体现。红山文化"庙"、"坛"、"冢"、女性雕塑、"唯玉为葬",大溪文化、薛家岗文化、良渚文化等的祭坛、琮璧玉器以及埋葬猪狗等的兽骨祭坑等,似乎都有一定的陶偶崇拜和祭祀天地的内容[1],但其核心还是祖先崇拜传统。

东方诸文化仍然延续崇拜鸟日的传统,常见鸟纹、八角星纹、太阳纹等,大汶口文化的部分陶文、瓶形陶器等也当与此相关[2],同时还常见龟鳖形象,八角星纹甚至从大汶口文化传播到雪山一期文化。红山文化有崇拜龙的传统,有数量众多的玉龙,但也有不少鸟的题材。凌家滩出土的长方形玉版刻有两重圆圈,大圆外有4只箭标、内有8只箭标,核心为八角星纹,有人认为其与天圆地方、四维八极等观念有关[3];玉鹰双翅为两个猪首,中心同样是八角星纹。可见八角星纹在其社会意识形态当中具有极为特殊的地位。

各地还有各具特色的宗教习俗。东部大溪文化、薛家岗文化、大汶口文化常见埋葬猪、狗的兽坑,墓葬流行随葬猪下颌骨,尤其鄂北地区很多墓葬只随葬猪下颌骨,当以其作为财富象征。大溪文化常见随葬鱼的习俗。屈家岭文化的青龙泉遗址有房基下用猪狗奠基的现象,肖家屋脊有房基下用对扣两碗奠基的现象。屈家岭文化常见可套接的子母口陶管状物,素面或带多周附加堆纹,球状凸起部位一般饰密集毛刺状物,末端细长且封闭,可知并非陶水管,还有可能是与

---

[1] 张光直认为玉琮内圆外方象征天地,神人兽面为巫师及其助手,其主要功能就是沟通天地。见张光直:《谈"琮"及其在中国古史上的意义》,《文物与考古论集——文物出版社成立三十周年纪念》,文物出版社,1986年,第252~260页。

[2] 韩建业、杨新改:《大汶口文化的立鸟陶器和瓶形陶文》,《江汉考古》2008年3期,第43~47页。

[3] 冯时:《中国天文考古学》,社会科学文献出版社,2001年;李新伟:《中国史前玉器反映的宇宙观——兼论中国东部史前复杂社会的上层交流网》,《东南文化》2004年3期,第66~72页。

其配套的带四个喇叭状接口的管状器。大汶口文化尉迟寺遗址发现将12件陶尊连在一起的祭祀坑。马家窑文化石岭下类型、仰韶文化阿善三期类型最早出现骨卜习俗。

宗教崇拜内容更为复杂,尤其东方和长江流域祭享设施等级分明,出现超大规模宗教设施。

(6) 初始文明形成与三种模式

铜石并用时代早期社会变革和复杂化的趋势加剧,三种社会发展模式的特征更加凸显出来。

中原核心区及其附近的郑州西山出现城垣遗址,石钺、石镞增多,显示战争正在成为日常大事。乱葬坑或以人奠基等现象间接反映出战争的频繁。河南灵宝西坡、伊川伊阙城、孟津妯娌等墓地墓葬分区分群,大河村等遗址流行逐渐加盖而成的多间房屋,显示家族组织的凸显,以及越来越明显的男尊女卑情形。但西坡大墓等规模很大而随葬品简陋贫乏,体现出生死有度、重贵轻富、井然有礼、朴实执中的特点,说明当时强调社会地位差别而贫富分化有限。除精美玉石钺的存在体现出可能存在玉石器手工业的专业化外,看不出其他手工业专业性的迹象。

东方地区的大汶口文化、崧泽文化—良渚文化、薛家岗文化,以及东北的红山文化和长江中游的大溪文化—屈家岭文化等,普遍出现城垣,玉石钺、石镞更为发达,还有人殉现象,营造出紧张的人际关系和战争气氛。这些文化的墓葬普遍分区分群,良渚文化、大汶口文化等还常见20座左右墓葬组成的独立的家族墓地,同样体现出家族已经成为最重要的社会组织[1],同样存在男尊女卑现象。常见的连间房屋建筑可能是随着家庭的扩大逐渐加盖形成的,每栋建筑应当对应一个父系大家庭。与中原不同的是,这些文化贫富分化、社会地位分化和手工业分化都很严重。聚落已经可以分出三四个层级,出现以良渚古城、石家河古城这样的超大规模中心聚落为核心的聚落群,以及牛河梁遗址群这样的超大规模宗教中心,聚落群内部、聚落内部结构复杂,功能区分明确,出现大型宫殿式房屋建筑和高级宗教建筑。墓葬等级分明,良渚文化有专门的贵族"坟山",大墓随葬数百件精美玉器,红山文化积石冢大墓的随葬玉器虽只有一二十件,但也是精妙绝伦的艺术珍品。这些文化的玉石器、黑陶、彩陶等都异常精美,应当都是手

---

[1] 赵辉曾根据对长江中游大溪文化等墓地和聚落的分析,提出墓组=一套间房=核心家庭、墓群=一栋房子=扩大家庭、墓区=一排房子=大家族、墓地=聚落=氏族的对应关系。见赵辉:《长江中游地区新石器时代墓地研究》,《考古学研究》(四),科学出版社,2000年,第23～54页。

工业专业分工的产物。

北方地区的仰韶文化阿善类型等出现带状分布的石城,有乱葬坑等,也当与残酷频繁的战争背景相关。房屋分群分组,也与家族组织有关。这些都是与中原和东方相同的地方。但北方地区后期仰韶文化诸类型和马家窑文化的贫富分化和社会地位分化有限。秦安大地湾、庆阳南佐等中心聚落和似宫殿式建筑的发现,表明存在聚落间分化和一定的社会地位分化,但贫富分化似乎并不特别突出。马家窑文化的彩陶制作或许已经出现专业化,此外则基本不见手工业专业化的证据。

总之,铜石并用时代早期虽然有着"中原模式"、"东方模式"和"北方模式"三种不同的社会发展模式,但却普遍存在社会分化、家族凸显、男权军权凸显等一般趋势。东方模式如良渚文化、屈家岭文化、大汶口文化等在公元前 3000 年左右应当已经出现初始国家组织,能够对较大地域实行一定程度的控制和管理,当已进入初始文明社会阶段;虽然中原模式和北方模式的贫富分化不很明显,但也未尝不能对较大地域实行一定程度的控制和管理,其社会发展阶段与东方模式大体一致。

(7) 文化意义上早期中国的古国时代

铜石并用时代早期中原核心区实力减弱,难以对周围文化产生强力影响和辐射,周围文化就各自沿着不同方向发展。对当时的中原文化来说,正好有机会吸收更多周围文化因素,不过其对传统的维持也比其他任何一个地区都要顽强。对于周围文化来说,终于有更多机会变革和创新,但总归基于原有基础。总体上此前形成的文化意义上的早期中国得到继续发展,并未因为中原核心区的衰弱而解体;不仅如此,由于周围文化向更外缘的大幅度扩展,早期中国的范围也得到更大扩张(图五三)。这是文化意义上的中国和政治意义上的中国很不同的地方。

当时的中国出现很多地区中心,其中有不少已经具备初始国家性质,如以良渚遗址群为核心的良渚文化、以石家河遗址群为核心的屈家岭文化、以大汶口墓地和丹土城址为代表的大汶口文化、以牛河梁遗址群为核心的红山文化、以西坡大墓为代表的仰韶文化西王类型、以西山古城为代表的仰韶文化秦王寨类型、以大地湾乙址为代表的马家窑文化石岭下类型等。仅良渚文化达到的文明程度和空间范围,就可以和同时期的西亚文明和埃及文明相提并论!而其年代约在公元前 3500～前 3000 年间,恰与美索不达米亚文明和埃及文明的时间近同。就整体来说,虽然当时并未明确表现出存在基于整个早期中国的核心和王权,这些小国相互之间并无明确统属关系,与西方苏美尔等文明由祭司控制的小国或城邦体有相似性;但中国的这些小国基于以前一个三层次结构的大文化圈,这与西方文明有别。

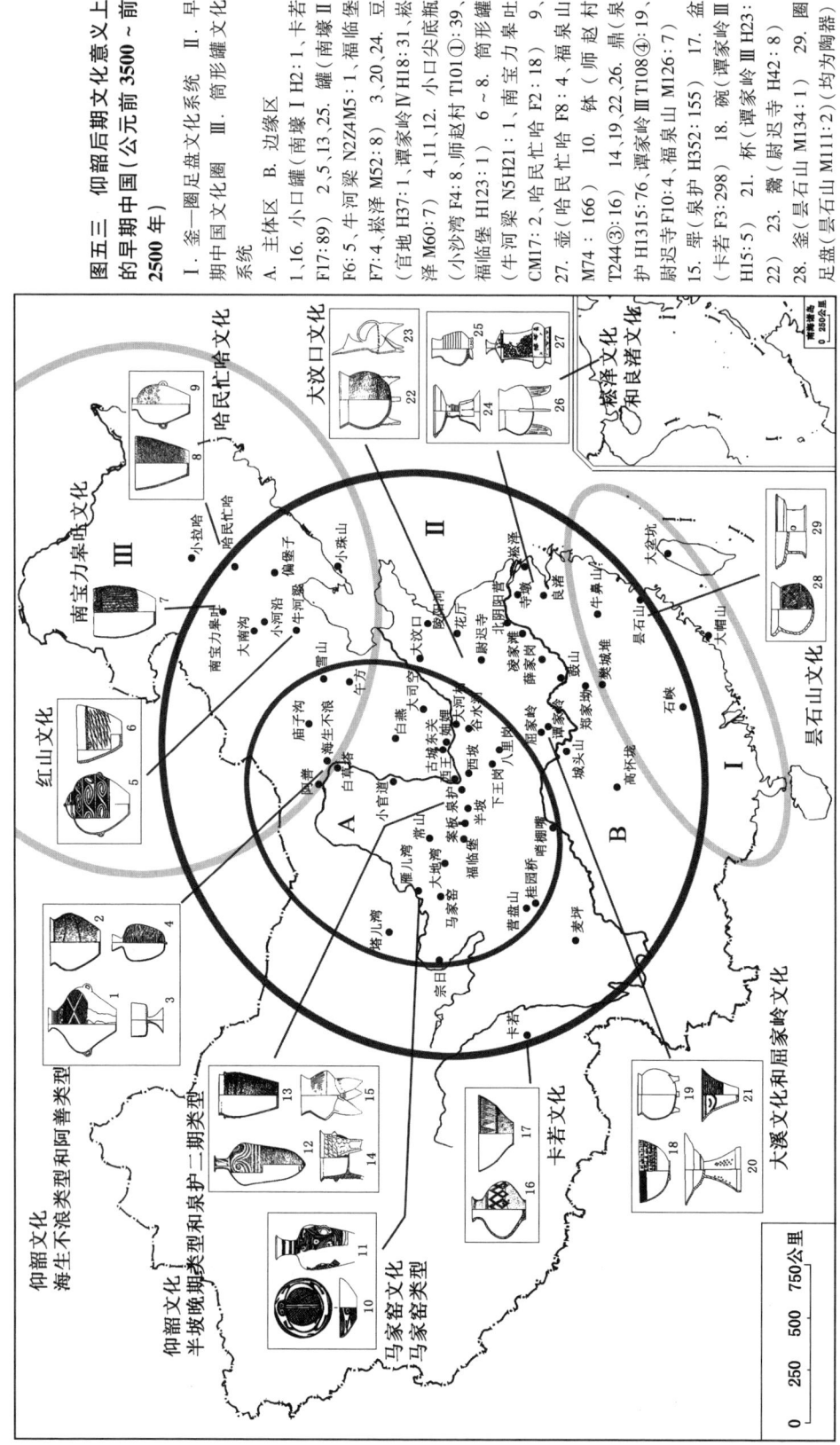

图五三 仰韶后期文化意义上的早期中国（公元前3500～前2500年）

Ⅰ. 釜—圈足盘文化系统 Ⅱ. 早期中国文化圈 Ⅲ. 筒形罐文化系统
A. 主体区 B. 边缘区

1、16. 小口罐（南豫Ⅰ H2:1、卡若 F17:89） 2、5、13、25. 罐（南豫Ⅱ F6:5、牛河梁 N24M5:1、福临堡 F7:4、崧泽 M52:8） 3、20、24. 豆（官地 M60:7、崧泽 M37:1、谭家岭Ⅳ H18:31、崧泽 M60:7） 4、11、12. 小口尖底瓶（小沙湾 F4:8、师赵村 T101①:39、福临堡 H123:1） 6～8. 筒形罐（牛河梁 N5H21:1、哈民忙哈 CM17:2、哈民忙哈 F2:18） 9、27. 壶（哈民忙哈 F8:4、福泉山 M74:166） 10. 钵（师赵村 T244(3):16） 14、19、22、26. 鼎（谭家岭Ⅲ T108④:19、尉迟寺 F10:4、福泉山 M126:7） 15. 罍（泉护 H352:155） 17. 盆（卡若 F3:298） 18. 碗（谭家岭Ⅲ H23:H15:5） 21. 杯（谭迟寺 H42:8） 22、23. 鬶（昙石山 M134:1） 29. 圈足盘（昙石山 M111:2）（均为陶器）

苏秉琦曾提出"古国—方国—帝国"的文明演进之路[1]，严文明称其为"古国—王国—帝国"[2]，王震中修正为"邦国—王国—帝国"[3]。我们可称当时这些互不统属的小国并存的时代为早期中国的古国时代或邦国时代。

特别值得关注的是，此时早期中西文化交流的趋势已经比较明显。通道之一是青藏高原南北侧的"彩陶之路"南道和北道，如马家窑文化就通过南道影响到南亚的克什米尔，西方的羊等因素则传播到甘青地区。通道之二是横贯北方草原的草原之路，长城沿线偏东区域的西方文化因素应当主要是通过草原之路传播而来的。中西交流为早期中国文化注入新鲜血液，对刚诞生的早期中国文明产生越来越大的影响。

二、龙山时代：从万国林立到中原中心

大约公元前2500年中国大部地区进入铜石并用时代晚期，一方面一些古老传统的分化继续进行，另一方面在新兴的海岱龙山文化的带动下，明显加强了重新整合的趋势。这种新面貌、新格局标志着一个新时代——龙山时代的到来[4]；以公元前2200年左右为界，还可以将其分成前期和后期两个阶段[5]。以鼎、斝（鬲）、鬶等三足器和黑灰陶为代表的龙山时代诸文化，实际是新时期文化意义上早期中国的主体文化，而西部的马家窑文化等则已经成为早期中国的边缘文化（表六）。社会分化继续加强，形成多个区域中心和区域文明社会，但终以中原实力最强。这是中原文化核心地位在千年后渐趋回归的时代。

（一）黄河长江流域大部地区

黄河长江流域大部地区属于鼎—斝（鬲）—鬶文化系统。

1. 海岱地区龙山文化的兴起

约公元前2500年，鲁东沿海和潍河流域的大汶口文化最早发展为龙山文

---

[1] 苏秉琦：《迎接中国考古学的新世纪》，《华人·龙的传人·中国人——考古寻根记》，辽宁大学出版社，1994年，第236~251页。
[2] 严文明：《黄河流域文明的发祥与发展》，《华夏考古》1997年1期，第49~54页。
[3] 王震中：《邦国、王国与帝国：先秦国家形态的演进》，《河南大学学报（社会科学版）》2003年4期，第28~32页。
[4] 严文明：《龙山文化和龙山时代》，《文物》1981年6期，第41~48页。
[5] 韩建业、杨新改：《王湾三期文化研究》，《考古学报》1997年1期，第1~22页；韩建业：《晋西南豫西西部庙底沟二期—龙山时代文化的分期与谱系》，《考古学报》2006年2期，第179~204页。

表六　中国铜石并用时代晚期的文化区系（公元前2500～前1800年）

		前段（公元前2500～前2200年）	后段（公元前2200～前1800年）
早期中国文化圈	黄河长江流域大部地区、辽东南部	鼎—斝（鬲）—鬶文化系统：龙山时代（陶寺文化，庙底沟二期类型末期，谷水河类型末期，王湾三期文化前期，尉迟寺类型末期，后冈二期文化前期，老虎山文化前期，客省庄二期文化前期，菜园文化，齐家文化早期，龙山文化前期，小珠山上层文化，石家河文化，宝墩文化前期，中坝文化前期，良渚文化末期，山背文化，好川文化）	鼎—斝（鬲）—鬶文化系统：龙山时代（陶寺晚期文化，王湾三期文化后期，造律台文化，后冈二期文化后期，雪山二期文化，老虎山文化后期，客省庄二期文化后期，齐家文化中期，龙山文化后期，小珠山上层文化，肖家屋脊文化，宝墩文化后期，中坝文化后期，广富林文化，山背文化，好川文化）
	黄河上游、青藏高原东部	罐—壶—钵—盆文化系统（马家窑文化半山类型、宗日类型）	罐—壶—钵—盆文化系统（马家窑文化马厂类型）
	华南	釜—鼎—圈足盘—豆文化系统（昙石山文化、石峡文化、虎头埔文化、后沙湾二期文化、感驮岩一期文化）	釜—鼎—圈足盘—豆文化系统（虎头埔文化、后沙湾二期文化、感驮岩一期文化）
	云南	新光文化	新光文化
早期中国外缘区	东北北部	筒形罐文化系统	筒形罐文化系统
	其他地区	中石器时代文化	中石器时代文化

化[1]，以胶州三里河[2]、日照东海峪[3]、临沂大范庄[4]、潍坊鲁家口[5]龙山文化早期遗存为代表。稍后龙山文化扩展至鲁中南地区，以泗水尹家城龙山文化一至三段[6]、兖州西吴寺龙山文化一至四段[7]、邹平丁公龙山文化一至三段[8]遗存为代表，再后扩展至山东全境乃至于江苏北部。龙山文化的鼎、鬶、豆、深腹

---

[1] 大汶口文化晚期鲁东南地区突然涌现出很多大汶口文化晚期遗址，如胶州三里河、日照东海峪、诸城呈子、莒县陵阳河、莒县大朱家村等，这些新来的人群少受传统的束缚，富于创新，终于最早完成从大汶口文化向龙山文化的蜕变，并进而影响到龙山时代的形成。参见孙波：《再论大汶口文化向龙山文化的过渡》，《古代文明》（第6卷），文物出版社，2007年，第12～33页。
[2] 中国社会科学院考古研究所：《胶县三里河》，文物出版社，1988年。
[3] 山东省博物馆等：《一九七五年东海峪遗址的发掘》，《考古》1976年6期，第378～382页。
[4] 临沂文物组：《山东临沂大范庄新石器时代墓葬的发掘》，《考古》1975年1期，第13～22页。
[5] 中国社会科学院考古所山东工作队等：《潍县鲁家口新石器时代遗址》，《考古学报》1985年3期，第313～351页。
[6] 山东大学历史系考古专业教研室：《泗水尹家城》，文物出版社，1990年。
[7] 国家文物局考古领队培训班：《兖州西吴寺》，文物出版社，1990年。
[8] 山东大学历史系考古专业等：《山东邹平丁公遗址试掘简报》，《考古》1989年5期，第391～398页；山东大学历史系考古专业：《山东邹平丁公遗址第二、三次发掘简报》，《考古》1992年6期，第496～504页；栾丰实：《海岱龙山文化的分期和类型》，《海岱地区考古研究》，山东大学出版社，1997年，第233页。

罐、蛋壳高柄杯（图五四）、筒腹杯、折腹壶、平底盆、匜等主体陶器与大汶口文化一脉相承，只是制作更加精整且形态发生了细微变化，大汶口文化的背壶、瓶、尊等则基本消失。鼎既有罐形也有盆形，由凿形足或铲形足变为鸟首形足；鬶足由鸟首形足变为袋足；鬶颈腹比较分明，罐最宽处多在上腹，平底盆多斜腹较浅；高柄杯口越来越大，贯耳越来越流行，出现鸟首形足鬶、三环足盘、圈足盘、瓦足或圈足盆、甗、盒，以及云雷纹、兽面纹等。约公元前2200年进入龙山后期，以泗水尹家城龙山文化四至六段、兖州西吴寺龙山文化五段遗存为代表，鼎足逐渐变为侧装三角形，鬶袋足实足跟越来越明显，鬶颈腹不很分明，罐最宽处多在中腹，平底盆多近直腹较深，出现折壁器盖，子母口器、假圈足器显著增多，受中原龙山文化影响出现鬲。龙山文化扩展至鲁西北地区，以茌平尚庄龙山文化遗存为代表[1]，受后冈二期文

图五四　三里河遗址龙山文化蛋壳黑陶杯
左：M2113:3　右：M203:2

化影响而有双腹盆、罐形斝，常见篮纹、方格纹、绳纹等。龙山文化玉器有钺、刀、璋、璇玑（牙璧）、联璧、镯、冠饰、鸟等，璋为新出，有的镶嵌绿松石，或刻划兽面纹，还有石钺、双孔石刀。三里河、杨家圈、尧王城、大范庄等遗址发现铜锥、铜条、铜块等。龙山文化可分为五六个地方类型[2]。

　　龙山文化聚落分化显著，被认为至少存在四个级别。发现章丘城子崖、临淄桐林、邹平丁公、寿光边线王、阳谷景阳冈、茌平教场铺、五莲丹土、日照尧王城和两城镇、连云港藤花落等多处夯土城垣遗址或中心聚落，以其为中心大致形成若干聚落群。其中鲁北桐林城内灰坑中出土大小相次的"列鬶"，地位特殊，城外环绕着八个"卫星"聚落。鲁东南有两城镇[3]和尧王城[4]两个中心聚落，两

---

[1]　山东省文物考古研究所：《茌平尚庄新石器时代遗址》，《考古学报》1985年4期，第465～506页。
[2]　赵辉：《龙山文化的分期和地方类型》，《考古学文化论集（三）》，文物出版社，1993年，第230～269页；栾丰实：《海岱地区考古研究》，山东大学出版社，1997年，第229～282页。
[3]　中美两城地区联合考古队：《山东日照市两城镇遗址1998～2001年发掘简报》，《考古》2004年9期，第7～18页；中美日照地区联合考古队：《鲁东南沿海地区系统考古调查报告》，文物出版社，2012年。
[4]　临沂地区文管会等：《日照尧王城龙山文化遗址试掘简报》，《史前研究》1985年4期，第51～64页。

城镇发现精美玉器[1],尧王城城墙基部铺垫石块,发现八九米见方宗教类建筑的夯土台基。房屋有半地穴式、地面式和台基式三种,方形或圆形,多为单间,也有连间排房。墙体多为木骨泥墙,也有夯土墙和土坯墙。地面和墙裙涂抹白灰的做法可能来自后冈二期文化。墓地多为有一二十座墓葬的小型墓地,墓葬基本都是竖穴土坑墓,多仰身直肢葬,以随葬陶器为主,仍有以獐牙和猪下颌骨随葬的习俗。龙山文化在规模、随葬品质量和数量方面有显著等级差异。其中最高级别的临朐西朱封[2]、泗水尹家城的大墓,有二层台、棺椁和放置随葬品的边箱和脚箱,棺椁彩绘,随葬蛋壳黑陶杯等大量精美陶器,以及镶嵌绿松石的玉冠饰、四孔玉刀、玉笄、鳄鱼鳞板(鼍鼓)(图五五、五六)。

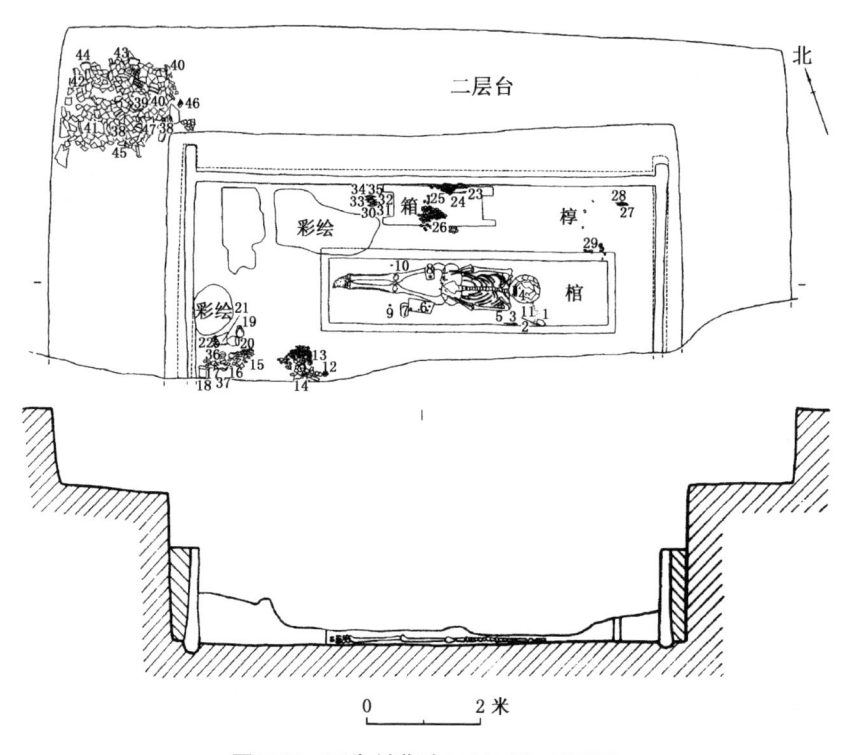

图五五　西朱封墓地 M202 平、剖面图

1、2. 玉头(冠)饰　3. 玉笄　4、5、9、10. 绿松石饰　6. 玉刀　7、8. 玉钺　11. 绿松石片　12、26. 鳄鱼骨板　13、15、22、25. 陶蛋壳杯　14、20、40. 陶罐　16、18、19、21. 陶单耳杯　17、38、47. 陶鬶　23. 骨匕　24. 砺石　27、28. 骨镞　29. 牙质片饰　30～35. 石镞　36、37. 陶器盖　39. 陶鼎　41、42. 陶盆　43～46. 陶鬹

---

[1] 刘敦愿:《有关日照两城镇玉坑玉器的资料》,《考古》1988 年 2 期,第 121～123 页。
[2] 中国社会科学院考古研究所山东工作队:《山东临朐朱封龙山文化墓葬》,《考古》1990 年 7 期,第 587～594 页。

龙山文化的工具和大汶口文化晚期基本相同,石器有磨制精整的斧、锛、凿、镢、铲、镰、刀、镞等,镢、铲、镰、刀等农业工具的比例比大汶口文化高,也有不少蚌刀。三里河、尧王城、庄里西等遗址出土炭化稻粒,杨家圈遗址见稻谷印痕,两城镇、教场铺、胶州赵家庄[1]等遗址发现炭化小麦。这些发现说明龙山文化为粟作、稻作和麦作农业并存。家畜饲养以猪最多,其次为狗,姚官庄、景阳冈遗址发现家羊。磨制石、骨镞种类和数量都显著增多,有横剖面三角形、菱形等多种,龙山晚期出现细石器镞,还有鱼镖、鱼钩、矛、网坠、纺轮等,说明狩猎捕捞仍占有一定地位。新出建筑工具石抹子。龙山文化的陶器制作技术尤其是蛋壳陶技术达到空前绝后的地步,玉器雕镂细致入微。

图五六　西朱封墓葬玉笄(M202:1、2)

2. 中原龙山文化亚系统的形成

大约在龙山文化形成的同时,中原地区文化也经历了一个变革和重新整合的过程。由于重新整合后的中原各区域遗存已不是一般意义上的一个考古学文化所能容纳的,因此就被划成了一些不同的"文化"。但中原文化的古老基础仍然存在,内部区域彼此间的交流仍相对密切,因此还可以用"中原龙山文化"这个概念将他们囊括在一起。中原龙山文化也有前后期之分。

陶寺文化与陶寺晚期文化

约公元前2500年进入龙山前期,晋南文化的面貌发生变革,诞生了面貌一新的陶寺文化[2]。陶寺文化早期以山西襄汾陶寺遗址陶寺文化早期遗存为代表[3],主要局限在北部的临汾盆地,南部的运城、垣曲一带仍为以垣曲古城东关"庙底沟二期文化"中晚期为代表的庙底沟二期类型末期遗存。陶寺文化实际

---

[1] 靳桂云、王海玉、燕生东等:《山东胶州赵家庄遗址龙山文化炭化植物遗存研究》,《科技考古》第三辑,科学出版社,2011年,第36~53页。

[2] 高天麟、张岱海、高炜:《龙山文化陶寺类型的年代与分期》,《史前研究》1984年3期,第22~31页;张岱海:《陶寺文化与龙山时代》,《庆祝苏秉琦考古五十五年论文集》,文物出版社,1989年,第245~251页;何驽:《陶寺文化谱系研究综论》,《古代文明》(第3卷),文物出版社,2004年,第54~86页。

[3] 中国社会科学院考古研究所山西工作队、临汾地区文化局:《山西襄汾县陶寺遗址发掘简报》,《考古》1980年1期,第18~31页;中国社会科学院考古研究所山西工作队、临汾地区文化局:《1978~1980年山西襄汾陶寺墓地发掘简报》,《考古》1983年1期,第30~42页。

上是在仰韶文化庙底沟二期类型的基础上融入大量东方文化因素而形成的[1]。其釜灶、斝、盆形鼎、甗、侈口罐、斜腹盆、折腹盆、扁壶等属于庙底沟二期类型传统器物,还有大量良渚文化或者大汶口文化晚期因素,包括常施彩绘的高领折肩尊、折腹尊、簋、豆等陶器,彩绘多以红色为地,有白、黄、黑、蓝、绿诸色,回纹、涡纹、勾连纹、蟠龙纹等图案;案、俎、盘、豆、盆、勺、碗、杯、觚、仓形器等彩绘木器或漆器,以及曲尺形厨刀、多孔刀、钺、铲、戚、琮、璧、璜、璇玑(牙璧)等玉或石器。陶寺文化晚期以陶寺遗址陶寺文化"中期"和临汾下靳墓地[2]为代表,并南向扩展至运城盆地乃至于黄河沿岸芮城一带[3],出现彩绘深腹簋、长颈瓶,高领折肩瓶更为细长,渗入少量老虎山文化的斝式鬲,贯耳风格以及个别兽面冠形饰当属于龙山文化因素。

陶寺古城分两个时期,偏早小城面积约56万平方米[4],偏晚大城面积约280万平方米[5]。大城发现总面积上万平方米的大型夯土建筑基址,主体宫殿面积280多平方米,有奠基人牲,附近出土砷铜容器口残片、石厨刀、彩绘陶器等[6]。该城址内还发现一面积约1740平方米的半圆形建筑基址,其中心有一同心圆形夯土观测点,东南侧夯筑挖建10余道放射状观测缝,可能为天文观象台[7],或兼具祭祀功能。另外,在大城东部发现大型窖穴仓储区,出土精美刻花白墙皮等。普通房屋有窑洞式、半地穴式和夯土地面式几种,多见白灰地面和墙

---

[1] 韩建业:《唐伐西夏与稷放丹朱》,《北京大学学报(哲学社会科学版)》2001年3期,第119~123页;韩建业:《晋西南豫西西部庙底沟二期—龙山时代文化的分期与谱系》,《考古学报》2006年2期,第179~204页。

[2] 山西省临汾行署文化局、中国社会科学院考古研究所山西工作队:《山西临汾下靳村陶寺文化墓地发掘报告》,《考古学报》1999年4期,第459~486页;下靳考古队:《山西临汾下靳墓地发掘简报》,《文物》1998年12期,第4~13页。

[3] 以清凉寺二至四期为代表。见山西省考古研究所等:《山西芮城清凉寺新石器时代墓地》,《文物》2006年3期,第4~16页;山西省考古研究所等:《山西芮城清凉寺史前墓地》,《考古学报》2011年4期,第525~560页。

[4] 中国社会科学院考古研究所山西队、山西省考古研究所等:《山西襄汾陶寺城址2002年发掘报告》,《考古学报》2005年3期,第307~346页。

[5] 梁星彭、严志斌:《陶寺城址的发现及其对中国古代文明起源研究的学术意义》,《中国社会科学院古代文明研究通讯》,2002年3期,第60~63页;何驽、严志斌:《黄河流域史前最大城址进一步探明》,《中国文物报》2002年2月8日第1版。

[6] 中国社会科学院考古研究所山西队、山西省考古研究所等:《山西襄汾县陶寺城址发现陶寺文化中期大型夯土建筑基址》,《考古》2008年3期,第3~6页。

[7] 中国社会科学院考古研究所山西队、山西省考古研究所等:《山西襄汾县陶寺城址祭祀区大型建筑基址2003年发掘简报》,《考古》2004年7期,第7~24页;《山西襄汾县陶寺中期城址大型建筑ⅡFJT1基址2004~2005年发掘简报》,《考古》2007年4期,第3~25页。

裙[1]，还发现陶窑址[2]和石灰窑址。

陶寺文化有较大规模的墓地，成排排列，分化明显。墓葬均为竖穴土坑墓，有的带壁龛，葬式为仰身直肢葬。陶寺早期的6座大墓棺内铺垫朱砂，随葬玉钺、玉琮、玉璧、鼍鼓、石磬、石厨刀、木案、木匣、漆豆、彩绘蟠龙纹陶盘（图五七）、彩绘陶壶等珍贵礼器，以及猪骨架[3]。大墓墓主可能就是早期古城的统治者，与其他大量中小型墓葬形成明显的等级差异，也一改此前庙底沟二期类型平实简朴的风格。晚期墓葬如ⅢM22规格很高，内壁以草拌泥带等装饰，四壁底部有壁龛，墓内有红彩木棺，仅残留随葬品就有100多件，包括玉钺、玉戚、玉琮、玉璧、玉兽面冠状饰、玉璜、彩绘陶簋、漆豆等贵重物品，以及整齐排列的成组石厨刀、木案、一劈两半的猪牲等[4]。该墓规格甚高，墓主人或为陶寺古城的最高统治者之一。清凉寺三期有半数墓葬有1~3个殉人，M146甚至有4个殉人，这既是阶级分化的证据，大约也与良渚文化等的影响有关。

图五七　陶寺遗址彩绘蟠龙纹陶盘（M3072:6）

约公元前2200年，老虎山文化的南下对陶寺文化产生很大冲击[5]，使其转变为以陶寺ⅢH303为代表的陶寺晚期文化[6]，还包括曲沃东许[7]、方城[8]以

---

[1] 中国社会科学院考古研究所山西队等：《山西襄汾县陶寺遗址Ⅱ区居住址1999~2000年发掘简报》，《考古》2003年3期，第3~17页。

[2] 山西省考古研究所：《陶寺遗址陶窑发掘简报》，《文物季刊》1999年2期，第3~10页。

[3] 高炜：《龙山时代的礼制》，《庆祝苏秉琦考古五十五年论文集》，文物出版社，1989年，第235~244页。

[4] 中国社会科学院考古研究所山西队、山西省考古研究所等：《陶寺城址发现陶寺文化中期墓葬》，《考古》2003年9期，第3~6页。

[5] 头骨测量分析显示，陶寺文化和陶寺晚期文化人群可能有不一样的来源。见张雅军、何驽、张帆：《陶寺中晚期人骨的种系分析》，《人类学学报》28卷2期，2009年，第363~371页。

[6] 我此前称其为陶寺晚期类型，主要指发掘者所称陶寺类型或陶寺文化的晚期，还包括中期的ⅢH321类遗存。见中国社会科学院考古研究所山西工作队等：《陶寺遗址1983~1984年Ⅲ区居住址发掘的主要收获》，《考古》1986年9期，第773~781页。

[7] 山西省考古研究所等：《山西曲沃东许遗址调查、发掘报告》，《三晋考古》第二辑，山西人民出版社，1996年，第220~244页。

[8] 中国社会科学院考古研究所山西工作队等：《山西曲沃县方城遗址发掘简报》，《考古》1988年4期，第289~294页。

及翼城南石[1]主体遗存。陶寺晚期遗存出现大量老虎山文化的双鋬鬲,还有单把鬲、甗、斝、深腹篮、折肩罐、圈足罐、侈口罐、折腹盆、斜腹盆、甑、单耳罐、单耳或双耳的平底或三足杯、粗柄或细柄豆、釜灶、筒形罐则逐渐消失;受老虎山文化影响出现有灼痕的卜骨,个别鬶、盉属于王湾三期文化因素,仍流行曲尺形石厨刀、带环状捉手的陶垫等器物。

陶寺文化向陶寺晚期文化的转变,在聚落形态上有清楚反映,比如陶寺大城突遭毁弃,陶寺晚期早段灰沟ⅠHG8中出现大量杀弃人骨,特别是被摧残的女性人骨[2];陶寺、下靳村、清凉寺较大墓葬几乎全部被盗扰,最有意思的是在清凉寺M269的扰洞中发现一大肥袋足鬲,当为北方人群扰毁陶寺文化墓葬的有力证据。房屋情况与早期近似。成人墓葬又恢复到先前简陋的竖穴土坑形式,多数没有随葬品,有的仅随葬个别石刀、玉瑗、玉璇玑、铜铃、铜齿轮形器等。

陶寺文化和陶寺晚期文化的生产工具大致相同,主要仍为早见于庙底沟二期类型的斧、锛、凿、铲、刀等石器。作为农业工具的石铲有肩或无肩,磨制精整;刀(爪镰)以长方形穿孔石刀为主,陶、蚌质者较少。窖穴中发现炭化粟粒以及稻粒、小麦等,据人骨检测当地居民以粟为主食[3]。家畜有猪、狗、牛、羊等。石镞种类有剖面菱形、三角形多种,晚期出现细石器镞。

王湾三期文化

龙山前期之初,豫西西部三门峡地区仍然分布着仰韶文化庙底沟二期类型末期遗存,洛阳附近地区仍为以新安西沃[4]、济源长泉[5]"庙底沟二期文化"为代表的仰韶文化谷水河类型末期遗存,篮纹由横变斜,斝口变大足外移,出现红陶斜腹杯等石家河文化因素。同时或稍晚,豫中地区形成以郾城郝家台一、二期[6]和上蔡十里铺二、三期[7]为代表的王湾三期文化郝家台类型[8],豫西地

---

[1] 山西省考古研究所:《山西翼城南石遗址调查、试掘报告》,《三晋考古》第二辑,山西人民出版社,1996年,第245~258页。
[2] 中国社会科学院考古研究所山西队、山西省考古研究所等:《山西襄汾陶寺城址2002年发掘报告》,《考古学报》2005年3期,第307~346页。
[3] 蔡莲珍、仇士华:《碳十三测定和古代食谱研究》,《考古》1984年10期,第949~955页。
[4] 河南省文物管理局、河南省文物考古研究所:《黄河小浪底水库考古报告(一)》,中州古籍出版社,1999年,第391~422页。
[5] 河南省文物管理局、河南省文物考古研究所:《黄河小浪底水库考古报告(一)》,中州古籍出版社,1999年,第4~94页。
[6] 河南省文物考古研究所:《郾城郝家台》,大象出版社,2012年。
[7] 河南省驻马店地区文管会:《河南上蔡十里铺新石器时代遗址》,《考古学集刊》第3集,中国社会科学出版社,1983年,第69~80页。
[8] 韩建业、杨新改:《王湾三期文化研究》,《考古学报》1997年1期,第1~22页。

区形成以新安冢子坪"龙山文化遗存"[1]为代表的王湾三期文化冢子坪类型，二者的深腹罐、高领罐、钵、盆、平底碗等都是在当地谷水河类型基础上发展而来的。两个类型的区别主要表现在郝家台类型多鼎——既有锥形足、宽扁式足鼎，也有少量矮足鼎、鸟首形足鼎，常见袋足鬶、平底实足鬶、漏斗形擂钵、折盘豆、圈足盘、觚、觚形杯、折腹壶等；而冢子坪类型少鼎多斝，有较多双腹盆、素面罐以及少量鬲、甗、釜灶等。这当中袋足鬶、平底实足鬶、鸟首形足鼎、折盘豆、圈足盘、觚形杯、折腹壶等与龙山文化有莫大关系，觚或为良渚文化遗留，漏斗形擂钵、宽扁式足鼎以及两个类型都有的红陶斜腹杯属于石家河文化因素，鬲、甗体现来自陶寺文化的影响，而双腹盆、素面罐则为冢子坪类型和后冈二期文化共有。

龙山后期，嵩山以南王湾三期文化郝家台类型发展为煤山类型，以汝州煤山[2]、登封王城岗[3]龙山遗存为代表；嵩山以北王湾三期文化冢子坪类型发展为王湾类型，扩展至郑州地区，以洛阳王湾三期遗存为代表。煤山类型矮足鼎猛增，王湾类型出现盉等，两个类型互有交流。王湾三期文化后期对外强烈扩张，王湾类型西北向影响至三门峡、运城和垣曲地区，使该地区出现以陕县三里桥[4]、夏县东下冯[5]和垣曲古城东关龙山晚期为代表的遗存，可称王湾三期文化三里桥类型[6]，其中罐形斝、无耳或单耳鬲、单耳或双耳罐、甗等属于客省庄二期文化或陶寺晚期文化的因素。煤山类型南向大规模拓展而代替豫南、鄂北、鄂西地区的石家河文化，形成豫东南鄂北地区以驻马店杨庄二期为代表的王湾三期文化杨庄类型[7]、豫西南鄂西北地区以淅川下王岗龙山遗存为代表的王湾三期文化下王岗类型、鄂西峡江地区以宜都石板巷子遗存[8]为代表的石板巷子

---

[1] 河南省文物管理局、河南省文物考古研究所：《黄河小浪底水库考古报告（一）》，中州古籍出版社，1999年，第337~390页。

[2] 中国社会科学院考古研究所河南二队：《河南临汝煤山遗址发掘报告》，《考古学报》1982年4期，第427~476页；河南省文物研究所：《临汝煤山遗址1987~1988年发掘报告》，《华夏考古》1991年3期，第5~23页。

[3] 河南省文物研究所、中国历史博物馆考古部：《登封王城岗与阳城》，文物出版社，1992年；北京大学考古文博学院、河南省文物考古研究所：《登封王城岗考古发现与研究（2002~2007）》，大象出版社，2007年。

[4] 中国科学院考古研究所：《庙底沟与三里桥》，科学出版社，1959年。

[5] 中国社会科学院考古研究所、中国历史博物馆、山西省文物工作委员会东下冯考古队：《山西夏县东下冯龙山文化遗址》，《考古学报》1983年1期，第55~92页。

[6] 以前一般称龙山文化三里桥类型或三里桥文化。

[7] 北京大学考古学系、驻马店市文物保护管理所：《驻马店杨庄——中全新世淮河上游的文化遗存与环境信息》，科学出版社，1998年；韩建业：《试论豫东南地区龙山时代的考古学文化》，《考古学研究》（三），科学出版社，1997年，第68~83页。

[8] 湖北省文物考古研究所：《宜都城背溪》，文物出版社，2001年。

类型等,其中下王岗类型的单耳、双耳或三耳罐等属于客省庄二期文化因素,石板巷子类型的釜等为当地传统因素。到龙山后期末段,在嵩山以东兴起以新密新砦二期[1]为代表的王湾三期文化新砦类型,其子母口器(包括子母口缸、子母口鼎、子母口瓮、子母口钵等)、高足罐形鼎、折壁器盖、平底盆、甗等陶器体现来自豫东造律台文化的强烈影响。

王湾三期文化聚落分化较为显著[2]。前期已出现郾城郝家台城址,后期更有登封王城岗、平顶山蒲城店、新密新砦等城址,其中王城岗城址由两座小城和一座大城组成,大城面积达35万平方米,内有人牲、兽牲奠基坑。此外,还有出土精美黑陶和璧、钺、鸟等玉器的禹州瓦店等高等级中心聚落(图五八)[3]。煤山类型房屋建筑以连间地面式为主,有木骨泥墙、夯土墙或土坯墙,王湾类型、三里桥类型主要为半地穴式和窑洞式,都普遍使用白灰涂抹地面和墙裙。新密古城寨城址发现380多平方米的夯土高台宫殿式建筑[4]。成人墓葬均为长方形竖穴土坑墓,葬式为仰身直肢葬,多无随葬品,少数随葬陶器等,有不少儿童瓮棺葬。王湾、煤山、瓦店、新砦、矬李、小潘沟等很多遗址发现人的乱葬坑,身首分离或肢体不全,或竟与畜兽骨骼共存,显见社会矛盾激化到相当程度,与城垣、宫殿式建筑体现出的社会复杂化的情况吻合。

图五八 瓦店遗址黑陶觚形杯(ⅠT3H12∶11)

生产工具与仰韶文化谷水河类型、庙底沟二期类型接近,主要仍为斧、锛、凿、铲、刀、镰、镞等石器,但磨制更为精整,石镰增加。磨制石镞数量大增,有横剖面三角形、菱形、圆形多种,还有一种圆头镞形器,龙山后期出现细石器镞,有钺、矛等兵器,也有不少骨镞、骨铲、蚌刀等。许多遗址发现炭化粟粒和水稻遗存,当以粟作农业为主,稻作农业其次,禹州瓦店等遗址发现小麦,并饲养猪、狗、羊等家畜。王城岗发现一件锡铅青铜容器残片,煤山遗址发现炼铜坩埚残片和铜渣,郑州董砦发现小铜片,说明王湾三期文化晚期已经能够冶铸铜器甚至铜

---

[1] 北京大学震旦古代文明研究中心、郑州市文物考古研究院:《新密新砦——1999~2000年田野考古发掘报告》,文物出版社,2008年。
[2] 赵春青:《郑洛地区新石器时代聚落的演变》,北京大学出版社,2001年。
[3] 河南省文物考古研究所:《禹州瓦店》,世界图书出版公司,2004年。
[4] 河南省文物考古研究所等:《河南新密市古城寨龙山文化城址发掘简报》,《华夏考古》2002年2期,第53~82页。

容器。

造律台文化

龙山前期前段豫东皖北仍基本为大汶口文化尉迟寺类型末期遗存,但已经渗透进少量龙山文化的蛋壳黑陶杯和鬶等,也见有红陶杯等石家河文化因素。龙山前期后段至龙山后期尉迟寺类型发展为造律台文化[1],以河南永城造律台[2]、王油坊[3]和蚌埠禹会[4]龙山遗存为代表。它的侧装三角形足或凿形足罐形鼎、深腹罐、大口罐、高领罐、高领壶、豆、平底盆、平底碗、筒腹杯、觚形杯、尊(缸)等主要器类继承尉迟寺类型而来;鬶、鸟首形足鼎、假圈足缸、瓮、圈足盘、假圈足器盖等体现来自龙山文化的强烈影响,以至于有人将其归入龙山文化范畴[5];而矮领瓮、篮纹深腹罐、盆形擂钵等则体现来自王湾三期文化的影响,甗应为后冈二期文化的因素,折腹盆或双腹盆为王湾三期文化或后冈二期文化因素,长颈壶、甑等属于石家河文化因素,长颈盉与石家河文化和良渚文化末期器物近似。造律台文化也存在地方性差别,其中豫东遗存侧装三角形足鼎圆腹,常见矮领瓮,假圈足钮器盖多折壁,多甗,可称王油坊类型;皖北遗存鼎垂腹,常见高领罐,假圈足钮器盖多弧壁,有假腹高圈足簋、长颈壶、浅盘等特色器物,或可称禹会类型[6]。造律台文化晚期曾一度东南向扩展至江淮地区,留下江苏兴化南荡[7]、高邮周邶墩[8]等遗存,或可称南荡类型,侧装三角形足鼎少见篮纹、方格纹而多为绳纹或素面,甗浅腹,有些柱状足鼎等为当地传统。

淮阳平粮台发现一座5万平方米的版筑方形城址,布局规整,南门两侧有门房(塾),中间道路下方为陶水管垒成的"品"字形下水道,城内有土坯砌墙

---

[1] 以前一般称造律台类型或王油坊类型。称造律台类型者如严文明:《龙山文化和龙山时代》,《文物》1981年6期,第41~48页;李伯谦:《论造律台类型》,《文物》1983年4期,第50~59页。称王油坊类型者如吴汝祚:《关于夏文化及其来源的初步探索》,《文物》1978年9期,第70~73页。

[2] 李景聃:《豫东商丘永城调查及造律台黑孤堆曹桥等三处小发掘》,《中国考古学报》第2册,1947年,83~120页。

[3] 中国社会科学院考古研究所河南二队等:《河南永城王油坊遗址发掘报告》,《考古学集刊》第5集,中国社会科学出版社,1987年,第79~119页。

[4] 中国社会科学院考古研究所、安徽省蚌埠市博物馆:《蚌埠禹会村》,科学出版社,2013年。

[5] 栾丰实:《龙山文化王油坊类型初论》,《考古》1992年10期,第924~935页。

[6] 仅从蚌埠禹会遗址禹会类型遗存来看,年代当在龙山前后期过渡阶段或者龙山后期之初。

[7] 南京博物院考古研究所等:《江苏兴化戴家舍南荡遗址》,《文物》1995年4期,第16~31页。

[8] 南京博物院考古研究所等:《江苏高邮周邶墩遗址发掘报告》,《考古学报》1997年4期,第481~514页。

的长方形排房[1]。其他遗址的房屋多数为方形或圆形地面式建筑,排房或单间,有土坯墙或木骨泥墙,流行白灰面,有石灰坑和水井。墓葬基本都是长方形竖穴土坑墓,葬式为仰身直肢葬。造律台文化宗教色彩浓厚,禹会遗址发现2 000平方米的大型长条形祭祀遗迹,以不同颜色的土层层铺垫,上有长排柱坑;杞县鹿台岗遗址发现祭台,平粮台遗址发现牛牲祭坑,蒙城尉迟寺遗址有乱葬坑,平粮台、王油坊等遗址发现以儿童或成人为牲奠基的情况,有的男性头顶被切掉。

石器工具主要为斧、锛、凿、铲、刀、镞,也有钺。磨制石镞数量多、种类多,和王湾三期文化接近,也出现细石器镞。骨器有镞、镖等,多见刀、镰、镞等蚌器,也有抹墙用的陶抹子、制陶用的陶垫子等。禹会遗址发现小麦、水稻和粟等农作物的炭化种子。鹿台岗遗址出土刀形残铜器,栾台遗址出土小铜块,平粮台遗址出土铜渣,可见也已出现铜器制造技术。

后冈二期文化与雪山二期文化

龙山时代豫北冀南地区为后冈二期文化,冀中北和京津地区为雪山二期文化,两文化总体面貌大同小异。

后冈二期文化以河南安阳后冈二期[2]、汤阴白营[3]和辉县孟庄龙山遗存为代表,雪山二期文化以北京昌平雪山二期[4]、房山镇江营新石器第四期[5]以及河北任丘哑叭庄一期[6]为代表。两文化的主体器类都是甗、斝、深腹罐、矮领瓮、大口瓮、平底盆、瓦足盆、甑、豆、圈足盘、壶、平底碗、筒腹杯等,尤其夹蚌陶素面深腹罐很有特色;只是前者多双腹盆、斜腹钵、釜形斝、擂钵等与王湾三期文化共有的器物,鼎与造律台文化者近似,陶器以灰陶为主;而后者多双錾大袋足鬲等老虎山文化因素,有相当数量红褐陶。后冈二期文化可分前后两个阶段,以后冈龙山早中期和孟庄龙山早期为代表的前期,甗足素面而无实足跟,深腹罐最宽

---

[1] 河南省文物研究所等:《河南淮阳平粮台龙山文化城址试掘简报》,《文物》1983年3期,第21~36页。
[2] 中国社会科学院考古所安阳工作队:《1979年安阳后冈遗址发掘报告》,《考古学报》1985年1期,第33~88页。
[3] 河南省安阳地区文物管理委员会:《汤阴白营河南龙山文化村落遗址发掘报告》,《考古学集刊》第3集,中国社会科学出版社,1983年,第1~47页。
[4] 《北大历史系考古专业四年级在京郊实习——发掘到新石器时代至辽代文化遗址》,《光明日报》1964年4月2日。
[5] 北京市文物研究所:《镇江营与塔照——拒马河流域先秦考古文化的类型与谱系》,中国大百科全书出版社,1999年。
[6] 河北省文物研究所、沧州地区文物管理所:《河北省任邱市哑叭庄遗址发掘报告》,《文物春秋》1992年增刊,第178~219页。

处靠近上腹,平底盆浅腹斜直;以后冈龙山晚期和孟庄龙山晚期为代表的后期,鬲足饰绳纹且有实足跟,深腹罐最宽处下移至中腹,平底盆深弧腹。雪山二期文化总体上与后冈二期文化后期相当,应为后冈二期文化北上拓展的结果。后冈二期文化前期的深腹罐、矮领瓮、大口瓮、平底盆、平底碗、筒腹杯都与仰韶文化台口类型有继承关系,罐形斝当为晋南釜形斝的变体,袋足鬲或为在尉迟寺类型实足鬲和斝基础上的创造,双腹盆当为后冈二期文化和王湾三期文化的共同创造;后冈二期文化前期和雪山二期文化的鸟首形足鼎、鬶、罍、圈足盘、瓦足盆、子母口盆、子母口缸、假圈足折壁器盖、贯耳盆形器盖等的出现应与来自龙山文化的强烈影响有关。

孟庄遗址发现后冈二期文化城址,面积约14万平方米,外有城壕。后冈遗址发现的夯土围墙也或为城垣的一部分。后冈二期文化的房屋基本都是圆形地面式建筑,有木骨泥墙或土坯墙,流行白灰面,有的铺垫木地板。后冈二期文化还常发现水井,以白营遗址方形木构水井最具代表性,还有白灰面窖穴。成人墓葬均为基本不见随葬品的长方形竖穴土坑墓,也有孩童瓮棺葬。后冈二期文化发现乱葬坑,以及以孩童奠基的现象。雪山二期文化发现有圆形半地穴式建筑和方形木构水井。两个文化的工具与王湾三期文化和造律台文化近似,后期有更多镞、刮削器、刀刃等细石器。两文化均以粟作农业为主,并饲养猪、狗、羊等。

老虎山文化

内蒙古中南部、晋中北、陕北和冀西北地区——也就是狭义的"北方地区",在龙山时代分布着老虎山文化[1],它以内蒙古凉城老虎山遗存为代表,包括内蒙古凉城园子沟[2]和准格尔永兴店[3]、山西汾阳杏花村[4]和忻州游邀[5]、陕西神木石峁H1[6]、河北蔚县筛子绫罗[7]等龙山时代遗存。器物流行双鋬或环形耳,器类主要有斝或斝式鬲、鬲、盉、深腹罐、高领罐、矮领瓮、直壁缸、高领尊、大口尊、大口瓮、敛口瓮、单耳或双耳罐、斜腹盆、折腹盆、豆、钵、碗、壶、甗等,有

---

[1] 田广金:《论内蒙古中南部史前考古》,《考古学报》1997年2期,第121~146页。
[2] 内蒙古文物考古研究所:《岱海考古(一)——老虎山文化遗址发掘报告集》,科学出版社,2000年。
[3] 内蒙古文物考古研究所:《准格尔旗永兴店遗址》,《内蒙古文物考古文集》(第1辑),中国大百科全书出版社,1994年,第235~245页。
[4] 国家文物局、山西省考古研究所、吉林大学考古学系:《晋中考古》,文物出版社,1999年。
[5] 吉林大学边疆考古研究中心等:《忻州游邀考古》,科学出版社,2004年。
[6] 西安半坡博物馆:《陕西神木石峁遗址调查试掘简报》,《史前研究》1983年2期,第92~100页。
[7] 张家口考古队:《一九七九年蔚县新石器时代考古的主要收获》,《考古》1981年2期,第97~105页;张家口考古队:《蔚县考古记略》,《考古与文物》1982年4期,第10~14页。

个别红铜手镯。老虎山文化可分前后两期,前期多横篮纹,有釜形斝,并在此基础上新创斝式鬲,根据地方性差异可分老虎山类型、永兴店类型、游邀类型等;后期多斜篮纹,斝式鬲演变为鬲,在陕北已经出现三足瓮,可分白草塔类型、游邀类型、筛子绫罗类型等[1]。老虎山文化的主体由仰韶文化阿善三期类型发展而来,但新出的釜形斝的来源应当在晋南地区,其他甗、盉类可能与后冈二期文化存在联系。

老虎山文化普遍出现聚落群,其中有不少环绕石墙的石城,有的为中心聚落。龙山前期以岱海北岸聚落群当中的园子沟和老虎山两个聚落的情况最为清楚。在园子沟聚落房屋互相组合形成院落、群、排(图五九),可能分别代表家庭、扩展家庭和家族等不同层次的社会组织,而三个区则可能就是三个大家族,整个聚落构成一个家族公社。老虎山聚落的总体布局与园子沟类似,只是聚落主体被石围墙环绕,在山顶上还有小方形石圈、石墙房屋和石堆等特殊设施,在"城"外则有集中窑场。龙山后期以陕西神木石峁石城最具代表性,石城有内外城之分,总面积可达400万平方米,有规模宏大的城门等设施[2],至少应当是当时陕北地区的中心聚落。老虎山文化的房屋主要是由凸字形主室和长方形外间组成的窑洞式房屋,也有石墙地面式和半地穴房屋,以草拌泥、白灰涂抹地面和墙裙,有的在火塘周围或墙壁上还绘以黑色或红色线条。墓葬均为仅能容身的竖穴土坑墓,葬式以仰身直肢葬为主,多无葬具和随葬品。难得一见是准格尔二里半的一座墓葬,墓主人随身佩戴石串饰、铜镯,随葬数件陶器。老虎山等遗址发现由陶窑、工作间、工作台、储藏室等组成的陶器制作场,陶窑容积明显增大,直径达2米以上。

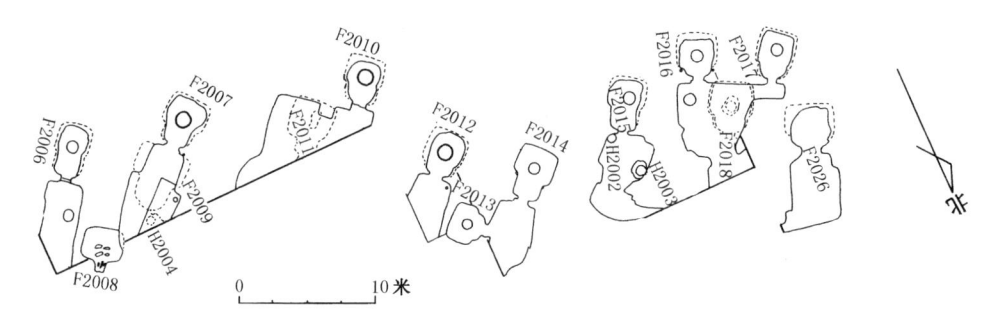

图五九　园子沟遗址Ⅱ区部分老虎山文化窑洞式房屋平面图

〔1〕　韩建业:《中国北方地区新石器时代文化研究》,文物出版社,2003年。
〔2〕　陕西省考古研究院等:《陕西神木县石峁遗址》,《考古》2013年7期,第15~24页。

磨制石器既有普通的斧、钺、铲、锛、凿、刀等,也有精美石纺轮、涂抹白灰的石抹子。此外还有细石器镞、蘑菇状陶垫子等。该文化应当以粟作农业经济为主,狩猎采集也有较为重要的地位。

另外,龙山前期在陕北南部还有甘泉史家湾类遗存[1]。陶质粗糙,小口高领罐(壶)、双鋬罐、釜灶、双耳曲腹盆等明显继承仰韶文化小官道类型或庙底沟二期类型,说明其主要在当地文化基础上发展而来。但大口折腹斝却是受陶寺类型影响的产物[2],红陶杯更为江汉地区石家河文化的典型因素。史家湾聚落也有窑洞式房屋,地面和墙壁抹白灰面。

客省庄二期文化、齐家文化与菜园文化

龙山时代关中、陇东和宁夏南部等地分布着客省庄二期文化、齐家文化、菜园文化,分别以陕西西安客省庄二期[3]、天水师赵村七期与西山坪七期[4]、宁夏海原菜园林子梁[5]遗存为代表,总体面貌大同小异[6]。其中属于龙山前期者有客省庄二期文化前期、齐家文化早期和菜园文化,属于龙山后期者有客省庄二期文化后期、齐家文化中期。

龙山前期三个文化都流行篮纹、绳纹、附加堆纹,主要器类都是斝或斝式鬲、小口高领罐、束颈罐、单耳或双耳罐、花边罐、斜腹盆、折腹或曲腹盆、豆、平底碗、甗、擂钵等,只是客省庄二期文化的斝式鬲瘦高,有塔式钮器盖、敛口瓮、鬹等;齐家文化的斝式鬲较矮,也有塔式钮器盖、敛口瓮、鬹等;菜园文化则有少量彩陶器,以黑彩为主,或与红(褐)色或紫色组成复彩,有锯齿纹、网格纹、菱块纹、棋盘格纹、重弧纹、鳞纹、圆圈纹等图案;在壶类腹部常以圆形、三角形、菱形等分成几个大的单元,内部填各种花纹,甚至还有人像彩陶罐。客省庄二期文化和菜园文化分别由仰韶文化泉护二期类型、常山类型发展而来,齐家文化为客省庄二期文化的地方变体。客省庄二期文化和齐家文化新出的鬹当来自中原地区,但更早的源头在龙山文化;菜园文化的复彩彩陶、偏口壶、双孔刀等文化因素当来自

---

[1] 陕西省考古研究所等:《陕北甘泉县史家湾遗址》,《文物》1992年11期,第11~25页。

[2] 张忠培和孙祖初认为史家湾类遗存是汾河流域文化向西发展的产物,见张忠培、孙祖初:《陕西史前文化的谱系研究与周文明的形成》,《远望集——陕西省考古研究所华诞四十周年纪念文集》,陕西人民美术出版社,1998年,第150页。

[3] 中国科学院考古研究所沣西发掘队:《沣西发掘报告》,文物出版社,1962年。

[4] 中国社会科学院考古研究所:《师赵村与西山坪》,中国大百科全书出版社,1999年。

[5] 宁夏文物研究所、中国历史博物馆考古部:《宁夏菜园——新石器时代遗址、墓葬发掘报告》,科学出版社,2003年。

[6] 韩建业:《中国西北地区先秦时期的自然环境与文化发展》,文物出版社,2008年,第142~196页。

东部仰韶文化的海生不浪类型、雪山一期文化等[1]。龙山后期，菜园文化消失，客省庄二期文化和齐家文化的斝式鬲变为鬲。值得关注的是，此时齐家文化从甘肃东部扩展至甘肃中西部、青海东部和宁夏南部，璧、琮、多孔刀等玉石器当与陶寺文化的影响有关，不少"玉璜"可能彼此联系成璧或环。偏西的青海乐都柳湾[2]、武威皇娘娘台[3]等遗址还发现少量彩陶，主要为马家窑文化马厂类型的遗留，一种尖顶冠形纹（有人称为变体蛙纹）当为来自中亚青铜时代的因素。三个文化都发现较多利用羊、猪、牛肩胛骨制作的卜骨。

三个文化的房屋基本都是壁面向上收缩的窑洞式建筑，多数方形或长方形，也有圆形者，流行白灰面地面和墙裙，有的白灰面上彩绘有红色线条。宝鸡桥镇[4]、灵台桥村还发现可能属于齐家文化的红陶筒瓦、板瓦等建筑构件（图六〇）。林子梁房屋的墙壁上有很多插照明物的楔形小孔。房屋之间组合成院落、群、排等，社会组织方式一如老虎山文化。有的袋状窖穴铺垫木板或树皮，属粮窖或器物窖藏。此外，还有陶窑和烧石灰的窑。

菜园文化墓地可划分出墓区、墓群，墓葬流行不规则形的洞室墓，绝大多数属于单人屈肢葬，也有二次扰乱葬，随葬数件到数十件日常用陶器，其中洞室墓、屈肢葬的习俗来自东部雪山一期文化等。客省庄二期文化和齐家文化多为仅能容身的长方形竖穴土坑墓，仰身直肢葬，随葬品很少。柳湾有少数墓葬是洞口挡立石块的洞室墓，流行木棺葬具，有2～5人的合葬墓，其中成人双人合葬多见男性有棺而女性无棺的现象，有的男性直肢而女性屈肢。个别级别较高的墓葬，如

图六〇　桥镇遗址齐家文化筒瓦
左：正面　右：反面

---

[1]　韩建业：《半山类型的形成与东部文化的西迁》，《考古与文物》2007年3期，第33～38页。
[2]　中国社会科学院考古研究所：《青海柳湾》，文物出版社，1984年。
[3]　甘肃省博物馆：《甘肃武威黄娘娘台遗址发掘报告》，《考古学报》1960年2期，第53～72页；
　　　甘肃省博物馆：《武威黄娘娘台遗址第四次发掘》，《考古学报》1978年4期，第421～448页。
[4]　宝鸡市考古研究所：《宝鸡发现龙山文化时期建筑构件》，《文物》2011年3期，第44～45页。

宝鸡石嘴头齐家文化的一座墓葬,随葬璧、纺轮、锛、斧等玉器,以及绿松石饰,还有红、黑色漆皮痕,墓底铺有朱砂[1];喇家"祭坛"中心的墓葬,随葬三璜合璧(环)、璧等玉器15件,棺外还有猪下颌骨[2];皇娘娘台的一座一男二女合葬墓,男性仰身直肢居中,女性侧身屈肢面向男性,男性身上仅放置的石璧就有83件之多,体现出男尊女卑的父系社会的观念。此外还有婴孩瓮棺葬、乱葬坑,以及埋牛头、猪骨、玉器等的祭祀遗迹。

生产工具主要仍为磨制的斧、锛、凿、铲、刀、镞等石器,以磨制精美的长体石斧、长体石锛等最具特色。个别齿轮形石器或为权杖头。三个文化还有一定数量的凹底镞、石核、石叶、刮削器等细石器,尤以齐家文化最多。齐家文化还发现红铜质的刀、锥、凿、环、钻头、条形器,以及骨匕、三齿骨叉等,铜器的较多出现当与中亚青铜文化的影响有关。它们仍以粟作农业为主,喇家甚至发现世界上最早的小米面条。特别值得注意的是当时应当已经开始种植小麦,赵家来F11墙皮草拌泥中的植物印痕可能就是麦秆,甘肃天水西山坪发现的农作物竟然有粟、黍、水稻、小麦、燕麦、青稞、大豆和荞麦等8种之多[3]。周原王家嘴的农作物中,粟占据绝对多数,其次为黍和大豆,还有个别小麦和水稻,正好符合"稻、黍、稷、麦、菽"所谓"五谷"之数[4]。它们的主要家畜为猪、羊、狗、黄牛,而甘青地区养羊更加普遍。此时期狩猎仍占一定地位,尤其河西走廊地区狩猎成分更多。

3. 长江中游的石家河文化与肖家屋脊文化

龙山时代前期长江中游和豫南地区为石家河文化,核心区江汉平原以湖北天门石家河镇邓家湾石家河文化一、二期和肖家屋脊石家河文化早期遗存为代表,边缘区还有鄂东的湖北麻城栗山岗晚期[5]、鄂东南的湖北通城尧家林遗存[6]、湘

---

[1] 西北大学历史系考古专业82级实习队:《宝鸡石嘴头东区发掘报告》,《考古学报》1987年2期,第209~226页。

[2] 中国社会科学院考古研究所等:《青海民和喇家史前遗址的发掘》,《考古》2002年7期,第3~5页;中国社会科学院考古研究所甘青工作队等:《青海民和县喇家遗址2000年发掘简报》,《考古》2002年12期,第12~28页;中国社会科学院考古研究所甘青工作队等:《青海民和喇家遗址发现齐家文化祭坛和干栏式建筑》,《考古》2004年6期,第3~6页。

[3] 李小强、周新郢、周杰等:《甘肃西山坪遗址生物指标记录的中国最早的农业多样化》,《中国科学D辑:地球科学》,37卷7期,2007年,第934~940页。

[4] 周原考古队:《周原遗址(王家嘴地点)尝试性浮选的结果及初步分析》,《文物》2004年10期,第89~96页。

[5] 武汉大学历史系考古教研室等:《湖北麻城栗山岗新石器时代遗址》,《考古学报》1990年4期,第439~474页。

[6] 武汉大学历史系考古专业等:《湖北通城尧家林遗址的试掘》,《江汉考古》1983年3期,第1~12页。

北的澧县城头山石家河文化遗存、豫西南的青龙泉三期、豫东南的驻马店杨庄一期等,甚至皖南的安庆张四墩类遗存[1]也可大致纳入其中,可分成若干地方类型。约公元前2200年该地区进入龙山后期,王湾三期文化向南强烈扩张,豫东南、豫西南、鄂西、鄂北等地都已经被王湾三期文化所占据,就连江汉平原及附近地区的文化面貌也与王湾三期文化接近[2],有人称之为肖家屋脊文化[3]。

石家河文化由屈家岭文化发展而来,其宽扁式足折腹鼎、凿形足鼎、高领罐、腰鼓形罐、花边足罐、甑、尊(缸)、豆、圈足碗、圈足盘、弧腹盆、折腹壶、长颈壶、红陶斜腹杯、高柄杯、折腹杯、彩陶纺轮等主体器类均为屈家岭文化同类器的继承和发展,在盆形擂钵基础上创造出漏斗形擂钵;新出大量红陶盘、捏塑红陶小动物和小人,动物陶塑种类有各种家畜、野兽、鸟禽、龟鳖、鱼等,小人陶塑有的抱鱼抱狗或背物,姿态活泼(图六一),还新见鸡鸭形偏口壶。此外,鬶和有刻符的陶尊的出现可能与来自大汶口文化尉迟寺类型的影响有关,个别斝当属于仰韶文化庙底沟二期类型末期因素,西部所见釜为土著传统,皖南所见觚形杯、长颈鬶、盉等较有特色。到肖家屋脊文化阶段,石家河文化的典型器物大多消失,残留少量弧腹盆、红陶盘、三足杯等;占据主体的矮领瓮、细高柄豆、侧装足鼎等与王湾三期文化同类器接近,鬶、盉属于龙山文化或造律台文化因素,扁足罐、凸底罐、无底甑等器物以及叶脉纹等因素体现出地方特色。值得注意的是肖家屋脊

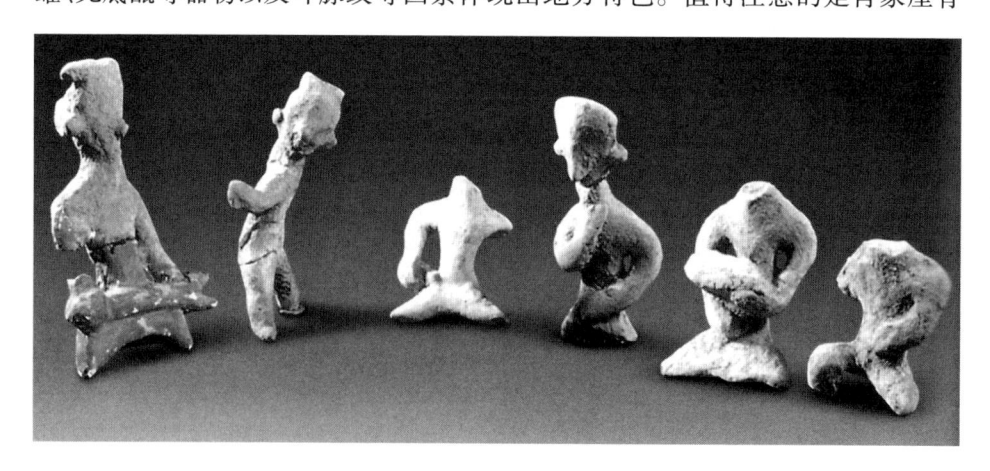

图六一 邓家湾遗址石家河文化陶人塑

---

[1] 北京大学考古学系、安徽省文物考古研究所:《安徽安庆市张四墩遗址试掘简报》,《考古》2004年第1期,第20~31页。
[2] 杨新改、韩建业:《禹征三苗探索》,《中原文物》1995年2期,第46~55页。
[3] 何驽:《试论肖家屋脊文化及其相关问题》,《三代考古》(二),科学出版社,2006年,第98~145页。

文化玉器较为发达,有蝉、人首、虎首、飞鹰、盘龙、鹿或羊首、笄、柄形饰、璜、管等种类,其来源当在龙山文化或王湾三期文化[1]。

屈家岭文化时期兴建的 10 多处城垣聚落大多都沿用至石家河文化,处于核心的石家河聚落群进一步扩大,其房屋建筑和墓葬情况也都与屈家岭文化类似。石家河城北的谭家岭遗址发现大型房屋。七里河的多人二次合葬墓较有特色[2]。在肖家屋脊中有的墓葬(M7)随葬陶器 100 余件,还有石钺,大约为首领人物的墓葬。邓家湾、肖家屋脊等遗址发现多处套尊、倒立尊、扣碗等构成的祭祀遗迹,套尊现象明显承袭大汶口文化尉迟寺类型,大量陶塑小动物和小人的堆积也当与祭祀有关。但至肖家屋脊文化阶段,石家河文化城址全部被毁,石家河文化风格的祭祀遗迹随之消失,仍有连间地面式房屋,也有简陋的圆形地面式房屋[3],流行随葬玉器的瓮棺葬。

石家河文化的生产工具和屈家岭文化类似。该文化仍以稻作农业为主,但也有少量粟作成分[4],如陶塑中所见那样饲养猪、狗、羊、鸡等家畜家禽。该文化有钺、矛、镞等武器,尤其磨制石镞形态多样。肖家屋脊文化的工具与石家河文化类似,但其磨制石镞的数量种类更多。

4. 长江上游的宝墩文化和中坝文化

龙山时代成都平原和重庆地区分别为宝墩文化、中坝文化。宝墩文化以四川新津宝墩遗存为代表[5],包括都江堰芒城[6]、郫县古城村[7]、温江鱼凫[8]、崇州双河[9]龙山遗存等;中坝文化以重庆忠县中坝新石器时代一、二期遗存为

---

[1] 肖家屋脊遗址出土的鹰首笄也见于河南禹州瓦店遗址,钟祥六合等遗址出土的冠状透雕玉饰也见于山东临朐朱封大墓和山西襄汾陶寺 M22。

[2] 湖北省文物考古研究所:《房县七里河》,文物出版社,2008 年。

[3] 孝感市博物馆:《湖北孝感吴家坟遗址发掘》,《考古学报》1998 年 3 期,第 331~360 页。

[4] 邓振华、刘辉、孟华平:《湖北天门市石家河古城三房湾和谭家岭遗址出土植物遗存分析》,《考古》2013 年 1 期,第 91~99 页。

[5] 中日联合考古调查队:《四川新津县宝墩遗址 1996 年发掘简报》,《考古》1998 年 1 期,第 29~50 页;成都市文物考古研究所等:《宝墩遗址——新津宝墩遗址发掘与研究》,(日本)有限会社阿普(ARP),2000 年;成都文物考古研究所等:《新津宝墩遗址调查与试掘简报(2009~2010 年)》,《成都考古发现(2009)》,科学出版社,2011 年,第 1~67 页。

[6] 成都市文物考古工作队等:《四川都江堰市芒城遗址调查与试掘》,《考古》1999 年 7 期,第 14~27 页。

[7] 成都市文物考古工作队等:《四川省郫县古城遗址调查与试掘》,《文物》1999 年 1 期,第 32~42 页。

[8] 成都市文物考古工作队等:《四川省温江县鱼凫村遗址调查与试掘》,《文物》1998 年 12 期,第 38~56 页。

[9] 成都市文物考古工作队等:《四川崇州市双河史前城址试掘简报》,《考古》2002 年 1 期,第 3~19 页。

代表[1],包括忠县哨棚嘴三期等[2]。

两个文化总体面貌接近,共有的主体器类如花边绳纹深腹罐、喇叭口壶、高领罐等与此前的长江上游陶器有直接渊源关系,共有的平底尊、豆、圈足盘等或为长江中游屈家岭文化因素之遗留,或为受同时期石家河文化、王湾三期文化之影响,尤其偏西的巫山魏家梁子遗存[3]有较多矮领瓮、圈足盘等后期王湾三期文化因素。只是宝墩文化有更多盘口或敞口圈足尊,更流行旋纹以及刻划戳印的波纹、网纹、成组平行划纹等,类似因素早见于汉源麦坪类遗存,与云南新光文化也有联系;而中坝文化有更多盘口罐、圈足或假圈足碗、折腹钵等,有的器物的花边绳纹凹凸显著。

宝墩文化发现有新津宝墩、都江堰芒城、郫县古城村、温江鱼凫、崇州双河、崇州紫竹等多处城垣遗址,多为内外城结构,其中最大的宝墩古城外城面积达268万平方米。房屋一般为长方形木骨泥墙式建筑,古城村有面积达550平方米的大型长条形建筑,内有5处长方形卵石堆积,或属宗教类建筑,显示成都平原社会已经进入初期文明社会阶段。中坝文化聚落一般较小,社会复杂化程度不高。墓葬一般为长方形竖穴土坑墓,多无随葬品,个别随葬数件陶器或石器。宝墩文化一般为仰身直肢葬,中坝文化多为屈肢葬,或与大溪文化遥相传承。

两个文化都以斧、锛、凿、铲、锄、刀等磨制石器为主,有的石刀上下均有刃;有钺、矛等石质兵器,有的石钺顶部带双孔或三孔,很有特色。宝墩遗址的农作物以水稻占绝大多数,也有少量粟[4],大约宝墩文化以稻作农业为主;而中坝等遗址以黍、粟类旱作农业为主。此外,三峡地区大约已经出现了利用坑穴浓缩制盐的技术。

此外,川西北高原地区还有茂县下关子类与宝墩文化接近的遗存[5],同时它和马家窑文化也深有渊源。

---

[1] 四川省文物考古研究所等:《忠县中坝遗址Ⅱ区发掘简报》,《重庆库区考古报告集1998卷》,科学出版社,2003年,第607~648页;四川省文物考古研究所等:《忠县中坝遗址1999年度发掘简报》,《重庆库区考古报告集2000卷》,科学出版社,2007年,第964~1042页;孙智彬:《中坝遗址新石器时代遗存初论》,《四川文物》2003年3期,第32~40页。

[2] 北京大学考古学研究中心等:《忠县哨棚嘴遗址发掘报告》,《重庆库区考古报告集1999卷》,科学出版社,2006年,第530~643页。

[3] 中国社会科学院考古研究所长江三峡工作队:《四川巫山县魏家梁子遗址的发掘》,《考古》1996年8期,第1~18页。

[4] 姜铭、珙玉、何锟宇等:《新津宝墩遗址2009年度考古试掘浮选结果分析简报》,《成都考古发现(2009)》,科学出版社,2011年,第68~82页。

[5] 成都文物考古研究所等:《四川茂县下关子遗址试掘简报》,《成都考古发现(2006)》,科学出版社,2008年,第31~62页。

5. 长江下游及附近地区文化

良渚文化和广富林文化

宁镇地区龙山前期发现有北阴阳营 H2 一类大汶口文化尉迟寺类型遗存，包含鬶和刻文尊等陶器。江浙一带龙山前期偏早当为上海青浦福泉山五期类良渚文化遗存，稍后发展为以上海松江广富林第二阶段[1]为代表的末期良渚文化，鱼鳍形鼎足大而夸张，有长颈圈足壶、长颈鬶等——前者与昙石山文化、石家河文化同类器接近，新出侧装扁足鼎、旋断绳纹、旋断篮纹罐等，当为受到豫东南、鄂东皖南石家河文化类遗存影响的结果。龙山后期则为以上海松江广富林第三阶段为代表的广富林文化，其侧装扁足鼎、凹折沿罐、矮领罐、矮领瓮、细高柄豆、平底碗等主要器物与造律台文化南荡类型和王湾三期文化杨庄类型较为相似，甗、白陶鬶、竖条纹直腹杯等也当与造律台文化相关；饰云雷纹、方格纹、叶脉纹等的印纹矮领凹底罐、圈足罐、圜底钵，体现出强烈的地方特色，应该和良渚文化有一定继承关系，也与华南昙石山文化等有关；石犁形器、有段石锛等也应当为良渚文化之余绪。广富林文化大约是在末期良渚文化基础上，受到中原龙山文化强烈影响并融合北上的华南文化因素而形成的。

山背文化和好川文化

龙山前期江西中北部为以修水山背跑马岭遗存[2]为代表的山背文化，浙江南部为以遂昌好川墓葬[3]为代表的好川文化。

两个文化都以鼎、豆、素面高领罐、高领圈足壶（尊）、鬶占据主体，都有素面或印纹釜，这都与樊城堆文化等当地传统相关。区别在于山背文化鼎腹较深、多凿形足，豆多子母口，多见与石家河文化近似的高领扁腹圈足壶、红陶小动物；而好川文化鼎腹较浅、多侧装扁足，豆盘下出棱，多见单耳圈足盉以及属于良渚文化因素的阔把带流杯、双鼻壶、单耳圈足杯、三鼻簋等，还有玉钺、玉锥形器、嵌玉石片漆器等良渚式器物。这些因素分别与石家河文化和良渚文化的影响有关。其中良渚文化对好川文化的影响更大，但好川文化不见琮、璧，双孔石钺、三重台阶状玉饰片自具特色，玉片形态和陵阳河、尉迟寺等大汶口文化陶器上的刻划符号近似。另外，好川文化有较多印纹圈足罐等昙石山文化因素。两个文化都流

---

[1] 上海博物馆考古研究部：《上海松江区广富林遗址 1999~2000 年发掘简报》，《考古》2002 年 10 期，第 31~48 页；上海博物馆考古研究部：《上海松江区广富林遗址 2001~2005 年发掘简报》，《考古》2008 年 8 期，第 3~21 页。

[2] 江西省文物管理委员会：《江西修水山背地区考古调查与试掘》，《考古》1962 年 7 期，第 353~367 页。

[3] 浙江省文物考古研究所等：《好川墓地》，文物出版社，2001 年。

行有段斧、有肩斧、有段锛、钺、弧背双孔刀、石凿等磨制石器。

山背跑马岭发现有木骨泥墙的地面式套间房屋建筑。好川墓地墓葬大小差异较为显著,大墓位于中部,均为很有特色的近方形竖穴土坑墓,有长方形椁类木质葬具;以随葬陶器为主,流行陶器涂朱习俗,还随葬少量玉器、红色漆器等。

(二) 黄河上游与青藏高原东部地区

在黄河长江流域大部地区交融整合形成以灰黑陶和三空足器为代表的龙山时代的同时,黄河上游的甘肃中西部和青海大部则走着流行彩陶的不同道路,保留了更多古老仰韶文化的底蕴,属于罐—壶—钵—盆文化系统,同时在早期中西文化交流中发挥了重要作用。

1. 马家窑文化半山类型期

龙山前期在以兰州附近为中心的甘肃中西部和青海东部分布着马家窑文化半山类型,它以甘肃广河半山墓地为代表[1],包括甘肃省的兰州青岗岔居址[2]、土谷台早期墓葬[3]和康乐边家林墓葬[4],青海省的柳湾"半山类型墓葬"[5]、循化苏呼撒"半山文化墓葬"[6]等。这一时期盛行黑、红复彩彩陶,以直线、弧线、三角形等元素,组成锯齿纹、横带纹、网格纹、多重弧线纹、涡纹、波纹、折线纹、圆圈纹、葫芦纹、贝纹、棋盘格纹、菱块纹、方块纹、对三角纹、鳞纹等图案,各种图案相互搭配、彼此填充、繁复多变。绝大多数器物带单耳或双耳,典型器类有小口高领壶(罐)、单耳或双耳长颈瓶、侈口鼓腹瓮、小口高领瓮、弧腹或鼓腹盆、单耳罐、双耳罐,以及敛口钵、带管状流或不封闭流的钵或盆、鸮形壶、双口壶、单把杯等。装饰品有串珠、绿松石耳饰、缀连骨片臂饰、石镯、骨梳等。半山类型是在马家窑类型小坪子组基础上发展而来的,同时接受了大量来自菜园文化的因素,包括偏洞室墓、屈肢葬、黑红复彩和发达的内彩,以及双口壶、鸮形壶、卍字纹等,其更早的渊源当然还是东部的雪山一期文化和海生不浪类型[7],石(玉)璧的源头应在晋

---

[1] 安特生:《甘肃考古记》,地质专报甲种第五号,1925年,北京。半山属于当时的甘肃宁定县。

[2] 甘肃省博物馆:《甘肃兰州青岗岔遗址试掘简报》,《考古》1972年3期,第26~31页;甘肃省博物馆文物工作队:《甘肃兰州青岗岔半山遗址第二次发掘》,《考古学集刊》第2集,中国社会科学出版社,1982年,第10~17页。

[3] 甘肃省博物馆等:《兰州土谷台半山—马厂文化墓地》,《考古学报》1983年2期,第191~222页。

[4] 临夏回族自治州博物馆:《甘肃康乐县边家林新石器时代墓地清理简报》,《文物》1992年4期,第63~76页。

[5] 青海省文物管理处考古队、中国社会科学院考古研究所:《青海柳湾——乐都柳湾原始社会墓地》,文物出版社,1984年。

[6] 青海省考古研究所:《青海循化苏呼撒墓地》,《考古学报》1994年4期,第425~469页。

[7] 韩建业:《半山类型的形成与东部文化的西迁》,《考古与文物》2007年3期,第33~38页。

南,而锯齿纹的流行当与来自中亚铜石并用时代—青铜时代文化的影响有关。

以共和盆地为中心的青海省东部为马家窑文化宗日类型晚期遗存,以同德宗日 M172 类三期遗存为代表[1]。陶器仍明显分为两大类,第一类为质地细腻的泥质红陶,饰黑、红复彩,其器类、彩陶图案和风格基本同于半山类型,可称"半山式陶器"。第二类为夹粗砂的"宗日式陶器",其形态和早期大同小异。显然,该期宗日类型的地方特点得到进一步发展。

青岗岔半山类型遗存发现纵长方形半地穴式房屋,有的有两三个相连的火塘。同一墓地的墓葬可分区、群、组等不同层次,以长方形竖穴土坑墓和近圆形洞室墓为主,也有的墓地以石棺墓居多。有的竖穴土坑墓有长方形木棺,有的有二层台,或者埋藏陶器的"足坑"、壁龛;洞室墓有曰字形和凸字形两种,多以石板或木棍封门;多为单人一次葬,也有二至七人的合葬,还有较多二次扰乱葬。兰州附近的东部区域流行侧身屈肢葬,西宁附近的西部区域流行骨架不全的二次扰乱葬,还有个别焚烧墓穴尸骨的火葬。半山类型多数墓葬有随葬品,多为陶器,少则一二件,多达一二十件,也有生产工具和装饰品等,随葬品总体悬殊不大。宗日类墓地也有区、群、组的区分,墓葬多数为长方形竖穴土坑墓,少数带有二层台。多数没有葬具,少数有木椁、石椁。绝大多数为单人葬,也有双人葬,以俯身直肢者最多,相当数量属于二次扰乱葬,多随葬实用的"半山式陶器"。

石器磨制得更为精致,尤其以长体石铲、石斧最具代表性。半山类型的经济形态基本同于马家窑类型时期,仍以种植粟和黍为主,青岗岔 F1 发现谷物及其谷秸(粟),但应当已经开始种植小麦。家畜饲养业和畜牧业与以前近同,主要家畜为猪,甘青地区养羊更加普遍。该类型有石(骨)镞、石球、砍砸器、刮削器、石核、骨梗石刃刀等与狩猎有关的工具,越接近甘青宁边缘地区细石器成分越多;有长体穿孔砺石,当为便于携带,反映出人群移动性的增加。

2. 马家窑文化马厂类型期

龙山后期甘肃中西部和青海东部分布着马厂类型,它以青海民和马厂塬墓地为代表[2],包括甘肃兰州土谷台晚期[3]、青海民和阳山[4]、柳湾"马厂墓

---

[1] 青海省文物管理处、海南州民族博物馆:《青海同德县宗日遗址发掘简报》,《考古》1998 年 5 期,第 1～14 页;格桑本、陈洪海主编:《宗日遗址文物精粹论述选集》,四川科学技术出版社,1999 年。

[2] 安特生:《甘肃考古记》,地质专报甲种第五号,1925 年。马厂塬属于当时的甘肃碾伯县。

[3] 甘肃省博物馆等:《兰州土谷台半山—马厂文化墓地》,《考古学报》1983 年第 2 期,第 191～222 页。

[4] 青海省文物考古研究所:《民和阳山》,文物出版社,1990 年。

葬"等。陶器基本类似半山类型,彩陶绘制渐趋潦草,盛行单色黑彩,也有红色单彩和黑红复彩。彩陶图案多数继承半山类型而略有变化;X形纹、横个字纹、竖折线纹、串贝纹、回纹、卐字纹、同心圆纹、星形纹等为马厂类型新出或主要见于该类型,人蛙纹(蛙肢纹)大增且种类复杂,四大圆圈纹盛行。大多数器类继承半山类型,敛口瓮、豆、四耳盆、无耳斜腹盆、塔形纽器盖等则为受到齐家文化影响而新出。此外,其卐字纹和尖顶冠形花纹早见于中西亚地区,表明早在公元前2千纪以前,中国和中西亚之间就存在文化联系。个别人像或人面彩陶小口壶以及方形直腹杯等较为特别。随着时间的推移,马厂类型有逐渐向河西走廊延伸的趋势,最西到达新疆哈密地区。青海中部宗日类型则基本消亡。

马厂类型有方形和圆形半地穴式房屋。墓葬情况基本同于半山类型,可分为两大类,西宁附近以柳湾为代表的第一类墓葬以圆角长方形竖穴土坑墓稍多,带墓道的洞室墓其次,可分出区、群、组,代表不同级别的社会组织。大多数墓葬有木棺葬具,单人葬占绝大多数,少数为2~6人的合葬墓;流行仰身直肢葬,二次扰乱葬其次,少数为屈肢葬。多数墓葬随葬一二十件日用陶器、生产工具和装饰品,少者仅一两件,多者数十上百件,体现出"厚葬"之风和较显著的贫富分化现象,个别墓葬还随葬猪下颌骨或羊骨。兰州附近以土谷台为代表的第二类墓葬仍保持洞室墓、屈肢葬的传统习俗。阳山墓地一次葬中以俯身直肢葬为主,侧身屈肢者其次,有埋牛、羊等家畜的祭祀坑。

马厂类型的经济形态大致同于半山类型。鸳鸯池马厂类型陶瓮中装有粟。李璠等曾在东灰山遗址采集到炭化的大麦、黑麦、高粱、稷、粟的籽粒[1],测年在公元前2000年以前。这说明马厂类型时期栽培小麦已经东传至甘青地区[2]。收割工具主要为长方形穿孔石刀,基本不见陶刀,表明收割效率提高。甘青地区羊的数量仅次于猪。马厂类型也有便于携带的穿孔砺石。

(三)东北西部和南部文化

龙山时代东北西部西辽河领域和科尔沁草原一带大约仍为雪山一期文化小河沿类型和南宝力皋吐文化的末期,下辽河流域当仍为偏堡子文化或类似遗存,

---

[1] 李璠等:《甘肃省民乐县东灰山新石器遗址古农业遗存新发现》,《农业考古》1989年1期,第56~69页。
[2] 李水城:《从考古发现看公元前二千年东西文化的碰撞和交流》,《新疆文物》1999年1期,第53~65页;李水城、莫多闻:《东灰山遗址炭化小麦年代考》,《考古与文物》2004年6期,第51~60页。

辽东南部为小珠山上层文化,辽东鸭绿江下游一带则为北沟文化。

小珠山上层文化以小珠山上层遗存为代表,实际属于龙山前期,大连双砣子一期[1]等遗存属于龙山后期。该文化是在小珠山中层文化和偏堡子文化基础上,受到龙山文化强烈影响而形成的,鼓肩罐、瓮、盆形鼎、鬲、豆、三环足盘、三足杯、单把杯、盂、平底碗、器盖等陶器都大致属于龙山文化因素,但罐、瓮等饰刻划或戳印几何纹、饰多色几何纹彩绘等特征很具地方特色,筒形罐、叠唇罐以及环、璇玑等玉器等更是属于当地传统。此外,该文化还有石钺和石矛等武器。房屋建筑有半地穴式和地面式之分,既有木骨泥墙也有石墙者。墓葬以积石冢最具特色,一冢常有多个长方形墓室。工具主要为斧、锛、凿、双孔石刀等磨制石器,有磨制或细石器镞、网坠、鱼镖数量很多,大约存在农业的同时,渔猎采集比重较大。

北沟文化以辽宁岫岩北沟遗存[2]为代表,主要器类为装饰刻划几何纹、纵向附加泥条纹、附加堆纹等的侈口罐、敛口罐、壶,尤其直领略外鼓的壶最具特色,与偏堡子文化存在一定联系;但三环足盘、豆等显然属于龙山文化因素。该文化有半地穴式房屋,其生产工具和经济形态大致和小珠山上层文化相同。

(四)华南地区文化

龙山时代福建东南沿海发展到以闽侯昙石山二期中晚段和庄边山下层二、三期为代表的昙石山文化晚期,新出与好川文化形态近似而拍印绳纹等的折腹鼎,新出长颈圈足壶——这是当时见于长江下游和东南沿海大部地区的器物,豆或圈足盘也和好川文化一样腹下出棱,可见与好川文化等存在较为密切的交流。其余器物只是在早期基础上的继续发展,也出现较多石钺、石镞。聚落、墓葬和经济形态也与前基本相同。昙石山文化拓展至福建西北部,以浦城牛鼻山上层类遗存为代表,但其鬲、甗等并不见于福建沿海一带,甗的存在当与造律台文化的影响有关。牛鼻山遗址近方形的墓穴也与好川文化近似。

广东西北部为石峡文化晚期遗存,新出圈足甗、鬲等陶器,常见有肩锛、有段锛、镢、钺、凿等磨制石器。琮、璧、瑗、镯、璜、玦等玉器属良渚文化因素,不排除

---

[1] 中国社会科学院考古研究所:《双砣子与岗上——辽东史前文化的发现和研究》,科学出版社,1996年。
[2] 许玉林、杨永芳:《辽宁岫岩北沟西山遗址发掘简报》,《考古》1992年5期,第389~398页。

有部分良渚人来此的可能性。大小墓分化得更加严重,大墓的随葬品可达上百件,包括良渚式玉器。

闽南粤东分布着以普宁虎头埔遗存为代表的虎头埔文化[1];粤中南部(包括香港、澳门)分布着珠海后沙湾二期[2]、珠海宝镜湾二期[3]、东莞圆洲一、二组[4]和香港涌浪晚期[5]类遗存,或可暂称后沙湾二期文化。这些遗存总体上大同小异,都在釜—圈足盘基础上发展而来,以印纹釜、印纹圈足罐、印纹圜底钵、豆(或簋)、支脚等陶器为主,印纹有绳纹、篮纹、折线纹、方格纹、叶脉纹、云雷纹、重圈纹等,共有斧、有肩锛、有段锛、镢、钺、镞等磨制石器,石玦、石环等与中国东部悠久的玉器传统相关,有干栏式或地面式房屋、长方形竖穴土坑墓,和昙石山文化关系较为密切。当然它们也有一定的地方性差异,如沿海一带多为贝丘、沙丘遗址,来自石峡文化的根部有按窝的锥足鼎、瓦足鼎等数量很少,有压印的复杂几何纹——当与早先咸头岭文化传统有关,多见网坠、石研磨盘、石研磨棒[6]、穿孔重石等,当属渔猎采集经济;而广东中部一般为坡地遗址,锥足鼎、瓦足鼎较多,不排除存在农业的可能性。

广西大部地区为邕宁顶蛳山四期、平南石脚山[7]、那坡感驮岩一期[8]以及武鸣岜旺、弄山[9]类遗存,或可暂称感驮岩一期文化。该文化的基础仍为绳纹圜底釜传统,以圜底釜、圜底钵、三足罐、圈足壶、圈足碗、圈足杯等陶器为主体,大多饰绳纹,成组水波形、横竖S形、飘带状刻划纹很有特色,有条带状红色彩绘。偏东部的锥足鼎、豆等属于石峡文化因素。磨制石器有有肩锛、有肩斧、有

---

[1] 揭阳考古队等:《普宁市虎头埔新石器时代遗址发掘报告》,《揭阳考古(2003~2005)》,科学出版社,2005年,第3~50页。

[2] 李子文:《淇澳岛后沙湾遗址发掘》,《珠海考古发现与研究》,广东人民出版社,1991年,第3~21页。

[3] 广东省文物考古研究所、珠海市博物馆:《珠海宝镜湾——海岛型史前文化遗址发掘报告》,科学出版社,2004年。

[4] 广东省文物考古研究所、东莞市博物馆:《广东东莞市圆洲贝丘遗址的发掘》,《考古》2000年6期,第11~23页。

[5] 香港古物古迹办事处:《香港涌浪新石器时代遗址发掘简报》,《考古》1997年6期,第35~53页。

[6] 石研磨盘中部下凹呈圜底状,研磨棒一端较大磨蚀呈杵状,或为捣碎研磨可食植物根茎之用,流行于华南地区,与北方地区加工谷物的石磨盘、石磨棒有别。

[7] 广西壮族自治区文物工作队等:《广西平南县石脚山遗址发掘简报》,《考古》2001年1期,第15~21页。

[8] 广西壮族自治区文物工作队等:《广西那坡县感驮岩遗址发掘简报》,《考古》2003年10期,第35~56页。

[9] 广西文物考古研究所、南宁市博物馆:《广西先秦岩洞葬》,科学出版社,2007年。

肩大石铲、镞等,以有肩大石铲最具特色;也有较多石研磨盘和研磨棒,以及玉玦、玉坠、蚌饰等。墓葬多为长方形竖穴土坑墓,也有特殊的岩洞葬。墓葬中多次发现集中埋藏大石铲的现象,当与特殊宗教习俗有关。该文化应当存在农业,但狩猎采集经济成分浓厚。

(五)云南的新光文化

云南西北部为永平新光[1]和永仁菜园子、磨盘地[2]类遗存,或可称为新光文化。宾川白羊村早期[3]和元谋大墩子早期[4]也属于此类。陶器主要是各种罐类,也有壶、钵、平底碗、圈足盘等,常见花边口沿,盛行刻划、压印、戳印的各种几何形纹饰,包括网格纹、斜线纹、水波纹、篦点纹、联珠纹、三角形纹、回纹、之字纹、S形纹、绞索纹、垂幔纹等,有主地纹之分,组成繁复图案,以绞索纹、垂幔纹等外缘装饰圆点纹者最有特色,也有附加堆纹和红、白色彩绘。该文化也可分期,有绳纹陶的菜园子遗存早于磨盘地和新光遗存。它的源头或许与川西马家窑文化及其后续传统有关,在早先的四川汉源麦坪类遗存中就有装饰绳纹或类似圆点纹、网格纹等的罐、钵等,或许与流行几何纹的卡若文化也有联系;其圈足盘当与来自宝墩文化的影响有关。新光文化的工具主要有斧、锛、凿、刀、镞等磨制石器,以及纺轮、石磨盘、石磨棒等,双孔石刀仍为马家窑文化传统,有粟、黍、稻混作农业[5]。

(六)早期中国外缘区文化

龙山时代文化意义上"早期中国"的范围进一步扩展,只有东北和西北边缘地区仍有其没有涵盖的地方,如东北北部地区的黑龙江海林振兴一期乙类遗存,仍属于筒形罐文化系统。西北新疆等地情况仍不明确。

(七)龙山时代的文化交流

龙山时代文化交流愈加频繁和深入,尤以黄河长江流域为甚。

---

[1] 云南省文物考古研究所等:《云南永平新光遗址发掘报告》,《考古学报》2002年2期,第203~234页。
[2] 云南省文物考古研究所等:《云南永仁菜园子、磨盘地遗址2001年发掘报告》,《考古学报》2003年2期,第263~293页。
[3] 云南省博物馆:《云南宾川白羊村遗址》,《考古学报》1981年4期,第349~368页。
[4] 云南省博物馆:《元谋大墩子新石器时代遗址》,《考古学报》1977年1期,第43~72页。
[5] 金和天、刘旭、闵锐等:《云南元谋大墩子遗址浮选结果及分析》,《江汉考古》2014年3期,第109~114页。

龙山文化最为积极主动,颇具特征的轮制黑陶技术以鲁东沿海和潍河流域为核心向周围地区辐射,距离其越近黑陶越多、轮制越发达。它前期的西向影响对王湾三期文化的兴起做出了重要贡献,稍后对后冈二期文化产生重要影响;北向影响产生小珠山上层文化,甚至影响到北沟文化,为东北地区带去稻作农业并传至朝鲜半岛。后期西向强烈影响豫东皖西北地区,使得尉迟寺类型转变为造律台文化,北向影响到雪山二期文化的产生。至于其鬶等因素则遍见于黄河长江流域大部地区。可以说龙山文化在龙山时代的形成和发展过程中产生过至关重要的作用。当然不管强度如何,交流一般总是相互的过程,比如龙山文化西部常见篮纹、白灰面等中原因素,胶东半岛则有小筒形罐、玉璇玑(牙璧)等来自辽东半岛的因素[1]。

中原龙山文化则后来居上,对外影响日趋广泛深入。龙山前期,陶寺文化影响广大,其玉器、漆器等因素西向传播到陕北,甚至渗透到齐家文化早期和菜园文化当中。石家河文化东向扩展至皖南,对周围文化影响深远,最富特征的红陶斜腹杯不但常见于豫中王湾三期文化前期,而且还见于豫西晋南仰韶文化庙底沟二期类型与谷水河类型末期、皖西北大汶口文化尉迟寺类型等当中,北向最远甚至还传入陕北甘泉史家湾遗存[2];当然受其影响最深的王湾三期文化前期中还有漏斗形擂钵、宽扁式足鼎、红陶小动物等器物;石家河文化对中坝文化和宝墩文化也有影响。

龙山后期,以游邀类型为代表的老虎山文化大规模向南施加影响,在陕北建有400万平方米的石峁石城,造成临汾盆地陶寺晚期类型对陶寺类型的代替,将双鋬鬲传播到中原地区的三里桥类型和王湾三期文化,更使卜骨、细石器镞流播至黄河中下游广大地区[3],家羊向东南方向的传播可能也主要是通过这个途径。或许出于连锁反应,稍后王湾三期文化对周边产生更重大的影响,北向将其范围扩展至豫西西部和晋南,东向影响到造律台文化的产生,南向代替豫东南、豫西南、鄂西地区石家河文化,而且深刻影响长江中游大部地区,使这些地区曾经强盛的石家河文化转变为与王湾三期文化近似的肖家屋脊文化,东向最远还影响到长江下游。造律台文化向江淮地区大规模扩展,深刻影响到广富林文化的形成,甗等因素最远渗透到福建西北部的昙石山文化(图六二)。后冈二期文

---

[1] [日]冈村秀典:《辽东半岛与山东半岛史前文化的交流》,《环渤海考古国际学术讨论会论文集(石家庄·1992)》,知识出版社,1996年,第108~111页。
[2] 韩建业:《斜腹杯与三苗文化》,《江汉考古》2002年1期,第67~72页。
[3] 韩建业:《老虎山文化的扩张与对外影响》,《中原文物》2007年1期,第17~23页。

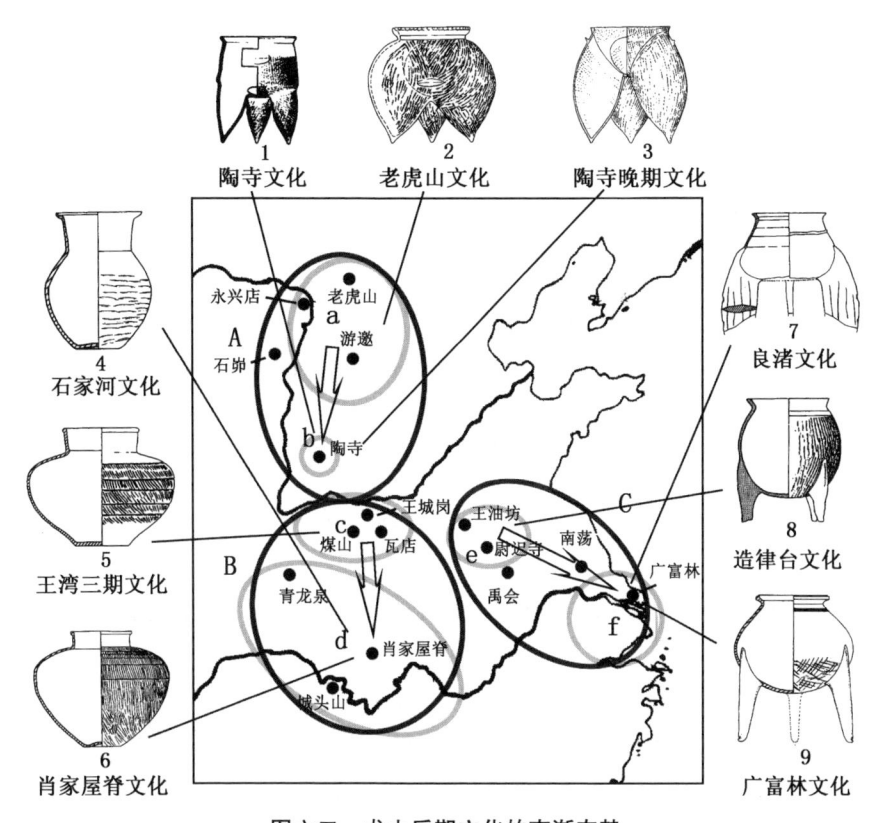

图六二　龙山后期文化的南渐态势

龙山前期：a. 老虎山文化　b. 陶寺文化　c. 王湾三期文化　d. 石家河文化　e. 大汶口文化尉迟寺类型　f. 良渚文化
龙山后期：A. 老虎山文化和陶寺晚期文化　B. 王湾三期文化和肖家屋脊文化　C. 造律台文化和广富林文化
1. 斝（陶寺 M3002：32）　2、3. 鬲（游邀 H186：1、陶寺Ⅲ H303：12）　4. 高领罐（肖家屋脊 H80：2）　5、6. 矮领瓮（瓦店ⅣT3H30：5、肖家屋脊 H254：8）　7～9. 鼎（广富林 H128：3、王油坊 H16：1、广富林 TD9：5）（均为陶器）

化则北向扩展形成雪山二期文化。当然反过来，陶寺晚期文化对王湾三期文化三里桥类型和王湾类型也有一定影响。

大致属于中原龙山文化的中期齐家文化自东向西强烈扩张，代替菜园文化，将马厂类型从甘肃中部和青海东部逐渐排挤出去，但土著的马厂类型因素毕竟还会部分遗留下来。马厂类型则西向扩展至河西走廊西部，乃至于新疆东部哈密地区。齐家文化等海贝的发现，表明其与沿海地区存在联系。

昙石山文化北上影响江浙广富林文化，石峡文化的锥足鼎、瓦足鼎南向广泛影响东南沿海地区，西南向影响到广西东部。由于文化交流，淮河和长江中下游地区都开始常见凹底器物。

此时中外文化交流进一步发展,河西齐家文化陶器上出现可能源于中亚的尖顶冠形纹,源于西亚的小麦几乎见于整个黄河流域,而华南系统文化则扩展到越南北部甚至泰国[1]。

(八)小结

(1)两大农业体系范围的进一步扩展和中原北方地区多元化经济趋势的进一步加强

粟作农业和稻作农业两大体系的范围进一步扩展。粟作农业西向已经扩展至河西走廊西部甚至新疆东部,稻作农业北向可能扩展至辽东半岛,西南向已至云南(见图三)。当然南稻北粟的基本格局和互融互补态势并未改变,长江上中游、黄河流域、淮河流域仍应为粟作和稻作混合区域,只是偏南偏北比重不一:黄河上中游总体以粟作为主,长江上中游总体以稻作为主。两大农业体系的石刀、石铲、石镰等农业工具磨制得愈加精整,发展水平继续提高。

中原北方地区多元化经济趋势进一步加强,首要表现就是小麦的出现和扩散。公元前2000多年的时候不但在西北地区马家窑文化马厂类型、齐家文化、客省庄二期文化当中发现小麦,而且在中原龙山文化、海岱龙山文化当中也都出现小麦。小麦种植在西亚已经有上万年的历史,一般认为中国的小麦由西方传播而来,与中国土产的粟、黍类在生长条件等方面都有差异。小麦的出现一定程度上改变了中原北方旱作农业的结构,进一步增强了旱作农业经济区食物的稳定性。甘肃天水西山坪发现的农作物竟然有粟、黍、水稻、小麦、燕麦、青稞、大豆和荞麦等8种之多,周原王家嘴发现的农作物正好符合"稻、黍、稷、麦、菽"所谓"五谷"之数。当然龙山时代小麦在农业中的比重还不大,黄河上中游地区占据绝对优势的仍然是粟和黍。另外,此时中原北方地区的家畜种类也有所增加,开始普遍饲养猪、狗、绵羊、山羊等。相比之下,长江流域尤其长江中下游地区的农作物主要是水稻,家畜主要是猪和狗。作物的单调决定了这一地区的食物来源可能不如中原北方地区稳定,这或许是此时长江中下游文化走向衰落而中原北方文化迅猛发展的原因之一。

---

[1] 彼特·贝尔伍德、洪晓纯:《早期粮食生产人口从华南地区到东南亚的传播》,《河姆渡文化国际学术论坛论文集》,中国时代经济出版社,2013年,第95~107页。

（2）黑灰陶、三足容器的扩展和铜质容器的出现

龙山时代形成以鲁东为核心的不同层次的灰黑陶文化圈：海岱及临近地区黑陶发达，中原大部和长江流域以灰陶为主，到齐家文化已经是红褐陶居多了，而西陲的马家窑文化则仍盛行红褐陶和彩陶。龙山文化、王湾三期文化、后冈二期文化、造律台文化、老虎山文化、客省庄二期文化等的相互交流和对外强烈影响，使得鼎、鬻、盉、鬲、甗、斝等典型"中国"式三足器大范围扩展：东部盛行的鼎、鬻、盉北至东北南部，南达广东北部，西到三峡地区，北方发源的鬲、甗西至河西走廊东部、南达安徽北部、东到山东沿海。这些三足器的大范围扩展，正是"中国"式烹饪饮食方式走向成熟并逐渐普世化的过程。

玉器的长江下游和辽西两大中心已然衰落，不过新出现的江汉、晋南、甘青等新中心与此前两大中心仍有千丝万缕的联系，并出现璋等新型玉器。山东、晋南、江汉玉器雕镂细致，显示这一时期的制作工艺有新的发展。其他漆器、丝织品继续发展，镯、笄、纺轮等仍几乎见于所有文化，中原龙山文化、石家河文化、肖家屋脊文化等都有钝头镞形器，陶埙、陶铃等乐器仍常见于黄河长江流域。陶寺文化和陶寺晚期文化的乐器有鼍鼓、土鼓、石磬、陶或铜铃、陶埙等，王湾三期文化、齐家文化有石磬、陶铃、陶埙等，显示中原甚至西北地区已经初步形成鼓、磬、铃乐器组合。这些乐器加上鼎、鬻等三足陶器，钺、璋等玉石器，共同构成新时期的礼器，奠定了"中国"特有礼乐制度的早期基础。

和仰韶后期铜器的零星发现不同，龙山时代黄河长江流域大部地区普遍发现铜器，进入铜石并用时代晚期。如皇娘娘台齐家文化中发现红铜质的刀、锥、凿、环、钻头、条形器等；二里半老虎山文化遗存发现铜镯；属于石家河文化和肖家屋脊文化的邓家湾、罗家柏岭等多处发现铜矿石、铜刀残片；属于造律台文化的鹿台岗、栾台、平粮台等遗址出土刀形残铜器、小铜块、铜渣；三里河龙山文化遗存发现黄铜性状铸造铜锥；属于王湾三期文化的煤山、古城寨、牛砦遗存发现炼铜坩埚片，王城岗、新砦遗址出土铜容器残片[1]；陶寺文化和陶寺晚期文化发现红铜铜铃[2]、砷铜容器残片、铜齿轮形器、铜环等。这些铜器多数是红铜，有些具有青铜或黄铜性状者当为利用含铜、锌、锡等的共生矿冶炼所得[3]。特别

---

[1] 李宏飞：《铜器对早期中国社会变迁的作用试析》，《南方文物》2011年4期，第67~73页。

[2] 中国社会科学院考古研究所山西工作队、临汾地区文化局：《山西襄汾陶寺遗址首次发现铜器》，《考古》1984年12期，第1069~1071页。

[3] 北京钢铁学院冶金史组：《中国早期铜器的初步研究》，《考古学报》1981年3期，第287~302页。

值得关注的是当时中原地区铜容器的发现,表明中原地区已经拥有泥质复合范铸造技术,而与西方长期流行的石范技术有别,可见龙山时代已经基本形成中国特色的铜器铸造传统。

(3) 土木建筑技术近于成熟

龙山时代房屋建筑类型的空间分布格局与以前一脉相承,北方地区主要是半地穴式、窑洞式,长江流域、华南、西南主要为地面式和干栏式。由于频繁交流,许多建筑技术为广大地区共用,如黄河长江流域广泛使用夯土筑城、筑墙技术,土坯砌墙技术,以石灰涂抹装修地面墙裙的技术等。当然地方特点仍然存在,如北方地区的石墙房屋,南方地区的木骨泥墙房屋。最引人注目的是砖瓦类"中国"特色专门建筑材料的出现。陶寺文化表面平整且有各种纹饰的陶板或许是面板墙砖之类,而齐家文化则板瓦、筒瓦一应俱全,而且与后世瓦很接近。这些发现表明"中国"特点的土木建筑技术逐渐走向了成熟。中国文明建筑物夯土、木材、土坯、砖瓦并用,与同时期埃及文明建筑物用石块、美索不达米亚文明用日晒泥砖、印度河文明用烧制砖的单调状况有别。

城垣聚落和大型宫殿式建筑见于长江黄河流域大部地区,出现陶寺古城这样近300万平方米的超大型城垣聚落,以及新密古城寨、郸县古城村等所见宫殿式建筑。陶寺遗址还出现具有天文观测功能的特殊建筑。

(4) 多个文字系统的并存

龙山时代不但明确存在文字,而且至少可分为三个系统。一是类似甲骨文的中原龙山文化系统。陶寺晚期文化的陶扁壶上发现两个朱书文字,与甲骨文神似,一释为"文",一释为"易"[1]、"尧"[2]或"邑"[3]。可以推测类似甲骨文的文字系统在中原地区已经形成,已经较多使用并在社会中起到重要作用,只是当时的文字可能主要书写在绢帛竹木类有机质物品上,难以保存下来。二是龙山文化系统。丁公遗址一件废弃的龙山文化陶平底盆底部,刻划有11字陶文[4],应当已经构成句子,记载特定内容,属于文字无疑。但与甲骨金文似乎并

---

[1] 罗琨:《陶寺陶文考释》,《中国社会科学院古代文明研究中心通讯》2001年2期,第13~18页。

[2] 何驽:《陶寺遗址扁壶朱书"文字"新探》,《中国文物报》2003年11月28日第7版;葛英会:《破译帝尧名号　推进文明研究》,《古代文明研究通讯》总第32期,2007年,第1~6页。

[3] 冯时:《"文邑"考》,《考古学报》2008年3期,第273~290页。

[4] 山东大学历史系考古专业:《山东邹平丁公遗址第四、五次发掘简报》,《考古》1993年4期,第295~299页。

非一个系统,与大汶口文化陶文的关系也不甚明晰。有人认为其为东夷上古文字,后被淘汰[1],有人参考现代彝文对其进行了释读[2]。三是大汶口文化—石家河文化系统。石家河文化发现的陶文有钺形、鸟日合体形、弯角形、斜腹杯形、高柄杯形、菱形、纺轮形等多种,其中钺形、鸟日合体形等和大汶口文化者近同,应当与尉迟寺大汶口文化属于一个文字系统。

在文字之外,西北地区马家窑文化彩陶仍然流行,其中不乏卍字纹、八角星纹等寓意深刻、流传久远的符号。继良渚文化之后,兽面纹逐渐为黄河中下游龙山文化和中原龙山文化所接受。此外,在大致属于石家河文化的张四墩陶器上有清楚的鬶的形象。好川文化有类似甲骨文"五"多一横的刻划符号,石钺上刻划有狗形和方孔圆钱形图案。

(5) 祖先崇拜的统一性与多样性

以祖先崇拜为核心的世俗化的宗教信仰体系仍然是早期中国的根本。绝大部分墓葬基本都是蕴含"地下家园"性质的土坑墓,只是墓地规模更小,更加突出家族,只有马家窑文化半山类型等仍然有火葬墓。

区域性差异主要表现在南北方之间。随着红山文化的衰落,先前在北方地区占有一定地位的偶像崇拜传统基本消失,总体趋于质朴、"世俗"[3]和"残酷"。灼骨占卜以预测吉凶这种新的宗教习俗在北方中原地区广泛流行开来[4],而类似的烧骨占卜习俗广泛存在于北半球广大地区,有人认为与对火的信仰有关[5];龙山文化、王湾三期文化、后冈二期文化、齐家文化等当中,常见人乱葬坑,埋葬猪、狗、牛等动物的祭祀坑,或者以动物牲或人牲奠基的现象。邯郸涧沟后冈二期文化遗存中甚至发现制作人头盖杯和剥人头皮的习俗[6],平粮台、王油坊等遗址有的奠基男性头顶被切掉。另外,中原北方地区见有专门的祭祀类设施,如在禹会遗址发现大型长条形祭祀遗迹,杞县鹿台岗遗址发现祭台,而属于客省庄二期文化的大辛村墓葬(M2)则上有享堂类建筑[7]。相比之下,

---

[1] 王恩田、田昌五、刘敦愿等:《专家笔谈丁公遗址出土陶文》,《考古》1993年4期,第344~354页。
[2] 冯时:《山东丁公龙山时代文字解读》,《考古》1994年1期,第37~54页。
[3] 孙波:《再论大汶口文化向龙山文化的过渡续——也谈仰韶时代与龙山时代之间的转折》,《早期中国研究(一)》,文物出版社,2013年,第143~162页。
[4] 张忠培:《窥探凌家滩墓地》,《文物》2000年9期,第55~63页。
[5] [日]荒木日吕子:《卜骨的象征意义》,《纪念殷墟甲骨文发现一百周年国际学术研讨会论文集》,社会科学文献出版社,2003年,第335~351页。
[6] 严文明:《涧沟的头盖杯和剥头皮风俗》,《考古与文物》1982年2期,第38~42页。
[7] 雍城考古队:《陕西凤翔县大辛村遗址发掘简报》,《考古与文物》1985年1期,第1~11页。

华中石家河文化陶塑小动物、陶塑小人、成组陶尊所承载的宗教习俗显得很是另类。

(6) 初始文明发展与三种模式

铜石并用时代晚期社会变革趋势进一步加剧，三种模式得以延续并互有交融。

中原地区出现近300万平方米的陶寺古城，以及王城岗、平粮台古城等，形成若干地区中心。城垣多为夯土版筑，较为陡直结实，防御水平提高。专门武器除钺外还增加了矛，石镞精整、量大、形态多样，反映战争频仍，战争专门化程度、惨烈程度空前提升。陶寺发现大型宫殿式建筑，大墓颇为奢华，文化因素多样，清凉寺墓葬甚至有殉人现象，受到东方传统较大影响，社会出现严重分化；王湾三期文化、造律台文化、后冈二期文化等一方面有古城寨所见宫殿式建筑，以及禹会的大型祭祀建筑，一方面墓葬少见随葬品，仍颇为简朴。陶寺文化玉石器、高级陶器、漆器、铜器等的制作当已专业化，且已经发现专门的石器制作地点，王湾三期文化等的精美陶器、玉器、铜器等也当如此，在社会分工方面中原地区有了重大发展。

东方地区的龙山文化和长江上游的宝墩文化也出现很多城垣，长江中游屈家岭文化时期建造的古城多被沿用至石家河文化，这些城垣不如中原精整。玉石钺之外也有矛和较多石镞，但石镞数量较少、形态简单。在战争准备方面这些文化似乎落后于中原。龙山文化的墓地一般仅有一二十座墓葬，凸显出家族组织的重要性。肖家屋脊—石家河文化腰鼓形罐上刻有举钺戴头饰的人物形象，这一形象可能代表的就是石家河的古城军事首领。这些文化的贫富分化、社会地位分化和手工业分化都很严重。聚落至少可以分出四个层级，存在以桐林古城、石家河古城、三星堆古城这样的超大规模中心聚落为核心的聚落群，存在大型宫殿式房屋建筑和高级宗教建筑；墓葬等级分明，尤其西朱封、尹家城龙山文化大墓有多重棺椁，随葬精美陶器和玉器，墓主人的贵族首领身份显露无遗。这些文化的玉石器、高级陶器、漆器等自然都应当是手工业专业分工的产物。

北方地区的老虎山文化有较多石城发现，石峁石城甚至有400万平方米的庞大体量，显示战争防御在社会中的极端重要性，但城墙厚度一般不过一两米，建造技术也颇为简单。老虎山文化以及客省庄二期文化、齐家文化等少见钺、矛等专门武器，石镞形态简单，武器装备比中原逊色不少。房屋分群分组清楚，最重要的当为家族一级组织。这些是和中原东方大同小异的地方。但北方地区诸文化贫富分化和社会地位分化都很有限。石峁石城中或有较高等

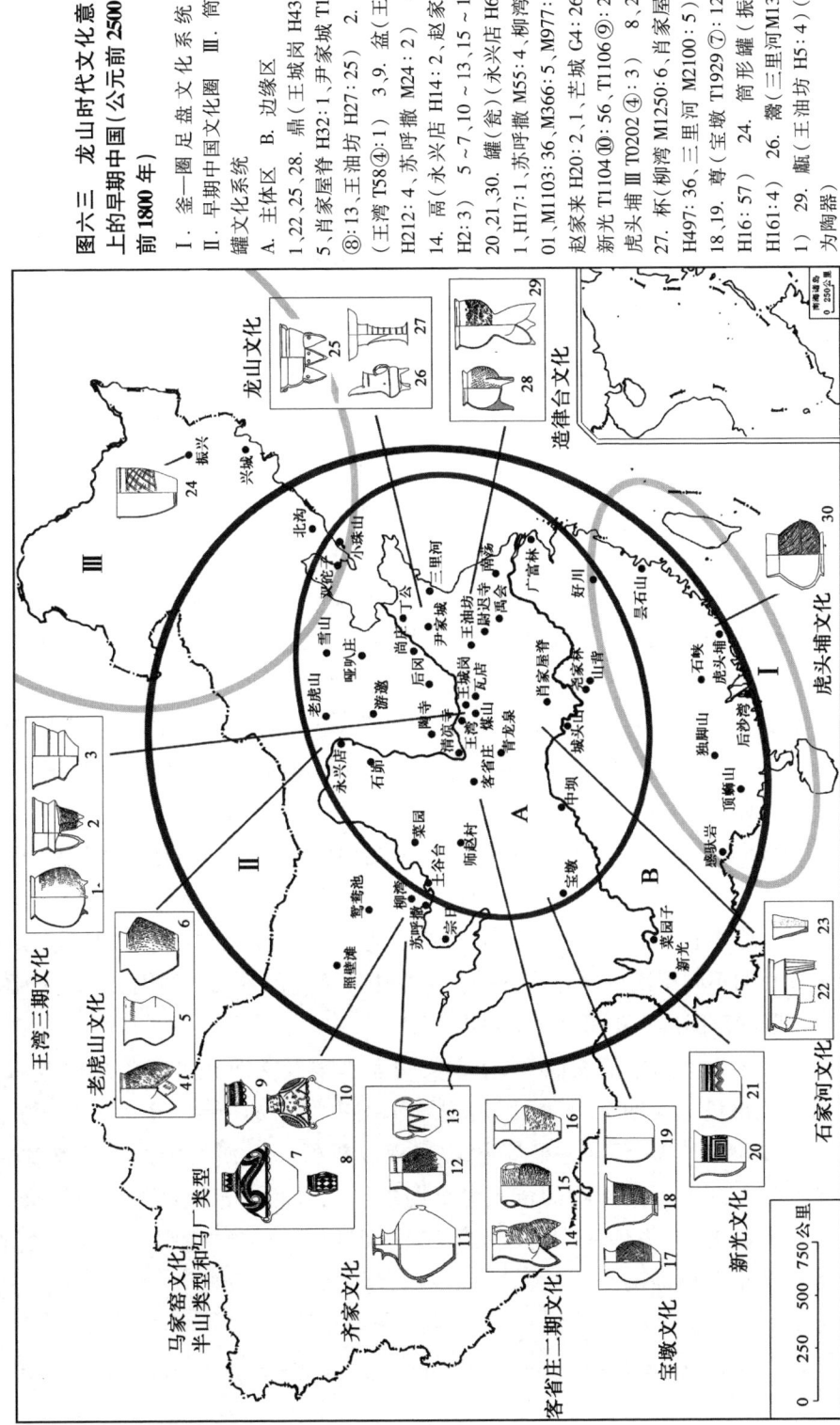

图六三 龙山时代文化意义上的早期中国（公元前2500～前1800年）

I. 釜—圈足盘文化系统 II. 早期中国文化圈 III. 筒形罐文化系统

A. 主体区 B. 边缘区

1,22,25,28. 鼎（王城岗H433：8）13. 王油坊H27：25）2. 盆（王湾T58④：1）3,9. 肖家屋脊H32：1，尹家城T192⑧）13. 王油坊H27：25）2. 盆（王湾T212：4，苏呼撤M24：2）4，14. 鬲（永兴店H14：2，赵家来H2：3）5～7，10～13，15～17，20,21,30. 罐（瓮）（永兴店H66：1，H17：1，苏呼撤M55：4，柳湾米01，M1103：36，M366：5，M977：5，赵家来H20：2，1，芒城G4：265，新光T1104⑩：56，T1106⑨：21，虎头埔ⅢT0202④：3）8,23,27. 杯（柳湾M1250：6，肖家屋脊H497：36，三里河M2100：5）18,19. 尊（宝墩T1929⑦：128，H16：57）24. 筒形罐（振兴H161：4）26. 鬶（三里河M134：1）29. 甗（王油坊H5：4）（均为陶器）

级建筑发现,表明存在聚落间分化和一定的社会地位分化,但没有证据显示存在显著的贫富分化。陕北老虎山文化、齐家文化的部分玉石器、铜器可能为专业制作;一般聚落的几乎所有物品都可以在聚落周围找到原料,也多为聚落内部甚至每个家庭制作,自给自足特点明显。

可见,铜石并用时代晚期仍然存在"中原模式"、"东方模式"和"北方模式"三种社会发展的不同模式,只是不同模式间互相交融,尤其东方模式对其他两个模式有显著影响,使得中原和北方地区也开始出现较为明显的社会分工和社会地位分工,社会发展步调加快,初始文明社会得到进一步发展。

(7) 群雄并起的古国时代

铜石并用时代晚期大江南北形成多个以大型城垣等中心聚落为核心的地区中心,很多已经进入初始国家或文明社会。每个考古学文化至少有一两个这样的中心,中心之间虽互有影响,但总体并非统属关系,呈现出群雄并起、各领风骚的时代风貌,因此仍属于"古国时代"。长江中下游地区趋于衰落:曾经辉煌一时的良渚文化风光不再,已不再拥有超大古城和大量精美玉器;石家河文化也开始走下坡路,基本没有新建城垣,陶器石器的制作等也日趋粗糙。中原核心区再度崛起,其对外影响逐渐加强:龙山前期陶寺文化的发展程度难有其匹,其文化影响至少及于中原龙山文化大部地区,颇有核心文化的样子,或许已经进入雏形王国阶段[1];龙山后期王湾三期文化向周边大幅度扩张和强烈影响,造成石家河文化的衰亡以及中原文化范围的空前扩大。中原文化既有当地传统的深沉底蕴,又融合了周围文化的优秀内涵,实际上是中国大部地区文化长久发展的结晶,为各地区先民共同缔造。周围文化也发生了不少变革和创新,但仍然基于原有基础。总体上文化意义上的早期中国得到进一步发展,而且又大致形成以中原为核心的不同层次的文化圈;同时,由于中原文化的推动和周围文化的扩展,早期中国的范围进一步得到扩展(图六三)。

当时美索不达米亚文明、米诺斯文明尤其埃及文明正处于极盛时期,印度河流域也进入文明社会阶段,出现若干国王统治的所谓"帝国"——与中国之王国阶段类似,但对中心文化认同程度较低。早期的中西文化交流进一步发展。西方麦类作物的传入对早期中国北方和中原地区的经济社会产生了较大影响,北方地区陶器上的卐字纹、尖顶冠形花纹等则体现与中西亚等地精神审美层面的交流。

---

[1] 韩建业:《良渚、陶寺与二里头——早期中国文明的演进之路》,《考古》2010 年 11 期,第71 ~ 78 页。

第五章　早期中国的王国时代

（公元前1800～前1300年）

大约公元前2000年中国大部地区进入青铜时代,并在技术经济、文化格局、社会形态等方面都发生了显著的变革现象,堪称一次"青铜时代革命"[1]。在这次显著的社会变革过程当中,西方文化因素的渗入固然不可小觑,但约公元前1800年以后中原核心区二里头文化、二里冈文化的强势影响作用更加值得重视。由于以上两个文化有一定的传承演变关系,与周边文化的关系大体一样,而且总计也不过500年左右的时间,因此有必要将他们作为一个整体考量,称其为"二里头—二里冈时代"。以公元前1550年左右为界,可将这一时代分为二里头文化和二里冈文化两个阶段。这时延续龙山时代而来的鼎、鬲、甗等三足器和黑灰陶仍然是文化意义上早期中国的主体文化,而且范围进一步扩大,西部马家窑文化传统彩陶则已与西方青铜文化因素结合形成独具特色的早期中国边缘文化（表七）。在这一时期社会分化显著加强,中原文化空前强势、唯我独尊。

表七　中国青铜时代前期的文化区系（公元前1800～前1300年）

		二里头时期 （公元前1800～前1550年）	二里冈时期 （公元前1550～前1300年）
早期中国文化圈	黄河长江辽河流域大部地区	鼎—鬲—甗文化系统（二里头文化、下七垣文化、岳石文化、斗鸡台文化、点将台下层文化、马桥文化、朱开沟文化、夏家店下层文化、高台山文化、小拉哈文化）	鼎—鬲—甗文化系统（二里冈文化、岳石文化、湖熟文化、马桥文化、吴城文化、朱开沟文化、夏家店下层文化、高台山文化、小拉哈文化）
	黄河上游至新疆东部	罐—壶文化系统（齐家文化、四坝文化、哈密天山北路文化）	罐—壶文化系统（辛店文化、寺洼文化、卡约文化、哈密天山北路文化）

---

[1]　韩建业：《略论中国的"青铜时代革命"》,《西域研究》2012年3期,第66～70页。

续　表

		二里头时期 （公元前 1800 ~ 前 1550 年）	二里冈时期 （公元前 1550 ~ 前 1300 年）
早期中国文化圈	长江上游	三星堆文化	三星堆文化
	华南地区	釜—凹底罐—豆文化系统（黄瓜山文化、后山文化）	釜—凹底罐—豆文化系统（黄瓜山文化、后山文化）
早期中国外缘区	新疆中西部	罐文化系统（古墓沟文化、克尔木齐文化、安德罗诺沃文化）	罐文化系统（克尔木齐文化、安德罗诺沃文化）
	西藏南部	曲贡文化	曲贡文化

一、黄河长江辽河流域大部地区

黄河长江辽河流域大部地区属于鼎—鬲—甗文化系统。

1. 中原地区的二里头文化和下七垣文化

二里头文化

约公元前1750年,王湾三期文化新砦类型东进洛阳盆地并接受齐家文化影响而形成二里头文化[1],它以河南偃师二里头一至四期遗存为代表[2],深腹罐由平底到圜底、大口尊口逐渐变大。二里头文化的罐形鼎、深腹罐、深腹缸、盆形甑、弧腹盆、平底盆、盆形擂钵、直领瓮、尊形瓮、折腹豆、瓦足盘、折腹器盖、平底碗、觚、鬶等主体陶器均为继承新砦类型发展而来,陶爵的雏形早见于王湾三期文化[3],云雷纹、回纹、云纹、重环纹等印纹以及鸭形鼎等来自东南地区马桥文化等[4],偏晚出现的鬲来自下七垣文化,新出四系壶等,而大量束颈圆腹陶罐则应来自齐家文化,四足小方杯也早见于大河庄齐家文化遗存。同样由于齐家文化的桥梁作用,青铜环首刀、斧等

---

[1] 韩建业:《论二里头青铜文明的兴起》,《中国历史文物》2009年1期,第37~47页。
[2] 中国社会科学院考古研究所:《偃师二里头——1959年~1978年考古发掘报告》,中国大百科全书出版社,1999年;中国社会科学院考古研究所:《二里头（1999~2006）》,文物出版社,2014年。
[3] 王湾三期文化前期已见于上蔡十里铺遗址,后期见于孟津小潘沟遗址。见河南省驻马店地区文管会:《河南上蔡十里铺新石器时代遗址》,《考古学集刊》第3集,中国社会科学出版社,1983年,第69~80页;洛阳博物馆:《孟津小潘沟遗址试掘简报》,《考古》1978年4期,第244~255页。
[4] 云雷纹最早见于金坛三星村马家浜文化遗存,后见于东部诸文化。

西方因素进入[1],西方的青铜冶炼技术对二里头文化产生冲击,使之在中原陶器和中原泥质复合范铸技术基础上新创爵、斝、盉、觚、鼎等青铜礼器(图六四),中原地区在晚于新疆等地二百多年以后终于也进入青铜时代。二里头文化还新出与西方管銎斧近似的专门武器铜戈,镶嵌绿松石的兽面纹铜牌饰(图六五)、蒙布圆牌(泡)。钺、戚、戈、多孔刀、牙璋、圭、柄形器等玉器制作精致,除戈外其余均可在龙山时代找到源头,而多见扉棱成为时代特征。此外,该文化车的出现也当与来自西方的影响有关[2]。

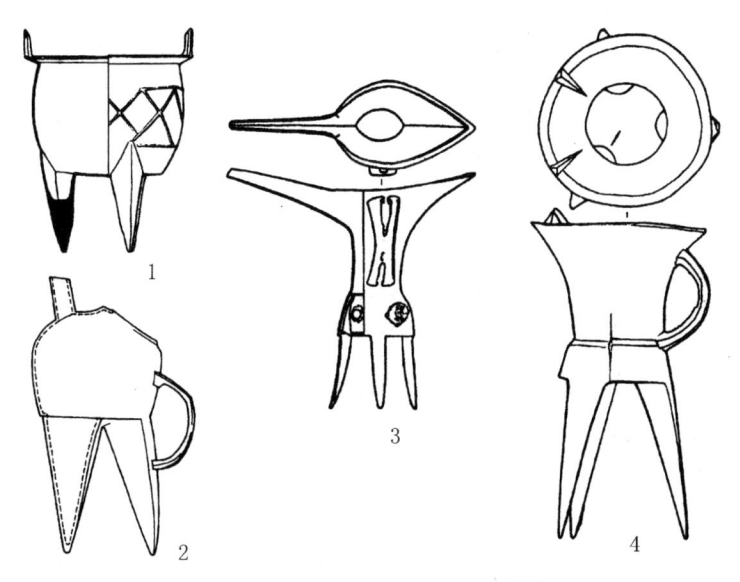

图六四 二里头文化青铜容器[3]

1. 鼎(87ⅤM1∶1) 2. 盉(86ⅡM1∶1) 3. 爵(80ⅢM2∶2) 4. 斝(84ⅥM9∶1)(均出自二里头遗址)

---

[1] 如林沄指出的那样(林沄:《早期北方系青铜器的几个年代问题》,《内蒙古文物考古文集》(第1辑),中国大百科全书出版社,1994年,第291~295页),二里头遗址三期出土的一件青铜环首刀明确属于北方系,另一件铜"戚"实即北方系战斧的变体。另外,二里头遗址出土的一件铜"钺"的形态及其网格状花纹也和西方常见的斧近似(中国社会科学院考古研究所二里头工作队:《河南偃师二里头遗址发现一件青铜钺》,《考古》2002年11期,第31~34页)。这些器物都可以在晚期齐家文化找到类似器。

[2] 二里头遗址三期发现的双轮车辙印,轨距约1.2米(中国社会科学院考古研究所:《中国考古学·夏商卷》,中国大百科全书出版社,2003年,第122~123页);乌拉尔山南部辛塔什塔墓葬公元前2千纪初的双轮马车,轨距1.25~1.3米,二者彼此近似。

[3] 中国社会科学院考古研究所二里头队:《1980年秋河南偃师二里头遗址发掘简报》,《考古》1983年3期,第199~205页;中国社会科学院考古研究所二里头队:《1984年秋河南偃师二里头遗址发现的几座墓葬》,《考古》1986年4期,第318~323页;中国社会科学院考古研究所:《中国考古学·夏商卷》,中国大百科全书出版社,2003年,第105页。

图六五　二里头文化镶嵌绿松石青铜牌饰（二里头 81VM4:5）[1]

二里头文化在形成后即向外扩张,三期时达到极盛,在扩张过程中与当地文化结合而形成若干地方类型[2]。中原核心区的郑洛及附近地区为二里头类型,上述青铜容器、玉器等重器主要发现于该类型;晋南为以夏县东下冯同期遗存为代表的东下冯类型[3],少鼎而多鬲、甗、带耳罐,三足瓮、足跟带竖槽的鬲、斝为晋中朱开沟文化因素;豫东南为以驻马店杨庄三期为代表的杨庄类型[4],垂腹鼎、凹折沿篮纹罐等体现当地传统;豫西南为以淅川下王岗三期遗存为代表的下王岗类型[5],圜底釜等为当地传统;豫东为以杞县牛角岗同期遗存为代表的牛角岗类型,坑窝状方格纹富有特色,有细绳纹鬲、橄榄形罐、盂、束颈盆等下七垣文化和岳石文化因素;商洛及附近地区为以商洛东龙山"夏代晚期"遗存为代表的东龙山类型[6],双耳圆腹罐、小口折肩罐体现地方特色。此外,长江中游江陵荆南寺 H23[7]、黄陂盘龙城城址一期[8]类遗存也大致属于二里头文化范畴。

二里头文化区域之间、聚落之间分化严重,中心聚落内部功能区划明确、房屋墓葬等级分明。其中二里头古都不仅是洛阳盆地无与伦比的超大聚落[9],在

---

[1] 中国社会科学院考古研究所二里头队:《1981 年河南偃师二里头墓葬发掘简报》,《考古》1984 年 1 期,第 37~40 页。

[2] 中国社会科学院考古研究所:《中国考古学·夏商卷》,中国大百科全书出版社,2003 年,第 61~139 页。

[3] 中国社会科学院考古研究所、中国历史博物馆、山西省考古研究所:《夏县东下冯》,文物出版社,1988 年;李伯谦:《东下冯类型的初步分析》,《中原文物》1981 年 1 期,第 25~29 页。

[4] 北京大学考古学系、驻马店市文物保护管理所:《驻马店杨庄——中全新世淮河上游的文化遗存与环境信息》,科学出版社,1998 年。

[5] 河南省文物研究所、长江流域规划办公室考古队河南分队:《淅川下王岗》,文物出版社,1989 年。

[6] 陕西省考古研究院、商洛市博物馆:《商洛东龙山》,科学出版社,2011 年。

[7] 荆州博物馆:《荆州荆南寺》,文物出版社,2009 年。

[8] 湖北省文物考古研究所:《盘龙城——1963~1994 年考古发掘报告》,文物出版社,2001 年。

[9] 中国社会科学院考古研究所二里头工作队:《河南洛阳盆地 2001~2003 年考古调查简报》,《考古》2005 年 5 期,第 18~37 页。

整个二里头文化中也首屈一指。二里头古都一期的面积已有100多万平方米，二期以后面积扩大到300多万平方米，中心出现10多万平方米的宫殿区，先后营建了10余座大型宫殿；其中1号宫殿的总面积接近1万平方米，主体殿堂的面积达900平方米（图六六）。宫城周围有几十处中小型夯土建筑基址，当为贵族聚居区，遗址的西部和北部则为一般居住区；宫殿区以南发现铸铜作坊，遗址中、东部有祭祀活动区，还有制陶、制骨作坊等[1]。二里头古都内虽发现几百座零星墓葬，但应当并非该聚落墓葬的主体；宫城发现的随葬绿松石龙形器的中型墓葬，也应当并非二里头古都的最高级墓葬。二里头古都以外的巩义稍柴等大型聚落最多有数十万平方米，出白陶鬹等珍贵器物，当为次级中心。而偃师灰嘴很可能是主要服务于二里头古都的大型石器加工场[2]。另外青铜礼器、玉器、

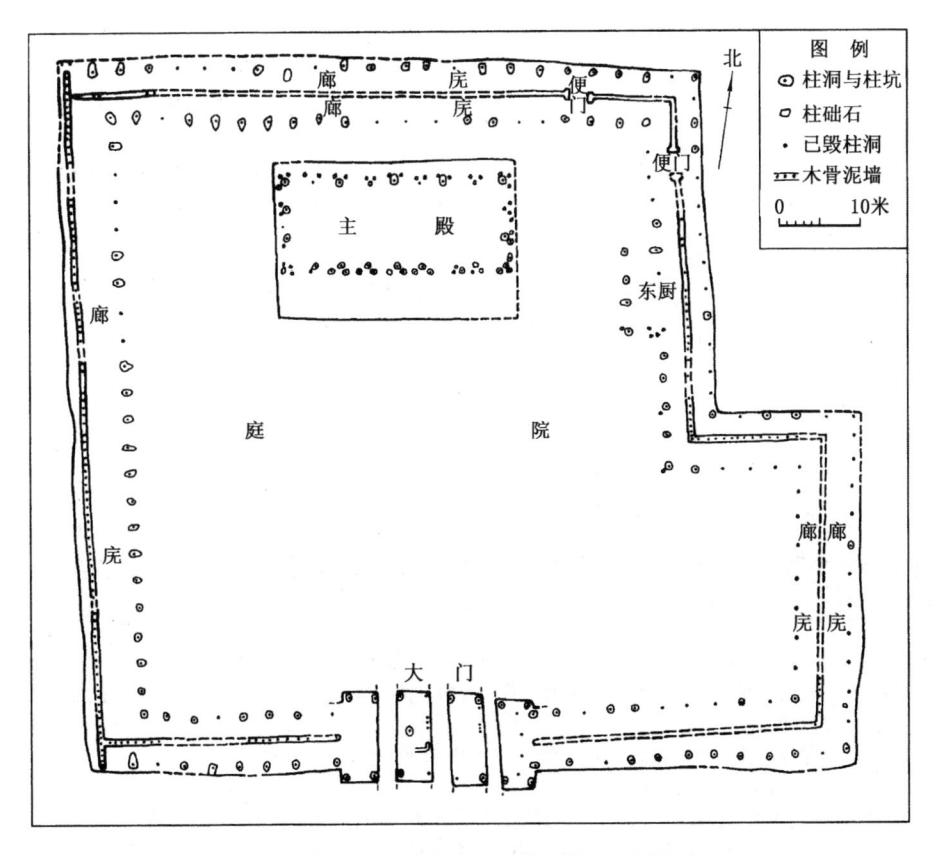

图六六　二里头遗址一号宫殿基址平面图

[1] 许宏、陈国梁、赵海涛：《二里头遗址聚落形态的初步考察》，《考古》2004年11期，第23～31页。
[2] 陈星灿、刘莉、李润权等：《中国文明腹地的社会复杂化进程——伊洛河地区的聚落形态研究》，《考古学报》2003年2期，第161～218页。

漆器等珍贵用品的制作也可能被二里头古都所控制。其他地区如郑州大师姑古城51万平方米[1]，东下冯中心聚落近20万平方米，与二里头古都不可同日而语。有人认为二里头国家已经建立贵族物品特别是青铜礼器的生产和分配网络，形成二里头"世界体系"[2]。这反映二里头古都的控制和管理的范围和力度明显扩大。二里头二期以后的宫殿基址规模宏大而又体制严整，数量众多又高下有别，表明当时已形成较为严格的宫室制度。二里头文化已是成熟的文明社会。

二里头文化的房屋主要为长方形地面式建筑，有夯土墙、土坯墙或木骨泥墙，其偏北部有半地穴式建筑和窑洞式建筑。墓葬为传统的长方形竖穴土坑墓，仰身直肢葬，较大墓葬有漆棺椁类葬具，有在墓底铺朱砂的现象，随葬陶器等各类物品。

二里头文化的工具与王湾三期文化大同小异，主要仍是石斧、锛、凿等木工工具，铲、刀、镰等农业工具，石或骨镞等狩猎工具或武器，新出锛、凿、镞、刀、锥等铜器工具，以及铜或骨锯。根据二里头、皂角树[3]、杨庄等遗址的资料，二里头文化的农作物主要有粟、黍、稻、小麦、大豆，正合"五谷"之数，大约偏南以水稻为主，偏北以粟和小麦居多。家畜则有牛、猪、狗、羊等，尤其牛、羊的比例比之前大为增加，当与来自西方畜牧文化的影响有关。镞、鱼钩、鱼镖、网坠等则是存在渔猎采集经济的体现。

下七垣文化

大约在二里头文化二期时冀中南地区形成下七垣文化，它以磁县下七垣第三、四层遗存为代表[4]，包括安阳鄣邓[5]、鹤壁刘庄[6]"先商文化"遗存等。它的典型器卷沿深腹罐、有腰隔甗、盆继承自后冈二期文化和雪山二期文化哑叭庄类型，卷沿鬲、三足瓮来自晋中朱开沟文化白燕类型[7]，鼎、爵、鬶、豆、大口

---

[1] 郑州市文物考古研究所：《郑州大师姑》，科学出版社，2004年。
[2] ［澳大利亚］刘莉：《中国新石器时代：迈向早期国家之路》，文物出版社，2007年，第216~217页。
[3] 洛阳市文物工作队：《洛阳皂角树——1992~1993年洛阳皂角树二里头文化聚落遗址发掘报告》，科学出版社，2002年。
[4] 河北省文物管理处：《磁县下七垣遗址发掘报告》，《考古学报》1979年2期，第185~214页。
[5] 河南省文物考古研究所：《安阳鄣邓》，大象出版社，2012年。
[6] 河南省文物局：《鹤壁刘庄——下七垣文化墓地发掘报告》，科学出版社，2012年。
[7] 邹衡：《试论夏文化》，《夏商周考古学论文集》，文物出版社，1980年，第95~182页；李伯谦：《先商文化探索》，《庆祝苏秉琦考古五十五年论文集》，文物出版社，1989年，第280~293页；王立新、朱永刚：《下七垣文化探源》，《华夏考古》1995年4期，第59~67页；韩建业：《先商文化探源》，《中原文物》1998年2期，第48~54页。

尊、蛋形瓮、四系壶以及云纹、云雷纹、重环纹、回纹等基本为二里头文化二里头类型和东下冯类型因素，新出甗、内弧盘豆等，可见其为多元文化因素融合的产物。下七垣文化也有早晚之分[1]和区域性差异：冀南以下七垣第三、四层遗存为代表者为漳河类型[2]；冀中以易县下岳各庄一期[3]为代表者为下岳各庄类型，个别鼓肩鬲、无足跟鬲为夏家店下层文化大坨头类型因素；豫东以杞县鹿台岗"先商文化"遗存为代表者为鹿台岗类型，少量尊形器等属于岳石文化因素；豫北以淇县宋窑遗存[4]为代表者为宋窑类型，有更多鼎、花边圆腹罐、大口尊、蛋形瓮、斝等二里头文化二里头类型和东下冯类型因素。

下七垣文化有半地穴式、窑洞式和木骨泥墙式房屋。墓葬分区分群，基本为小型的长方形竖穴土坑墓，仰身直肢葬，个别有二层台、木棺或石棺。工具和后冈二期文化近似，经济形态也应该相似，仍有细石器镞，新出青铜刀、镞、耳环等西方因素，也有青铜笄。

2. 中原及周边地区的二里冈文化

大约公元前1550年二里冈文化形成，它至少可分为以郑州二里冈下层、上层[5]和白家庄第2层遗存[6]为代表的3期，绳纹由细到粗、鬲沿由卷到折、大口尊由粗矮到细高，演变轨迹清晰。典型器鬲、甗、盆继承下七垣文化而来，爵、斝、觚、深腹圜底罐、大口尊、壶、捏口圆腹罐、擂钵、甑、豆等主要为二里头文化因素，尊、罐等硬陶或原始瓷器当源于江南[7]，新出鬲式斝、簋等，可见该文化当为下七垣文化西进郑州并融入大量二里头文化因素而形成。郑州南关外下层等遗存在下七垣文化和二里头文化外又包含明显的岳石文化色彩，反映出下七垣文化从豫东初来乍到的情形。二里冈文化继承了二里头文化的青

---

[1] 中国社会科学院考古研究所：《中国考古学·夏商卷》，中国大百科全书出版社，2003年，第147~152页。

[2] 邹衡最早有先商文化漳河型、辉卫型、南关外型的划分方案，他所说先商文化基本同于后来提出的下七垣文化。见邹衡：《试论夏文化》，《夏商周考古学论文集》，文物出版社，1980年，第95~182页。

[3] 拒马河考古队：《河北易县涞水古遗址试掘报告》，《考古学报》1988年4期，第421~454页。

[4] 北京大学考古系商周组：《河南淇县宋窑遗址发掘报告》，《考古学集刊》第10集，地质出版社，第89~160页。

[5] 河南省文化局文物工作队：《郑州二里冈》，科学出版社，1959年。

[6] 河南省文化局文物工作队第一队：《郑州白家庄遗址发掘简报》，《文物参考资料》1956年4期，第3~8页。

[7] 有人认为郑州出土的原始瓷为吴城等南方地区生产（陈铁梅、Rapp G. Jr.、荆志淳等：《中子活化分析对商时期原始瓷产地的研究》，《考古》1997年7期，第39~52页），有人认为是当地产品（朱剑、王昌燧、王妍等：《商周原始瓷产地的再分析》，《南方文物》2004年1期，第19~22页），无论如何，其文化上的来源都应当在江南地区。

铜器传统，青铜器种类有鼎、鬲、甗、爵、斝、觚、觯、簋、盘、尊、罍、卣等容器，钺、戈、斧、锛、凿、刀、镞、锯等武器或工具，尤以饰乳钉纹、兽面纹的大方鼎最具代表性（图六七）。二里冈文化还有钺、戈、璧、璜、柄形器等玉器。

二里冈文化形成后迅即西拓至原二里头文化核心——洛阳地区，再向周围迅猛扩展，在中原地区形成以郑洛地区为核心的二里冈类型[2]，这一地区出土大量青铜礼器；豫北为以辉县琉璃阁商代遗存[3]为代表的琉璃阁类型，鬲腹略鼓，深腹盆出肩[4]；冀中南为以藁城台西早期居址遗存[5]为代表的台西类型，缺乏圜底器，有

图六七　二里冈文化青铜方鼎（郑州张寨南街杜岭一号）[1]

素面鬲等夏家店下层文化大坨头类型因素；晋南为以夏县东下冯Ⅴ、Ⅵ期遗存为代表的东下冯类型，有三足瓮、斝式甗、带耳罐等特色器物；关中为以耀州北村一期[6]为代表的北村类型，有较多花边圆腹罐；湖北大部及湘北为以黄陂盘龙城主体遗存为代表的盘龙城类型，其平裆鬲、平裆斝、竹节柄豆、长颈壶、大口缸很有特色，有较多硬陶或原始瓷，偏西的荆州、石门一带有釜、釜形鼎、凸肩罐、凸肩杯、细柄豆、深腹甗等三星堆文化和土著文化因素[7]；安徽为以含山大城墩第二

---

[1] 河南省文物考古研究所、郑州市文物考古研究所：《郑州商代铜器窖藏》，科学出版社，1999年。
[2] 邹衡最早提出将早商文化区分为二里冈型、台西型、盘龙城型、京当型，王立新将早商文化分为二里冈类型、北村类型、东下冯类型、台西类型、大辛庄类型、大城墩类型、盘龙城类型。见邹衡：《试论夏文化》，《夏商周考古学论文集》，文物出版社，1980年，第95～182页；王立新：《早商文化研究》，高等教育出版社，1998年。
[3] 中国科学院考古研究所：《辉县发掘报告》，科学出版社，1956年。
[4] 中国社会科学院考古研究所：《中国考古学·夏商卷》，中国大百科全书出版社，2003年，第170～248页。
[5] 河北省文物研究所：《藁城台西商代遗址》，文物出版社，1985年。
[6] 北京大学考古系商周组、陕西省考古研究所：《陕西耀县北村遗址1984年发掘报告》，《考古学研究》（二），北京大学出版社，1994年，第283～342页；徐天进：《试论关中地区的商文化》，《纪念北京大学考古专业三十周年论文集》，文物出版社，1990年，第211～242页。
[7] 荆州博物馆：《荆州荆南寺》，文物出版社，2009年；湖南省文物考古研究所：《湖南石门皂市商代遗存》，《考古学报》1992年2期，第185～219页。

次发掘的第四期遗存[1]为代表的大城墩类型,有领部箍附加堆纹的素面罐、碗形豆等岳石文化因素;鲁中西为以济南大辛庄商代文化遗存[2]为代表的大辛庄类型,有红褐陶的鬲、甗、小口瓮、深腹盆等岳石文化风格的器物。

二里冈文化有郑州商城、偃师商城、郑州小双桥等都城级超级中心聚落,以及黄陂盘龙城、垣曲商城[3]、焦作府城商城、辉县孟庄商城等地方性中心聚落,还有大量一般聚落。郑州商城有内、外两重城垣,仅长方形内城的面积就达300万平方米以上,是当时最大的城址。内城东北部为宫殿区,内外城之间有铸铜、制陶、骨器制作作坊等[4],还有包括水井在内的给排水系统。墓葬多为中小型的长方形竖穴土坑墓,流行带腰坑并殉狗的习俗,稍大者随葬一二十件青铜器,尚未发现与城址地位吻合的大墓[5]。偃师商城也有不同时期起建的内外城,内城的面积为81万平方米,外城近200万平方米。内城中部为方形宫城,内有多座由庭堂廊庑构成的宫殿建筑,当为古城核心所在;其他还有几处重要建筑基址群,有的或属府库(图六八);还有木骨泥墙或半地穴式一般居址,铸铜、制陶、骨器制作作坊,以及池苑、供排水系统、小型墓葬等[6]。小双桥聚落发现宫城和宫殿式建筑,以及大型祭祀场、祭祀坑等[7]。盘龙城城内的面积为7万多平方米(或许这只是内城),东北部为宫殿区;城外有中小型居址以及铸铜、制陶作坊,更重要的是发现了不同级别的墓葬,中型贵族墓有棺椁、腰坑和殉人,随葬数十件青铜、玉器、陶器。东下冯发现的洞室墓、圆形"十"字格局仓房类建筑颇具特色。此外,二里冈文化的生产工具和二里头文化大同小异,经济形态也近似。

---

[1] 安徽省文物考古研究所等:《安徽含山大城墩遗址第四次发掘报告》,《考古》1989年2期,第101~117页。

[2] 山东大学历史系考古专业、山东省文物考古研究所等:《1984年秋济南大辛庄遗址试掘述要》,《文物》1995年6期,第12~27页。

[3] 中国历史博物馆考古部、山西省考古研究所等:《垣曲商城——1985~1986年度勘察报告》,科学出版社,1996年。

[4] 二里冈文化青铜器、陶器、骨器等的制作高度专业化。郑州南关外、紫荆山等铸铜遗址发现铸铜场地、工房、储沙坑、炼铜炉,以及大量铜矿石、铅矿石、熔铜坩埚、铜炼渣、各种器物陶模范、残铜器等。这些青铜器均为铜、铅、锡或者铜、铅合金,陶范依器类不同、内外范不同而含沙量有别,范土也经过了特意选择,说明二里冈文化的青铜器铸造技术比较成熟,而且形成鲜明的中国特色。郑州铭功路西有大规模的制陶作坊,陶窑、制陶场地、工房、储器坑、原料坑、水井以及陶泥、陶坯、陶器废品、陶拍、陶垫、陶印模、陶漏斗等,显示陶器制作的高度专业化。紫荆山和宫殿区制作作坊出土大量骨料、半成品、骨器、砺石等,尤其发现100多具带有锯痕的人头骨。

[5] 河南省文物考古研究所:《郑州商城——1953~1985年考古发掘报告》,文物出版社,2001年。

[6] 中国社会科学院考古研究所:《偃师商城》,科学出版社,2013年。

[7] 河南省文物考古研究所:《郑州小双桥——1990~2000年考古发掘报告》,文物出版社,2012年。

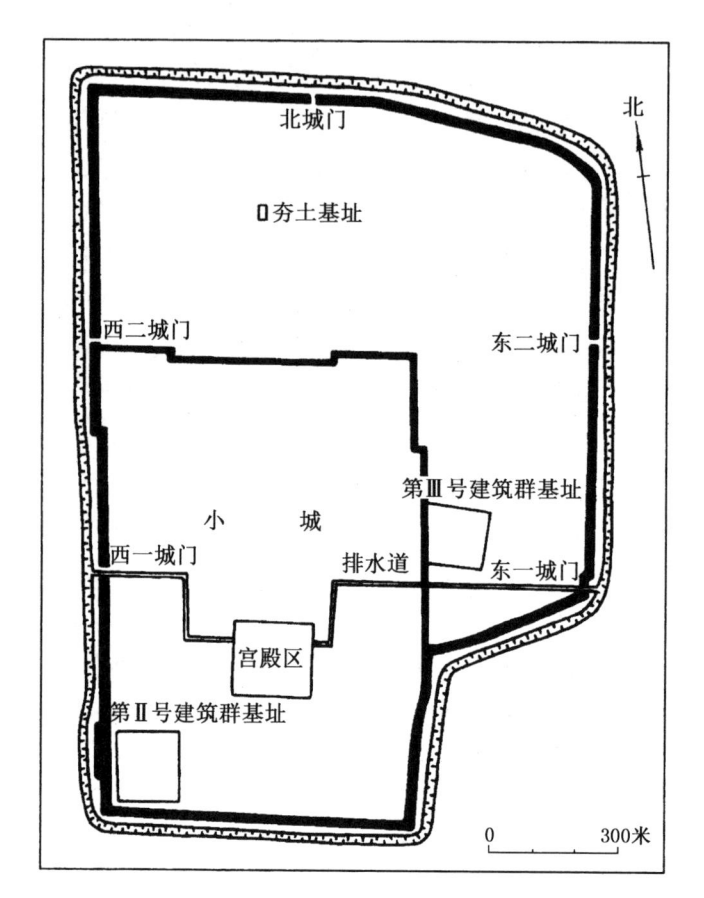

图六八　偃师商城平面图

3. 海岱地区的岳石文化

二里头—二里冈时代,山东及邻近地区的苏北、皖北、豫东为岳石文化[1],它以山东平度东岳石早期遗存为代表[2],包括青州郝家庄[3]、泗水尹家城、牟平照格庄[4]、菏泽安邱堌堆[5]同期遗存。该文化北向扩展至辽东半岛,留下大连双砣子二期类遗存;南向远达江淮中部,以高邮周邶墩第二类文化遗存为代

---

[1] 严文明:《龙山文化和龙山时代》,《文物》1981年6期,第41~48页。
[2] 中国科学院考古研究所山东发掘队:《山东平度东岳石村新石器时代遗址与战国墓》,《考古》1962年10期,第509~518页。
[3] 吴玉喜:《岳石文化地方类型初探——从郝家庄岳石遗存的发现谈起》,《考古学文化论集》(三),文物出版社,1993年,第270~310页。
[4] 中国社会科学院考古研究所山东队等:《山东牟平照格庄遗址》,《考古学报》1986年4期,第447~478页。
[5] 王迅:《东夷文化与淮夷文化研究》,北京大学出版社,1994年,第7~13页。

表。岳石文化是龙山文化的后继者,随着后来二里冈文化的东向扩展,岳石文化渐次向东退缩,至二里冈文化晚期阶段二者的分界已至鲁中一带。

岳石文化的鼎、豆、尊形器、深腹罐、子母口罐、盆、盒、器盖等绝大多数陶器以及轮制风格都和龙山文化一脉相承,少量红、白、黄色彩绘的源头或许仍在龙山文化;少量绳纹鬲、绳纹深腹罐、大口尊、爵、斝以及云雷纹、回纹等,属于二里头文化、下七垣文化和二里冈文化因素;少量之字纹和舟形器当来源于小珠山上层文化,个别硬陶和原始瓷的祖源在江南;新出子母口三足罐等,另有少量镞、刀、凿、锥、镯等青铜器。该文化也可分若干地方类型[1],偏西北地区个别绳纹鬲、绳纹深腹罐等属于下七垣文化—二里冈文化因素;豫东地区少量大口尊、橄榄形罐、圆腹罐、鸡冠錾盆、爵、斝等,属于二里头文化和下七垣文化因素;苏中地区少量篮纹高领罐、篮纹盆等为当地造律台文化传统,袋足鬲或为受到二里冈文化影响而产生。

岳石文化的聚落也有分化,有山东历城城子崖古城等中心聚落。房屋有半地穴式、地面式和台基式三种,有单间和多间之分。桓台史家发现有木构架的储物或祭祀坑[2]。墓葬为长方形竖穴土坑墓,仰身直肢葬。工具大体和龙山文化近同,其半月形双孔石刀、大穿孔三刃石锄形器颇具特色。经济形态与龙山文化大致相似,但如山东临淄桐林和牟平照格庄等遗址所显示的那样,粟作比重加大而稻作比重有所降低[3]。

4. 黄淮和长江下游地区文化

斗鸡台文化

二里头文化时期皖中一带为斗鸡台文化,它以寿县斗鸡台二至四期[4]、铜陵师姑墩早期为代表[5],之后被二里冈文化大城墩类型代替。斗鸡台文化主要为继承当地王湾三期文化发展而来,其垂腹鼎、凹底罐、鸡冠錾盆等都属王湾三期杨庄类型传统,按压指窝纹足鼎、花边圆腹罐、曲柄弧腹豆、瓦足盘、觚等为二

---

[1] 严文明:《东夷文化的探索》,《文物》1989年9期,第1~12页;栾丰实:《岳石文化的分期和类型》,《海岱地区考古研究》,山东大学出版社,1997年,第318~347页。

[2] 淄博市文物局等:《山东桓台县史家遗址岳石文化木构架祭祀器物坑的发掘》,《考古》1997年11期,第1~18页。

[3] 农业研究课题组:《中华文明形成时期的农业经济特点》,《科技考古》第三辑,科学出版社,2011年,第1~35页。

[4] 北京大学考古学系商周组、安徽省文物工作队:《安徽省霍邱、六安、寿县考古调查试掘报告》,《考古学研究》(三),科学出版社,1997年,第240~299页。

[5] 安徽省文物考古研究所:《安徽铜陵县师姑墩遗址发掘简报》,《考古》2013年6期,第3~23页。

里头文化因素,尊形器、子母口罐、内凹腹豆、颈箍附加堆纹的深腹罐以及半月形穿孔石刀等为岳石文化因素,腰裆部饰附加堆纹又拍印绳纹的甗为岳石文化的变异,云雷纹、同心圆纹、菱形纹等印纹的祖源当在马桥文化。

点将台下层文化、湖熟文化

宁镇地区分别与二里头文化和二里冈文化大致同时的是点将台下层文化[1]、湖熟文化[2],二者在江宁点将台[3]、丹徒团山[4]等遗址都存在依次早晚的地层关系,湖熟文化还包括南京北阴阳营第三层遗存等。点将台下层文化当主要是在类似造律台文化南荡类型的文化基础上发展而来的,其素面甗、素面鼎、豆、盆、单耳筒腹杯、环足盘、瓮等都继承造律台文化、龙山文化等的深厚传统而又自具特点,曲柄豆、按压指窝纹鼎足等体现了二里头文化的影响,尊形器等为岳石文化因素。湖熟文化既继承了斗鸡台文化素面甗、素面鼎等地方传统,受二里冈文化强烈影响又出现大量绳纹或素面鬲、绳纹甗、绳纹罐、折盘豆、簋以及兽面纹等,素面鬲地方特色浓厚;还受马桥文化或肩头弄类遗存影响而出现较多罐类印纹陶。湖熟文化的工具和马桥文化接近,有斜柄石刀、双孔近背的半月形弧刃石刀、石镰等,也有刀、镞等青铜器。

马桥文化和肩头弄类遗存

二里头文化时期太湖周围和浙东北地区为马桥文化[5],它以上海闵行区马桥该时期遗存为代表[6],包括象山塔山所谓"商周时期"遗存等[7],下限或可延续到二里冈文化时期。马桥文化是在当地广富林文化基础上发展而来的,并受到二里头文化影响。它的典型器绳纹鼎、绳纹甗继承广富林文化,只是其足非侧装而是呈舌形、凹弧形或锥形;折沿或高领的凹底罐、钵、豆、簋、擂钵、单耳杯等都可在广富林文化中找到源头,只是柄腹部的印纹带很具时代特色;大量云雷纹、回纹、条格纹、叶脉纹、席纹等印纹早见于广富林文化;新出的鸭形壶当与良渚文化末期、好川文化和昙石山文化等早先流行的高领壶有传承关系;新出较多

---

[1] 张敏:《试论点将台文化》,《东南文化》1989年3期,第125~140页。
[2] 曾昭燏、尹焕章:《试论湖熟文化》,《考古》1959年4期,第47~58页。
[3] 南京博物院:《江宁汤山点将台遗址》,《东南文化》1987年3期,第38~50页。
[4] 团山考古队:《江苏丹徒赵家窑团山遗址》,《东南文化》1989年1期,第73~121页。
[5] 李伯谦:《马桥文化的源流》,《中国原始文化论集——纪念尹达八十诞辰》,文物出版社,1989年,第222~228页。
[6] 上海市文物管理委员会:《马桥——1993~1997年发掘报告》,上海书画出版社,2002年。
[7] 浙江省文物考古研究所等:《象山县塔山遗址第一、二期发掘》,《浙江省文物考古研究所学刊》,长征出版社,1997年,第22~73页。

红褐陶，以及最早的黑釉或青绿釉豆、罐类原始瓷，或许为受肩头弄类遗存影响[1]；觚、鱓（粗矮觚）、盆、瓦足盘、盉、鬶、蘑菇钮器盖等当属于二里头文化因素，豆、簋的深折腹风格也与二里头文化影响有关；个别子母口三足罐、子母口盉（似尊形器）等则属于岳石文化的因素。马桥文化也有地方性差异，如浙东北一带就有在当地有着悠久传统的釜。

　　大体同时，赣浙闽交界分布着与马桥文化有密切关系的肩头弄类遗存，以浙江江山肩头弄第二、三单元为代表[2]。其折肩尊、折肩高领罐、折肩瓮等的主要基础当为肩头弄第一单元类遗存，更早的渊源是当地的山背文化和好川文化；凹底深腹罐、盆、瓦足盘、曲柄豆、盉、鬶、平底鬶形器等体现来自马桥文化甚至二里头文化的影响；缺少鼎、甗、觚等成为其与马桥文化的主要区别，普遍流行印纹陶尤其是黑釉印纹陶是其一大特色。

　　马桥文化有木骨泥墙地面式建筑、干栏式建筑和较多水井，墓葬为长方形竖穴土坑墓，仰身直肢葬。工具主要是斧、锛、凿、锄、刀、镰、镞等磨制石器。有段石锛、斜柄石刀、横柄石刀、石镰等都早在良渚文化就已流行，双孔近背部的半月形弧刃刀、凹背弧刃刀很有特色，还有青铜锛、刀、凿等；有石或青铜钺、戈、矛等武器，钺有内有栏，弧刃两侧上翘。它的经济形态应和良渚文化近似，稻作农业占据重要地位，饲养猪、狗等家畜。

吴城文化

　　二里冈文化偏晚阶段江西大部地区分布着吴城文化[3]，它以樟树吴城一期遗存为代表[4]。该文化当为在肩头弄类遗存的基础上，受二里冈文化（包括盘龙城类型）强烈影响而形成。其分裆鬲、甗、大口尊、大口缸、深腹盆、深腹罐、直腹罐、假腹豆、斝、爵、蘑菇钮器盖等大部分陶器以及绳纹等都基本属于二里冈文化因素；饰绳纹或者联珠纹、方格纹、云雷纹等印纹，硬陶、釉陶、原始瓷等特征则又属当地传统，稍晚还出现无袋足的甗形器；折肩罐、折肩尊、折肩瓮等与二里冈文化的同类器近似，但此类器物早在肩头弄类型即已部分存在；侧扁足盆形鼎、垂腹凹底罐、鸟首状器柄等则基本属于当地传统。该文化还发现鼎、斝等青铜容器，刀、斧、锛、凿、矛、戈等青铜工具或武器，以及铸造这类工

---

[1] 陈尧成、宋建、张福康等：《陶瓷高温釉起源新探》，《福建文博》1996年2期，第11~17页。
[2] 浙江省文物考古所等：《江山县南区古遗址、墓葬调查试掘》，《浙江省文物考古所学刊》，文物出版社，1981年，第57~84页。
[3] 李伯谦：《试论吴城文化》，《文物集刊》第3集，文物出版社，1981年，第133~143页。
[4] 江西省文物考古研究所、樟树市博物馆：《吴城——1973~2002年考古发掘报告》，科学出版社，2005年。

具和武器的石范。

吴城文化有 60 多万平方米的吴城古城,其中有居址区、制陶区、青铜冶铸区、祭祀区、墓葬区等,墓葬为长方形竖穴土坑墓。石质工具或武器有斧、锛、凿、铲、刀、镰、镞、戈、矛、纺轮、网坠等,有段石锛、双孔近背部的凹背弧刃刀等很有特色,也有较多陶质的凹背弧刃刀。该文化当以稻作农业为主,兼有较大渔猎成分。

5. 北方地区的朱开沟文化

二里头—二里冈时代狭义的北方地区分布着朱开沟文化[1],以内蒙古伊金霍洛旗朱开沟遗存为代表[2],包括陕北的神木新华遗存[3]、晋中的太谷白燕四、五期遗存[4]和汾阳杏花村五、六期遗存[5]等。朱开沟文化主要在老虎山文化基础上发展而来,双鋬鬲、单耳鬲、敛口瓿、盉、斝、带钮罐、篮纹折肩罐、双耳罐、单耳罐、长颈壶、大口尊、高领尊、斜腹盆、直柄豆等大部分陶器和老虎山文化一脉相承,三足瓮或从陕北扩展至全境;大肥袋足鬲、圈足罐、圈足盘、深腹甗、三足杯、单耳杯、鬶形器、素面或饰压印纹的折肩罐等陶器则应来自陶寺晚期文化;双(三)大耳罐为齐家文化因素;早中期的曲柄豆,晚期的陶折沿分裆鬲、单耳敛口斝、豆、碗形簋以及大三角形纹、大十字镂孔、云雷纹、兽面纹等属于二里头文化和二里冈文化因素,青铜戈、鼎也属于二里冈文化因素,显示该文化晚期曾受二里冈文化较大影响。此外,该文化蛇纹鬲之"蛇纹",以及晚期出现的短剑、环首刀、护牌等"鄂尔多斯式青铜器",当源于中国西北地区的青铜文化甚至西方草原地带。

朱开沟文化也有区域性差异。如早期内蒙古中南部的花边鬲、带钮罐等不见于陕北和晋中,晋中的高领鬲近乎连裆,而陕北发现的铲、钺、刀、牙璋、联璧、璇玑、圭、玦、璜、人面形雕等玉器独具特色,当与陶寺文化存在联系。中晚期内蒙古中南部鬲多矮胖,实足跟不十分明显,三足瓮为空足,有较多蛇纹鬲、蛇纹甗、带钮罐等;晋中鬲多瘦高,有尖长实足跟,偏早者足端多带竖向沟槽和横向捆绑痕,三足瓮多实足,有较多鼎、爵、斝等二里头—二

---

[1] 田广金、韩建业:《朱开沟文化研究》,《考古学研究》(五),文物出版社,2003 年 8 月,第 227~259 页。

[2] 内蒙古自治区文物考古研究所、鄂尔多斯博物馆:《朱开沟——青铜时代早期遗址发掘报告》,文物出版社,2000 年;韩建业:《内蒙古朱开沟遗址有关问题的分析》,《考古》2005 年 3 期,第 55~64 页。

[3] 陕西省考古研究所、榆林市文物保护研究所:《神木新华》,科学出版社,2005 年。

[4] 晋中考古队:《山西太谷白燕遗址第一地点发掘简报》,《文物》1989 年 3 期,第 1~21 页。

[5] 国家文物局、山西省考古研究所、吉林大学考古学系:《晋中考古》,文物出版社,1999 年。

里冈文化因素。

朱开沟文化早期聚落以陕北石峁石城最引人注目，其400多万平方米的庞大体量，有规律插入多件玉刀的"影壁"、宏伟复杂的城门、女性人头坑、多色几何纹壁画等，都将该遗址超级中心聚落的地位显露无遗。石峁、新华、朱开沟等聚落的房屋分地面式和半地穴式，墙有土筑、土石陶片砸筑和木骨泥墙三种做法，白灰面不如之前流行。墓葬可分为不同区组，成人墓葬为长方形竖穴土坑墓，少数有木棺、二层台；流行单人仰身直肢葬，少数异性合葬者一般男性一人仰身直肢，女性一或两人侧身屈肢，或男性有棺而女性无棺，体现出明显的男尊女卑观念，当与齐家文化有联系。随葬少量陶器或猪下颌骨、羊下颌骨、狗骨架等，贫富差异不十分显著。白敖包墓地流行偏洞室墓的情况别有特色[1]。朱开沟晚期部分墓葬随葬戈、短剑、环首刀、耳环、项饰、铜牌等青铜器，显示墓主人"闲时农垦，战时出征"的状况；杏花村部分墓葬带殉狗腰坑。新华还发现专门的可能用于祭祀的玉器坑，坑底排列钺、刀、圭、玦、璜、铲、斧等30余件玉器。

朱开沟文化的生产工具与老虎山文化近同，收割工具中石刀、石镰的数量最多，尤其厚背弯身石刀很有特色，反映它仍以农业经济为主。另一方面，它还有一定数量的环首铜刀、骨梗石刃刀、刮削器、穿孔砺石、短齿骨梳、细石器镞、骨(铜)镞等，绵羊、牛的比例也越来越多，甚至有殉羊习俗，显示其畜牧业和狩猎业的比重进一步提升。

6. 辽河流域和燕山南北的夏家店下层文化和高台山文化

夏家店下层文化

二里头—二里冈时代西辽河流域、凌河流域和燕山南北地区为夏家店下层文化[2]，以内蒙古赤峰夏家店下层遗存为代表[3]，包括西辽河流域以内蒙古赤峰药王庙和敖汉旗大甸子遗存[4]为代表的药王庙类型，燕山南麓地区以河北大

---

[1] 内蒙古文物考古研究所等：《伊金霍洛旗白敖包墓地》，《内蒙古文物考古文集》(第2辑)，中国大百科全书出版社，1997年，第327~337页。

[2] 邹衡：《关于夏商时期北方地区诸邻境文化的初步探讨》，《夏商周考古学论文集》，文物出版社，1980年，第242~244页；张忠培等：《夏家店下层文化研究》，《考古学文化论集》(一)，文物出版社，1987年，第58~78页；李伯谦：《论夏家店下层文化》，《中国青铜文化结构体系研究》，科学出版社，1998年，第124~142页。

[3] 中国科学院考古研究所内蒙古工作队：《赤峰药王庙、夏家店遗址试掘报告》，《考古学报》1974年1期，第111~144页。

[4] 中国社会科学院考古研究所：《大甸子——夏家店下层文化遗址与墓地发掘报告》，科学出版社，1996年。

厂大坨头 H2[1]、北京昌平张营二期[2]为代表的大坨头类型,冀西北地区以河北蔚县三关 M2008、前堡 F1 遗存为代表的壶流河类型[3]。

夏家店下层文化主要在雪山二期文化基础上发展而来,也受后冈二期文化较大影响,稍后拓展至西辽河和壶流河流域。其典型陶器鼓腹或弧腹鬲、侈口甗、深腹罐、鼓肩瓮、折腹尊(盆)、圈足盘、三足盘、平底盆、双鋬弧腹盆、浅盘豆、平底碗、高颈壶等都与上述两个文化有密切联系,就连最有代表性的筒腹鬲也早见于任丘哑叭庄遗址。只有几何纹彩绘陶和折腹尊等少许因素或许与雪山一期文化小河沿类型有一定联系,尤其红、白或黄色彩绘勾连组合复杂,主要是类似兽面纹的主题。陶蛇纹鬲、花边鬲、厚背弯身石刀为朱开沟文化因素,东部的少量素面壶等为高台山文化因素,铜喇叭口耳环、铜指环、金耳环等体现来自西方的影响[4]。偏早阶段大甸子等墓地的爵、鬶、盉等属于二里头文化因素,偏晚阶段燕山以南的实足根鬲、假腹豆(及其十字形镂孔装饰)等属于二里冈文化因素。该文化还有青铜连柄戈,以及铜梳、玉璧、玉玦、玉环以及铅杖首、漆觚等。另外,药王庙类型流行筒腹鬲,大坨头类型常见肥袋足鬲和鼓肩鬲,壶流河类型见来自晋中的三足瓮等,体现出一定的地方性差异。

夏家店下层文化聚落以河流两侧山冈上带状分布、成组成群的石城最具代表性[5],可能具有原初长城的功能[6]。这些石城也有一定的大小之别,如 10 万平方米的赤峰迟家营子石城就可能为中心聚落之一。赤峰三座店石城大小双城并列,城墙设有马面,军事防御色彩浓厚[7]。除石城外,也有赤峰大甸子、二道井子[8]这样建在山前坡地的夯土城。房屋多为半地穴式,也有地面式,有夯

---

[1] 天津市文化局考古发掘队:《河北大厂回族自治县大坨头遗址试掘简报》,《考古》1966 年 1 期,第 8~13 页。
[2] 北京市文物研究所、北京市昌平区文化委员会:《昌平张营——燕山南麓地区早期青铜文化遗址发掘报告》,文物出版社,2007 年。
[3] 张家口考古队:《蔚县考古纪略》,《考古与文物》1982 年 4 期,第 10~14 页;张家口考古队:《蔚县夏商时期考古的主要收获》,《考古与文物》1984 年 1 期,第 40~48 页。
[4] 林沄:《夏代的中国北方系青铜器》,《边疆考古研究》第 1 辑,科学出版社,2002 年,第 1~12 页。
[5] 徐光冀:《赤峰英金河、阴河流域的石城遗址》,《中国考古学研究——夏鼐先生考古五十年纪念论文集》,文物出版社,1986 年,第 83~84 页。
[6] 苏秉琦:《象征中华的辽宁重大文化史迹》,《华人·龙的传人·中国人——考古寻根记》,第 92 页,辽宁大学出版社,1994 年;韩建业:《试论作为长城"原型"的北方早期石城带》,《华夏考古》2008 年 1 期,第 48~53 页。
[7] 内蒙古文物考古研究所:《内蒙古赤峰市三座店夏家店下层文化石城遗址》,《考古》2007 年 7 期,第 17~27 页。
[8] 内蒙古文物考古研究所:《内蒙古赤峰市二道井子遗址的发掘》,《考古》2010 年 8 期,第 13~26 页。

土墙、土坯墙或石砌墙,平面呈圆形或圆角方形,外部多附回廊或侧室,有白灰面(图六九)。除石墙具有特色外,其他都与后冈二期文化近似。墓葬一般是竖穴土坑墓,侧身或仰身直肢葬。有较大规模的墓地,墓葬成群成组分布,可能反映了家族的区别,存在一定贫富分化,如大甸子墓地较大墓葬有二层台和木棺,随葬精美彩绘陶及爵、鬶、盉等特殊器物。

图六九 二道井子遗址院落群(西—东)

生产工具和武器以斧、锛、凿、铲、钺、刀、镰等磨制石器为主,还有石锄、凹底三角形镞、刮削器、砍砸器、石叶等细石器或打制石器,环首刀、带翼镞、刻刀、锥、凿、带倒钩叉等铜器,纺轮、陶垫、陶拍子、网坠、袋足模具等陶器,以及镞、锥、针、针管、匕、刀等骨器。该文化以粟和黍类旱作农业为主,兼有狩猎捕捞和畜牧业,家畜主要有猪、羊、牛、狗等。铜环首刀、穿孔砺石的发现,以及墓葬殉葬牛、羊的现象,说明畜牧业有显著发展。在手工业技术方面该文化与龙山时代最大的变化,是青铜器铸造业的初步兴起,如在赤峰一带发现多处青铜冶铸地点,昌平张营等遗址存在铸铜作坊区。绝大部分铜器都是锡青铜,个别为铅锡青铜。当时工匠们不但知道加入锡能够改善铜器的机械性能,而且能够按照不同用途进行锡含量配比[1]。以简单石范铸造为主辅以锻造、流行锡青铜等特点,显示其大致属于面向西北内陆的北方早期冶金技术圈;至于按照不同用途进行锡含量配

---

[1] 李延祥、贾海新、朱延平:《敖汉旗大甸子夏家店下层文化墓葬出土铜器初步研究》,《有色金属》2002年4期,第123~126页;崔剑锋、郁金城、郭京宁等:《北京昌平张营遗址出土青铜器的初步科学分析》,《昌平张营——燕山南麓地区早期青铜文化遗址发掘报告》,文物出版社,2007年,第243~253页。

比的技术,则和中原地区接近,或许是受到中原影响的结果。

高台山文化

下辽河流域与夏家店下层文化基本同时的高台山文化(早期)[1],以辽宁新民高台山遗存[2]和彰武平安堡二、三期[3]为代表。高台山文化当为在偏堡子文化或类似遗存基础上,受岳石文化等的影响而形成。其高领壶、双耳罐(瓮)、叠唇罐、双耳盆、单耳杯、豆、钵、平底碗、甗等与偏堡子文化或小珠山上层文化有继承关系;偏早的腰裆有附加堆纹的素面无实足跟甗、子母口罐当属岳石文化因素,偏晚甗出实足跟以及实足跟直腹鬲、鼓肩鬲、弧腹鬲等为受夏家店下层文化影响的结果。高台山文化以辽西平原为中心,向东可达辽东北部[4],又被称为庙后山文化或马城子文化等[5],有较多锥足鼎、贯耳器;偏晚阶段曾向西扩张至辽西山地,代替了当地的夏家店下层文化,融进折腹尊等夏家店下层文化因素[6];此外,个别铜喇叭口耳环、环首刀等属于西方文化因素,有算珠形棍棒头(权杖头)。

高台山文化有长方形半地穴式和圆形地面式房屋建筑,发现以土坯作为建材的现象,当为受夏家店下层文化影响的结果。辽西平原的墓葬为长方形竖穴土坑墓,少数有二层台和木棺,葬式以单人侧身屈肢葬为主;辽东北部有洞穴墓、石棺墓,仰身直肢或屈肢葬,以一次葬为主,也有二次葬,流行火葬。随葬少量明器化陶器及石器,东部常见随葬猪下颌骨的现象。工具与夏家店下层文化近似,主要为斧、锛、凿、镰、刀等磨制石器,也有打制石锄、细石器镞、磨制石镞,以及骨铲、骨镞、纺轮、网坠等。双孔石刀有弧背平刃、平背弧刃、凹背弧刃、长方形多种形制。该文化以农业经济为主,也有较大成分的渔猎采集经济。

---

[1] 赵宾福:《中国东北地区夏至战国时期的考古学文化研究》,科学出版社,2009年。

[2] 新民县文化馆等:《新民高台山新石器时代遗址1976年发掘简报》,《文物资料丛刊》(7),文物出版社,1983年,第80~91页。

[3] 辽宁省文物考古研究所、吉林大学考古学系:《辽宁彰武平安堡遗址》,《考古学报》1992年4期,第437~475页。

[4] 沈阳市文物管理办公室:《沈阳新乐遗址试掘报告》,《考古学报》1978年4期,第209~222页;辽宁大学历史系考古教研室等:《辽宁法库县柳湾遗址发掘》,《考古》1989年12期,第1076~1086页。

[5] 辽宁省博物馆等:《辽宁本溪县庙后山洞穴墓地发掘简报》,《考古》1985年6期,第485~496页;辽宁省文物考古研究所、本溪市博物馆:《马城子——太子河上游洞穴遗存》,文物出版社,1994年。

[6] 辽宁省文物考古研究所、吉林大学考古学系:《辽宁阜新平顶山石城址发掘报告》,《考古》1992年5期,第399~417页。

小拉哈文化与兴城文化

东北嫩江流域为小拉哈文化，以黑龙江肇源小拉哈二期[1]、白金宝一期遗存[2]为代表。陶器流行素面，其筒形罐、高领壶、小口瓮、单耳杯、假圈足碗、钵等器类与当地早先的南宝力皋吐文化有一定继承关系，受高台山文化较大影响，个别弧腹鬲则属于夏家店下层文化因素，少量篦点纹装饰很有特色。该文化有长方形半地穴式房屋和长方形竖穴土坑墓葬。生产工具除斧、锛、凿等磨制石器外，多见蚌刀、骨镖，还有铜刀，不见农业工具石刀，或许该文化以渔猎经济为主。

此外，图们江流域以吉林和龙兴城青铜时代遗存为代表的兴城文化（早期）[3]，主要陶器为花边、素面、深腹的罐、瓮类，以及盆、碗、杯类，其与新石器时代的筒形罐文化系统已经有很大区别，或许受岳石文化双砣子二期类型较大影响而形成，只是没有鼎、鬲、甗类器物的发现。该文化有长方形半地穴式房屋。生产工具主要有打琢制的石锄、石铲，磨制的斧、锛、凿、铲、刀、镞、矛、镞、刮削器类细石器发达，还有纺轮、网坠、骨镰、骨锥等。双孔石刀体现出其与双砣子二期类型的联系。该文化的经济形态当以农业为主，但渔猎也占较大比重。

二、黄河上游至新疆东部

黄河上游至新疆东部属于罐—壶文化系统。

齐家文化晚期

公元前1900～前1500年，也就是二里头文化或稍早时期，甘青宁地区（不包括河西走廊）为齐家文化晚期遗存[4]，还向东扩展至陕西渭河中下游地区。该文化以甘肃广河齐家坪遗存为代表，包括甘肃临潭磨沟[5]、永靖秦魏家[6]、

---

[1] 黑龙江省文物考古研究所、吉林大学考古学系：《黑龙江肇源县小拉哈遗址发掘报告》，《考古学报》1998年1期，第61～101页。

[2] 黑龙江省文物考古研究所、吉林大学考古学系：《肇源白金宝——嫩江下游一处青铜时代遗址的揭示》，科学出版社，2009年。

[3] 吉林省文物考古研究所、延边朝鲜族自治州博物馆：《和龙兴城——新石器及青铜时代遗址发掘报告》，文物出版社，2001年。

[4] 韩建业：《中国西北地区先秦时期的自然环境与文化发展》，文物出版社，2008年，第196～201页。

[5] 甘肃省文物考古研究所、西北大学文化遗产与考古学研究中心：《甘肃临潭磨沟齐家文化墓地发掘简报》，《文物》2009年10期，第4～24页；甘肃省文物考古研究所、西北大学文化遗产与考古学研究中心：《甘肃临潭磨沟齐家文化墓地》，《考古》2009年7期，第10～17页。

[6] 中国科学院考古研究所甘肃工作队：《甘肃永靖秦魏家齐家文化墓地》，《考古学报》1975年2期，第57～96页。

大何庄遗存[1]、陕西西安老牛坡[2]同期遗存等。齐家文化晚期仅有个别鬲、盉，已经基本不属于鼎—鬲—甗文化系统。该文化分化趋势明显，可分为至少三个地方类型。甘肃中部、青海东部、宁夏南部的齐家坪、秦魏家、大河庄一类遗存属齐家坪类型，罐类器总体向瘦长发展，花边罐长腹，新出彩陶罐、蛇纹罐、大口折肩尊、小方杯等特殊器形；甘肃南部磨沟类遗存可称磨沟类型，罐类器总体向矮胖发展，新出彩陶罐，有的双耳罐已经口部下凹略呈马鞍口；关中地区老牛坡、南沙村类遗存可称老牛坡类型，花边罐圆腹，有更多素面轮制的圆腹罐。晚期齐家文化受到来自西方的较大影响。此时新出的双耳或单耳带銎斧、矛、刀、人面匕首、锥、镜、月牙形项饰、指环、喇叭口耳环、镯、钏、泡等锡青铜或红铜器，陶器上彩绘、附加细泥条（蛇纹）、戳印的折线纹、胡须状垂带纹、羊首形纹、联珠纹等，都早见于南西伯利亚、中亚等地，属于西方文化因素。另外，广河齐家坪的陶盉和平底盉形器、天水镶嵌绿松石的青铜牌饰[3]等当属于二里头文化因素。

　　齐家文化晚期的房屋和墓葬情况基本同于中期。秦魏家、磨沟等墓地墓葬排列整齐，有区、排、组的区分，代表了不同级别的社会组织。磨沟墓葬流行竖穴偏室墓，有的为多偏室或多次埋葬，既有单人葬也有合葬，一次葬以仰身直肢葬为主，有二次葬。成人合葬流行男性仰身直肢、女性侧身屈肢的形式，也有成人和儿童合葬，体现了男尊女卑和家庭的观念。有些墓道内的人骨或为殉葬性质。常见壁龛，一般都有少量陶器等随葬品，仍有随葬猪下颌骨的习俗，贫富分化不很明显。

　　生产工具与之前近同，说明该文化仍主要为农业经济，常发现炭化粟粒、粟壳，不过畜牧业和狩猎业的比重进一步提升。羊的数量增多，有随葬羊角的习俗，说明以养羊为主的畜牧业占据重要地位，同时养牛。刀、斧等铜器也都是畜牧文化的常见器物。

辛店文化、寺洼文化、卡约文化

　　公元前1500~前1300年，也就是二里冈文化时期，甘青宁地区（不包括河西走廊）为辛店文化、卡约文化、寺洼文化的早期，分别以青海民和山家头[4]、青海湟中

---

[1] 中国科学院考古研究所甘肃工作队：《甘肃永靖大何庄遗址发掘报告》，《考古学报》1974年2期，第29~62页。
[2] 刘士莪：《老牛坡》，陕西人民出版社，2002年。
[3] 张天恩：《天水出土的兽面铜牌饰及有关问题》，《中原文物》2002年1期，第43~46页。
[4] 青海省文物管理处：《青海民和核桃庄山家头墓地清理简报》，《文物》1992年11期，第26~31页。

下西河潘家梁[1]早期墓葬和甘肃临潭磨沟晚期墓葬为代表。

这三个文化的源头都在齐家文化，其主要器类双大耳罐、双小耳罐、花边绳纹罐、彩陶罐、豆等都与齐家文化一脉相承。其中辛店文化和卡约文化源于齐家文化齐家坪类型，都有双大耳罐、双小耳绳纹罐、花边绳纹罐等主体器类，只是前者常见圜底而后者均为平底或圈足，且前者有更多的彩陶和绳纹。寺洼文化源于齐家文化磨沟类型，少见双大耳罐而流行矮小的马鞍口双耳罐，少见彩陶。三个文化的陶器纹饰既有继承齐家文化、马厂类型的一面，也有与西方相关的新文化因素，如垂须纹、垂带纹、羊首形纹以及羊、狗、鹿等兽形图案。

青铜器和齐家文化相比种类增多，也基本属于西方文化因素，有弯背刀、有銎或管銎斧、矛、镜、铃、耳环、指环、扣、泡等。西宁鲍家寨卡约文化中的铜鬲，与郑州张寨二里冈上层文化者基本一致[2]，表明二里冈文化的影响到达这一地区[3]。磨沟寺洼文化初期遗存中发现数件块炼铁器，测年数据在公元前15世纪左右，是为中国最早的人工冶铁制品[4]，其源头当在西亚地区。

房屋、墓葬等情况与齐家文化近似。房屋为长方形半地穴式建筑，居住面抹白灰。有较大型的墓地，墓上多有石块或坟丘作为标志。墓葬以长方形竖穴土坑墓为主，也有少量偏洞室墓，常带壁龛，多二次扰乱葬，其次为一次性仰身直肢葬，有殉牛、羊、狗以及火葬习俗。潘家梁卡约文化有的墓葬的随葬品达500多件，仅钺、斧、矛等铜器就有20余件，还有殉人现象，可见存在较为明显的贫富分化。

生产工具与齐家文化相近，也以石刀等农业生产工具居多，大约农业经济仍总体更占优势，粮食作物主要是粟、小麦和大麦。畜牧业较为发达，牛、羊可能属于牧养，此外还有猪、狗等家畜。相当数量的墓葬有殉牲习俗，见有牛、羊、狗骨殖，而少见猪骨。与此相应，出现大量便于随身携带的环首、兽首青铜刀等，以及可以随身携带的穿孔或两端有凹槽的砺石、梳理家畜毛的长体短齿骨梳。

---

[1] 青海省文物考古研究所：《青海湟中下西河潘家梁卡约文化墓地》，《考古学集刊》第8集，科学出版社，1994年，第28~86页。

[2] 河南省文物考古研究所、郑州市文物考古研究所：《郑州商代铜器窖藏》，科学出版社，1999年，第78页。

[3] 赵生琛：《青海西宁发现卡约文化铜鬲》，《考古》1985年7期，第635页。

[4] 陈建立、毛瑞林、王辉等：《甘肃临潭磨沟寺洼文化墓葬出土铁器与中国冶铁技术起源》，《文物》2012年8期，第45~53页。

四坝文化和哈密天山北路文化

公元前2000~前1300年,也就是二里头—二里冈时代或稍早,河西走廊、新疆东部分别为四坝文化[1]和哈密天山北路文化。前者以甘肃山丹四坝滩[2]、民乐东灰山[3]遗存为代表,后者以哈密天山北路墓地(又称雅林办墓地)为代表[4]。

两文化大同小异,都主要在马家窑文化马厂类型基础上,受西方文化强烈影响而形成,其主体陶器双耳罐、单耳罐、壶、四耳罐、豆、单把杯、盆、钵、筒形杯,以及平行横带纹、折线纹、菱格纹、棋盘格纹、三角纹、网格纹、垂带纹彩陶,都与马厂类型有继承关系;羊首形纹、上半身呈倒三角形的人形图像等当属西方文化因素。二者的区别主要是哈密天山北路文化饰横向折线纹或竖列折线纹彩的双贯耳筒形罐不见于四坝文化,而与欧亚草原的筒形罐文化系统有更多联系[5]。四坝文化还有四足方盘、多子盒、带盖筒形罐、人形罐等陶器。两文化的铜器有刀、剑、矛、有銎斧、锛、凿、锥、镰、镞、矛、镜、耳环、手镯、铃、牌、泡、扣、珠、管、别针等,属于西方文化因素。此外,还有金银耳环、玉石权杖头、铜羊首权杖头等西方因素。

四坝文化发现夯土墙、石墙和日晒砖建筑,与黄河流域流行半地穴式和窑洞式房屋的情况有所不同。两文化流行较大规模的氏族公共墓地,并成排密集排列。墓葬为长方形土坑竖穴墓、偏洞室墓或竖穴土坯室墓,有的带壁龛,少数有木质葬具。其中四坝文化流行仰身直肢葬,而哈密天山北路文化流行侧身屈肢葬,都有二次葬和合葬。两文化还流行用牲畜的角和骨殖随葬,种类有羊、狗、猪、牛、马等,以羊最多。总体贫富分化有限,但火烧沟四坝文化墓地有的墓葬随葬10余件陶器,还伴出铜、金、银、玉器等,有人殉或人牲,体现出墓主人的较高地位。

两文化应为半农半牧经济。一方面,两文化发现小麦、粟等农作物,以及石磨盘和石磨棒等粮食加工工具,说明它们存在旱作农业。另一方面,两文化普遍

---

[1] 李水城:《四坝文化研究》,《考古学文化论集》(三),文物出版社,1993年,第80~121页。
[2] 安志敏:《甘肃远古文化及其有关的几个问题》,《考古通讯》1956年6期,第9~18页;安志敏:《甘肃山丹四坝滩新石器时代遗址》,《考古学报》1959年3期,第7~16页。
[3] 甘肃省文物考古研究所、吉林大学北方考古研究室:《民乐东灰山考古——四坝文化墓地的揭示与研究》,科学出版社,1998年。
[4] 吕恩国、常喜恩、王炳华:《新疆青铜时代考古文化浅论》,《苏秉琦与当代中国考古学》,科学出版社,2001年,第179~184页。
[5] 李水城:《从考古发现看公元前二千年东西文化的碰撞和交流》,《新疆文物》1999年1期,第53~65页。

发现羊、牛、马骨,墓葬也多以其头、角、蹄随葬,还有很多铜刀、弓箭、穿孔砺石等工具,说明它们的畜牧和狩猎经济较为发达。

三、长江上游地区的三星堆文化

二里头—二里冈时代长江上游为三星堆文化,包括成都平原及其附近的三星堆类型、川东峡江地区的朝天嘴类型,前者以四川广汉三星堆1980～1981年发掘的第2～4层遗存为代表[1],后者以湖北秭归朝天嘴"夏商文化遗存"为代表。

三星堆文化的凸肩罐、高领罐、大口尊、矮柄豆、细高柄豆等器物都与宝墩文化有一定联系,盉、鬹、曲柄豆等为二里头文化因素,个别圈足印纹壶为华南因素,新出豆形器、觚形杯、长体壶、瓶、浅腹圈足盘、敞口浅腹钵、鸟首形柄勺等器类。其中朝天嘴类型另有花边圆腹罐、鸡冠錾盆、大口瓮、觚等二里头文化因素,以及釜、大口缸等本地传统因素。

三星堆文化有面积达三四百万平方米的超级中心聚落——三星堆古城,城内有地面起建的大型长条形宫殿建筑,有祭坛、长方形竖穴土坑墓,随葬的螺旋状玉器或与来自二里头文化的影响有关[2]。工具和宝墩文化近似。

四、华南地区文化

二里头—二里冈时代的华南大部地区仍大体属于釜—圈足盘—豆文化系统,只是凹底罐、壶类显著增多,或许有必要称之为釜—凹底罐—豆文化系统。该文化系统流行印纹硬陶,陶器以釜、小口凹底罐(尊)、矮圈足罐(壶)、带流壶、圈足盘、豆为主,又普遍包含戈、牙璋、有段或有肩锛、带槽石拍等玉石器。戈、牙璋属于二里头文化因素,有些折肩的尊、罐类可能与二里冈文化的影响有关。该文化系统多为贝丘或沙丘遗址,有木骨泥墙地面式、干栏式建筑,长方形竖穴土坑墓;以渔猎采集经济为主,也当存在稻作甚至麦作农业[3]。

该文化系统存在比较明显的地方性差异。闽江下游及闽东沿海地区为以霞浦黄瓜山遗存为代表的黄瓜山文化[4],甚至分布到台湾地区,有釉陶和较多赭

---

[1] 四川省文物管理委员会等:《广汉三星堆遗址》,《考古学报》1987年2期,第227～254页。
[2] 四川省文物考古研究所三星堆遗址工作站:《四川广汉市三星堆遗址仁胜村土坑墓》,《考古》2004年10期,第14～22页。
[3] 黄瓜山遗址曾发现小麦和大麦遗存。见福建省博物馆:《福建霞浦黄瓜山遗址第二次发掘》,《福建文博》2004年3期,第1～18页。
[4] 福建省博物馆:《福建霞浦黄瓜山遗址发掘报告》,《福建文博》1994年1期,第3～37页。

色彩陶,甗形器、单长把罐、圈足杯、钵等陶器较有特色,与虎头埔文化有一定继承关系,甗形器受马桥文化等影响。粤东闽南为以普宁后山[1]和漳州鸟仑尾[2]为代表的后山文化[3],流行菱格、方格纹,有鸭形壶、单把壶、圈足杯等陶器。粤北为石峡中层类遗存,少数贯耳罐体现石峡文化传统。珠江三角洲为珠海棠下环[4]、东莞村头类遗存,多见绳纹、叶脉纹、云雷纹,有垂腹罐等。另外,广西西南山地有龙州更洒岩[5]、那坡感驮岩二期前段类遗存,流行绳纹、成组刻划纹,有釜、圈足罐、圈足碗、杯等器类,与感驮岩一期文化一脉相承,还有岩洞葬,锛、凿、玉玦、带槽石拍等。

五、早期中国外缘区文化

二里头—二里冈时代文化意义上"早期中国"的范围空前扩展,只在新疆中西部、西藏南部等边缘地区仍有其没有涵盖的地方。

广袤的新疆地区早在旧石器时代晚期就有人类居住,但此后直至公元前2000年左右进入青铜时代,总体文化面貌并不清楚,只是发现一些细石器遗存,估计这一区域长期处于狩猎采集经济的中石器时代。约公元前2000年,东西方文化差不多同时进入这片地域,在新疆东部哈密盆地交融形成哈密天山北路文化,而在新疆中西部则出现安德罗诺沃文化、克尔木齐文化和古墓沟文化等,它们主要属于西方文化系统——我们曾称其为"筒形罐文化系统"[6],为与中国东北地区相区别,也可称"罐文化系统"。

安德罗诺沃文化主要分布在新疆西部广大地区,以塔什库尔干下坂地一期墓葬[7]、温泉阿敦乔鲁遗存[8]和尼勒克喀拉苏遗存[9]为代表,主要是安德罗

---

[1] 广东省文物考古研究所、普宁市博物馆:《广东普宁市池尾后山遗址发掘简报》,《考古》1998年7期,第1~10页。
[2] 福建博物院文物考古研究所等:《鸟仑尾与狗头山——福建省商周遗址考古发掘报告》,科学出版社,2004年。
[3] 魏峻:《粤东闽南地区先秦考古学文化的分期与谱系》,《考古学研究》(九),文物出版社,2012年,第140~165页。
[4] 广东省文物考古研究所等:《珠海平沙棠下环遗址发掘简报》,《文物》1998年7期,第4~16页。
[5] 广西文物考古研究所、南宁市博物馆:《广西先秦岩洞葬》,科学出版社,2007年。
[6] 韩建业:《新疆的青铜时代和早期铁器时代文化》,文物出版社,2007年。
[7] 新疆文物考古研究所:《新疆下坂地墓地》,文物出版社,2012年。
[8] 中国社会科学院考古研究所等:《新疆温泉县阿敦乔鲁遗址与墓地》,《考古》2013年7期,第25~32页。
[9] 新疆文物考古研究所等:《尼勒克县喀拉苏遗址考古发掘简报》,《新疆文物》2008年3~4期,第33~43页。

诺沃文化从南西伯利亚和中亚地区扩展至此并地方化的产物，陶器主要为大口弧腹或折腹筒形罐，以及斜弧腹的碗、杯类，有戳印或刻划的三角、折线等几何纹图案。该文化有青铜斧、镰、锛、凿、矛，以及青铜或银质喇叭口耳环等；有长方形半地穴式房屋；墓葬地表有石堆、石围标志，分竖穴土坑墓、石室墓和石棺墓，土葬多为侧身屈肢，还有火葬；有石镰、细石器等，属半农半牧经济。

克尔木齐文化分布在阿勒泰至中部天山北麓一带，以阿勒泰克尔木齐早期墓葬为代表[1]，面貌和西伯利亚中南部的阿凡纳谢沃文化—奥库涅夫文化近同[2]。陶器以尖底橄榄形罐最具特色，也有平底筒形罐和豆形器，外表见压印或刻划的鳞纹、横带形篦纹、填斜线三角纹、网格纹、珍珠纹等几何形纹饰。墓葬周围常以块石垒砌成长方形坟院，墓葬多为竖穴石棺墓，墓葬前立有石刻人像或条石。葬式多为单人侧身屈肢，随葬品贫乏。工具或武器有细石器镞、骨镞、铜镞、铜刀、铜矛、铜斧等。该文化还未发现明确居址、农作物和农业工具，主要属于畜牧业经济。

古墓沟文化或小河文化分布于孔雀河下游的罗布泊附近，以古墓沟[3]和小河墓地[4]为代表，其源头当与阿凡纳谢沃文化、克尔木齐文化等有关。墓葬均为竖穴沙室，有船形无底木棺，一般为单人仰身直肢葬，随葬品主要是随身遗物和装饰品，多为毛、皮、木质，每墓在斗篷外右侧放置一个圜底草编篓，上有阶梯纹、三角纹等，也有玉珠、细石器镞、小铜卷、小铜片等。该文化发现小麦、粟等农作物，饲养牛、羊等，属于半农半牧经济。

公元前2000年以后西藏拉萨一带出现曲贡文化[5]，它的压光陶、压划菱格纹很有特色，圜底罐、小圈足罐、小圈足壶、圜底钵、圈足杯、三角形镂孔柄豆等陶器，以及猴面陶塑、骨笄等，其来龙去脉尚不甚清楚。该文化有长方形竖穴土坑墓，墓壁垒砌石块，屈肢葬。石器多为打制的砍砸器、刮削器、镞等，有

---

[1] 新疆社会科学院考古研究所：《新疆克尔木齐古墓群发掘简报》，《文物》1981年1期，第23~32页。

[2] 王炳华：《新疆地区青铜时代考古文化试析》，《新疆社会科学》1985年4期，第50~60页；丛德新、贾伟明：《切木尔切克墓地及其早期遗存的初步分析》，《庆祝张忠培先生八十岁论文集》，科学出版社，2014年，第275~308页。

[3] 新疆社会科学院考古研究所：《孔雀河古墓沟发掘及其初步研究》，《新疆社会科学》1983年1期，第125~126页。

[4] 贝格曼，王安洪译：《新疆考古记》，新疆人民出版社，1997年，第75~183页；新疆文物考古研究所：《2002年小河墓地考古调查与发掘报告》，《新疆文物》2003年2期，第8~64页；新疆文物考古研究所：《新疆罗布泊小河墓地2003年发掘简报》，《文物》2007年10期，第4~42页。

[5] 中国社会科学院考古研究所、西藏自治区文物局：《拉萨曲贡》，中国大百科全书出版社，1999年。

少量磨制的短齿梳、锛、刀,以及细石器、穿孔重石、石磨盘、石磨棒等,还有个别铜镞,有牦牛、绵羊、狗等家畜。经济形态以农业为主,畜牧业也占重要地位。

六、二里头—二里冈时代的文化交流

二里头—二里冈时代中原核心区的二里头文化、二里冈文化实力强劲,对周围文化产生很大的辐射性影响。西部青铜文化、华南印纹陶文化也有接近全局的影响。

二里头文化在二期以后不但将其文化范围迅速扩展至河南大部地区和山西南部,而且对周围产生很大影响。其典型因素绳纹深腹罐、花边圆腹罐、鼎、大口尊、曲柄折盘或弧腹豆、瓦足盘、爵、斝、鬶、觚、蘑菇钮器盖等,或多或少见于周围的下七垣文化、岳石文化、斗鸡台文化、点将台文化、马桥文化、三星堆文化、齐家文化、朱开沟文化等当中,爵、鬶等因素更是远达西辽河流域夏家店下层文化,戈、牙璋等则广泛见于华南地区。

二里冈文化对周围影响更大,尤其是在二里冈上层时期。其前身下七垣文化的锥足鬲、甗等南向影响到二里头文化,东向影响到岳石文化。二里冈文化形成后,其文化范围扩展到北至冀中南、东达鲁中西、南抵江淮和长江中游、西到关中的广大地区,其绳纹鬲、绳纹甗、绳纹深腹罐、大口尊、深腹盆、假腹豆、爵、斝、簋、蘑菇钮器盖等陶器渗透到周围文化,包括夏家店下层文化、岳石文化、湖熟文化、吴城文化、朱开沟文化,尤其吴城文化的鼎、斝、刀、斧、锛、凿、矛、戈等青铜器基本属于二里冈文化因素。另外,华南地区的有些折肩的甗形器、尊、罐类也与二里冈文化的影响有关,个别二里冈式的铜鬲甚至向西流播到卡约文化。

华南以马桥文化、吴城文化为代表的印纹陶—原始瓷文化,其云雷纹、回纹、圆圈纹、叶脉纹等印纹渗透到黄河流域的广大地区,见于二里头文化、二里冈文化、岳石文化、三星堆文化等,鸭形鼎见于二里头文化,尊、罐类原始瓷则见于二里冈文化。

其他文化或多或少与周围文化也发生了交流。岳石文化西向影响到郑州二里冈文化,西北向影响到下七垣文化,北向扩展至辽东南部并影响到高台山文化、新城文化,南向扩展至苏北并影响到斗鸡台文化、马桥文化等。夏家店下层文化东向扩展到辽西山地,绳纹、折腹尊渗透到高台山文化,弧腹鬲甚至东北向渗透到嫩江流域小拉哈文化。高台山文化北向强烈影响到嫩江流域小拉哈文化,西向影响到夏家店下层文化,偏晚占领辽西山地原夏家店下层文化分布区。

朱开沟文化的蛇纹鬲、三足瓮、厚背弯身石刀等影响到二里头文化东下冯类型、二里冈文化、夏家店下层文化。此外，北方地区海贝的发现表明，可能与沿海地区存在远距离交流。

此时中西文化交流空前加强，在二里头—二里冈时代之前就进入青铜时代的新疆哈密天山北路文化、古墓沟文化、克尔木齐文化、安德罗诺沃文化等东向影响深远，主要源于西方的刀、斧、锛、锥、镞、镜、耳环、指环、手镯、泡、扣等青铜器种类，几乎构成甘青宁地区四坝文化、晚期齐家文化乃至于辛店文化、卡约文化的青铜器主体，再远还东向渗透到朱开沟文化和夏家店下层文化，甚至影响到二里头文化环首刀、斧等青铜器的出现（图七〇）。而新疆地区的彩陶也已影响到中亚地区。

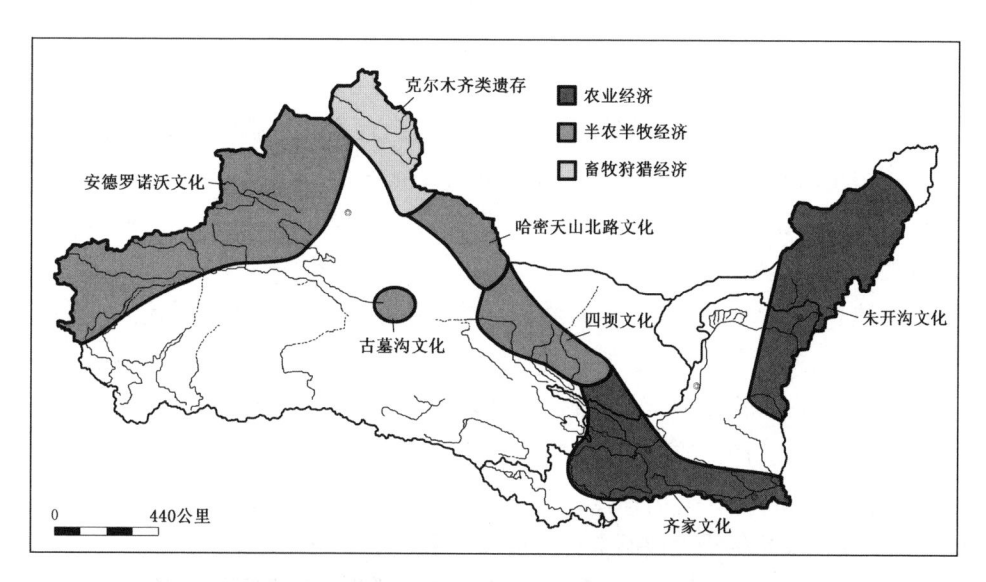

图七〇　中国西北地区青铜时代前期文化分布态势图（公元前 2000～前 1500 年）

七、小结

（1）粟作农业范围的扩展和西北地区畜牧经济的迅猛发展

粟作农业和稻作农业两大体系继续发展，尤其粟作农业的范围进一步扩展，在黄河中下游等地粟作比重加大而稻作比重降低。作为收割粟类作物的石刀此时不但流行于中原北方地区，而且还常见于江南的斗鸡台文化、马桥文化、点将台文化、湖熟文化、吴城文化等当中，可见粟作农业或已扩展到长江下游地区。此外粟作农业还西向延伸至新疆东部哈密甚至罗布泊地区，东北向可能到达嫩江流域。此时长江流域偏北、黄河流域偏南以及淮河流域都是粟作和稻作混合区域,小麦已经成为中原北方地区主要作物之一,甚至南向渗透到长江流域和东南沿海一带,中原的"稻、黍、稷、麦、菽"所谓"五谷"农业稳定发展。

此一时期在经济方面发生的最大变革是西北地区畜牧经济的迅猛发展[1]。至公元前2000年左右,首先在早期中国边缘地区的新疆大部涌现出一系列畜牧程度不一的青铜时代文化,北疆阿尔泰地区的克尔木齐文化属畜牧狩猎经济,天山南北的哈密天山北路文化、安德罗诺沃文化和古墓沟文化属于畜牧业和农业并存的半农半牧经济:一方面普遍发现羊、牛、马骨以及皮毛制品,同时期岩画上常见鹿、羊等动物形象,流行铜刀、弓箭、穿孔砺石、铜镜、铜泡(扣)等畜牧狩猎工具或装饰品;另一方面见有小麦、粟等农作物,以及石镰、石磨盘、石磨棒等旱作农业或粮食加工工具。河西走廊东部及其以东地区的晚期齐家文化、朱开沟文化、夏家店下层文化、辛店文化、卡约文化、寺洼文化等,虽常见粟、小麦、家猪、石刀(爪镰)、石镰等,表明仍主要为农业经济,但畜牧狩猎的比重显著提升。遗址中绵羊的比例明显增多,有随葬羊角或者殉葬绵羊、家猪的习俗,常见骨梗石刃刀、骨柄铜刀、铜刀、刮削器、穿孔砺石、短齿梳等畜牧狩猎工具,可见以养羊为主的畜牧业占据重要地位。

畜牧、半农半牧和具有较大畜牧成分的农业经济,在干旱半干旱地区有着很强的适应性,尤其半农半牧经济多种形式互相补充,适应性更强。这使得原先文化低迷的新疆、青海中西部、内蒙古锡林郭勒地区、西辽河流域等地短时间内涌现出一系列文化,广大的西北内陆干旱区和内蒙古半干旱草原区等地也终于迎来了人类发展的首次高潮,西辽河流域文化再度繁盛。这是自"新石器时代革命"以后中国文化格局上前所未有的重大变化。

(2)三足容器的进一步扩展、印纹陶原始瓷的北渐和青铜器的兴起

由于二里头文化和二里冈文化的强势影响,形成以中原为核心的不同层次的三足器文化圈:中原腹地为二里头文化二里头类型和二里冈文化二里冈类型,其鼎、鬲、甗、爵、斝、盉等三足陶器最为发达、制作最为精美典雅,周围的二里头文化和二里冈文化其他地方类型次之,再外围的岳石文化、斗鸡台文化、点将台文化、湖熟文化、马桥文化、吴城文化、三星堆文化、齐家文化等也都或多或少包含三足器。朱开沟文化和夏家店下层文化区原本是鬲、甗的发源地,其

---

[1] 俞伟超曾指出,由原始锄耕农业向畜牧业经济形态的转变,是人类社会发展的一大进步。见俞伟超:《关于"卡约文化"和"唐汪文化"的新认识》,《先秦两汉考古学论集》,文物出版社,1985年,第193~210页。

鬲、甗的盛行当然主要不是受中原影响,但的确也有属于中原的爵、鬶、斝、盉以及中原式鬲甗类三足器因素。这些三足器的进一步扩展,使得"中国"式烹饪饮食方式扩展至早期中国的大部地区。虽然龙山时代盛极一时的轮制制陶技术落至低谷,但二里冈文化等的陶器制作标准化程度颇高,显示至少在中原核心区陶器的生产专业化程度提高。

华南、东南地区已形成云雷纹、回纹、圆圈纹、叶脉纹、方格纹等几何形印纹陶占据主流的态势,这些印纹陶广泛流行于马桥文化、吴城文化、点将台文化、湖熟文化、黄瓜山文化、后山文化等当中,马桥文化、吴城文化并且产生了最早的瓷器——原始瓷。几何形印纹陶和原始瓷都不同程度地北向渗透到二里头文化、二里冈文化、岳石文化、斗鸡台文化等当中。特别有意思的是,最早出现原始瓷的赣浙闽交界地带,正好也是世界上最早出现陶器的地方。可以说原始瓷是中国东南地区陶器近两万年发展的升华,为早期中国乃至古代世界增添了一种新的器用品种;其质地之致密、表面之光滑都前所未见,注定在中国人的社会生活中担当越来越重要的角色。

公元前2000年左右,首先在中国西北地区,然后在北方、东北和中原地区,最后在东部沿江海地区,自西而东掀起了青铜之风,从而使得这些地区先后进入青铜时代。这些青铜器大致可分为两大传统:一是以工具、武器、装饰品为主的西方或北方传统[1],主要源头在欧亚大陆西部地区[2],包括刀、斧、锛、锥、镞、镜、耳环、指环、手镯、泡、扣等青铜器,属于铜、锡或铜、砷合金,见于哈密天山北路文化、古墓沟文化、克尔木齐文化、安德罗诺沃文化、四坝文化、齐家文化、辛店文化、卡约文化、寺洼文化、朱开沟文化、夏家店下层文化等;二是以容器、武器为主的中原传统,当为在中原文化基础上受到西方青铜文化影响而产生,包括鼎、鬲、甗、爵、盉、斝、觚、簋、盘、尊、罍、卣等青铜容器,钺、戈、斧、锛、凿、刀、镞、锯等青铜武器或工具,除铜、锡合金外,最为独特的是铜、铅或铜、铅、锡合金,主要见于二里头文化、二里冈文化、岳石文化,并影响到吴城文化等(图七一)。西方(北方)传统工具、武器类青铜器使得当地的生产力水平显著提高,同时也极大地增强了其作战和对外扩张的能力;中原传统的戈、钺等青铜武器固然也增强了作战能力,但更具代表性的礼器却在稳定社

---

[1] 林沄:《商文化青铜器与北方地区青铜器关系之研究》,《考古学文化论集》(一),文物出版社,1987年,第129~155页;梅建军:《"北方系青铜器"——一个术语的"诞生"和"成长"》,《法国汉学》第11辑,中华书局,2006年,第132~147页。

[2] E. N. Chernykh, *Ancient Metallurgy in the USSR-The Early Matal Age*, Translated by Sarah Wright, Cambridge University Press, 1992.

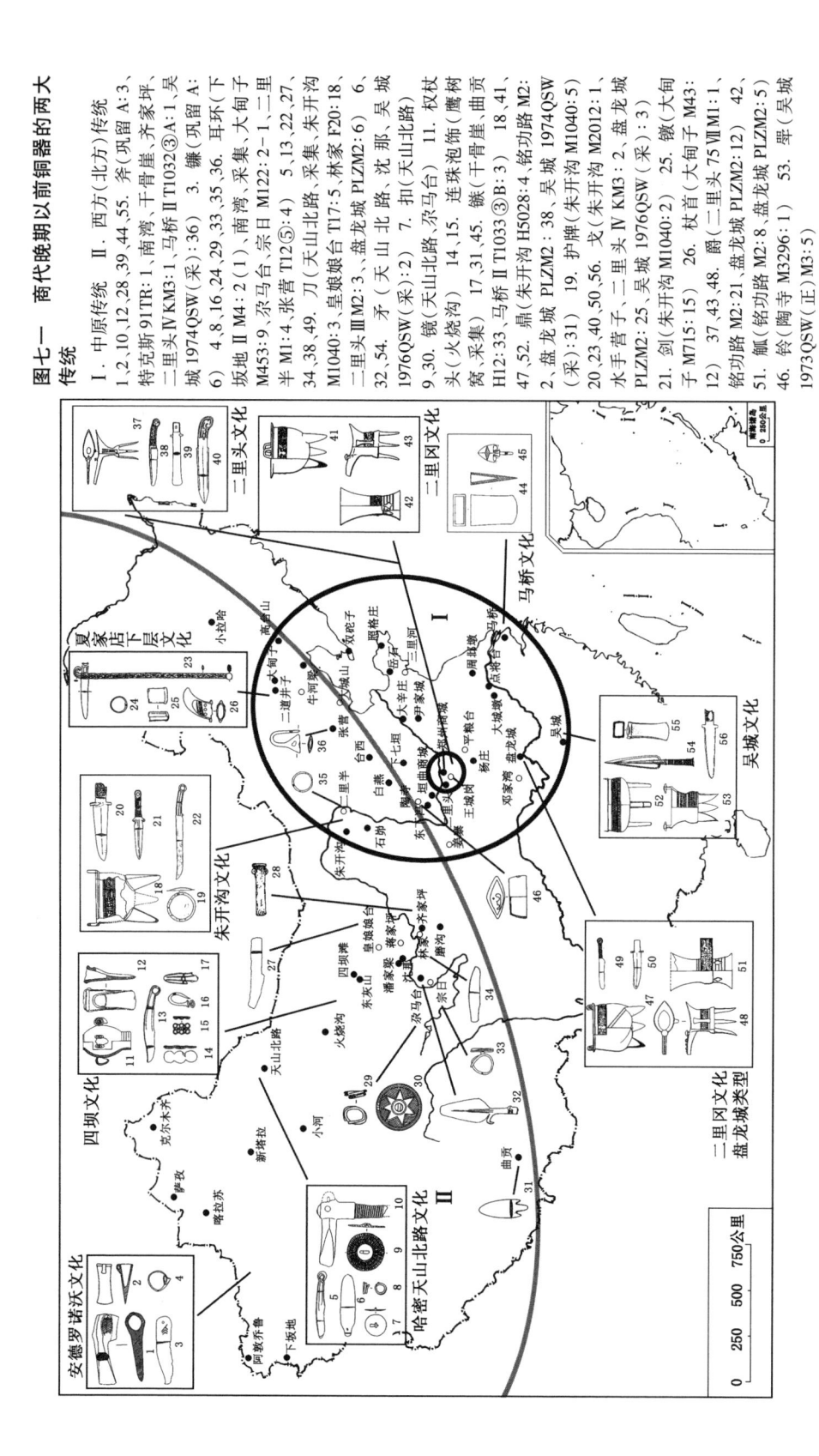

图七一 商代晚期以前铜器的两大传统

I．中原传统 II．西方(北方)传统

1、2、10、12、28、39、44、55. 斧(巩留 A:3、特克斯91TR:1、南湾、千青崖、齐家坪、二里头IV KM3:1、马桥II T1032③A:1、吴城1974QSW(采):36) 3. 镰(巩留 A:6) 4、8、16、24、29、33、35、36. 耳环(下坂地 II M4:2(1)、南湾、采集、大甸子 M453:9、尕马台 宗日 M122:2-1、二里半 M1:4、张营 T12⑤)4 5、13、22、27、34、38、49. 刀(天山北路、采集、朱开沟 M1040:3、皇娘娘台 T17:5、盘龙城 PLZM2:6) 6、32、54. 矛(天山北路、沈那、吴城1976QSW(采):2) 7. 扣(天山北路) 9、30. 镜(天山北路 尕马台 9、30. 镜(天山北路 尕马台) 11. 权杖头(火烧沟) 14、15. 连珠泡饰(鹰嘴窝采集) 17、31、45. 镞(干青崖、曲贡 H12:33、马桥II T1033③B:3) 18、41、47、52. 鼎(朱开沟 H5028:4、铭功路 M2:2、盘龙城 PLZM2:38、吴城1974QSW(采):31) 19. 护牌(朱开沟 M1040:5) 20、23、40、50、56. 戈(朱开沟 M2012:1、水手营子、二里头 KM3:2、盘龙城 PLZM2:25、吴城1976QSW(采):3) 21. 剑(朱开沟 M715:15) 26. 爵(大甸子 M43:12) 37、43、48. 斝(二里头 75VIIM1:1、铭功路 M2:21、盘龙城 PLZM2:12) 42. 盉(大甸子 M43:12) 25. 杖首(大甸子 M43:12) 46. 铃(陶寺 M3296:1) 53. 犁(吴城1973QSW(正)M3:5) 51. 觚(铭功路 M2:8、盘龙城 PLZM2:5)

会等级秩序方面发挥了重大作用,而且奠定了此后直至秦汉以前以青铜容器作为礼器核心的基础。

早期中国传统的玉器、漆器、丝织品、象牙器等继续发展。高等级精美玉器的中心转移到中原腹心的二里头文化和二里冈文化,包括钺、戚、戈、多孔刀、璋、圭、柄形器等种类,体型阔大,流行扉棱。另外一个玉器中心是陕北的朱开沟文化,包括铲、钺、刀、牙璋、联璧、璇玑、圭、玦、璜、人面形玉雕等。璋、戈等玉(石)器还影响到长江流域和华南广大地区。此外,镯、笄、纺轮等仍几乎见于所有文化,石磬、陶埙、陶铃、铜铃等乐器常见于黄河长江流域。这些乐器加上青铜礼器、玉礼器,构成新时期的礼器组合和早期中国礼乐制度的物质基础。二里头文化、二里冈文化车的出现是引人关注的大事。中国8000年前即有纺轮,7000年前即有陶轮,但一直没有车轮和车,中国的车当为从西方传入。此外,二里头文化等发现的货贝甚或蚌贝,或许已具有原始货币的功能。

(3) 土木建筑技术的成熟

二里头—二里冈时代房屋建筑类型的空间格局、建筑技术等都与龙山时代接近,只是中心聚落的建筑技术更加成熟,标志就是超大型城垣和成组大型宫殿的建造。

郑州商城和偃师商城的城墙采用了分段版筑技术,墙体较为陡直且夯层致密均匀。城垣面积广大,尤其郑州商城仅内城面积就有300万平方米,工程量浩大。二里头聚落、偃师商城等都有专门的宫城,宫城以内一般有多座大型宫殿,还有池苑和供排水系统等。主体宫殿一般都是南北向布局,从南到北依次为门(一门洞或三门洞)和门房(塾)、庭院、主殿,周围还有廊庑、厢房等,奠定了后世中国宫殿坐北朝南、前堂后室、东西厢格局的基础。二里头一号宫殿的总面积接近1万平方米,主体殿堂900平方米;偃师商城5号宫殿的总面积9 000多平方米,主体殿堂800多平方米。如此庞大体量城垣和宫殿的建造,体现出高超的建筑技术和强大组织能力。

此外,保存较好的三座店、二道井子等夏家店下层文化聚落,见有单扇或双扇门的门臼,或许代表当时北方中原大部地区的情况,而与以前长江中游屈家岭文化推拉式门窗的情况有别。

(4) 甲骨文字系统的形成和影响

藁城台西、郑州商城、郑州小双桥等遗址都发现了陶文,其形状、结构与甲骨文非常相似,标志着甲骨文字系统——古汉语文字系统的正式形成。这些文字有的用朱砂书写,主要发现于小型陶尊(缸)上,和大汶口文化陶文书于大口尊上一样,或许表明其与东方文字系统有密切关系。

中原以外,三座店夏家店下层文化聚落发现两个与甲骨文接近的陶文,吴城文化也有和甲骨文近似的陶文,或许以中原为核心的甲骨文字已经推广到周围广大地区,这当对早期中国广大地域的信息交流、文化传播、社会管理起到很大促进作用。当然吴城文化、马桥文化、小拉哈文化等还有更多刻划符号。

除文字和符号外,一些复杂纹饰也包含了丰富的信息。黄河、长江、西辽河流域大部地区流行兽面纹,并见于二里头文化、二里冈文化、吴城文化、夏家店下层文化等,意味着这个较为抽象的认知传统的范围进一步扩展。西北地区诸文化陶器(主要是彩陶)上的羊首形纹、垂带纹以及羊、狗、鹿、人等图案,则表达着较为具象的基于畜牧文化的认知传统。

(5) 祖先崇拜的东西之别

中国的绝大部分地区仍流行竖穴土坑墓,一次或二次土葬,反映出"入土为安"的丧葬理念,仍为以祖先崇拜为核心的世俗化的宗教信仰体系。大的区域性差异由南北之间转变为东西之间:以黄河长江流域为重心的东部地区基本都是土葬,以仰身直肢葬为主,一般墓地只有二三十座墓葬,突出家族组织;而新疆地区的墓葬除土葬外还有一定数量火葬,或许反映轻视"肉身"而更注重"灵魂"的思想,多为屈肢葬,常见数百座墓葬密集排列的大型墓地,更加强调氏族观念。甘青地区诸文化以及高台山文化等北方地区文化也有少量火葬墓,墓地规模也较大,介于上述二者之间。

其他宗教习俗也表现出东西之别。河西走廊以东的中国广大地区罕见偶像崇拜,普遍流行以牛、羊、猪、鹿等动物肩胛骨等烧灼占卜习俗。在敖汉旗大甸子、二道井子、喀喇沁旗大山前[1]等夏家店下层文化遗址中,最早出现先凿后灼的新的占卜形式,后流行于二里冈文化、岳石文化等,这种新形式或许有人为控制占卜结果的作用。诸文化还广见以牛、羊、猪、狗甚至人作为牺牲进行祭祀、奠基的现象,尤以郑州商城、小双桥遗址的祭祀场、祭祀坑等最为引人注目。与此形成对照的是,新疆地区诸文化墓葬前有石刻人像,或随葬人俑、人头像等,有偶像崇拜现象;不见骨卜和奠基现象,墓葬中多数动物骨骼当为墓主人在地下享用的"食物"。

(6) 成熟文明形成与两大模式

二里头—二里冈时代社会发生重大变革,以中原和西方两种社会发展模式

―――――――

[1] 赤峰考古队:《内蒙古喀喇沁旗大山前遗址 1996 年发掘简报》,《考古》1998 年 9 期,第 43~49 页。

最具代表性。

中国中东部广大地区——早期中国主体区的社会发展以二里头文化和二里冈文化为代表。中原核心地区出现二里头、郑州商城、偃师商城、小双桥等超大型中心聚落，周围各地区涌现出东下冯、垣曲商城、城子崖、盘龙城、吴城、三星堆、石峁等超大型或大型中心聚落，形成若干地区中心。城垣多为夯土版筑，也有石块垒砌者，更加陡直坚固。专门武器除钺、矛外又增加了戈，战争更加专门化。时有以人奠基、祭祀的现象，甚至以人骨做器。二里头、偃师商城等发现专门的宫城和成组宫殿，反映已经初步形成宫室制度，出现气势恢宏的上万平方米的大型宫殿和巍峨的城门等。墓地的小规模化反映家族组织更加凸显，墓葬分化严重，大中型墓葬有绿松石龙、精美玉器等高贵随葬品，但也有相当数量少见或无随葬品的墓葬。二里头文化、二里冈文化等的青铜器、玉石器、陶瓷器、漆器、骨器等制作技术高超且更加专业化，社会分工显著发展。总体看中国中东部社会出现显著的社会变革，已经进入成熟文明社会阶段；在宫室、墓葬、器物等方面都表现出相当的世俗性、层级性和秩序性，当为礼制日渐成熟的反映，此时已经出现王权，神权服从于王权；以前社会发展的三大模式逐渐融合，形成新形势下的"中原模式"，且范围几乎可以囊括中东部各地。当然北方地区朱开沟文化、夏家店下层文化等的贫富分化、社会分工仍不如中原、东方各地，以前的"北方模式"仍有一定程度的延续。

西部边缘新疆地区则是另一番景象。诸文化一般都有大规模公共墓地，墓葬在大小和随葬品数量方面都没有明显差异。除铜器外，其他陶器、石器等的制作都缺乏专业化迹象，总体显示出较为平等的氏族社会的景象。这些文化还流行偶像崇拜，工具、武器发达而缺乏礼器也与中原全然不同。总体上代表一种新的社会发展模式的出现，或可称之为"西方模式"。

特别值得一提的是，作为权力的象征物东西部出现显著差异：河西走廊以东的早期中国大部地区权力象征物为钺，而河西走廊及其以西的新疆地区为权杖。前者偏重于世俗军权，从早期中国形成伊始就开始见于中东部各地；后者偏重于神权，差不多同时就广泛流行于欧亚大陆西部各地[1]。可见中国境内的东西差异不过是整个欧亚大陆社会精神层面东西差异的集中反映。

（7）以中原为中心的王国时代

中原终于又迎来辉煌时代！公元前1800年以后，由于二里头文化和二里冈

---

[1] 北京大学考古文博学院、甘肃省文物考古研究所：《甘肃酒泉干骨崖墓地的发掘与收获》，《考古学报》2012年3期,，第351~368页。

文化从中原核心区向外强势扩张,使得文化格局发生重大调整,中国大部地区文化再次交融联系成更大范围的相对的文化共同体,其空间结构自内而外至少可以分为4个层次:第一个层次是郑洛核心区,有二里头、郑州商城、偃师商城等超大型中心聚落和成组大型宫殿,拥有较多高大精致的鼎、鬲、斝等青铜礼器和玉礼器;第二个层次主要是黄河中游和淮河流域,偏晚还延伸到黄河上游和长江中游,也就是核心区之外的二里头文化和二里冈文化分布区,存在地方性差异,有东下冯、垣曲商城、台西、盘龙城等大型中心聚落和若干区域性中心,城数量不多,青铜礼器、玉礼器体小量少且不如核心区精致;第三个层次是周围的黄河下游、长江下游、长江上游、北方地区和东北地区,包括岳石文化、斗鸡台文化、点将台文化、湖熟文化、马桥文化、吴城文化、三星堆文化、朱开沟文化、夏家店下层文化、高台山文化等,有城子崖、吴城、三星堆、石峁等超大型或大型中心聚落,形成若干地方中心,有少量青铜礼器和玉礼器,见有鬲、斝、鼎、爵、斝、鬶等三足陶器;第四个层次是再外围的华南地区、西北甘青宁地区、东北北部地区,包括黄瓜山文化、后山文化、齐家文化、四坝文化、哈密天山北路文化、辛店文化、卡约文化、寺洼文化、小拉哈文化等,缺乏高级别聚落和礼器,少见三足器,华南时见玉石璋,西北地区流行北方式青铜器。

　　四个层次文化当中,第一层次处于核心地位,第二层次直接受第一层次影响而形成和发展;第三层次文化虽彼此差别较大,但大致都可在此前文化意义上的早期中国找到源头,且他们此时又都深受第一、二层次制约;第四层次文化的源头都与早期中国文化密切相关,只是此时受到前几个层次的影响较为微弱。另外,边缘地区新疆中西部的安德罗诺沃文化、克尔木齐文化和古墓沟文化,以及西藏的曲贡文化等,已经基本不属于文化意义上早期中国的范畴。如果站在现代中国的角度,那已经是第五个层次了。总体来看,此时中原腹地伟大复兴,实力强劲,无与伦比,对周围产生强大辐射,达到四海之内唯我独尊的真正的王国阶段,周围各层次文化则不同程度受到中原腹地的制约和影响。中国大地上再度形成以中原为核心的不同层次的文化圈,文化意义上的早期中国在空间范围和统一性方面得到显著发展,从此以后进入统一性为主的时期(图七二)[1]。

---

[1] 西江清高等曾指出二里头时代有中原王朝和域外地域之别,而中原王朝又由畿内地域和次级地域组成,这实际是认为二里头时代存在以中原为核心的三层次文化结构。西江清高、久慈大介:《从地域间关系看二里头文化期中原王朝的空间结构》,《二里头遗址与二里头文化研究》,科学出版社,2006年,第444~456页。

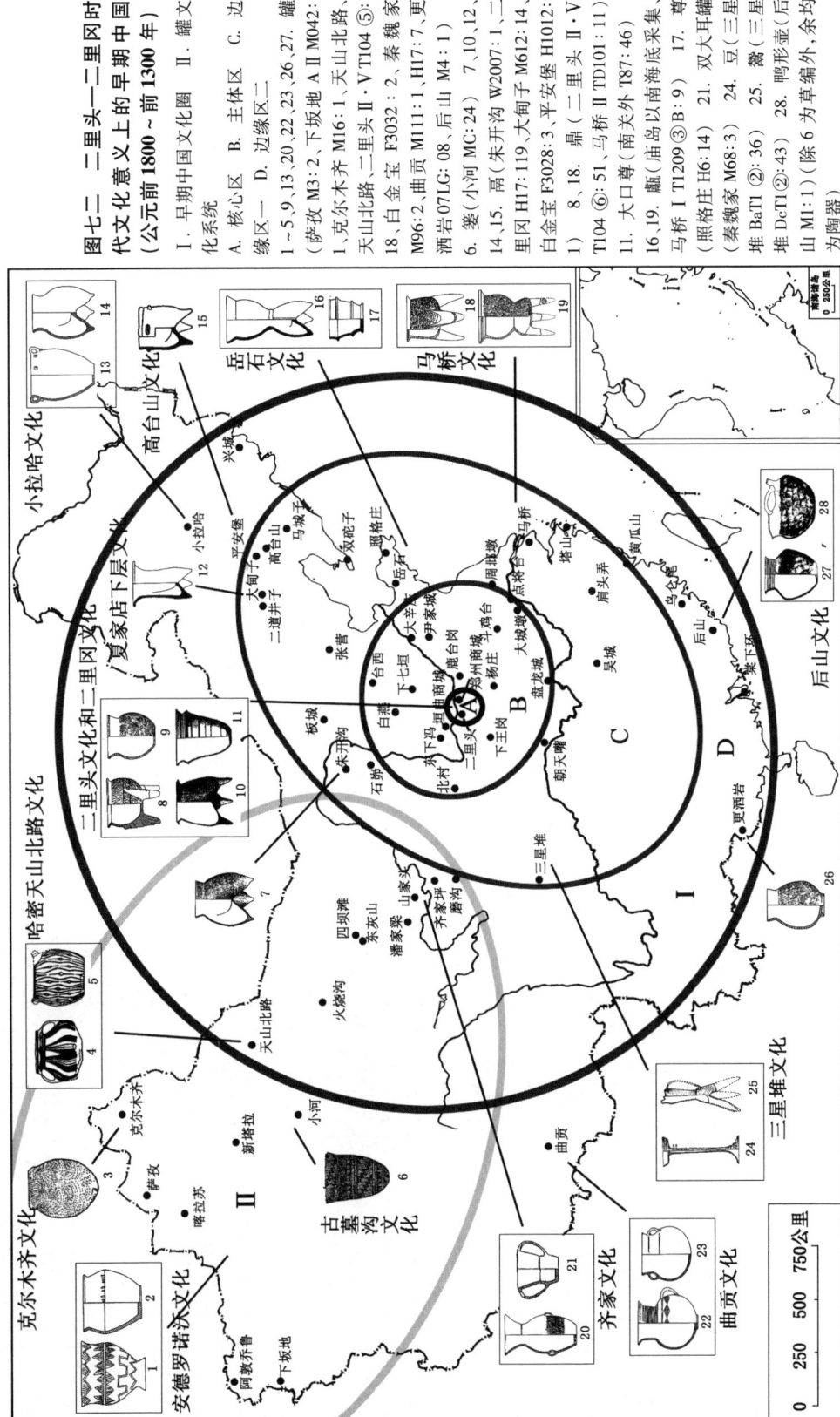

图七二 二里头—二里冈时代文化意义上的早期中国（公元前1800～前1300年）

I. 早期中国文化圈 II. 罐文化系统

A. 核心区 B. 主体区 C. 边缘区一 D. 边缘区二

1～5、9、13、20、22、23、26、27. 罐（萨孜 M3: 2、下坂地 A II M042: 1, 克尔木齐 M16: 1, 天山北路 M96: 2, 曲贡 M111: 1, H17: 7, 更酒岩 07LG: 08, 后山 M4: 1) 6. 婆（小河 MC: 24) 7、10、12、14、15. 鬲（朱开沟 W2007: 1, 二里冈 H17: 119, 大甸子 M612: 14, 白金宝 F3028: 3, 平安堡 H1012: 1) 8、18. 鼎（二里头 II · V T104 ⑥: 51, 马桥 II TD101: 11) 11. 大口尊（南关外 T87: 46) 16、19. 甗（庙岛以南海底采集, 马桥 I T1209 ③ B: 9) 17. 尊（照格庄 H6: 14) 21. 双大耳罐（秦魏家 M68: 3) 24. 豆（三星堆 BaT1 (2): 36) 25. 鬶（三星堆 DcT1(2): 43) 28. 鸭形壶（后山 M1: 1）（除6 为草编外, 余均为陶器）

这个文化意义上早期中国辉煌发展的时代,恰是西方古代文明走向衰落之时。闪米特、印欧诸畜牧民族大规模入侵,导致美索不达米亚文明、埃及文明和印度河古代文明衰落。此后两河流域和希腊地区虽有赫梯文明和迈锡尼文明的兴起,埃及也再现辉煌,但其文化内涵和对外影响都与前发生较大变化。与此形成鲜明对照的是,印欧畜牧民族对早期中国只有远距离的间接影响,不但未造成早期中国文明的衰落,其青铜技术和畜牧业等的传播反而为早期中国文明增添了鲜活血液,促进了早期中国文明的发展。

第六章　早期中国与古史传说

"早期中国"本身就是个很"历史"的话题,需要结合文献记载进行解读。只是本书研究的时间范围在商代晚期以前,也就是甲骨文大量出现以前;虽早已出现文字,但数量太少而不足以说明当时的主要事体,只是在后世文献中保存了关于那个时代的传说记忆。从这个意义上讲,本书所谓早期中国基本属于"传说时代"[1]的范畴,相当于西方人所说的"原史"时期。

冯友兰曾提到关于古史的"信古—疑古—释古"的三个阶段或三种趋势[2],其实这三者未尝不能视作同时并存不可或缺的治学态度:认为古史传说有着真实的历史背景,就是信;承认传说资料错综复杂,真假参半,就是疑;试图用科学方法去伪存真,就是释。早期的释古主要从文献资料本身着手,近年的释古则越来越结合考古资料。徐旭生、蒙文通综合梳理古史文献,提出中国上古时候有过华夏、东夷、苗蛮三大集团[3],或河洛、海岱、江汉三大民族[4];邹衡等采用"从已知推未知"的方法,由晚商文化推定二里冈文化属于早商文化、二里头文化属于夏文化[5],苏秉琦、俞伟超、严文明等对三苗文化、东夷文化、炎黄文化等进行探索,而且提出夏代以前存在一个"五帝时代"[6],这些成为早期中国古史研究的重要基础。当然多数西方人至今仍怀疑夏王朝存在的真实性,或者以为夏只是商人构想的一个神话[7],更遑论五帝时

---

[1] 徐旭生:《中国古史的传说时代》(新一版),文物出版社,1985年。
[2] 冯友兰:《中国近年研究史学之新趋势》,《三松堂学术文集》,北京大学出版社,1984年,第331~332页。
[3] 徐旭生:《中国古史的传说时代》(新一版),文物出版社,1985年。
[4] 蒙文通:《古史甄微》,上海商务印书馆,1933年。
[5] 邹衡:《夏商周考古学论文集》,文物出版社,1980年。
[6] 俞伟超:《先楚与三苗文化的考古学推测》,《文物》1980年10期,第1~12页;严文明:《东夷文化的探索》,《文物》1989年9期,第1~12页;白寿彝总主编,苏秉琦主编,严文明、张忠培合著:《中国通史》第二卷,上海人民出版社,1994年,《序言》第17~20页。
[7] Sarah Allan, "The Myth of the Xia Dynasty", *The Journal of the Royal Asiatic Society of Great Britain and Ireland*, 1984(2): 242~256.

代。在中国古史问题上中国和西方学界的对话还有很长的路要走。

中国的古史传说主要是以华夏为核心的古史,对于华夏中原之外的事体或略有涉及,或根本没有记载,所记载的内容也很是有限,所以不要奢望古史传说能对整个早期中国做出全面详细的解读。我曾经对五帝时代的中国古史进行过较为系统的观察,提出考古学上的仰韶前期、仰韶后期、龙山前期,分别对应传说中的炎黄、颛顼帝喾和尧舜时期[1],本章的论述就基本以此为纲展开。至于更早的"三皇时代",学术界总体持否定态度,而且即使存在也当是在早期中国形成之前[2],因此本书不拟重点讨论。

一、炎黄时期

仰韶文化发现之初,徐中舒就将其与夏文化相联系[3],甚至1926年李济对山西夏县西阴村遗址的发掘一定程度上也是以探索夏文化为目的的[4]。但随着后来二里头文化等的发现,这种说法逐渐被摒弃,更多人则注意到仰韶文化与炎帝和黄帝文化可能存在关联[5],黄怀信更明确提出仰韶文化半坡类型为炎帝文化、庙底沟类型为黄帝文化的观点[6]。我不但由近及远进一步论证了仰韶前期的半坡类型、庙底沟类型可能分别为华夏集团的炎帝和黄帝族系文化,而且还提出仰韶文化后冈类型可能为苗蛮集团的蚩尤族系文化、北辛文化和大汶口文化早期可能为东夷集团的少昊族系文化等观点[7]。

---

[1] 韩建业、杨新改:《五帝时代——以华夏为核心的古史体系的考古学观察》,学苑出版社,2006年。

[2] 我们曾经说过这么一段话:"前期仰韶文化应当属于炎黄时期文化,则裴李岗文化及其分支白家文化或许就对应早于炎黄帝的伏羲女娲文化。实际上,包括嵩山文化圈在内的河南省大部地区也的确是伏羲女娲传说的核心地区,同时,此类传说还流行于渭河流域的甘肃省东部和陕西关中地区,这当不会是偶然巧合。伏羲女娲的人文始祖地位,与裴李岗文化在雏形的早期中国文化圈中的核心地位也正相一致。"(韩建业、杨新改:《试论嵩山文化圈在早期中国文化圈中的核心地位》,《中华文明与嵩山文明研究》(第一辑),科学出版社,2009年,第141~152页)。另外,传说中伏羲作网、伏羲作八卦、女娲作笙簧等,也与裴李岗文化的网坠、龟甲刻符、骨笛等似乎有所关联。可见或许的确存在早于五帝时代的三皇时代,尽管并不存在严格意义上的"三皇"。

[3] 徐中舒:《再论小屯与仰韶》,《安阳发掘报告》1931年3期,第523~558页。

[4] 张立东:《李济与西阴村和夏文化》,《华夏考古》2003年1期,第95~99页。

[5] 田昌五:《古代社会断代新论》,人民出版社,1982年,第35~62页;严文明:《炎黄传说与炎黄文化》,《炎黄文化与民族精神》,中国人民大学出版社,1993年,第45~60页。

[6] 黄怀信:《仰韶文化与原始华夏族——炎、黄部族》,《考古与文物》1997年4期,第33~37页。

[7] 韩建业:《涿鹿之战探索》,《中原文物》2002年4期,第20~27页;韩建业:《以华夏为核心的五帝时代古体系的考古学观察》,《五帝时代——以华夏为核心的古史体系的考古学观察》,学苑出版社,2006年,第149~170页。

1. 炎黄族系及其文化

炎帝和黄帝是华夏集团早期的代表,黄帝也是《史记·五帝本纪》所列"五帝"之首。《国语·晋语》:"昔少典娶于有蟜氏,生黄帝、炎帝。黄帝以姬水成,炎帝以姜水成。成而异德,故黄帝为姬,炎帝为姜。"这是关于炎帝和黄帝本源的最重要的记载。由此可知,二者由同一源头分化而来。姜水的地望是判断炎帝故地的关键。徐旭生据《水经注·渭水》条"岐水又东,经姜氏城南,为姜水"等说法,认为炎帝的发祥地在以宝鸡为中心的渭河上游一带[1]。另据《水经注·渭水》条引《帝王世纪》:"炎帝神农氏,姜姓,母女登,游华阳,感神而生炎帝,长于姜水",可知炎帝兴起的中心地域或许还当包括华阳,即秦岭以南的汉水上游汉中附近。姬水的地望虽不清楚,但从某些方面来看,姬姓的本源地大约在汾河下游的晋西南附近。首先,晋西南是姬姓中后世最著名的姬周的起源地[2]。其次,姬周常以夏人自居[3],而晋西南曾为"夏墟"[4]。再次,晋西南有不少姬姓小国应早在西周以前就已存在[5]。要之,炎黄二族系本源一致,故地相邻,共同构成早期华夏集团的主体。但需要注意的是,炎帝和黄帝大约并非完全同时,至少其兴盛期是炎帝在前而黄帝居后。

要探讨黄帝的文化,需以对夏文化的认定作为基础。以豫西为分布中心的二里头文化主体当属晚期夏文化,此前的王湾三期文化后期为早中期夏文化。由此前溯,王湾三期文化前期及其前身谷水河类型、庙底沟二期类型就属于先夏文化。而晋西南豫西西部地区庙底沟二期类型之前为西王类型,再前为东庄—庙底沟类型。西王类型实力有限,东庄—庙底沟类型强大辉煌,后者的分布地域和发达程度正与关于黄帝的记载吻合,可见庙底沟时代即黄帝时代。炎帝的兴盛时代早于黄帝,则其早期阶段的文化自然就应早于东庄—庙底沟类型;而炎帝兴起的中心地域渭河(包括汉水)上游宝鸡一带,恰好是半坡类型的发源地,则炎帝与半坡类型就应存在对应关系。

---

[1] 徐旭生:《中国古史的传说时代》(新一版),文物出版社,1985年。
[2] 关于姬周先祖后稷弃与其母有邰氏姜嫄的居地,旧说以为在泾、渭水一带,独钱穆提出晋南起源说(《周初地理考》,《燕京学报》1931年10期,第1955~2008页)。
[3] 如《尚书·康诰》:"用肇造我区夏";《尚书·君奭》:"惟文王尚克修和我有夏";《尚书·立政》:"我有夏,式商受命,奄甸万姓"等。
[4] 《左传·定公四年》:"分唐叔以大路、密须之鼓、阙巩、沽洗,怀姓九宗,职官五正。命以《唐诰》,而封于夏墟,启以夏政,疆以戎索。"唐叔封地在晋南无疑。见北京大学考古学系商周组、山西省考古研究所:《天马—曲村(1980~1989)》,科学出版社,2000年。
[5] 如杨、魏、荀、贾、耿等,见徐旭生:《中国古史的传说时代》(新一版),文物出版社,1985年,第45页。

炎黄与考古学文化的对应关系,还有其他一些线索。如《国语·晋语》所列黄帝十二姓中,排在第二位的即是"酉"姓,苏秉琦认为"酉"字即仰韶文化东庄—庙底沟类型和半坡类型最具代表性的小口尖底瓶的象形[1]。黄怀信曾根据《山海经》等的记载,指出炎帝后人有"人面鱼身"者,黄帝后人有"人面鸟身"者[2],正与半坡类型和东庄—庙底沟类型分别有崇鱼、崇鸟习俗吻合。

如严文明所指出的那样,"在《五帝本纪》中,炎帝似乎是神农氏最后的一位首领"[3],炎帝事迹最著者莫过于发明农业,《帝王世纪》甚至说炎帝和"列山氏"是一个人。北方地区粟作农业的起源有上万年历史,农业当然不会是炎帝的发明,但黄土高原适宜大面积种植农作物,半坡类型农业发达,或许炎帝族系在旱作农业发展中确起过重要作用。列山氏即连山氏、烈山氏、厉山氏,或许与烧荒种植有关,王献唐考证其最初地域当在关中(陕西有骊山)[4],正是半坡类型之核心区;钱穆考证厉山、烈山即晋中介山[5],晋中之鲁家坡类型恰为半坡类型与后冈类型融合体。至于湖北随州的厉山传说,那应该是很后来的事。

继炎帝而兴起的黄帝有很多发明创造,大致可以分做四类:一是和考古发现基本吻合的,如《淮南子》佚文说"黄帝作灶",东庄—庙底沟类型就有成套的釜和灶;《越绝书·外传·记宝剑》说"黄帝之时以玉为兵",庙底沟时代长江下游确实开始流行玉钺。二是考古上有类似发现,但不见得就一定是黄帝发明的,如鼓、井、火食、算术、文字等(《世本·作篇》)。三是当时可能有这类发明,但不见得遗留下来或者能够证明的,如冕旒、天文学(占日、占月、占星气)等(《世本·作篇》)。四是当时还不大可能出现的事物,如作车、铸鼎等,但庙底沟类型流行陶鼎却也是事实。

2. 蚩尤族系及其文化

蚩尤或黎苗族系是苗蛮集团早期的代表。《尚书·吕刑》记载:"蚩尤惟始作乱……苗民弗用灵,制以刑,惟作五虐之刑曰法,杀戮无辜。……皇帝(黄帝)

---

[1] 苏秉琦:《晋文化问题——在晋文化研究会上的发言》,《华人·龙的传人·中国人——考古寻根记》,辽宁大学出版社,1994年,第17~21页。

[2] 黄怀信:《仰韶文化与原始华夏族——炎、黄部族》,《考古与文物》1997年4期,第33~37页。

[3] 严文明:《炎黄传说与炎黄文化》,《炎黄文化与民族精神》,中国人民大学出版社,1993年,第45~60页。

[4] 王献唐:《炎黄氏族文化考》,齐鲁书社,1985年,第404~414页。

[5] 钱穆:《周初地理考》,《燕京学报》1931年10期,第1955~2008页。

哀矜庶戮之不辜,报虐以威,遏绝苗民,无世在下。"《国语·周语下》有"黎苗之王"的提法,《国语·楚语下》说"三苗复九黎之德"。这都说明蚩尤、苗民、九黎原本是一回事,蚩尤正是九黎、苗民的大首领,是黎苗、黎民、有苗、三苗、苗蛮的先祖[1]。《逸周书·尝麦》记载:"蚩尤于宇(宇于)少昊",是说蚩尤居住在少昊的地盘,或者临近少昊故地山东。实际上与蚩尤、九黎有关的传说或地名分布在从鲁西、河北、豫北到晋东南的广大地区,尤其河北涿鹿附近汉魏以来有很多与蚩尤有关的传说。

据《逸周书·尝麦》关于涿鹿之战的记载,蚩尤当与炎帝(赤帝)同时,因此,分布在河北一带所谓蚩尤故地的与半坡类型同时的仰韶文化后冈类型,自然就可能是蚩尤族系的文化遗存。传说中蚩尤是战神、兵主,能够制造先进铜质武器,《世本·作篇》就说"蚩尤以金作兵器"。仰韶文化后冈类型还没有专门武器,更不用说金属兵器。蚩尤发明铜兵器的传说,大概缘于对他骁勇善战的猜想。

3. 少昊族系及其文化

少昊族系是东夷集团早期的代表。少昊,又称少皞、小皞,昊有时作皓、颢。《山海经·大荒东经》:"东海之外大壑,少昊之国。"少昊遗虚在鲁(今山东曲阜),其后裔小国郯、莒、徐、费、英、六、江、黄等,也都在山东中南至河南东南部一带[2]。由于少昊与蚩尤大致同时,因此,分布在山东一带所谓少昊故地的与后冈类型同时的北辛文化,至少就应当是少昊族系的文化遗存。严文明从周代山东半岛的东夷遗迹,经商代珍珠门文化、夏代岳石文化,一直追溯到新石器时代,早就指出"从北辛文化、大汶口文化到龙山文化的整个时期,都应属于东夷远古文化的系统"[3]。王迅对此有更为详备的论述,并进而推测少昊族系属于大汶口文化[4]。也就是说,北辛文化和大汶口文化(早期)可能都属于少昊族系早晚不同时期的文化。此外,江淮地区的龙虬庄文化或当属于太昊族系文化,龙虬庄文化是大汶口文化的重要来源之一。

《左传·昭公十七年》记载郯子的话说,他的先祖少皞挚"鸟师而鸟名",百官师长都以鸟命名。昊、皞从日,鸟、日常为一体,可知少昊和黄帝一样,也流行崇拜鸟和太阳的习俗。大汶口文化也确发现太阳纹、八角星纹等。《山海经·

---

[1] 现代苗族也多以蚩尤为先祖,在不同的方言中称其为"九黎蚩尤"、"剖尤"、"蚩爷老"、"榜香尤"、"尤公""香尤公"等,有的则直接称蒙蚩尤、蚩尤。
[2] 徐旭生:《中国古史的传说时代》(新一版),文物出版社,1985年。
[3] 严文明:《东夷文化的探索》,《文物》1989年9期,第1~12页。
[4] 王迅:《东夷文化与淮夷文化研究》,北京大学出版社,1994年。

大荒北经》记载说"少昊之子,食黍。"北辛文化和大汶口文化既存在粟、黍类旱作农业,也种植水稻。《山海经·海外东经》说"大人国在其北,为人大,坐而削船。"这个东海大人国当属东夷族系。据对大汶口文化出土人骨的测量,男性平均 1.72 米,要高于仰韶文化男性的平均 1.68 米;大汶口文化和辽东半岛有密切交往,其海边人民善于舟船也自无疑问。

4. 涿鹿之战在考古学上的反映

"涿鹿之战"是五帝时代早期的重大历史事件。"涿鹿之战"以《逸周书·尝麦》篇所记最为详明:

> 昔天之初,诞作二后,乃设建典,命赤帝分正二卿,命蚩尤于宇少昊。以临四方,司□□上天未成之庆。蚩尤乃逐帝,争于涿鹿之河(或作阿),九隅无遗。赤帝大慑,乃说于黄帝,执蚩尤,杀之于中冀,以甲兵释怒。用大正顺天思序,纪于大帝。用名之曰绝辔之野。乃命少昊清司马鸟师,以正五帝之官,故命曰质。天用大成,至于今不乱。

所谓赤帝即炎帝,而"二后"当指炎帝和蚩尤[1]。我们从该段中至少可归纳出:(1)炎帝、黄帝、蚩尤、少昊至少有一段时间共存。(2)起先炎帝和蚩尤冲突,炎帝处于劣势;其后黄帝和蚩尤争战,蚩尤遭到擒杀。(3)炎帝和黄帝关系密切,曾先后对付共同的敌人蚩尤。(4)蚩尤居于少昊之地,似乎二者亲近,但此后蚩尤被杀而少昊安好,又说明他们之间有重要区别[2]。至于涿鹿的地望,一般以为就在今冀西北涿鹿一带[3],但也有其他说法[4]。

与涿鹿之战相联系的还有所谓"阪泉之战"。据《左传》僖公二十五年:"遇黄帝战于阪泉之兆",此战的一方为黄帝。据《逸周书·史记解》:"昔阪泉氏用兵无已,诛战不休,并兼无亲,文无所立,智士寒心。徙居至于独鹿,诸侯畔(叛)

---

[1] 徐旭生:《中国古史的传说时代》(新一版),文物出版社,1985 年,第 50 页。

[2] 《盐铁论·结和》篇:"轩辕战涿鹿,杀两曎、蚩尤而为帝",这显然也是在说涿鹿之战。轩辕指黄帝,"两曎"即"两皞"、"两昊",指少昊和太昊(徐旭生:《中国古史的传说时代》(新一版)第 53 页,文物出版社,1985 年)。在这里两昊、蚩尤一同被杀,与《逸周书》有不合之处,应当另有所本。

[3] 《水经注·灅水》"涿水出涿鹿山"一句下杨守敬的按语说:"《史记·五帝本纪》集解引服虔曰,涿鹿,山名,在涿郡。张晏曰,涿鹿在上谷。《索隐》或作浊鹿,古今字异耳。按《地理志》,上谷有涿鹿县,然则服虔云在涿郡者,误也"。见《水经注疏》,第 1183~1184 页,江苏古籍出版社,1989 年。

[4] 上注服虔有涿郡(河北涿县)说,《帝王世纪》引《世本》有彭城(河北磁县)说,徐旭生有可能在河北巨鹿的推测(《中国古史的传说时代》(新一版),文物出版社,1985 年)。

之,阪泉以亡",知阪泉氏亡于独鹿。独鹿应即涿鹿,阪泉与涿鹿实为一地[1],则知阪泉之战当即涿鹿之战[2]。《史记·五帝本纪》以阪泉之战的双方为黄帝和炎帝,与黄帝和蚩尤之间的涿鹿之战相区别,所据只有《大戴礼记·五帝德》,恐不足信[3]。但并非因此否定炎黄之间也曾发生冲突的可能性。徐旭生说:"炎帝族还没有衰败的时候,黄帝族也已经开始强盛,两强相忌相争,也是一件常遇的情形"[4]。

结合考古学文化来看,起初半坡类型和后冈类型西东对峙,各自特征鲜明,正与炎帝和蚩尤相互冲突的记载吻合;稍后东庄类型兴起后北向、西向强势扩张,但始终不能东向越过太行山,可见黄帝族系兴起之初也曾与蚩尤族系相持一段时间。庙底沟类型兴起后情势发生根本转变,冀西北、冀中分别出现与庙底沟类型近似的白泥窑子类型和钓鱼台类型,不过太行山以东总体呈现出一派萧条景象,这应当正是涿鹿之战后的具体表现。

至于炎黄之间的可能冲突,反映在东庄—庙底沟类型对关中的强烈影响方面,显然黄帝占取上风。史家类型的"水鸟衔鱼"题材,和稍晚河南汝州阎村的"鹳鱼石斧图"(或鹳鱼钺图)一样,都可能为崇鸟族系战胜崇鱼族系的证据[5]。

5. 黄帝时代与早期中国

黄帝的事迹很多,最重要的是平天下、治万国。据《史记·五帝本纪》记载:"天下有不顺者,黄帝从而征之,平者去之,披山通道,未尝宁居。"经阪泉之战和涿鹿之战打败炎帝、蚩尤后,"诸侯咸尊轩辕为天子"。黄帝不仅"东至于海,登丸山,及岱宗。西至于空桐,登鸡头。南至于江,登熊、湘。北逐荤粥,合符釜山,而邑于涿鹿之阿",而且尝试对天下万国实行一定程度的管理:"置左右大监,监于万国。""举风后、力牧、常先、大鸿以治民。"另据《左传·昭公十七年》记载,少昊时已经设置了各种以鸟命名的官,有历正、司分、司至、司启、司闭、司徒、司马、司空、司寇、司事、五鸠、五工正等。

考古学上强势的东庄—庙底沟类型对外显著扩张,其分布和影响范围东达海岱,西至甘青,南达江湘,北逾燕山,与《史记》所载黄帝所至之处何其相似!

---

[1]《水经注·灅水》"涿水出涿鹿山……其水又东北与阪泉合,水道源县之东泉"一段下,引《魏土地记》曰:"下洛城东南六十里,有涿鹿城,城东一里有阪泉,泉上有黄帝祠"。

[2] 梁玉绳的《史记志疑》早已指出此点。

[3]《史记·五帝本纪》:"轩辕乃修德振兵……以与炎帝战于阪泉之野。三战,然后得其志。"在《五帝德》中,炎帝作"赤帝"。

[4] 徐旭生:《中国古史的传说时代》(新一版),文物出版社,1985年,第100页。

[5] 严文明:《〈鹳鱼石斧图跋〉》,《文物》1981年12期,第79~82页;赵春青:《从鱼鸟相战到鱼鸟相融——仰韶文化鱼鸟彩陶图试析》,《中原文物》2000年2期,第13~15页。

在以《史记·五帝本纪》以及《大戴礼记》的《五帝德》和《帝系》为代表的古史体系中,五帝一脉且以黄帝为宗,传说中甚至连北狄也属于黄帝族系[1],正与东庄—庙底沟类型的深远影响吻合。正是在此过程中,才在中国大地上正式形成以中原为核心的文化意义上的早期中国。不管早期中国诸文化后来发生怎样的变化,但黄帝作为其共祖的思想已经深入人心,成为持久的民族记忆。黄帝的中华民族始祖地位,并非如疑古派等所言属于战国以来人们的假托。

黄帝的扩张,或许表明东庄—庙底沟类型扩张的真实背景就是依靠战争,当时也的确开始常见专门武器石钺。此时的早期中国虽有三种模式之别,但总体迈开了向文明社会的演进之路;其中中原核心地域出现大型似宫殿式房屋,东方地区墓葬贫富分化显著,与黄帝君临天下、少昊设置百官的记载都有吻合之处。特别需要注意的是,黄帝"监于万国"大约只是对周围地区进行监视,让其符合一定秩序和规范,并非指派官吏直接管理地方;风后或为风姓太昊族系首领,风后、力牧、常先、大鸿或只是黄帝认可的各地方首领。当时的早期中国或许只是以中原为核心、以黄帝为名义上的首领。

另外,史载的黄帝事迹多属世俗内容,正与东庄—庙底沟类型稳定内敛、重贵轻富、井然有礼、朴实执中、重视生民、不尚鬼神等特质吻合,与黄帝后裔姬周文化气韵相通。

二、颛顼、帝喾时期

颛顼、帝喾时期大致与仰韶后期相当。

1. 颛顼帝喾族系及其文化

颛顼和帝喾在《史记·五帝本纪》中是依次排列在黄帝之后的二帝,他们的活动地域处于华夏和东夷两集团交界的豫东鲁西,实则正是两集团互相交融的结果,也可以说他们同时属于东夷和华夏集团。

颛顼与华夏和东夷都有很深关系。一方面,如《国语·鲁语上》记载"有虞氏禘黄帝而祖颛顼,郊尧而宗舜;夏后氏禘黄帝而祖颛顼,郊鲧而宗禹",属于华夏的有虞氏、夏后氏全把他当作祖先祭祀;《山海经·海内经》说"黄帝生昌意,昌意生韩流,韩流生颛顼";《大戴礼记·帝系》和《史记·五帝本纪》则说他是黄帝的孙子,中间少了韩流一代。另一方面,《山海经·大荒东经》又说他是"少昊

---

[1] 《山海经·大荒西经》"黄帝之孙曰始均,始均生北狄"。考古学上与庙底沟类型近似的仰韶文化白泥窑子类型已经向北分布到阴山—大青山以北地区,后来这一带出现的北狄文化应当或多或少与白泥窑子类型存在渊源关系。

孺帝"，属于东夷先祖少昊后裔。关于帝喾高辛氏，《史记·五帝本纪》记载其为黄帝曾孙、颛顼族子，王国维考证其即《山海经》中的帝俊[1]。《左传·昭公十七年》说："卫，颛顼之虚也。"春秋时期的卫国，在现在的河南省濮阳。《吕氏春秋·古乐》则说颛顼住在空桑，在山东曲阜，这里本来是少昊的遗墟所在地。关于帝喾居地，王国维据《书·商书序》"汤始居亳，从先王居，作帝告"和《书·商书序》孔传："契父帝喾居亳，汤自商丘迁焉，故曰从先王居"的说法，考证喾所居亳在今山东曹县境。《帝王世纪》说颛顼和帝喾死后都是葬在"东郡顿丘广阳里"，也就是河南内黄、清丰一带，现在这里还有"二帝陵"。总之，颛顼、帝喾的活动地域应当和少昊差不多，大致在豫东、鲁西、鲁中南地区，这里恰好是华夏和东夷集团的交界地带。

颛顼高阳氏，高阳之名与太阳有关。《山海经》中多次提到帝俊驱使"四鸟"，说有五彩之鸟常伴随帝俊左右，还说帝俊生"十日"、"十二月"。《国语·鲁语上》说"帝喾能序三辰以固民"，《大戴礼记·五帝德》说他"历日月而迎送之"。可见和黄帝、少昊一样，颛顼、帝喾也很注意观察日月星辰，从而有可能在天文历法方面做出进一步的贡献，或者他们长期崇拜日鸟。大汶口文化中晚期见有太阳纹、八角星纹，上圆圈下双角形的鸟日合体陶文，以及立鸟陶祖形器，正与文献记载吻合[2]。既然大汶口文化早期属于少昊族系文化，那么至少分布在豫东、鲁西、鲁中南地区的大汶口文化中晚期遗存，应当就分别是颛顼高阳氏和帝喾高辛氏的文化。这一带的大汶口文化的确融合了很多仰韶文化因素在内。

《国语·周语下》说"星与日辰之位，皆在北维，颛顼之所建也，帝喾受之"。战国西汉的一些文献认为颛顼为北方之帝。《庄子·大宗师》有"颛顼得之，以处玄宫"的话；《大戴礼记·五帝德》则说颛顼"北至于幽陵"，幽陵就是幽州。九黎居住过的河北平原一带，有许多前面带"玄"的地名、人名，玄就是黑，和"幽州"的"幽"含义相近，玄宫、幽州的范围大致就在河北北部到辽宁西南部和内蒙古东南部一带。该区域的雪山一期文化融入了很多大汶口文化因素，大概与颛顼族系部分人群的北上不无关系。

此外，这时的华夏集团总体上仍然可能为炎帝和黄帝族系的延续，二者大体

---

[1] 王国维：《殷卜辞中所见先公先王考》，《观堂集林》卷第九，中华书局，1959年，第409~436页。
[2] 韩建业、杨新改：《大汶口文化的立鸟陶器和瓶形陶文》，《江汉考古》2008年3期，第43~47页。

仍以南流黄河为界。渭河中下游的仰韶文化半坡晚期类型、甘青宁地区的马家窑文化(石岭下类型、马家窑类型)仍可能属于与炎帝有关的姜戎族系[1],晋南豫西地区的西王类型—庙底沟二期类型、晋中的义井类型—白燕类型、内蒙古中南部的海生不浪类型—阿善三期类型,都可能属于和黄帝有关的族系。

2. 颛顼共工势同水火

传说中颛顼曾和共工发生战争。《楚辞·天问》中就有"康回冯怒,地何故以东南倾"一句,王逸《楚辞章句》云:"康回,共工名也。"《列子·汤问》更明确记载:"共工氏与颛顼争为帝,怒而触不周之山。"《淮南子》对这场战事叙述颇详,见于《兵略训》、《天文训》等多篇之中[2]。《国语·周语下》说:"昔共工弃此道也……欲壅防百川,堕高堙庳,以害天下。"可见战争起因似乎是由于上游的共工制造洪水,给下游的颛顼族系带来灾难所致。

据徐旭生考证,古代叫共的水有三条,叫共的国有两个,其中《汉书·地理志》河内郡的共县最有可能为共工氏原居地。这个共县在《庄子·让王》中称"共首",在《荀子·儒效》中称"共头",实即今河南辉县一带。辉县还出土不少带"龚"铭族徽的商周青铜器,显见这里是商周时期"龚"族,也就是共族的老家[3]。共工以发展水利著称,《左传·昭公十七年》说"共工氏以水纪,故为水师而水名"。"洪水"古称"共水",也因共工而得名。据徐旭生考证,"洪水"早年并非泛指而是专名,特指古代流经共工氏故地辉县及其东邻各县的河,就是所谓降水、洚水,大略和现在的卫河相当,它与淇水汇合后流入黄河。辉县一带与"颛顼之虚"濮阳临近,因而颛顼与共工有战争的可能[4]。《淮南子·墬形训》有"西北方曰不周之山,曰幽都之门"的话,那共工所撞的不周山就应当在幽都、幽州或辉县附近。辉县和濮阳或许经常受到洪水泛滥的威胁,共工氏还曾尝试治水,可是却不可能从根本上解决问题。洪水泛滥给处于下游的颛顼族系带来深重灾难,而颛顼族人并不能真正认识大水泛滥的原因,还以为是上流的共工"振滔洪水"所致。

前面说过,颛顼文化可能是大汶口文化中期遗存,那么,与其同时的分布在

---

[1] 谢端琚:《甘青地区史前考古》,文物出版社,2002年。
[2] 《淮南子·原道训》:"昔共工之力触不周之山,使地东南倾。与高辛争为帝,遂潜于渊,宗族残灭,继嗣绝祀。"这里提到共工与高辛氏发生过战争。由于其事全同于《兵略训》、《天文训》的记载,只是战争对象不同,怀疑"高辛"很可能为"高阳"之误。
[3] 曹淑琴、殷玮璋:《商周时期的龙、龚铭铜器及相关问题》,《考古学文化论集》(三),文物出版社,1993年,第395~410页。
[4] 徐旭生:《中国古史的传说时代》(新一版),文物出版社,1985年,第48页。

豫北冀南地区的仰韶文化大司空类型可能就属于共工氏的文化。这两个文化虽然在地域上紧挨在一起，但文化上却有很大差别：大汶口文化以鼎、豆、壶、鬶等三足、圈足陶器为特征[1]，而大司空类型则为罐、钵类平底器；大汶口文化素雅少彩，而大司空类型流行勾叶三角纹、双钩纹、S纹、波折纹、鳞纹、斜线纹、网格纹等各种图案。大汶口文化中期的豆、壶、八角星纹等因素，能够沿着大司空类型的东缘北上至冀中北乃至于西辽河流域的雪山一期文化当中，但却在临近的大司空类型中无踪迹可寻，两文化的对立程度可见一斑。这种文化上的对立态势，或许正是共工和颛顼之间关系恶劣的反映。之后当地的仰韶文化台口类型明显包含有较多大汶口文化的成分，与以前的文化对立情况形成鲜明对照，这正好与文献所载共工败北的情况吻合。

3. 祝融南迁与苗蛮中兴

和颛顼密切相关的还有祝融。祝融在宗教方面具有特殊地位，是颛顼绝地天通的主要助手，还同时和东夷、华夏、苗蛮集团都很有关系，是中国古代三大集团交融的代表。

《左传·昭公二十九年》说："颛顼氏有子曰犁，为祝融。"《山海经·大荒西经》则说："颛顼生老童，老童生重及黎，帝令重献上天，令黎邛下地。"《史记·楚世家》说得更加复杂："楚之先祖出自帝颛顼高阳。高阳者，黄帝之孙，昌意之子也。高阳生称，称生卷章，卷章生重黎"[2]。卷章应该就是老童，二者字形相近；犁、黎互通，大概是人名，祝融则是职位名称。综合来看，重黎出自颛顼系统应该没有疑问。十分有趣的是，在山东青州苏埠屯晚商墓M8中，有13件青铜器上都带"融"字族徽，族徽中两个鬲上下相扣，就是"重鬲"，也即"重黎"[3]。

重黎为什么会成为祝融呢？据《史记·楚世家》的说法，是由于重黎曾为帝喾高辛氏的火正，很有功绩，能光融天下，因此被帝喾任命为祝融。《左传·昭公二十九年》也有"火正曰祝融"的记载。祝融的先人颛顼高阳氏就崇拜太阳，或者本身就是太阳的化身，祝融能够光融天下、普照四海，不也是日神的形象吗？日为阳火之精，由日神演化而为火正、火神，也是顺理成章的事情。祝为巫祝之意，或者实际的祝融不过是主持祭祀太阳的大巫。火对人类最大的功用之一是

---

[1] 濮阳高城仰韶晚期遗存，有鼎、豆、壶等陶器，当属大汶口文化而非仰韶文化。见河南省文物考古研究所、首都师范大学历史学院等：《河南濮阳县高城遗址发掘简报》，《考古》2008年3期，第18～30页。

[2] 包山二号墓楚简中有"楚先，老僮（童）、祝融、媸酓"的记载。见湖北省荆沙铁路考古队：《包山楚简》，文物出版社，1991年，第34、36页。

[3] 王迅：《东夷文化与淮夷文化研究》，北京大学出版社，1994年，第133～138页。

炊煮食物,鬲则为典型炊器,融、鬲本身就有用火炊煮的含义,难怪祝融还被视为灶神。

《左传·昭公十七年》说:"郑,祝融之虚也",这个祝融的遗墟"郑",一般认为就在现在的河南新郑,可祝融的先人颛顼的故地却在豫东至山东中南部一带。祝融后裔的居地范围更是广大。《国语·郑语》说祝融的后代有八个姓,韦昭注为己、董、彭、秃、妘、曹、斟、芈。据徐旭生考证,这些姓氏分布在河南濮阳、温县、偃师、新密、许昌、山东范县、定陶、邹城、莒县、江苏铜山、湖北黄冈、秭归等地,涵盖了黄河中下游、淮河中游和长江中游地区。河南、山东都在颛顼、祝融故地或者附近,他们的后人居住在这些地方顺理成章,奇怪的是祝融的后人怎么会远在长江中游呢?这大概只能用祝融族的辗转南迁才能解释。

根据传说,居住在长江中游地区的苗蛮恰好都与祝融有渊源关系。《山海经·大荒南经》有"炎融生驩头"的说法,而《大荒北经》又说"驩头生苗民"。这表明苗民的源头是炎融。炎融这个名称在《山海经》中仅见到这一处,而祝融则有七处被提到,很可能炎融就是祝融。当然再往前追溯,苗民的先祖就是颛顼,因此《山海经·大荒北经》才说"颛顼生驩头,驩头生苗民",中间省略了祝融一代。当然苗民的主要根源还在九黎蚩尤。《山海经·大荒北经》说"苗民厘姓",厘通黎,这个"黎"可能既是蚩尤九黎的黎,也是祝融重黎的黎,大约祝融本来就是黎苗和颛顼族系融合的产物。

祝融八姓所在的黄河中下游、淮河中游和长江中游地区,仰韶后期分布着大汶口文化、仰韶文化秦王寨类型和大溪文化油子岭类型—屈家岭文化,这些文化或许都与祝融有些关系。而属于仰韶文化秦王寨类型的郑州西山古城,或者就是所谓"祝融之墟"[1]。从屈家岭文化强势崛起和对外扩张,可知与祝融有关的苗蛮集团此时进入中兴阶段。

4. 绝地天通与文明起源

颛顼最伟大的功绩就是绝地天通。《国语·楚语下》记载:"古者民神不杂……及少皞之衰也,九黎乱德,民神杂糅,不可方物。夫人作享,家为巫史,无有要质……颛顼受之,乃命南正重司天以属神,命火正黎司地以属民,使复旧常,无相侵渎,是谓绝地天通。"《书·吕刑》也说"乃命重黎,绝地天通,罔有降格"。

其实人人祭神,家家有巫,这应当是前一个阶段社会的一般情况,并非蚩尤九黎扰乱的结果。绝地天通的实质可能是颛顼对宗教权力的垄断。如徐旭生所

---

[1] 韩建业:《西山古城兴废缘由试探》,《中原文物》1996年3期,第59~62页。

说,颛顼命重垄断了和上天神灵沟通的权利,阻绝了一般人民随意沟通天地的自由[1]。重和黎专管宗教事务,又被称为祝融。祝融是大巫,那颛顼就更应该是大巫之长了,《大戴礼记·五帝德》就说他"履时以象天,依鬼神以制义",颛顼的功绩主要就在宗教和天文方面,而这两方面又互相联系。

绝地天通象征着对宗教事务和天象解释的垄断,也意味着整个社会出现重大变革。大汶口文化中晚期墓葬中成年男女合葬墓的出现以及男左女右的排列方式,应当是父系氏族社会出现的明确标志,男尊女卑日渐普遍,这与《淮南子·齐俗训》中所说的女人在路上应当避让男子的"颛顼之法"多么吻合!而这些墓葬在大小和随葬品方面差别甚大,大墓的主人手执象征军权的石钺,随葬骨雕筒、鼍鼓、高柄杯等贵重器物,将集军神大权于一身的富有贵族首领的形象展露无遗。可见,绝地天通虽然表面上是宗教上的一次大变革,背后是阶级和父系氏族社会的出现,初始文明社会于此初步形成。

三、尧、舜时期

尧舜时期大致与龙山时代前期相当。

1. 唐伐西夏与陶唐氏文化

"唐伐西夏"最早见于《逸周书·史记解》:"昔者西夏,性仁非兵,城郭不修,武士无位,惠而无赏,屈而无以赏。唐氏伐之,城郭不守,武士不用,西夏以亡。"《博物志·杂说上》也有类似的说法[2]。此夏前唐后的顺序,也正与《左传·昭公元年》中的记载一致[3]。

这里提到的"西夏"和"唐氏",即通常文献中所见的夏和陶唐二族,对其居地历来有不同说法。关于夏的主要居地,笼统来说不出晋南和豫西[4],实际上当为起于晋南而迁至豫境[5]。晋南才是夏人真正的老家,故其地有"夏墟"之称[6]。陶唐居地的情况要复杂得多,有山东、河北、山西诸说。山西说因见于

---

[1] 徐旭生:《中国古史的传说时代》(新一版),文物出版社,1985年,第74~87页。
[2] 《博物志·杂说上》:"昔西夏仁而去兵,城郭不修,武士无位,唐伐之,西夏云(亡)。"
[3] 《左传·昭公元年》:"昔高辛氏有二子,伯曰阏伯,季曰实沉,居于旷林,不相能也。日寻干戈,以相征讨。后帝不臧,迁阏伯于商丘,主辰。商人是因,故辰为商星。迁实沉于大夏,主参。唐人是因,以服事夏、商。……昔金天氏有裔子曰昧,为玄冥师,生允格、台骀。台骀能业其官,宣汾、洮,障大泽,以处大原。帝用嘉之,封诸汾川。沈、姒、蓐、黄,实守其祀。"
[4] 徐旭生:《1959年夏豫西调查"夏墟"的初步报告》,《考古》1959年11期,第592~600页。
[5] 刘起釪:《由夏族原居地纵论夏文化始于晋南》,《华夏文明》(第1集),北京大学出版社,1987年,第18~52页。
[6] 《左传·定公四年》:"分唐叔以大路、密须之鼓、阙巩、沽洗,怀姓九宗,职官五正。命以《康诰》,而封于夏墟,启以夏政,疆以戎索。"唐叔封地在晋地无疑。

《左传》等先秦典籍而倍受重视,但其本身又早有晋南临汾"平阳"说和晋中太原"晋阳"说的分歧[1]。独皇甫谧主张从晋阳徙平阳,倒也许离事实最近[2]。山东、河北说虽明确出现于汉代,但也不容忽视。应劭认为唐县和平阳均为尧之居地,或许有着更早的出处,因此存在陶唐氏由河北迁山西的可能[3]。再联系尧为喾子[4],以及高辛氏居东方的说法,则陶唐氏的始居地就可能确在东方。这样从山东附近伊始,经河北、晋中,终抵晋南,就构成陶唐氏由东往西的一条可能之路。

陶唐氏的西进与南下,理当存在一个与当地居民冲突和融合的问题,尤其当最终要占领夏人根据地晋南的时候,大概双方经过了一场较为惨烈的战争,这也许就是"唐伐西夏"的来由。反映在考古学上,就应当是龙山前期陶寺文化对仰韶文化庙底沟二期类型的替代:陶寺文化是在庙底沟二期类型基础上,接受大量大汶口文化、良渚文化等东方文化因素而形成的。这也进一步证明庙底沟二期类型当为最早的先夏文化,而陶寺文化则为陶唐氏文化[5]。

陶寺中心聚落近300万平方米的大城、奢华的"王墓"、先进的手工业技术等,在龙山前期无出其右,这既是陶唐氏海纳百川、博采众长的结果,也是显示其强大实力的明证。姜戎文化、先夏文化、早期先周文化、共工氏文化等正好分布在临汾盆地周围,恰以陶唐氏为中心,在一定程度上有受陶唐氏(尧)节制的可能。或者当时确如《尚书·尧典》所记载的那样,已经存在雏形的以陶唐氏为核心的王国。但这个尧或许充其量也只是"天下万国"的公推首领而已,还未形成世袭王权;《尚书·尧典》、《墨子·尚贤》、《孟子·万章》等记载的尧舜禅让传说,其背景或许不过是尧所属陶唐氏的衰落和舜所属有虞氏的兴起[6]。

另外,《尚书·尧典》还记载尧命羲和"历象日月星辰,敬授民时",而陶寺遗址发现了观象授时的遗迹。《论语·泰伯》盛赞尧"巍巍乎其有成功也,焕乎其有文章",在陶寺遗址也发现了朱书陶文"易""文",形态成熟,与甲骨文金文已

---

[1] 徐旭生:《尧、舜、禹(上)》,《文史》第三十九辑,中华书局,1994年,第1~26页。
[2] 《帝王世纪》:"帝尧始封于唐,又徙晋阳。及为天子,都平阳。"
[3] 《汉书·地理志(上)》河东郡平阳条下,应劭曰:"尧都也,在平河之阳。"《汉书·地理志(下)》中山国唐条下有"尧山在南",应劭曰:"故尧国也。"
[4] 《史记·五帝本纪》:"帝喾娶陈丰氏女,生放勋……是为帝尧。"
[5] 王文清:《陶寺遗存可能是陶唐氏文化遗存》,《华夏文明》(第1集),北京大学出版社,1987年,第106~123页。
[6] 《韩非子·说疑》:"舜逼尧,禹逼舜,汤放桀。"

很近似。

2. 有虞氏的强大与扩张

《国语·鲁语上》说:"有虞氏禘黄帝而祖颛顼,郊尧而宗舜"。《史记·五帝本纪》记载:"虞舜者,名曰重华。重华父曰瞽叟,瞽叟父曰桥牛,桥牛父曰句望,句望父曰敬康,敬康父曰穷蝉,穷蝉父曰帝颛顼,颛顼父曰昌意"。可见有虞氏为黄帝、颛顼后裔,代表性人物是舜。《孟子》说"舜生于诸冯,迁于负夏,卒于鸣条,东夷之人也。"《史记·五帝本纪》记载:"舜,冀州之人也。舜耕历山,渔雷泽,陶河滨,作什器于寿丘,就时于负夏。"关于有虞氏及其舜的居地有不同说法,主要集中在晋南、豫东鲁西两个地区,有虞氏所居妫水则还有在北京延庆的说法。

从考古学上看,豫东、皖西北地区在龙山前期仍然为大汶口文化尉迟寺类型的分布区,至龙山后期因受龙山文化和王湾三期文化的强烈影响,演变为造律台文化。该文化正分布在舜之后裔所居陈地[1],时当龙山时代,或许就是有虞氏(舜)的遗存[2],实际上与太昊族系颇有渊源关系。造律台文化或被认为属于中原龙山文化,或被划分在海岱龙山文化,正反映其处于二者间的过渡性质,这与舜或属东夷,或属华夏的情况吻合。从淮阳平粮台古城来看,其建筑技术先进、形制规整、布局严谨,反映有虞氏具有很高的发展水平,甚至一度可能取代陶唐氏成为中原华夏之领袖,如《尚书·尧典》所记。

《尚书·尧典》记载,舜曾经奉尧命"流共工于幽州,放驩兜于崇山,窜三苗于三危,殛鲧于羽山","四罪而天下咸服"。《史记·五帝本纪》也有类似记载。从考古上看,造律台文化继大汶口末期文化之后,的确曾有大规模向外扩张的趋势,尤其向南扩展至为明显,深刻影响了广富林文化、斗鸡台文化的形成,甗等因素最远渗透到福建西北部的昙石山文化,其影响还一度到达江汉流域。这或许就是虞舜南巡而葬于苍梧之野这类传说的来由[3],甚至句吴的发端也或当与此相关[4]。

3. 先夏文化

先夏文化指夏朝建立以前夏人的文化。《国语·鲁语上》说"夏后氏禘黄帝

---

[1] 《左传·昭公八年》"陈,颛顼之族也。"陈为有虞氏舜后,其地在豫东淮阳。

[2] 李伯谦:《论造律台类型》,《文物》1983 年 4 期,第 50~59 页。

[3] 《礼记·檀弓上》:"舜葬于苍梧之野。"《史记·五帝本纪》:"(舜)南巡狩,崩于苍梧之野。葬于江南九疑,是为零陵。"

[4] 张敏、韩明芳:《虞舜南巡狩与句吴的发端》,《南京大学学报》(哲学·人文科学·社会科学)1999 年 3 期,第 105~113 页。

而祖颛顼",《大戴礼记·帝系》说"颛顼生鲧",鲧为夏朝创建者禹之父。可见和有虞氏一样,夏后氏及其鲧也都是黄帝和颛顼的后裔。前文说过,"夏墟"本在晋南,夏人实际上当为起于晋南而迁至河南。考古学上庙底沟二期文化大约是最早的先夏文化,其向南强烈影响谷水河类型并对王湾三期文化的形成有重要贡献,王湾三期文化前期当为偏晚阶段的先夏文化。

此外,龙山前期豫北冀南的后冈二期文化可能为晚期的共工氏遗存[1],晋中的老虎山文化游邀类型可能为初期先周文化(稷),关中的客省庄二期文化可能为姜戎(四岳)遗存,甘青宁地区的马家窑文化半山类型、菜园文化、齐家文化也当属于姜戎或氐羌族系。

四、夏代

夏代大致相当于龙山时代后期和二里头时期。

1. 稷放丹朱与早期先周文化

稷放丹朱事件见于《古本竹书纪年》:"后稷放帝朱于丹水。"[2]又有把丹朱被放与舜联系者,大约是舜为当时的中原领袖,故将此等大事依托于他的名义下。后稷与其母有邰氏姜嫄的居地,旧说以为在泾、渭水一带,独钱穆提出晋南起源说[3]。丹朱既然为尧子[4],其始居中心地自然还应在临汾盆地。至于居处豫西南丹水,或许正是被放逐的结果[5]。

考古学上约龙山前后期之交,临汾盆地又一次发生重大文化变革,表现为曾经兴盛一时的陶寺文化被陶寺晚期文化取代,并出现城垣被废、墓葬遭毁以及摧残女性等重大变故。变革的原因是老虎山文化游邀类型的南下,大量双鋬鬲等的出现就是明证。这或许就是"稷放丹朱"的反映,其实质不过是北方姬周先民对陶唐氏的征服。由此也可证陶寺晚期文化及其老虎山文化游邀类型就是后稷所代表的最早的先周文化[6]。有趣的是,在属于老

---

[1] 邹衡:《关于夏商时期北方地区诸邻境文化的初步探讨》,《夏商周考古学论文集》,文物出版社,1980 年,第 253~294 页。
[2] 《山海经·海内南经》注。另:《史记·高祖本纪》正义引"后稷放帝子丹朱于丹水";《史记·五帝本纪》正义引"后稷放帝子丹朱"。
[3] 钱穆:《周初地理考》,《燕京学报》1931 年 10 期,第 1955~2008 页。
[4] 《史记·五帝本纪》正义引《帝王世纪》:"尧娶散宜氏女,曰女皇,生丹朱。"
[5] 《史记·五帝本纪》正义引范汪《荆州记》云:"丹水县在丹川,尧子朱之所封也。"《括地志》云:"丹水故城在邓州内乡县西南百三十里。"
[6] 韩建业:《先周文化的起源与发展阶段》,《考古与文物》2002 年增刊(先秦考古),第 212~218 页。

虎山文化的凉城老虎山、五台阳白等遗址发现的陶人脚,正与《诗·大雅·生民》中姜嫄踩帝之大脚趾印才生育后稷的传说吻合[1]。游邀类型和陶寺晚期文化所分布的晋中南地区自然环境优越,适于发展农业,与后稷善于稼穑的记载不悖。

2. 禹征三苗与早期夏文化

禹征三苗事件以《墨子·非攻下》的记载最为详尽:"昔者三苗大乱,天命殛之。日妖宵出,雨血三朝,龙生于庙,犬哭乎市,夏冰,地坼及泉,五谷变化,民乃大振。高阳乃命玄宫,禹亲把天之瑞令,以征有苗。四电诱祗,有神人面鸟身,若瑾以侍。搤矢有苗之祥,苗师大乱,后乃遂几。禹既已克有三苗,焉磨为山川,别物上下,卿制大极,而神民不违,天下乃静。则此禹之所以征有苗也。"似乎是禹乘三苗发生天灾内乱之际突然入侵,三苗惨败并被彻底征服。宗庙被夷,"子孙为隶"[2],三苗从此退出历史舞台。《战国策·魏策》也记载:"昔者,三苗之居,左彭蠡之波,右有洞庭之水,文山在其南,而衡山在其北。恃此险也,为政不善,而禹放逐之。"

夏人起于晋南而迁于河南,到禹为夏后氏首领的时候其主要活动地域就已经在河南中西部了。徐旭生据上述《战国策·魏策》的记载,推定三苗的主要居地在江汉平原一带[3]。龙山前期,河南中西部先后为庙底沟二期类型、谷水河类型和王湾三期文化前期等先夏文化遗存,而江汉平原则为可能属三苗文化的石家河文化,从较多红陶斜腹杯等石家河文化见于河南中西部,可以想见三苗文化的强势[4];龙山后期之初,河南中西部进入王湾三期文化后期阶段,其中煤山类型则向南大规模拓展而代替豫南、鄂北、鄂西地区石家河文化,甚至连江汉平原及附近地区也形成与王湾三期文化接近的肖家屋脊文化。这一巨大的文化变迁,当为"禹征三苗"事件在考古学上的真实反映[5]。

禹既然是夏朝的实际创建者[6],那么禹征三苗就当为夏朝创建前后最重要

---

[1]《诗经》:"厥初生民,时维姜嫄。生民如何?克禋克祀,以弗无子。履帝武敏歆,攸介攸止;载震载夙,载生载育,时维后稷。"据《尔雅》:"武,迹也;敏,拇也。"
[2]《国语·周语下》:"王无亦鉴于黎苗之王,下及夏商之季……是以人夷其宗庙,而火焚其彝器,子孙为隶,下夷于民。"
[3] 徐旭生:《中国古史的传说时代》(新一版),文物出版社,1985年,第57~59页。
[4] 韩建业:《斜腹杯与三苗文化》,《江汉考古》2002年1期,第67~72页。
[5] 杨新改、韩建业:《禹征三苗探索》,《中原文物》1995年2期,第46~55页。
[6]《古本竹书纪年》:"自禹至桀十七世,有王与无王,用岁四百七十一年"(《太平御览》八十二);"夏自禹以至于桀,十七王"(《文选·六代论》注引)。《论衡·谢短》:"夏始于禹,殷本于汤,周祖后稷。"

的战争事件。由此可证龙山后期基本进入夏代,后期王湾三期文化为早期夏文化[1]。后期王湾三期文化对外强力扩张,除向南一直到达江汉并影响洞庭湖地区外,向东对造律台文化、向西北对三里桥类型及客省庄二期文化、向北对后冈二期文化等都有较大影响。《荀子·议兵》有"禹伐共工"之说,《山海经》也有"禹攻共工国山"以及禹杀共工臣"相繇"或"相柳氏"的记载[2],这或许反映王湾三期文化对后冈二期文化的影响。《尚书·甘誓》记载启(或作禹)伐有扈,或许与王湾三期文化对西北方向的影响有关。实际上夏后氏继陶唐氏、有虞氏之后,不但成为中原华夏之核心力量,而且直接控制范围更大、影响更为深远。《左传·哀公七年》:"禹合诸侯于涂山,执玉帛者万国。"《国语·鲁语下》:"昔禹致群神于会稽之山,防风氏后至,禹杀而戮之。"[3]可见其对周围小国不但有很大号召力,甚至可能还有生杀之权。不仅如此,禹之后实行世袭王权,为夏人长期占据中原、控制中国建立了制度基础。这种家天下的制度延续至商周乃至以后。

3. 少康中兴与中晚期夏文化

文献记载,夏前期曾有过"太康失国"、"后羿代夏"和"少康中兴"的政局变动。"太康失国"是由于东夷居民的侵入,其后经仲康,至后羿代相为王[4],"因夏民以代夏政"(《左传·襄公四年》)。相妻后缗奔于有仍而生少康。后来少康依靠有虞氏、有鬲氏等的帮助攻杀浞、浇,恢复夏政权,实现"中兴"局面[5]。

大约公元前1900年的王湾三期文化末期,登封、禹州等煤山类型核心区文化衰落,或许与"太康失国"、"后羿代夏"的变动有关。但稍后嵩山以东郑州、新密等地的新砦类型则异军突起、后来居上。也就是说此时的中原地区只有文化

---

[1] 韩建业:《夏文化的起源与发展阶段》,《北京大学学报》(哲学社会科学版)1997年4期,第120~125页。

[2] 《山海经·大荒西经》记载:"西北海之外,大荒之隅,有山而不合,名曰不周负子……有禹攻共工国山。"《山海经·大荒北经》:"共工臣名曰相繇……禹湮洪水,杀相繇。"《山海经·海外北经》:"共工之臣曰相柳氏……禹厥之。"

[3] 曾在安徽蚌埠禹会遗址发现龙山后期之交的祭祀遗迹,发掘者等推测其可能与禹会诸侯的传说有关。见中国社会科学院考古研究所、安徽省蚌埠市博物馆:《蚌埠禹会村》,科学出版社,2013年,第421~425页。

[4] 《路史·后纪》卷十三注引《竹书纪年》:"太康居斟寻,乃失邦。"《太平御览》卷八十二引《帝王世纪》:"太康无道,在位二十九年,失政而崩。"《史记·夏本纪》:"帝太康失国",《集解》引孔安国:"为羿所逐,不得反国。"

[5] 见《左传·襄公四年》、《左传·哀公元年》、《潜夫论·五德志》、《竹书纪年》、《楚辞·天问》、《离骚》等。

格局调整和重心转移,并未发生普遍的文化衰落。新砦类型本身就包含大量造律台文化等东方因素,或许正是少康中兴之后融合大量豫东造律台文化因素而形成的中期夏文化[1]。

约公元前1800年,王湾三期文化新砦类型东进洛阳盆地并接受齐家文化影响而形成二里头文化,这当为少康数代之后某夏王西迁洛阳盆地而发展起来的晚期夏文化[2]。二里头文化所代表的晚期夏文化有大型都邑、大型宫殿,在其强势影响下使得中国大部地区文化交融联系成更大范围的文化意义上的早期中国,真正进入唯我独尊的王国时期[3]。

4. 先商文化

先商文化指商朝建立以前商人的文化。先商自契至汤灭夏,恰与夏王朝相始终。依《尚书》、《史记》等记载,契和禹为同时代之人。据《今本竹书纪年》,夏帝相、少康、杼、芒、泄、不降、孔甲、履癸时,商先公有重要活动或先商发生过重大事件[4]。《诗·商颂·长发》云:"有娀方将,帝立子生商。"《楚辞·天问》说:"简狄在台誉何宜。"可见商的始祖为帝誉,其与有娀氏或简狄联姻。《史记·殷本纪》将其综合为"殷契,母曰简狄,有娀氏之女,为帝誉次妃。"唐兰以为有娀就是戎[5],和简狄之狄合起来即为戎狄,应当是中国北方地区一个大的部族集团。契为商的第一位先公。《世本·居篇》:"契居蕃。"[6],丁山疑此蕃为亳的音讹,其地在今永定河与滱河之间[7]。赵铁寒认为契始居郼,即蓟,在今北京市区[8]。二说近似。《荀子·成相篇》云:"契玄王,生昭明,居于砥石迁于商。"丁山考证砥石即今砥水流域,商在漳河沿岸。此

---

[1] 韩建业:《论二里头青铜文明的兴起》,《中国历史文物》2009年1期,第37～47页。

[2] 邹衡提出并详细论证了二里头文化为夏文化的观点。见邹衡:《试论夏文化》,《夏商周考古学论文集》,文物出版社,1980年,第95～182页。

[3] 韩建业:《良渚、陶寺与二里头——早期中国文明的演进之路》,《考古》2010年11期,第71～78页。

[4] 《今本竹书纪年》(王国维疏证):"帝相十五年,商侯相土作乘马。""帝少康十一年,使商侯冥治河。""帝杼十三年,商侯冥死于河。""帝芒三十三年,商侯迁于殷。"(王国维疏证:"此因《山海经》引《纪年》有'殷王子亥',故设迁殷一事。")"帝泄十二年,殷侯子亥宾于有易,有易杀而放之。十六年,殷侯微以河伯之师伐有易,杀其君绵臣。""帝孔甲九年,陟。殷侯复归于商丘。""帝癸三十一年,大雷雨,战于鸣条。"

[5] 唐兰:《用青铜器铭文来研究西周史——综论宝鸡市近年发现的一批青铜器的重要历史价值》,《文物》1976年6期,第31～39页。

[6] 《水经·渭水注》引,《通鉴地理通释》引作番。

[7] 丁山:《商周史料考证》,中华书局,1988年。

[8] 赵铁寒:《汤前八迁的新考证》,《大陆杂志》27卷6期,1963年。

后王亥迁于殷,地在今安阳殷墟一带[1],也离漳河很近。王亥、上甲微两代为先商史上变化最剧的时期,此时发生了两件互有联系的重大事件,即王亥仆牛而被有易氏所杀,其后上甲微借河伯之师杀有易之君绵臣,为王亥报仇。这两件事在《楚辞·天问》、《易经》、《山海经·大荒东经》、《今本竹书纪年》等书中均有记载,王国维、顾颉刚、吴其昌等对其详加考证[2]。

商先公契至冥生活的时代约当龙山后期,其时在冀中南至北京一带分布着后冈二期文化涧沟型和雪山二期文化,陶器以卷沿橄榄形罐和卷沿有腰隔甗最为典型,这可能就是早期的先商文化[3]。后冈二期文化涧沟型和雪山二期文化受龙山文化或造律台文化较大影响,也有双鋬肥袋足鬲等北方文化因素,正与其先为帝喾和简狄的记载吻合。至约二里头文化二期时,在冀中南地区形成下七垣文化,最重要的变化是新出大量源于晋中的卷沿弧腹鬲,这或当对应上甲微借河伯师之事[4],可见下七垣文化可能是上甲微之后的晚期先商文化[5]。另外,作为晚期夏文化的二里头文化曾对作为晚期先商文化的下七垣文化产生过强烈影响。

5. 九州五服与早期中国

《尚书·禹贡》详细记载了大禹划分冀、兖、青、徐、扬、荆、豫、梁、雍九州,实行甸、侯、绥、要、荒五服制的情况[6]。关于《禹贡》九州说的形成年代,有西周、春秋、战国、西汉诸说,而以顾颉刚主张的战国说影响最大[7]。但也有研究结合考古学分析认为《禹贡》反映的就是禹或龙山时代的大略情形[8]。至于《禹贡》

---

[1] 邹衡:《论汤都郑亳及其前后的迁徙》,《夏商周考古学论文集》,文物出版社,1980年,第183~218页。

[2] 王国维:《殷卜辞中所见先公先王考》,《观堂集林》卷第九,中华书局,1959年,第409~436页;顾颉刚:《周易卦爻辞中的故事》,《古史辨》第三册,上海古籍出版社,1982年,第1~44页;吴其昌:《卜辞所见殷先公先王三续考》,《古史辨》第七册(下),上海古籍出版社,1982年,第333~359页。

[3] 韩建业:《先商文化探源》,《中原文物》1998年2期,第48~54页。

[4] 据邹衡考证,晋中地区或为河伯原住地。见邹衡:《试论夏文化》,《夏商周考古学论文集》,文物出版社,1980年,第95~182页。

[5] 邹衡最早明确提出并论证了先商文化问题。见邹衡:《论汤都郑亳及其前后的迁徙》,《夏商周考古学论文集》,文物出版社,1980年,第183~218页。

[6] 禹划九州的传说在春秋以前即流传很广。如齐侯镈钟:"咸有九州,处土禹(禹)之堵。"《左传·襄公四年》:"芒芒禹迹,画为九州。"

[7] 顾颉刚:《禹贡(全文注释)》,《中国古代地理名著选读》第一辑,科学出版社,1959年,第1~44页。

[8] 李民:《〈禹贡〉与夏史》,《尚书与古史研究》(增订本),中州书画社,1981年,第45~64页;邵望平:《〈禹贡〉"九州"的考古学研究》,《考古学文化论集》(二),文物出版社,1989年,第11~30页。

五服说,顾颉刚认为是对西周时期曾实行过的制度的一种理想描述[1],也有认为其有夏代真实历史背景[2],赵春青更从考古学上论证其与龙山时代的情形基本吻合[3]。

从考古学上看,龙山后期中原核心区王湾三期文化的相对崛起以及夏朝的建立,当是禹定九州行五服传说的历史背景。《左传·哀公七年》说:"禹合诸侯于涂山,执玉帛者万国。"可见在夏初时中原腹地就具有一定的核心地位。不过九州五服传说和二里头文化时期的情形更为吻合。二里头文化核心区的二里头类型异常强势,在其强烈影响下中国大部地区文化交融联系成四个层次的相对的文化共同体,形成更大范围的以中原为核心的文化意义上的早期中国。其第一个层次郑洛核心区即王畿区,第二个层次也就是核心区之外的二里头文化分布区或即甸服、侯服区,第三个层次也就是周围的黄河下游、长江下游、长江上游、北方地区和东北地区诸文化或即绥服区,第四个层次也就是再外围的华南地区、西北甘青宁地区、东北北部地区诸文化或即要服、荒服区。这当中二里头文化即夏文化分布区大体为豫州,其余周围文化大体对应冀、兖、青、徐、扬、荆、梁、雍八州。其中岳石文化即东夷文化分布区大致对应青、兖州,斗鸡台文化即淮夷文化分布区大致对应徐州。或许九州五服制肇始于夏朝初年,形成于夏朝晚期,延续至商代,而成熟于西周。至于《尚书·禹贡》的记载当陆续有后来的甚至战国时期加进去的内容,但不可否认其主要内核早已存在。

还有个著名的夏代铸九鼎的传说。《左传·宣公三年》记载:"昔夏之方有德也,远方图物,贡金九牧,铸鼎象物。"这里只提到夏铸铜鼎之事。《墨子·耕柱》明确说夏启铸九鼎,《史记·封禅书》则说"禹收九牧之金,铸九鼎"。考古学上夏初王湾三期文化后期已有能够铸造青铜容器的一些证据,不排除铸鼎的可能,而夏代晚期的二里头文化则明确已有青铜鼎,可见夏铸九鼎和九州五服一样自有其真实历史背景。更有意思的是,传说中九鼎被作为国宝由夏至商周一直得到传承,恰好三代结束而沉没不见。可见九鼎当为夏商周三代最重要的象征物,也是三代文化彼此相承、以中原为核心的政治结构连绵发展的明证。

---

[1] 顾颉刚:《禹贡(全文注释)》,《中国古代地理名著选读》第一辑,科学出版社,1959年,第1~44页。
[2] 刘逖:《论〈禹贡〉畿服制——中国最古的边疆学说试探》,《中国边疆史地研究》1991年1期,第43~55页。
[3] 赵春青:《〈禹贡〉五服的考古学观察》,《中原文物》2006年5期,第10~22页。

五、商代早期

商代早期即二里冈文化时期。

1. 汤武革命与早商文化

《易·革·彖辞》说:"汤武革命,顺乎天而应乎人。"夏朝末年,商人崛起并在汤(即甲骨文中大乙、高祖乙)的领导下开始了推翻夏朝的一系列战争。《孟子·梁惠王下》:"汤一征,自葛始。"《诗经·商颂·长发》:"韦顾既伐,昆吾夏桀。"最后"与桀战于鸣条之野,作汤誓"(《尚书序》),"桀奔南巢"(《国语·鲁语上》),夏朝灭亡,商朝建立。

关于葛、韦、顾、昆吾、夏桀之居斟寻[1]、鸣条、南巢等的地望历来多有异说,主要分布在从晋南、豫北、豫东、鲁西到郑洛的狭长地带,大致属于先商文化和夏文化相邻分布区[2]。从考古学上看,先商文化晚期曾扩展至豫东一带,与东夷之岳石文化互有交错[3],郑州南关外下层类遗存在下七垣文化和二里头文化外又包含明显岳石文化色彩,这或许反映出商人是从豫东进驻郑州地区的,商伐夏当为沿着豫北、豫东、郑州、偃师这样的迂回路线。邹衡曾详细论证,二里冈文化即为早商文化,其鬲、甗等典型陶器与先商文化有一脉相承的关系,而与夏人之二里头文化以陶鼎为主有别[4],但二里冈文化毕竟也继承了二里头文化的青铜器、大口尊等陶器以及宫室制度等许多方面的内容。

2. 早商的王畿四至与早期中国

《尚书序》孔颖达疏引班固曰:"殷人屡迁,前八后五",是说汤建立商朝前后其政治中心曾分别有八次和五次迁徙。据《尚书序》、《世本》、《古本竹书纪年》等记载:汤始居亳、仲丁迁于隞(嚣)、河亶甲居相、祖乙迁于邢(耿、庇)、南庚迁于奄、盘庚迁殷,是为五迁。五迁的地望,除殷在安阳、邢在邢台比较明确外,其余均多有异说[5],不过总体集中在豫东鲁西至豫西之间。其中关于亳就有偃师西亳、曹县北亳、郑州郑亳诸说,而孙淼根据《尚书序》"汤始居亳,从先王居"的说法,提出亳在濮阳附近[6]。

---

[1] 《史记·夏本纪》正义引臣瓒曰:"《汲冢古文》:'太康居斟寻,羿亦居之,桀又居之。'"
[2] 邹衡:《夏文化分布区域内有关夏人传说的地望考》《夏商周考古学论文集》,文物出版社,1980年,第219~252页;孙淼:《夏商史稿》,文物出版社,1987年,第285~319页。
[3] 宋豫秦:《夷夏商三种考古学文化交汇地域浅谈》,《中原文物》1992年1期,第11~19页。
[4] 邹衡:《试论夏文化》,《夏商周考古学论文集》,文物出版社,1980年,第95~182页。
[5] 孙淼:《夏商史稿》,文物出版社,1987年,第345~369页。
[6] 孙淼:《夏商史稿》,文物出版社,1987年,第285~319页。

自汤居亳至盘庚迁殷之前即为早商时期。《诗·商颂·殷武》称:"昔有成汤,自彼氐羌,莫敢不来享,莫敢不来王,曰商是常。"《今本竹书纪年》还记载大戊时"东九夷来宾",仲丁时"征蓝夷"(《古本竹书纪年》也载"征于蓝夷"),河亶甲时"征蓝夷"、"伐班方",阳甲时"西征丹山戎"。说明早商时期即对包括氐羌、九夷在内的诸族实行王权,或进行征伐。《尚书·酒诰》云:"越在外服,侯、甸、男、卫、邦伯;越在内服,百僚、庶尹、惟亚、惟服、宗工。"商人的内服主要管理王畿区,外服与《禹贡》五服制有相似之处,大约是对夏五服制的继承和发展。

目前考古发现的早商时期的都城聚落有郑州商城、偃师商城和郑州小双桥聚落,对于其都城性质从发现之初争论至今。徐旭生提出二里头遗址为汤都西亳,后其他人根据新发现改称偃师商城为西亳,是为"西亳"说,与此相关的还有安金槐提出的郑州商城隞都说[1];邹衡提出郑州商城为汤都亳[2],偃师商城为太甲桐宫[3],是为"郑亳"说,与此相关的还有小双桥隞都说[4]。无论如何,郑州商城和偃师商城均始建于商初,都有曾作为商汤都城的可能性,郑洛地区实为早商时期的王畿区。在王畿区二里冈文化二里冈类型的强势影响下,继二里头文化之后再一次形成以中原为核心的四个层次的早期中国,只是共识程度更深,涵盖范围更大。上述商人对九夷、氐羌的征伐,也正可与二里冈文化向东对岳石文化的强势压迫、向西对朱开沟文化等的强烈影响吻合。进入晚商以后,由于北方民族的压迫,商文化总体呈现向东南退缩的趋势,文化统一性也大不如前。不少人根据晚商中国文化统一性并非很强的现象,推想此前中国文化统一性更弱,而且越早越弱,貌似有理,实属臆断。

六、小结

以上通过对古史传说和考古学的对证分析,发现二者在许多方面都大体互相吻合。古史传说中诸族群集团和首领人物的分布地域、存在年代和主要事迹,大致对应黄河长江流域诸考古学文化的时空及内涵特征;古史传说中战争等重要事件,大致都能在考古学文化的剧烈变迁中找到线索;古史传说中黄

---

[1] 安金槐:《试论郑州商代城址——隞都》,《文物》1961年4~5期,第73~80页。
[2] 邹衡:《论汤都郑亳及其前后的迁徙》,《夏商周考古学论文集》,文物出版社,1980年,第183~218页。
[3] 邹衡:《偃师商城即太甲桐宫说》,《北京大学学报》(哲学社会科学版)1984年4期,第17~19页。
[4] 陈旭:《郑州小双桥商代遗址即隞都说》,《中原文物》1997年2期,第45~50页。

帝以后基本以华夏为核心,考古学上庙底沟时代以后中原几次成为早期中国的中心。按照上述苏秉琦、严文明等倡导的"古国—方国—帝国"或"古国—王国—帝国"的国家演进方案,属于文化意义上早期中国范畴的是古国和王国时代。

古国时代相当于新石器时代晚期晚段和铜石并用时代,具体来说就是仰韶前期晚段庙底沟时代、仰韶后期和龙山时代前期,恰好对应五帝时代。古国时代或五帝时代可分为三个时期。早期即黄帝时期或庙底沟时代,庙底沟类型的强烈扩张和影响,使得中国中东部大部地区文化交融联系成以中原为核心的文化意义上的早期中国。中东部地区社会虽已迈开了走向文明社会的步伐,但其他地区社会还处于较为简单的阶段,加之中原处于显著强势地位,因此远非"天下万国"或"天下万邦"的态势。称其古国时代当然就比邦国时代更贴切。中期即颛顼、帝喾时期或仰韶后期,中原相对暗弱,东部南部强盛,古史传说中的核心地域转移到豫东鲁西。此时社会复杂化进程加快,并形成北方、中原和东方三种模式;中原成为吸收周围文化因素的大熔炉,其他区域间文化冲突和交融也更激烈,颇有"天下万邦"之势,但实际上只是在前一阶段基础上的变化和发展,仍以归入古国时代为宜。晚期即尧、舜时期或龙山前期,中原地位逐渐上升到具有一定的核心地位,总体上仍为天下万国的古国时代。

王国时代相当于青铜时代和早期铁器时代,也就是夏商周三代,具体到本书研究范围就是夏至早商时期,实为王国时代早期。由于夏商核心区的强势扩张,再次出现以中原为核心的文化意义上的早期中国格局;社会也更加复杂化,进入成熟文明阶段;中原的夏商王国与周边的诸方国已有显著从属关系,逐渐形成九州五服制度,并延续至晚商和西周,有人称之为"复合制王朝"阶段[1]。

实际上,在古史和考古结合的过程中我们还是遇到了不很顺畅的问题,那就是龙山后期文化的归属问题。在第四章考古学研究部分,我们将龙山后期放在"早期中国的古国时代"这个大框架下论述,理由是考古学上龙山前后期联系相对紧密,除中原江汉一带变化较大外,其他区域并未出现根本性变化。在第六章古史研究部分,我们又将龙山后期和明确进入王国时代的二里头文化置于一节,原因是古史上龙山后期已经进入夏代早中期,理应将其与晚期夏

---

[1] 王震中:《中国古代国家的起源与王权的形成》,中国社会科学出版社,2013年,第391~518页。

文化——二里头文化放在一起。真实的情况是,龙山后期中原虽具有一定的核心地位,但程度有限;夏朝早中期虽具有一定王权,但也只是雏形王权。可见龙山后期确具有从古国向王国时代的过渡性质,从考古和古史不同角度将其归到古国或王国阶段都有一定道理。

第七章　早期中国的地理环境基础

《管子·水地》说："地者,万物之本原,诸生之根菀。"人类是地即自然环境的产物。文化意义上早期中国的空间格局、特质内涵、发展演变,无不有其特定的地理环境基础,无不受自然环境的制约。这并非说自然环境决定人类的一切,人类面对自然环境及其变化有选择性和能动性,早期中国的发展演变渗透着数千年来无数中国先人适应自然的经验和智慧。

一、早期中国的地理环境基础

1. 相对独立、广大多样的地理环境

20世纪80年代严文明论述中国史前文化的统一性和多样性,首先就从其特定的地理背景入手。他说:"中国本身乃是一个巨大的地理单元,它同外部世界处于一种相对隔离或半隔离的状态。这就决定了中国史前文化起源的土著性,决定了它在很长时期都基本上走着独立发展的道路,而同邻近地区的史前文化的联系只能保持在较低的水平上。""中国各地自然地理条件复杂多变的情况,应是造成史前文化千姿百态、谱系繁复的一个重要原因。"[1]我们或许可以用"相对独立、广大多样"八个字来概括他眼中的中国地理。

地球上当然有不少比中国更加独立的地理单元。如南北美洲,与欧亚大陆长期分离,只能在自己的文化圈内缓慢发展;如澳大利亚,孤悬海外,一直停滞于旧石器时代阶段。文明的秘诀就在于与其他文明间的"可接近性"与互相取长补短[2],而不

---

[1] 严文明:《中国史前文化的统一性与多样性》,《文物》1987年3期,第38~50页。
[2] 斯塔夫里阿诺斯(Leften Stavros Stavrianos)在《全球通史》中转引了博厄斯(Franz Boas)的话:"人类的历史证明,一个社会集团,其文化的进步往往取决于它是否有机会吸取邻近社会集团的经验。"之后他说:"如果其他地理因素相同,那么人类取得进步的关键就在于各民族之间的可接近性。"见斯塔夫里阿诺斯著,吴象婴、梁赤民译:《全球通史——1500年以前的世界》,上海社会科学院出版社,1999年,第57页。

是孤芳自赏。地球上当然也有比中国更具"可接近性"的地方,如地中海地区,陆路水路贯通欧亚非三洲,但这也是其文明易受多方冲击、难以稳定发展的原因所在。

中国之妙就妙在"相对独立":地理上独立的一面,表现在东南面临大洋,西南为世界屋脊青藏高原,西北有沙漠戈壁和高山,东北与人烟稀少的东西伯利亚相邻,这不但决定了早期中国文化的土著性、统一性,而且保证了其能够有机会长时期稳定连续发展;地理上"可接近性"的一面,表现在东南海路可通太平洋诸岛,西、北部通过绿洲、草原、山口可与中亚、西亚交流,西南越过喜马拉雅山山口可与南亚交通,这为早期中国吸取周围地区尤其是西亚文明的精华提供了条件,注定早期中国文明是整个欧亚文明的重要组成部分。

伟大而持久的文明必须有足够大的地理空间。美索不达米亚文明、埃及文明发展程度都很高,但空间上都有较大局限。底格里斯河、幼发拉底河本身较为狭小,号称世界第一长河的尼罗河只不过抹亮了一条流经沙漠的绿色长廊。当这些文明遇到外来畜牧民族入侵时腾挪余地有限,因此都相继陨灭。中国有较为广大的地理空间,很早就形成以黄河长江领域为主体的早期中国文化圈,这个文化圈的体量之大、人口之多非其他早期文明可比,北方畜牧民族的侵扰最多造成其文化或政治中心的转移,而不能动摇其根本,而且畜牧民族带来的新因素反而为其发展提供了新鲜血液。

文明的持久还有多样性的秘诀,它植根于地理环境的多样性。埃及文明、印度河文明各自都主要建立在一条河流的物质基础上,通过对尼罗河和印度河的经营和控制,虽可以短时期内达到极高的文明水平,建立高度统一的国家政权,但其文化内涵单调划一,少了很多变革的潜在因素,当遇到外来严重袭扰时难以找到更多选择,结果只有遗憾地退出历史舞台。早期中国地理环境多种多样,河流众多,而且其农业发展本身主要并不依靠河流灌溉[1],很难想象控制某条河流就能控制整个流域的经济命脉,很难想象控制某个区域就能直接制约全局,这决定了早期中国文化的多样性[2]、发展模式的多样性[3]和拥有变革的多种可

---

[1] 王震中:《中国文明起源的比较研究》(增订本),中国社会科学出版社,2013年,第476页。
[2] 苏秉琦将早期中国文化分为六大区系和面向东南沿海、面向西北内陆的两大板块;严文明将早期中国文化分为狩猎采集文化区、旱作农业文化区和稻作农业文化区,涉及的早期中国考古学文化则数以百计。参见苏秉琦、殷玮璋:《关于考古学文化的区系类型问题》,《文物》1981年5期,第10~17页;严文明:《中国史前文化的统一性与多样性》,《文物》1987年3期,第38~50页。
[3] 韩建业:《略论中国铜石并用时代社会发展的一般趋势和不同模式》,《古代文明》(第2卷),文物出版社,2003年,第84~96页。

能性,决定了早期中国文明的持久性、渐进性和强大的抵御风险能力,也决定了早期中国的形成更多依靠共同的文化认知而非政治控制。

2. 两大河流域和两大农业体系

狩猎者随兽群而动,畜牧者逐水草而居,迁徙、向外拓展和寻找新的资源区不但是狩猎畜牧社会中经常发生的事情,而且是其能够持久生存的有效方式。长期下去或许还会形成外向扩张型的社会性格,即使定居以后也是如此。农业社会则不同。农业生产需要较长的周期,种子的选育、土地肥力的维持、生产工具与设施的制备和生产经验的传承等,都需要居地和社会的长期稳定。长期下去还会积淀出稳定内敛型的社会性格。早期伟大文明的发展无不建立在农业基础之上。

制约农业发展的自然因素主要是土壤、水和温度。美索不达米亚文明、埃及文明和印度河文明的发展都以农业为基础,底格里斯河、幼发拉底河、尼罗河、印度河为这些文明农业发展提供充沛水源,河流沉积物为农业提供肥沃土壤,中纬度适中的气温适合大部分谷物类农作物生长,看来这些文明的诞生具有必然性。和高纬度、低纬度相比,这些文明总体上都是"适中"环境下孕育的"适中"文化。但这些文明多主要依靠一两条河流,农作物主要是麦类,颇为单调;这些文明虽然彼此间互有联系,地理空间上却又相隔过远,难以形成长期、稳定、密切的文化圈[1]。

早期中国文明同样处于中纬度地区,但其所拥有的黄河、长江两大河流,其所占据的广袤黄土地带,都与其他早期文明有显著差别。黄河流域和长江流域涉及总流域面积近300万平方公里,本身地域广大,影响辐射范围更广;东亚季风气候雨热同季,谷类植物生长条件良好,构成古代世界最大的农业文化共同体,长期以来供养着世界上最广大的人口。黄河和长江流域分别为粟作和稻作两大农业体系的主体,二者相邻地区粟作、稻作兼有,公元前5千纪后又有麦作农业进入,正可互相补充,构成古代世界超稳定结构的农业文化共同体。黄河和长江流域也因此成为早期中国文化的主体。

早期中国农业发展还有得天独厚的黄土基础[2]。黄土主要是更新世和全新世形成的风成相黄土沉积及古土壤,主要分布在黄土高原及其周缘地区,波及黄河下游、长江中下游甚至黑龙江流域、辽河流域和华南地区,实际覆盖了大半个中国[3]。与早期中国农业关系密切的主要当为全新世黄土,主要包括黄土高

---

[1] 严文明:《东方文明的摇篮》,《农业发生与文明起源》,科学出版社,2000年,第148~174页。
[2] 何炳棣:《黄土与中国农业的起源》,香港中文大学出版社,1969年。
[3] 刘东生等:《黄土与环境》,科学出版社,1985年;周昆叔:《环境考古》,文物出版社,2007年,第179~181页。

原主体区的坡头黄土[1]和东南边缘区的周原黄土[2]。黄土及古土壤主要由粉砂组成,质地疏松、多孔隙,垂直节理发育,土层深厚、均匀,肥力较强。黄土广布于中华大地,为早期中国农业文化发展提供了良好温床,为人们提供了相对一致的生产基础,易于形成相对一致的生产方式、更便捷的交流途径,从而形成较为共同的文化积淀和价值标准。这是早期中国文化统一性的基础。

作为古代世界超稳定结构的最大的农业文化共同体,早期中国人民对在固定土地上长期的农业经营有着无与伦比的执着,必然趋向于形成超稳定、超大规模的社会。这样的社会长期致力于维护社会内部秩序的稳定,逐渐形成复杂的礼制和稳重内敛的性格。

3. 中原:天下之中

早期中国还有一个文化地理意义上的中心——中原,或称"中国"、"中土"或"中州"。不像地中海周边虽然分布着不少文明,但却没有一个地方能够成为文化和地理双重意义上的中心。狭义的中原主要指以郑洛为核心的河南省地区,广义的中原延及黄河中下游广大地区。

中原正处于早期中国的核心位置,居于"天下之中",其年均温度、降水量和对气候变化的敏感程度都大致适中,全新世周原黄土在这些适中的气候条件下能发挥最大潜力[3]。因此,中原大部地区能够同时发展稻作、粟作和麦作农业,气候的冷暖干湿波动对其影响有限,保证了中原文化能够较为长期稳定地发展,并成为早期中国文化的中心。

二、环境演变与文化变迁

中国环境复杂多样,各区域文化的发展深受自然环境及其演变过程的制约,最直接的表现是在资源利用和经济形态方面,进一步则影响到文化的兴衰盛亡、发展更替、传播迁徙,影响到聚落形态乃至于文化和社会模式的形成,并对社会发展进程产生制约。反过来,人类的开发行为也会对该地区自然环境产生不同程度的影响,自然环境还会将其所受到的影响反馈给人类,这可以从环境的"非自然"的变化,以及由此引起的人类文化的异常反应等方面进行

---

[1] Liu Tungsheng and Yuan Baoyin, "Paleoclimatic Cycles in Northern China: Luochuan Loess Section and Its Environmental Implication", *Aspects of Loess Research*, China Ocean Press, Beijing, 1987: 3~26.

[2] 周昆叔:《周原黄土及其与文化层的关系》,《第四纪研究》1995年2期,第174~181页。

[3] 周昆叔、张广如、曹兵武:《中原古文化与环境》,《中国生存环境历史演变规律研究》(一),海洋出版社,1993年,第111~122页。

观察。

1. 中国第四纪环境演变状况

第三纪早期开始的印度板块和欧亚大陆板块的碰撞,以及后来青藏高原的持续隆起,改变了亚洲地区的大气环流与地理格局,从2200万年以来就形成了中国气候的基本格局,并形成和加强了西南季风和东南季风,在我国北方造成东部湿润和西部干旱的东西向分异。中亚干旱环境为风尘提供了物质来源,而亚洲冬季风则为风尘搬运提供了动力条件,戈壁、沙漠大面积形成,并在其南侧地区堆积形成厚达数百米的黄土。第四纪以来气候波动的幅度较大,有数十次较大的冷暖干湿变化,最显著的特征是周期性、不稳定性和干旱化加剧。距今20000~14000年的末次盛冰期和距今8500~3000年的全新世适宜期(大暖期),代表了距今最近的最劣和最佳的两种极端气候和生态环境。现代气候介于这两种气候类型之间,更接近全新世适宜期。末次盛冰期时,温度比现在低5~8℃,降水量总体少于现在,森林带大规模南移,沙漠面积扩大。全新世适宜期时,温度比现在高约2~3℃,多数地区降水量比现在大,森林带北移,沙漠缩小,在贺兰山以东半干旱区的沙漠表面形成薄层土壤和草原景观[1]。

中国全新世气候仍存在多次波动,表现出相对的不稳定性,全新世大暖期或适宜期就是指其中较为稳定暖湿的一段时间[2]。有研究者还辨认出若干次寒冷期[3],或者认为存在2000年的准周期[4],或500、1000、1300年的不同尺度的周期[5]。这种周期性的变化还具有全球性[6],显示了千年尺度的温度变化

---

[1] 施雅风、孔昭宸、王苏民等:《中国全新世大暖期鼎盛阶段的气候与环境》,《中国科学》(B辑)23卷8期,1993年,第865~873页;刘东生主编:《西北地区水资源配置生态环境建设和可持续发展战略研究》(自然历史卷),科学出版社,2004年,第109页。

[2] 施雅风、孔昭宸、王苏民等:《中国全新世大暖期气候与环境的基本特征》,《中国全新世大暖期气候与环境》,海洋出版社,1992年,第1~18页。

[3] 王绍武:《中国气候变化的研究》,《气候与环境研究》7卷2期,2002年,第137页。

[4] 史培军:《地理环境演变研究的理论与实践——鄂尔多斯地区晚第四纪以来地理环境演变研究》,科学出版社,1991年;史培军等:《10000年来河套及邻近地区在几种时间尺度上的降水变化》,《黄河流域环境演变与水沙运行规律研究文集》(第二集),地质出版社,1991年,第57~63页;张兰生、史培军、方修琦:《中国北方农牧交错带(鄂尔多斯地区)全新世环境演变及未来百年预测》,《中国北方农牧交错带全新世环境演变及预测》,地质出版社,1992年,第1~15页。

[5] 方修琦等:《全新世寒冷事件与气候变化的千年周期》,《自然科学进展》14卷4期,2004年,第456~461页。

[6] Bond, G., Shower, W., Cheseby, M. et al., "A Pervasive Millennial-Scale Cycle in North Atlantic Holocene and Glacial Climates", *Science*, 278(5341), 1997: 1257~1266.

主要受全球性因素制约,而降水变化的地方性则要远大于温度变化[1]。

我曾经将中国西北地区分为黄土高原区、内蒙古半干旱草原区和西北内陆干旱区等三个区域,梳理了地学界对这些区域全新世环境演变的研究成果,发现总体来看全新世西北地区都经历了早全新世回暖期、中全新世适宜期、晚全新世降温干旱期三个大的气候演变时期;并且每个大时期内小的波动也仍然有相当的一致性,距今8 200年、7 000年、5 000年、4 200年、3 100年左右的几次气候冷期,距今4 500年、3 800年左右的几次暖期,几乎在各区都有发生[2]。方修琦等则通过对1 100多条古气温纪录数据的集成重建,认为全新世早期气温波动升温期的年代在距今11 500~8 900年,全新世中期大暖期在距今8 900~4 000年,距今4 000年以来为相对较冷的全新世晚期[3]。

2. 早期中国之前中国的自然环境与文化发展

中国旧石器时代文化的发展深受自然环境的制约。首先,气候转型时期的环境转变很可能是两次人类迁徙浪潮的主要驱动力。根据吴文祥和刘东生的研究,更新世早期全球可能发生了两次人类迁徙浪潮:距今180万~160万年,随着人类诞生地非洲地区气候趋于干旱,刺激古人类演化为直立人并开始走出非洲、迁徙至其他中低纬度的热带—亚热带地区,中国境内的早期直立人及其文化很可能出现于此时;约距今100万年,气候总体上表现为冰期时更加寒冷,间冰期时更加温暖,直立人有条件开始占据中高纬度的温带和干旱—半干旱地区,也扩散到中国更广大地区[4]。其次,中国旧石器时代文化两大系统的形成和长期发展直接建立在不同自然环境基础之上。大型砾石器传统大约存在于偏南方的暖湿森林环境,砾石工具适合砍伐树木或挖取植物根茎,代表采集狩猎经济类型;小石器—细石器传统大约存在于偏北方的草原地带,小石器—细石器更多用作狩猎工具和猎物加工工具,代表"专业"的狩猎经济类型[5]。第三,中国不同

---

[1] 史培军、方修琦:《中国北方农牧交错带与非洲萨哈尔带全新世环境演变的比较研究》,《中国北方农牧交错带全新世环境演变及预测》,地质出版社,1992年,第87~92页;周尚哲等:《中国西部全新世千年尺度环境变化的初步研究》,《环境考古研究》(第一辑),科学出版社,1991年,第230~236页;王绍武、朱锦红:《全新世千年尺度气候振荡的年代学研究》,《气候变化研究进展》1卷4期,2005年,第157~160页。

[2] 韩建业:《中国西北地区先秦时期的自然环境与文化发展》,文物出版社,2008年,第18~39页。

[3] 方修琦、侯光良:《中国全新世气温序列的集成重建》,《地理科学》31卷4期,2011年,第385~393页。

[4] 吴文祥、刘东生:《气候转型与早期人类迁徙》,《海洋地质与第四纪地质》21卷4期,2001年,第103~109页。

[5] 王幼平:《中国远古人类文化的源流》,科学出版社,2005年。

地区气候波动程度不同,造成文化发展变革程度有别。华南处于低纬度地区,气候总体温暖湿润,气候波动和环境变化幅度有限,长期流行大型砾石器传统,文化发展更具连续性;而黄河、长江流域和长城沿线处于中纬度地区,气候波动和环境变化幅度明显,文化变化显著,尤其旧石器时代晚期出现小石器、细石器和石叶等不同的工业传统。

约公元前18000年进入末次盛冰器,约公元前13000～前12000年气候向暖湿发展,逐渐进入冰消期[1]。这样剧烈的环境变化使人类生存面临诸多挑战,刺激聪慧的晚期智人进行文化上的大变革。此时北方地区开始出现石磨盘、石磨棒和石铲,显示可能出现对耐旱的禾本科植物的集中采集和加工利用,甚至不排除对其进行保护和栽培尝试。长江流域和华南交界地带则明确出现陶器和原初的稻作农业,进入新石器时代早期早段。据推测,末次盛冰期的到来极大地恶化了中国大部地区人类的生存环境,致使华北地区传统的狩猎模式出现危机,人们开始寻求扩大食物来源,从而有了对禾本科植物的集中采集利用;使长江流域和华南交界地带以采集植物根茎为主的经济方式出现危机,人们开始尝试将当地有限的野生稻加以保护栽培,采集蚌贝类以补充生计,并发明陶器以对这些稻谷和蚌贝进行炊煮。至于华南大部地区由于气候暖湿,末次盛冰期对植物资源的影响有限,并没有发展农业的需求[2]。

约公元前10000年发生了以快速降温为特征的新仙女木事件[3],此事件必定对刚诞生不久的农业和半定居生活有较大影响,进一步刺激了人们发展农业的愿望。约公元前9000年后进入全新世,温度和降水全面回升,动植物越来越繁盛,为农业文化发展提供了全新的良好条件。在此背景下发展到新石器时代早期晚段文化阶段,农业、陶器和磨制石器并存,并从长江流域和华南交界地带扩展到长江下游、中原、黄河下游和华北地区,形成五大文化系统。约公元前7000年后自然环境更加暖湿,中国大部地区文化普遍发展到新石器时代中期阶段,逐渐形成互补型的南稻北旱二元谷物农业体系,出现丰富的陶器和讲究的器

---

[1] 吴乃琴、吕厚远、孙湘君等:《植物硅酸体—气候因子转换函数及其在渭南晚冰期以来古环境研究中的应用》,《第四纪研究》1994年3期,第270～279页。

[2] 严文明提出长江中下游为稻作农业的起源地,原因是华南、东南亚、印度等植物资源丰富的地方依靠采集就可以维持生计,缺乏发展农业的动力;而长江流域虽有野生稻分布,但已经处于边缘地带,当气候波动造成食物困难时,最可能发展起来最初的稻作农业。这一理论被称作稻作起源的"边缘理论"。见严文明:《再论中国稻作农业的起源》,《农业考古》1989年2期,第72～83页。

[3] 杨志红、姚檀栋、皇翠兰等:《古里雅冰芯中的新仙女木期事件记录》,《科学通报》42卷18期,1997年,第1975～1978页。

用生活、早熟的木工手工业和梁架结构房屋,出现彩陶、符号和更加复杂的精神生活。公元前 6200 年冷期之后,环境进一步优化,进入全新世气候适宜期或大暖期,文化间交融整合形成四个文化系统,尤其中原裴李岗文化迅猛发展,在其强势扩张影响下形成雏形的早期中国文化圈。公元前 5000 年短暂冷期之后,气候更加暖湿,中国大部地区则发展到新石器时代晚期,两大农业体系进一步发展,陶器、玉器、漆器、丝织品等丰富多彩,尤其彩陶异彩纷呈,聚落秩序井然,文化交流愈加频繁,整合形成三大文化系统。

另外,中国各地区进入新石器时代的时间参差不齐,总体上是南方早于北方、东部早于西部。就自然环境来说,恰好也是东南方比西北方湿润,进入全新世适宜期的时间也是东南方早于西北方。可见自然环境对农业文化存在显著影响。

3. 文化意义上早期中国形成的自然环境背景

约公元前 4200~前 3500 年,气候趋于全新世暖湿之最,黄河中游文化尤其是晋南豫西西部文化得到空前发展,形成了富有特色的东庄—庙底沟类型,激发了其旺盛的创新、进取和开拓精神,同时也可能使其人口暴涨,于是就向周围迅速扩张影响。在其影响下形成的泉护类型大规模西扩至青海东部和宁夏南部,白泥窑子类型北扩至内蒙古半干旱草原区的固阳、商都、化德,甚至苏尼特右旗、阿巴嘎旗等地。这些地区现代自然环境较为恶劣,尤其处于浑善达克沙地边缘的商都、化德、苏尼特右旗、阿巴嘎旗等地,现在主要为草原沙地相间的区域,不适合发展农业。但在当时气候最适宜期,这些地方的年降水量可达 500~600 毫米,年平均气温最高可达到 6℃,并分布有针阔叶混交林,完全能够满足谷物的生长需要。

也正是在这种高度适宜的气候条件下,两大农业体系走向成熟,"中国"特色器物繁荣发达,土木建筑走向成熟,彩陶步入极盛时期,聚落和社会开始分化,在东庄—庙底沟类型影响下正式形成三层次的文化意义上的早期中国,并已迈开了走向文明社会的脚步,初步形成社会发展的三种模式。

4. 古国时代早期中国的自然环境与文化发展

从约公元前 3500 年开始气候趋冷,至约公元前 3000 年进入低谷,使得北方广大地区自然资源减少、生存压力越来越大,而南方得以摆脱沼泽水涝之患,迎来良好发展机遇。引起的重要变化有五:

其一,中原文化发展农业的条件受限,文化暂趋衰落,中原核心地区文化的对外影响显著减弱,而周围地区对中原文化的影响加强,导致文化意义上早期中国的统一性受到削弱。但先前文化意义上早期中国的基本格局还在延续,是为早期中国的古国时代。

其二，长江中下游和黄河下游地区海退泽消，露出大片肥沃平原，孕育出灿烂辉煌的良渚文明、屈家岭文明、大汶口文明等。其中拥有300万平方米古城的良渚聚落群的兴起，鲁东南大汶口文化晚期聚落群的出现，都当与海平面的下降相关。

其三，越是偏北，生存条件恶化越严重，岱海—黄旗海等地在出现庙子沟聚落所显示的自然灾难后一度出现文化"中断"，导致出现多次人群南移的连锁反应，北亚蒙古人种开始少量渗透到北方地区。此时可能有不少人群从内蒙古中南部西南向移动到甘青地区，马家窑类型则从甘肃大幅度西南向、西向扩张影响，西方文化也反向渗透到甘青地区，形成早期中西交流的"彩陶之路"。

其四，各地区文化激烈碰撞交融，深深地触动着原本比较稳定的社会格局，使之有机会出现大的调整和变革。战争成为人们日常面对的大事，筑城、改善武器，都是为了防卫的需要[1]。更进一步，父系家族的凸显、军事首领地位的突出、聚落群和中心聚落的普遍出现，则是从社会结构和组织方面应对挑战的必要变化。甚至祭坛、卜骨等所显示的宗教色彩的日趋浓厚，也可能同样出于组织军事力量的需要，或者是释放压力的手段。其最终结果，就是从此进入铜石并用时代，中国大部地区迈入初始文明社会阶段[2]。

其五，引起北方地区畜牧业的发展和狩猎经济成分的增加，表现为对绵羊和山羊的畜养，骨梗石刃刀、细石器镞的突然增多。另外，窑洞式建筑、石墙建筑的出现也可能与森林资源的退化有关。

约公元前2500年气温和降水再度回升，只不过与公元前4000年左右的暖湿情况已不可同日而语。在此背景下，文化经重组后再度繁荣，进入龙山时代或铜石并用时代晚期。就连环境条件较差的岱海地区，也从文化"空白"迎来了文化发展的又一个高潮，甚至内蒙古半干旱草原区也有了老虎山文化遗存。中原文化重新焕发生机，出现近300万平方米的陶寺古城，而良渚古城及其聚落群则

---

[1] 内蒙古中南部和陕北地区仰韶四期阶段的石城或可被视为长城的"原型"，其功能可能与抵抗来自北方的狩猎民族有关。见韩建业：《试论作为长城"原型"的北方早期石城带》，《华夏考古》2008年1期，第48~53页。

[2] 韩建业：《中国北方地区新石器时代文化研究》，文物出版社，2003年；吴文祥、刘东生：《5500年气候事件在三大文明古国古文明和古文化演化中的作用》，《地学前缘》9卷1期，2002年，第155~160页；吴文祥、葛全胜：《全新世气候事件及其对古文化发展的影响》，《华夏考古》2005年3期，第60~67页；韩建业：《距今5000年和4000年气候事件对中国北方地区文化的影响》，《环境考古研究》（第三辑），北京大学出版社，2006年，第159~163页。

趋于衰落。据勘查,良渚文化晚期堆积普遍被一层浅黄色粉砂质淤积层覆盖,表明良渚文化末期这里可能发生过洪水[1]。不过即便没有突然的灾难,良渚人在水位逐渐抬升的过程中也只好选择向外迁徙。

约公元前 2200~2100 年,气候日渐恶劣。受其影响,龙山后期文化格局又发生动荡,北方文化有明显的南下趋势,源于西方的小麦也传入黄河流域。气候十分敏感的岱海地区文化出现"断档"。北方老虎山文化再次大规模南下,陶寺文化覆灭而陶寺晚期文化形成,对应"稷放丹朱"事件;其连锁反应还有王湾三期文化对石家河文化的大范围代替,对应禹征三苗事件,标志着夏王朝的诞生。随着气候趋于干冷,植被日趋减少,水土流失越来越严重,河流淤积而洪水盛行[2]。在老虎山、喇家[3]等多处遗址都显示出存在洪水现象。但无论如何,当降水量少到一定程度,洪水自然也就少了很多。这或许就是共工、鲧、禹都在治水,但年代最晚的大禹最后治水"成功"的原因。

5. 王国时代早期中国的自然环境与文化发展

约公元前 2000 年气候进入干冷低谷或者"小冰期"[4],欧亚大陆文化出现自西北向东南大范围移动的趋势。这次"小冰期"对乌拉尔山南部地区影响至大,促使这里形成以马和马拉战车为代表的畜牧业经济,产生辛塔什塔—彼德罗夫斯卡文化。在同样的气候背景下,加上辛塔什塔—彼德罗夫斯卡文化的推动,西伯利亚、中亚地区普遍出现畜牧化趋势。为了追逐肥美的草场和耕地资源,这些操印度—伊朗语的半农半牧的人群大规模向南方和东南拓展[5],并形成强有力的冲击波,将各种西方因素传播至沿途各处,并对欧亚大陆北方草原畜牧业经济带的兴起起到重要推动作用。新疆地区和河西走廊诸青铜文化的出现,齐家文化、朱开沟文化、夏家店下层文化等当中西方文化因素的突然增多,都与这一背景有关。这使得原先文化低迷的新疆、青海中西部、内蒙古锡林郭勒地区、西

---

[1] 浙江省文物考古研究所:《杭州市余杭区良渚古城遗址 2006~2007 年的发掘》,《考古》2008 年 7 期,第 3~10 页。

[2] 崔建新、刘尚哲:《4000a 前中国洪水与文化的探讨》,《兰州大学学报(自然科学版)》39 卷 3 期,2003 年,第 94~97 页。

[3] 夏正楷、杨晓燕、叶茂林:《青海喇家遗址史前灾难事件》,《科学通报》48 卷 11 期,2003 年,第 1020~1024 页。

[4] V. A. Demkin and T. S. Demkina, "Paleoecological Crisis and Optima in the Eurasian Steppes in Ancient Times and the Middle Ages", In *Complex Societies of Central Eurasia from the 3rd to the 1st Millennium BC*, edited by Karlene Jones—Bley and D. G. Zdanovich, Institute for the study of man, Washington D. C. 2002:389~399.

[5] E. E. Kuzmina, "The First Migration Wave of Indo—Iranians to the South", In *The Journal of Indo—European Studies*, edited by James P. Mallory, Volume 29, Number 1~2, 2001:1~40.

辽河流域等地短时间内涌现出一系列文化,广大的西北内陆干旱区和内蒙古半干旱草原区等地也终于迎来了人类发展的首次高潮,西辽河流域文化再度繁盛。这是自从距今 10 000 年左右"新石器时代革命"以后中国文化格局上前所未有的重大变化。西北地区一改传统的农业经济和狩猎经济二元对立的局面,畜牧业开始占据越来越重要的地位。这既与西方文化的东渐有关,但更是适应当地自然环境变化的产物[1]。

公元前 1800 年以后,气候再度向暖湿方向转变[2]。在此背景下,中原二里头青铜文明形成并得到迅猛发展,对周围地区产生极大影响,形成四个层次的早期中国文化结构,进入晚期夏王朝所代表的成熟的国家阶段[3],或者王国阶段。约公元前 1500 年后气候又向干冷方向发展,但程度有限,中原文化发展到二里冈文化所代表早商王国阶段,并对周围产生前所未有的影响。而西北地区文化继续分化,畜牧业程度进一步加深。公元前 1300 年后气候显著干冷,新疆已经进入游牧文化占据主体的早期铁器时代,而长城沿线畜牧民族则强力南下,对商王朝造成极大压力。商王武丁以能征善战而被誉为中兴之主,其实他对北方民族的战争多半只是被动防守。晚商时早期中国的统一性又一次受到挑战。

三、小结

总体来看,中国相对独立、广大多样、以两大河流域为主体、以中原地区为中心的地理环境,很大程度上决定了早期中国文化有主体有中心的多元一体格局、稳定内敛的特质特征和持续发展的过程,而文化意义上早期中国的起源、形成和早期发展,又都与自然环境的变迁息息相关。这当中很值得注意的是公元前 4000 年左右的气候暖湿引起中原文化的蓬勃发展和早期中国的形成,公元前 3500 年左右的气候转冷造成初始文明社会的全面兴起,而公元前 2000 年左右

---

[1] 水涛:《甘青地区早期文明兴衰的人地关系》,《中国西北地区青铜时代》,科学出版社,2001年,第 168~186 页。

[2] 北京大学考古学系、驻马店市文物保护管理所:《驻马店杨庄——中全新世淮河上游的文化遗存与环境信息》,科学出版社,1998 年;洛阳市文物工作队:《洛阳皂角树——1992~1993年洛阳皂角树二里头文化聚落遗址发掘报告》,科学出版社,2002 年。

[3] 很多人已经注意到距今 4 000 年左右气候事件对旧大陆古代文明的重要影响,见吴文祥、刘东生:《4000aB. P. 前后降温事件与中华文明的诞生》,《第四纪研究》21 卷 5 期,2001 年,第 443~451 页;王巍:《公元前 2000 年前后我国大范围文化变化原因探讨》,《考古》2004 年 1 期,第 67~77 页;王绍武:《2200~2000BC 的气候突变与古文明的衰落》,《自然科学进展》15 卷 9 期,2005 年,第 1094~1099 页。

的冷期则引发中国的"青铜时代革命"和成熟文明的出现。究其原因,无论是气候转暖或趋冷,相对于地理环境广大多样的早期中国来说,并非整体趋于适宜或恶化;气候变迁本身并不能引起整个早期中国文化的兴盛或衰落,只是为文化变迁提供契机。

第八章 结 语

现在我们可以对商代晚期以前文化意义上的早期中国做些总结了。

文化意义上的早期中国植根于遥远的旧石器时代和新石器时代早中期。在持续约200万年的中国旧石器时代，铲形门齿等后世蒙古人种的特征普遍存在，砾石—石片工业传统贯穿始终，而南方砾石石器、北方小石器的差别也长期延续，表现出人类进化、文化发展上显著的连续性、统一性和多样性特征。至约公元前18000年华南和长江流域交界地带进入最早的新石器时代，约公元前9000年新石器文化拓展至中国中东部地区并形成五大文化系统，其他地区还仍停留在旧石器时代末期或中石器时代。此时经济文化的多样性固然至为明显，而农业、陶器（陶容器）和磨制石器的三位一体也体现出相当的统一性，何况还不能排除陶器单一起源的可能性。

文化意义上的早期中国萌芽于公元前6000年前后的新石器时代中期。约公元前7000年开始进入新石器时代中期，农业文化得到很大发展，尤其约公元前6200年进入新石器时代中期中段后各文化区的交流明显频繁起来，在中原裴李岗文化等的强势扩张影响之下整合成四个文化系统，有了早期中国文化圈或文化意义上早期中国的雏形。约公元前5000年进入新石器时代晚期以后，终于整合形成三大文化系统，雏形的"早期中国文化圈"继续发展。无论如何，当时的早期中国社会尚处于比较简单、平等的阶段。新石器时代晚期早段或许与传说中的炎帝、蚩尤的时代相当。

文化意义上的早期中国形成于公元前4000年前后的庙底沟时代。新石器时代晚期晚段，由于中原核心区仰韶文化东庄—庙底沟类型从晋南豫西核心区向外强力扩张，以前的三大文化区或文化系统的格局大为改观，中国大部地区文化交融联系成三个层次的文化共同体，文化意义上的早期中国正式形成。庙底沟时代也是社会开始走向分化的时代，并已初步形成社会发展的三种不同模式，开启了早期中国文明起源的先河。庙底沟时代或许与传说中的黄帝时代相当。

约公元前3500～前1800年为文化意义上早期中国的古国时代。大约公元前3500年进入铜石并用时代早期，中原文化的势力减弱，各地文化的地方性特征大为增强，但先前早期中国的基本格局仍然存在。文化间交流碰撞的激烈程度前所未见，社会分化显著加强，普遍开始了走向文明社会的步伐，已基本进入初期文明社会阶段。约公元前2500年进入铜石并用时代晚期或龙山时代前期，中原核心区再度崛起，其对外影响逐渐加强，但总体仍属群雄并起、各领风骚的时代，古城林立，天下万国，初始文明社会进一步发展。该阶段或许与传说中的颛顼、祝融、帝喾、尧、舜的时代相当。约公元前2200年进入龙山时代后期，中原的王湾三期文化等向长江中游等地强烈拓展，中原文化重获核心地位，约相当于夏代早中期。龙山时代实际上已具有从古国时代向王国时代过渡的性质，可称雏形王国阶段。

约公元前1800～前1300年为文化意义上早期中国的王国时代。公元前1800年以后二里头文化和二里岗文化从中原核心区向外强势扩张，使得文化格局发生重大调整，中国大部地区文化再次交融联系成更大范围的四个层次的文化共同体。此时大型城市和宫室制度形成，青铜礼器和礼制日臻完善，出现二里头等君临天下、唯我独尊的王都，进入成熟文明社会和真正的王国阶段，形成东、西两大社会发展模式。该阶段当与传说中的夏代和商代早期相当。

可以看出，"中国"既非自古就有、永恒不变，也非某些人所称只是中国人的"想象共同体"，早期中国有波澜壮阔、跌宕起伏的起源、形成和发展过程，只有了解这个过程，才有可能洞察其中的真实。与其就中国是否存在沙文主义等事体争论不休，不如先来考察中国之所以成为中国的过程。

在早期中国起源、形成和发展过程中，中华文明逐渐形成有别于世界上其他文明的特征和特质[1]。

其一，以农为本、稳定内敛与礼器礼制。

民以食为天[2]，食物获取方式可有狩猎、采集、畜牧多种，但农业无疑是其

---

[1] 徐苹芳和张光直曾对中国文明的特征和在世界文明史上的地位做了论述："中国文明不论是农作物的栽培（北粟南稻）、家畜的饲养（以猪、狗为主）、蚕丝的发明、瓷器的创造、土木结构的建筑形式、封闭式院落的布局、以政治功能为中心的城市、玉礼器和青铜礼器的使用、以形意为主的方块字、以血缘为纽带的社会结构和祖先崇拜等等，都说明中国文明是土生土长的独立的原生文明"。见徐苹芳、张光直：《中国文明的形成及其在世界文明史上的地位》，《燕京学报》新六期，1999年，第8～16页。

[2] 《汉书·郦食其传》："王者以民为天，而民以食为天。"

中最有发展潜力的方式。早期中国处于气候适中的中纬度地区，拥有黄河、长江两大河流，占据适合耕种的广袤黄土地带，10 000 多年前即发明稻作农业和粟作农业，形成互为补充的两大农业体系和以农为本的集体观念。在此基础之上，早期中国长期致力于维护社会内部秩序的稳定，逐渐形成复杂的礼制和稳重内敛的特质。早期中国虽有数千年漫长的发展历程，但主体范围一直限制在现今中国的河西走廊以东地区，基本没有大规模对外扩张的现象，"不为也，非不能也"（《孟子·梁惠王上》）。

礼制是根植于社会内部的社会和道德规范。"器以藏礼"，礼制终需用礼器或物化的形式表达、强调、维持，而礼器也有数千年的发展、演变过程。20 000 年前中国大地上陶器的发明当出于炊煮的需要，早期中国时期格外发达的陶器的第一功能仍然基于农业社会的炊煮烹饪，并在距今 6 000 年前出现以专门炊器陶鼎为核心的礼器组合。此后 4 000 年直至春秋战国，鼎一直为中国第一礼器，当然还有与之相配的饮食器、酒器、乐器等。至少 8 000 年前中国大地上已出现玉器，多元一体的玉文化为早期中国平添了不少温雅平和之气，同样在约距今 6 000 年钺等玉器成为礼器的重要组成部分。属于礼器的还当有中国特色的漆器、丝帛之类。约距今 4 000 年进入青铜时代，珍贵耐用的青铜器一跃成为礼器的主体。无论如何，虽然礼器形式和礼制内涵时有变化，但礼制却作为中国文化特质之一传承至秦汉以后[1]。礼制当然有阶级属性，但其执中有度、自我节制的特征明显与西方文明有别。此外，二里头宫城所代表的封闭式的院落布局也体现礼制特征。

其二，整体思维、世俗观念与祖先崇拜。

早期中国文化偏重整体思维，强调全面、整体、系统、有机地看待事物。张光直说："中国古代文明的一个可以说是最为令人注目的特征，是从意识形态上说来它是在一个整体性的宇宙形成论的框架里面创造出来的。"[2]他引用佛尔斯脱（Peter T. Furst）的观点，将这种整体性的宇宙形成论描述为萨满式宇宙或巫术性宇宙[3]。这种整体宇宙观或许植根于中国旧石器时代对圆形的特别体认，表现于裴李岗文化可能存在的卜筮、音乐、医术、天文兼通的巫觋，早期中国形成后则以八角形纹、太极纹、兽面纹玉琮、兽面纹青铜器等为特征。另外，早期

---

[1] 卜工：《文明起源的中国模式》，科学出版社，2007 年。
[2] 张光直：《连续与破裂——一个文明起源新说的草稿》，《九州学刊》1 卷 1 期，1986 年，第 1~8 页。
[3] Peter T. Furst, "Shamanistic Survivals in Mesoamerican Religion", *Actas del XII Congreso Internacional de Americanistas*, Mexico. vol. III (1976): 149~157.

中国的彩陶多半为几何形纹饰,更多表达某些抽象整体性观念。

早期中国文化总体注重俗世,其原始宗教信仰主要蕴含在日常生产生活当中,房屋建筑内罕见祭台雕像,少见偶像崇拜,祖先崇拜应当是这个信仰体系的核心[1]。盛行土葬,为祖先安排永久的地下居所;墓地分区分组,井然有序,其空间分区应当主要依据血缘关系,体现对祖先的敬重和对社会秩序的重视,强调氏族和家族;其他祭坛、祭坑等祭祀场所只是处于次要地位。

其三,有主体有中心的多元一体文化结构。

中国旧石器时代文化砾石—石片工业传统贯穿始终,而又存在南方砾石石器、北方小石器的不同系统,在文化发展上表现出显著的统一性和多样性特征。新石器时代由五大文化系统交流融合成三大文化系统,其中新石器时代中期黄河长江流域尤其是中原地区的核心地位已经凸显。庙底沟时代正式形成以黄河长江流域为主体、以中原地区为核心的三层次结构的早期中国,二里头—二里冈时代的早期中国甚至发展到四层次结构,其间虽有核心区中原文化相对衰弱的时候,但基本结构仍得以保持。这种"重瓣花朵式"的多元一体文化结构一直延续到晚商西周以至于秦汉以后。

中国文明的起源、形成和发展也体现出多元一体特征。从庙底沟时代开始,就逐渐形成文明起源和社会发展的"东方模式"、"北方模式"、"中原模式",其中"中原模式"生死有度、重贵轻富、井然有礼、朴实执中的特点,实际上成为后世中国文明的核心特质。就每个地区来说,距今5 500年以后涌现出良渚文明、大汶口文明、屈家岭文明等诸多地方文明,是为"多元"的一面。与此同时,早期中国都出现社会分化、家族凸显、男权军权凸显等一般趋势,而且真正的早期中国文明必须着眼于全局,那已经是距今4 000年左右夏代以后的事了,是为"一体"的一面。

早期中国文化有主体有中心的多元一体特点,是中国文明发展具有无穷活力而从未间断的根源所在[2]。而这一文化特点与中国相对独立、广大多样的地理环境和两大河流域适宜发展农业的生态环境息息相关。

其四,跌宕起伏的文化连续发展进程。

早期中国文化以中原文化为核心,因此中原文化的兴衰很大程度上关系到早期中国的起伏分合的发展过程。中原具备兴盛时影响全局、低谷时博采

---

[1] 徐良高:《祖先崇拜与中国早期国家》,《中原地区文明化进程学术研讨会文集》,科学出版社,2006年,第123~158页。

[2] 严文明:《中国史前文化的统一性与多样性》,《文物》1987年3期,第38~50页。

众长的特殊条件。在庙底沟时代、二里头—二里冈时代等中原文化发展的高峰时期,中原内部的统一性明显增强,对外影响也显著增大,是为"合";在酝酿或低谷时期,中原文化内部的统一性受到明显削弱,外来影响则显著增大,是为"分"。高峰期中原文化的重要作用当然无可置疑,但过渡或低谷期的中原文化得以有机会博采众长、酝酿提高,其意义也不可小视。其实这两个阶段显然是相辅相成、互为因果的,正是在这种有吸有呼、有张有弛、有分有合的辩证过程中,中原文化得以呈螺旋式发展壮大,"早期中国文化圈"的范围由小到大、内部联系日趋密切、认同感日益加强,具有历史意义的"早期中国"起源、形成并得到连续发展[1]。这样"合久必分、分久必合"的发展趋势在商周秦汉以后得以延续[2]。

早期中国起伏分合的文化连续发展进程,造就了中国人格外珍视传统的集体性格。其根本原因则与气候环境的周期性变化有关。

还要提及早期中国的人种和语言问题。秦汉以后的中国以汉族为主体,主要讲汉语。汉族的主要来源就是商周时期居住在黄河长江流域的东亚蒙古人种,可能当时的主要语言就是古汉语。商周以前早期中国除东亚蒙古人种外还有南亚、东北亚、北亚蒙古人种等,实际上在很多情况下都表现为几个蒙古人种亚型的混合类型。如果从古代的角度看,或可称之为"古中原类型"、"古华北类型"、"古西北类型"、"古东北类型"、"古华南类型"等[3],他们或许操不同的方言[4]。但无论如何,他们总体上属于蒙古人种,而且主体区黄河长江流域基本都是东亚蒙古人种,主要的语言或许不出古汉藏语系的范畴,可能和文化一样存在有主体的多元一体特征。当然,约距今4 000年后可能操印欧语的欧洲人种进入新疆大部确为事实,但也常常表现出与蒙古人种混

---

[1] 韩建业:《论新石器时代中原文化的历史地位》,《江汉考古》2004年1期,第59~64页。

[2] 张忠培曾指出先秦时期的中国北方有三个相对统一和三个相对分裂的时期,三个相对统一的时期为"庙底沟文化期"、二里冈上层文化期、西周时期;三个相对分裂的时期为庙底沟文化期以前的新石器时代中期和"半坡文化"期、仰韶后期至龙山时代、二里冈上层文化期之后。见张忠培:《关于内蒙古东部地区考古的几个问题》,《内蒙古东部区考古学文化研究文集》,海洋出版社,1991年,第3~8页。

[3] 朱泓:《中国东北地区的古代种族》,《文物季刊》1998年1期,第54~64页;朱泓:《中国南方地区的古代种族》,《吉林大学社会科学学报》2002年3期,第5~12页;朱泓:《中国西北地区的古代种族》,《考古与文物》2006年5期,第60~65页。

[4] 华南以至于东南亚和太平洋诸岛屿人群可能主体属于南岛语族。见焦天龙、范雪春:《福建与南岛语族》,中华书局,2010年。

血的现象[1],文化上与河西等地也有所交流,为距今 3 300 年以后融入更大的早期中国文化圈打下了基础。同样的人种类型或许更有认同感,但不同的人种类型也可发生血缘和文化上的交流,所谓"华夏族"或"汉族"更主要是基于文化而非血缘。

鉴古察今,我们看到文化意义上的早期中国对此后文化意义上的中国乃至于政治意义上中国的连续发展有深远影响。其有主体有中心的多元一体文化结构,成为商周王朝畿服制度、秦汉直至现代中国多民族国家、多元一统政治文化的基础,直接影响到世界文明体系中中国文明模式的形成,影响到新中国以后"中国道路"的选择,影响到古代的"朝贡体系"和新中国独立自主外交政策的确立。其跌宕起伏的文化连续发展进程,奠定以后文化意义上中国连续发展、政治意义上中国长期维护和向往统一的基础。早期中国以农为本、稳定内敛、崇尚礼制、整体思维、注重俗世与祖先崇拜等特征或特质,影响到先秦儒家、道家等中、和、仁、义、孝、礼,以及道法自然、天人合一等重要思想的形成,并几乎像遗传基因一样绵延至今。中国以后走什么样的发展道路,或许还可以从中得到更多启示:比如坚持文化的多元一体和改革开放;坚持文化强国战略,以基于传统、兼容并蓄的优秀文化引导中国走上健康发展道路;坚持国际上多元文化互相尊重、和平共处、共同发展,反对扩张侵略、殖民体系、文化歧视等等。同时我们也应该清醒地看到,早期中国文化过于重视社会内部秩序的维护,在对外文化交流方面略显保守;早期中国文化以农为本、以家族为基,缩小了城市、商业和公共事务发展的空间。优秀的要坚定传承,糟粕的不敝帚自珍,欠缺的需虚心学习。我们只有在传统文化基础上,积极吸收西方乃至全球一切优秀文化,才能使我们的国家和民族永葆文化活力。

---

[1] 韩康信、谭婧泽、张帆:《中国西北地区古代居民种族研究》,复旦大学出版社,2005 年;魏东、赵永生、常喜恩等:《哈密天山北路墓地出土颅骨的测量性状》,《人类学学报》31 卷 4 期,2012 年,第 395~406 页。

后　　记

　　本书是在国家社会科学基金项目"早期中国文化圈的形成和发展研究"结题成果的基础上修改而成的,本项目的研究还得到了北京市属高等学校创新团队建设项目的资助。

　　1999年发生了一件事。那是我在北京大学考古文博学院在职攻读博士学位的最后一个学年,有人交给我一个任务,是让翻译美籍华人学者巫鸿教授的一篇反驳美国学者贝格利教授的文章,因为贝格利的书评曾对巫鸿1996年出版的 Monumentality in Early Chinese Art and Architecture(《中国早期艺术和建筑中的纪念性》)一书进行了言辞激烈的批评,巫鸿的反驳也便火药味十足。贝格利、巫鸿等人的讨论文章后来翻译汇集发表于2000年的《中国学术》第二辑,我的翻译大约因为水平差而未被采用,但这次经历却引发了我对文化意义上早期中国问题的深切关注。我想,贝格利的言论或许过于偏激,但他指出了一个我们必须面对的重大学术问题:在不加论证的情况下把许多史前文化都贴上"中国"的标签的确不妥。中国文化也好,中国文明也好,总应该有一个比较明确的时空界定。

　　其实早在20世纪80年代,就有严文明和张光直两位先生关注并研究过这个问题。严文明先生提出史前中国具有"重瓣花朵式"的"多元一体"格局,是为统一的多民族的现代中国的雏形;张光直先生提出从约公元前4000年开始就已形成一个"中国相互作用圈"。他们的相关论著是我在北大上本科时就早已读过的,但当时还没有体会到其真正的分量。当然两位先生的研究都是奠基之作,许多细节问题还有待进一步探讨,在近些年考古资料极大丰富的情况下尤其如此。受两位先生的感召和上述巫鸿事件的触动,我从2000年正式开始这方面的研究,2004年以后陆续发表了一些论文,提出"早期中国文化圈"或文化意义上"早期中国"萌芽于公元前6000年前后的新石器时代中期,而正式形成于公元前4000年左右的新石器时代晚期,尤其强调了中原文化的特殊地位。至2010

年,感到有必要对早期中国问题做更为全面深入的梳理,于是就申请了上述国家社会科学基金项目。

我的这项研究涵盖整个中国从旧石器时代早期直到早商的漫长时期,涉及文化谱系、聚落考古、环境考古、古史传说等多个方面,工作量着实不小。其中最繁重的工作,就是对全国范围内的数百个典型遗址进行分期排队,然后按照不同层次合并形成小区分期、大区分期,最终形成晚商以前早期中国文化的时空框架。当然少不了还要到全国各地进行考古调查。此外,2011年8月份还在北京会议中心召开了文化上"早期中国"的形成和发展学术研讨会,会议论文结集为《早期中国研究(第1辑)》,并于2013年出版。在越来越繁重的学校教学和服务工作占据了我大部分时间的情况下,我勉力而为,基本按照计划使这项研究有了一个初步的结果,这是值得欣慰的。我想,我的研究如果能引起学术界对早期中国问题的重视,就已经达到目的了,至于失误疏漏,在所难免,唯望读者见谅。

我的导师、北京大学考古文博学院教授严文明先生一直是我的学术领路人,我的这项研究一定程度上可以说是对他提出的史前中国"重瓣花朵式格局"的解读,研究过程中又承蒙他不断指导、鼓励,他还为本书撰写了序言,在此深表感谢!

北京大学考古文博学院教授李伯谦先生、赵辉老师,中国社会科学院考古研究所研究员刘庆柱、王巍、陈星灿老师,以及2011年应邀来参加会议的其他学界同仁,都很关心这项研究,彼此还就相关问题进行过讨论,李伯谦先生和陈星灿老师还惠允将对本书的简短评价发表出来,在此表示感谢!

我和我的研究生们在全国各地调查发掘时,得到考古文博届诸位师友的大力支持和帮助,在此表示感谢!

本书英文摘要由南京大学历史学系张良仁教授翻译,广州美术学院艺术与人文学院王玉冬教授校改,他们都是我的大学同学,留美博士,对他们的精彩翻译表示感谢!

上海古籍出版社吴长青副总编和贾利民编辑为本书的出版建言献策,精心编辑,在此表示感谢!

近年来,我先后在北京联合大学、中国人民大学任教,在本书再版之际,向两所高校关心和支持我的领导、同事和学生们表示感谢!

最后,我要感谢养育我的父母亲!感谢一直默默支持我前行的爱妻杨新改!

2020年4月15日于融域嘉园

Abstract

"Early China" as a cultural unity was an end-result of the long-term interaction and assimilation between different regional cultures before the Late Shang in a large part of modern-day China, revolving around the Central Plain area. It laid the geographic, cultural, and political foundation for the future Zhou Dynasty as well as Qin and Han Empires. It may be alternately named "Early Chinese Cultural Sphere".

That the history of Early China centers around the Central Plain, undergoing by and large continuous development at least since the age of the Five Emperors was once a standard account in tradition Chinese historiography. But since the late Qing Dynasty and as a result of the Sino-Western cultural collision and the decline of China, the "Doubting-the-Ancient" sentiment took grip of the international and domestic Sinological communities, posting an unprecedented challenge to this established account. This is particularly well manifested in the series of the *Gushibian* 古史辨 edited by Jiegang Gu. After the discovery of the oracle bone inscriptions, the subsequent research works of Guowei Wang and Xusheng Xu, and the archaeological investigation of Yinxu and other sites since the 1920s, however, the radical "Doubting-the-Ancient" sentiment gradually waned in Chinese historiography. That the Chinese history composed since the Late Shang is credible and that the origin of Chinese civilization predates the Late Shang have been widely accepted by Chinese scholars. But some fundamental issues such as whether a culturally continuous developing Early China ever existed and how the pattern, characteristics, and developmental process of the culture of Early China should be defined have remained unsolved or unclear. Since the 1980s, Chinese scholars have been hotly debating about the origin of Chinese civilizations; often times they have defined and employed the term "China" in a most simplistic way upon the topics. This has duly invited criticism from Western scholars.

The book presents the following research results:

1. Having its beginning in the Paleolithic Age, the cultural genealogy of Early China takes shape in the Middle Neolithic Age (6000 BC) and culminates in the Miaodigou period (4000 BC), undergoing such developmental stages as the Archaic State and Dynastic State.

In terms of cultural genealogy, Early China bears its root in the Paleolithic and the Early and Middle Neolithic Ages. Throughout the two million years during the Paleolithic Age, residents in China are physically characterized by the spade-shaped incisors, a feature that is typical of the later Mongoloid. The persistence of pebble-flake technological traditions, together with the protracted existence of the pebble tools in the south and microlithic tools in the north, indicate the remarkable continuity, homogeneity, and diversity of human evolution and cultural development in China at the time. Around 18000 BC, the intermediate zone between South China and the Yangzi River Valley witnesses the advent of the Neolithic Age; around 10000 BC, the Neolithic cultures expand into Middle East China and give rise to five great cultural systems. Variations in economic features notwithstanding, these cultures share some salient common features, as seen most importantly in their well-established cultural triad — agriculture, pottery, and ground stone tools.

Early China takes a rudimentary configuration in the Middle Neolithic Age around 6000 BC. After 7000 BC when the Middle Neolithic begins, agriculture develops quickly. When it comes to 6200 BC, cross-regional cultural interaction intensifies; under the forceful expansion and influence of the Peiligang culture of the Central Plain, the five cultural systems are merged into four, forming thus an embryo Early Chinese Cultural Sphere. Around 5000 BC in the Late Neolithic, they are further fused into three cultural systems, and the Early Chinese Cultural Sphere continues to develop. The societies of the time are simple and egalitarian.

Early China reaches its maturity around 4000 BC in the Miaodigou period. In this period, the robust Dongzhuang-Miaodigou Phase of the Yangshao Culture in Southern Shanxi and Western Henan expands its influence in a substantial way. As a result, the three cultural systems are transformed into a cultural unity that consists of three tiers: now Early China in the cultural sense takes shape. The same period also sees the beginning of social divisions and hence the emergence of Chinese civilization.

In 3500 – 1800 BC, Early China enters the Archaic State stage. The beginning of the Chalcolithic Age around 3500 BC concurs with the decline of the cultural power of the Central Plain and the rise of the surrounding cultures, but the aforementioned Early China remains structurally intact. Cross-cultural collision intensifies to an unprecedented extent, and social differentiation grows significantly; Early China enters the initial stage of civilization. Around 2500 BC or in the Late Chalcolithic Age (Longshan period), the Central Plain core resumes the dominant status over the surrounding regions, but in general it is an era of multiple competing cultural centers and polities: the newly civilized societies continue to develop. Around 2100 BC or in the end of the Longshan period, the Wangwan Phase III culture advances into the Middle Yangzi River Valley, an indication that the Central Plain regains the dominant status. This period corresponds to the Early and Middle Xia Dynasty, and the Longshan period as a whole is a step stone from the Archaic State to the Dynastic State.

The period of 1800 – 1300 BC is of the Dynastic State stage of Early China. After 1800 BC, the Erlitou and Erligang cultures of the Central Plain core consecutively commands powerful influence over the surrounding regions, and the cultures of the greater part of China are united into a larger unity that consists of four tiers. This period witnesses the rise of large urban centers and palace compounds, the maturation of bronze ritual vessels and ritual institutions; the Erlitou site is transformed into a royal capital that rules a large territory. By now a true civilization and the Dynastic State stage has arrived, and two developmental patterns, one eastern and the other western, are in operation. This period roughly corresponds to the Late Xia Dynasty and Early Shang Dynasty in the legendary history of China.

2. Early China differs from other civilizations in its agriculture, stability, holistic way of thinking, and ancestral worship.

1) Agriculture, stable inward-oriented structure, and ritual institution

Among the multiple food-acquiring strategies that comprise hunting, gathering, and stock-raising, agriculture has the greatest potential of development. Located in the middle-latitudinal zone, in the Yellow and Yangzi River Valleys, Early China owns a vast territory that is suitable for agriculture; after the invention of the rice-and millet-based agriculture, two complimentary agricultural systems and agriculture-centered mentality take shape. Focuses of Early China include maintaining internal stability, cultivating sophisticated ritual institutions, and formulating self-restrained and introspective characters. In its thousands of years of development, Early China is largely confined to the east of the Hexi Corridor, with no indication of having waged large-scale territorial expansions.

The ritual vessels as "conveyors of *li*" have a long history of their own. The pottery wares, which were invented 20 000 years ago, are evolved into the ritual paraphernalia centered on *ding*-tripods around 4000 BC. Through the Spring and Autumn and Warring States periods, the *ding*-tripods remain to be the primary ritual vessels. Jade artifacts, which appear in 6000 BC, likewise become a part of the ritual paraphernalia around 4000 BC. Since the Bronze Age, which begins around 2000 BC, bronze wares are catapulted to dominate the ritual paraphernalia. Albeit the form and combination of the ritual paraphernalia change over time, the ritual institution has solidified as an integral component of the Chinese culture and lasts through the Qin and Han Dynasties and beyond.

2) Holistic thinking, secularism, and ancestral worship

The cultures of Early China favor holistic thinking, emphasizing the comprehensive, holistic, systematic, and organistic approaches towards the world. The holistic worldview may have been rooted in Paleolithic experimentation with circles, and is manifest in the possibly shamanistic activities of Peiligang Culture around divination, music, medicine, and astronomy. When Early China takes shape, it is embodied in the octagons, *taiji* designs, the jade *cong*-tubes and bronze vessels with animal mask designs. In addition, the painted pottery of Early China is mostly decorated with geometric designs, which evince the abstract holistic thinking.

Early China is in general characterized by secularism. Primitive religious beliefs are primarily latent in daily production and life; altars and iconic images are rarely seen in houses, while ancestral worship constitutes the core of the belief system. The inhumation custom provides eternal abodes for the deceased ancestors; the cemeteries are spatially divided into zones and groups, indicating the existence of lineage organization, the respect for ancestors, and an emphasis on social order.

3) Early China is a multi-component unity

The persistence of the pebble-flake stone industry throughout the Paleolithic Age and the co-existence of pebble stone tools in the south and the microlithic tools in the north exhibit the homogeneity as well as diversity of cultural development in China. In the Neolithic Age the five cultural systems are fused into three cultural systems, and the Yellow River and the Yangzi River valleys, especially the Central Plain, become prominent since the Middle Neolithic. During the Miaodigou period a three-tiered structure centered upon the Central Plain emerges in Early China, which evolves into a four-tiered structure during the Erlitou-Erligang periods, when the Central Plain slightly diminishes in power, yet the structure remains intact. Such "multi-petaled flower" structure lasts through the Late Shang, Western Zhou, Qin and Han Dynasties and beyond. The origin, formation, and development of Chinese civilization embodies the same multi-component unity structure. Since the Miaodigou period, there arise three models of origin of civilization and social development: Eastern, Northern, and Central Plain. The Central Plain model is characterized by the hierarchical treatment of the deceased, the emphasis on the elite status rather than the wealth, the rigid ritual institution, and the self-restrained decorum, which are to become the essential features of the Chinese civilization of later times.

The multi-component unity of Early China is the fundamental force that sets into motion the uninterrupted development of Chinese civilization. This is conditioned by the relatively enclosed yet internally diverse geographical setting and the favorable environment for agriculture in the two river valleys.

4) Early China experiences continuous yet vicissitudinous development

Given that the Central Plain is the heart of Early China, the rise and fall of its cultures largely determines the checkered development of Early China. In its prime times, the Central Plain leads the entire Early China, whereas in its low times it absorbs advantages of the surrounding cultures. Thus in the Miaodigou, Erlitou, and Erligang periods, which are the prime times of the Central Plain cultures, the unity of the Central Plain consolidates and commands a tremendous power over the surrounding regions, which denotes the "unity"; in its low or incubation times, the unity of the Central Plain falls apart and gives its way to external influence, which denotes the "breakdown." While one would not downplay the significance of the Central Plain during its prime time, neither would one ignore the significance of the opportunities that the transitional or low period affords the Central Plain to learn from the surrounding regions. These two phases are complimentary and interchangeable; it is in this very dialectical process consisting of the binary inhaling and exhaling, waxing and waning, and unity and breakdown that enables the Central Plain cultures to develop spirally. The "Early Chinese Cultural Sphere" gradually grows in size, internal bonding, and self-identifying; in the meantime the historically significant "Early China" evolves from its embryo state to maturity and lives on. Such "unity-division" cycle lingers on in Shang, Zhou, Qin, and Han times and beyond.

The vicissitudinous continuous development of Early China makes the devotion to tradition part of Chinese collective character, the underlying force of which lies with the cyclic climatic change.

In retrospect, we can see that Early China as a cultural entity has a profound impact upon later development of China and the continuous development of China as a political entity. The multi-component unity lays the foundation for the hierarchical domains of the Shang and Zhou periods, the multi-ethnic state of the Qin and Han Dynasties and beyond; it directly effects the formation of the Chinese model of the civilization formation, the "Chinese path" after the founding of the New China, the formation of the "imperial tributary system" and the independent foreign-relation polices of the New China. The vicissitudinous cultural development constitutes the basis for the continuous development of China and China's desire of maintaining unity. The various traits of Early China—agriculture-based, stable and introspective, ritualism, holistic thinking, secularism, and ancestral worship—nurture the philosophies of Pre-Qin Confucians and Daoists, which practically become the cultural DNA of China. One may gain more insights for pondering over what path for China to take for further development: for instance, enforcing the principles of cultural diversity and unity, reformation and staying open to the world; carrying on the strategy of national cultural development, in which tradition-based yet open-minded advanced culture ensures that China walks the healthy developmental path; respecting the diverse cultures over the world, and employing the policies of peaceful co-existence, hand-in-hand development, fighting against expansion and invasion, colonialism, and cultural prejudice. In the meantime we must keep ourselves aware that Early China places too much emphasis on the maintaining the internal social order and is conservative in terms of cultural exchange with other cultures. The agriculture-based culture and the lineage-centered social structure constrains the developmental space of urban center, commerce, and public affairs. It goes without saying that we must inherit the viable elements, discard the decadent ones, and learn what is wanting. It is only when we vigorously keep our traditional culture alive and learn the advanced cultures of the West and the world that we can rejuvenate our country and nation.